谨以此书纪念

中国人民志愿军出国作战70周年

中国共产党成立100周年

# 抗美援朝记


郭志刚　齐德学　等◎著



華夏出版社
HUAXIA PUBLISHING HOUSE

## 作者简介

**郭志刚** 浙江省东阳市人，生于1963年，先后毕业于复旦大学历史系、军事科学院研究生部、国防大学指挥员班。现任军事科学院解放军党史军史研究中心研究员，博士研究生导师，首席专家。曾任军事科学院军事历史研究所所长、解放军党史军史研究中心主任。主要著作有：《抗美援朝战争史》、《中国人民解放军军史》、《中国人民解放军的八十年》、《中国人民解放军精简编史》。

**齐德学** 辽宁省黑山县人，生于1950年，1968年2月入伍，曾为空军飞行学员。1975年7月毕业于吉林大学哲学系，进入军事科学院工作。先后任军事科学院原军事历史研究部研究室主任、副部长，战略研究部副部长（副军职），研究员，博士生导师，少将军衔。北京市第十届政协委员，中国军事科学学会军事历史分会第一任会长。参与和领导中共中央和中央军委的多项研究任务，参与或主编军事历史专著近20部，自著军事历史专著6部，发表相关学术文章约200篇。主编有《抗美援朝战争史》、《中国人民解放军军史》（第四卷）等，著有《你不了解的抗美援朝战争》等。

# 前　言

1950 年 6 月 25 日朝鲜内战爆发后，美国杜鲁门政府立即派兵进行武装干涉，并派其海军第七舰队侵入台湾海峡。以美国为首的“联合国军”不顾中国政府的多次严正警告，悍然越过三八线，直逼中朝边境的鸭绿江和图们江，将战火烧到了新生的中华人民共和国国土上。

在国家安全和主权将受到直接威胁、和平建设的外部环境和内部环境都将遭受不同程度破坏的情况下，一个刚刚执掌全国政权、肩负起中华民族伟大复兴重任的党和政府，不可能也不应该采取委曲求全、忍让退缩的政策，必然会选择迎接挑战。正如毛泽东所说：“我们的敌人眼光短浅，他们看不到我们这种国内国际伟大团结的力量，他们看不到由外国帝国主义欺负中国人民的时代，已由中华人民共和国的成立而永远宣告结束了。”应朝鲜劳动党和政府的请求，中共中央和毛泽东高瞻远瞩，审时度势，反复权衡利弊得失，毅然决然地做出抗美援朝、保家卫国的战略决策。出兵朝鲜的战略决策，体现的是中国人民保卫和平、维护正义、抵抗侵略的坚强决心和钢铁意志，体现的是新中国领导人不怕鬼、不信邪的凛然正气。

1950 年 10 月 19 日，中国人民志愿军在司令员兼政治委员彭德怀的率领下，高举保卫和平、反抗侵略的正义旗帜，雄赳赳气昂昂地跨过鸭绿江，与朝鲜人民和军队一道，历经两年零九个月的浴血奋战，将“联合国军”从鸭绿江边打回到三八线以南并最终将战线稳定在三八线南北附近地区，胜利实现朝鲜停战，取得了抗美援朝战争的伟大胜利，创造了以劣胜优的战争奇迹。自鸦片战争后的百余年间，中国第一次成功地将强敌拒之于国门之外，打出了新中国的国威军威。

抗美援朝战争消除了以美国为首的西方阵营对新中国国家安全和主权造成的直接威胁，创造和维护了东北亚地区有利的战略态势和战略格局，为国防和经济建设创造了安定的周边环境，为新中国大国地位的确立奠定了重要基础。抗美援朝战争，是新中国的第一声呐喊和立国宣言，是一场真正动摇西方霸权地位的战争，是中国从世界的边缘走向世界中心的开端。这场战争已经过去六十多年，我们这些后来人仍然在享受着英勇的志愿军将士流血牺牲赢得的胜利成果、打造出来的和平局面。致敬志愿军老兵！

《抗美援朝记》由军事科学院专业军事历史研究工作者撰写。郭志刚、齐德学、丁伟、徐金洲、王成志、鲍明荣、邓礼峰等参与编写，全书由郭志刚、齐德学统稿定稿。

在此，我们特别感谢华夏出版社副总编辑、编审潘平先生，编辑李春燕、蔡姗姗、赵楠女士的指导和帮助，感谢军事科学院博士研究生郑浩中同学的热心帮助。

郭志刚　齐德学

2018 年 11 月 5 日

# 目　录

# 一　朝鲜内战爆发之谜

关于朝鲜战争爆发问题，长期以来人们众说纷纭。如果仅从1950年6月25日那天发生的事件来看朝鲜战争的爆发，不一定能够看得清楚、说得明白。因为，“六·二五事件”只是一个表象。

## 美苏为战争爆发埋下伏笔

1941年12月太平洋战争爆发后，美国总统富兰克林·罗斯福就曾考虑战后对朝鲜实行托管，作为使日本的这个殖民地最终获得独立的准备阶段。1942年11月，罗斯福称，朝鲜应经过“战后的一段训练时期，以最终获得独立主权”。1943年12月1日《开罗宣言》称：

我三大盟国轸念朝鲜人民所受之奴役待遇，决定在相当期间，使朝鲜自由独立。

在德黑兰会议上，斯大林表示“完全赞同开罗宣言和它的全部内容”。罗斯福在会后说，斯大林曾对他说“朝鲜人还没有能力实行和维持独立政府，他们应置于40年的监护之下”。1945年2月雅尔塔会议期间，罗斯福向斯大林提出建议，战后由美苏中三国联合托管朝鲜20至30年。斯大林同意托管，但认为“托管期愈短愈好”。

随着日本的一步步失败，到1945年夏，如何进占朝鲜成为亟待解决的问题。罗斯福的继任者哈里·杜鲁门曾考虑美国抢先单独占领朝鲜，但考虑到为减少美国人的伤亡，有必要让苏联在朝鲜半岛对日作战中承担更多的义务，因此美国当局最后还是决定美苏两国军队分区占领。美国政府还认为，由美国承担占领朝鲜的全部责任将影响其控制其他更重要地区的能力，因而是不可取的。同时，美国也不愿让苏联单独占领朝鲜，因为“一个苏维埃化的朝鲜很可能威胁美国在太平洋的地位”。

苏联参战后，苏联红军从中国东北迅速进入朝鲜，而美军尚在距朝鲜有 600 英里之遥的冲绳。如果不赶快与苏联就各自的管辖范围达成协议，苏联红军可能很快横扫朝鲜半岛。

8 月 10 日至 11 日深夜，美国国务院、陆军部、海军部协调委员会在五角大楼召开紧急会议。国务院的代表主要从政治方面考虑，提出美国接受日本投降的区域应尽可能地往北推移。但是后来在朝鲜战争期间任负责远东事务的助理国务卿迪安・腊斯克上校指出，军方“手头缺乏可供立即投入使用的兵力，加上时间和空间等因素，抢在苏军进入该地区之前向北部更远的地方推进会有困难”。

经过商讨，会议提出北纬 38 度线为美苏两国军队的临时界线。这条界线将朝鲜人口的三分之二和旧都汉城（今称首尔）包括在美军管辖范围内，对美国有利。

8 月 15 日，杜鲁门将关于在朝鲜以三八线为界划分南北两个受降区，由美苏分别接受日本军队投降事宜的方案告知斯大林。第二天，斯大林复信同意这一安排。斯大林对该受降方案没有表示不同意见，令腊斯克等美国官员感到惊讶。斯泰克在《走向对抗之路》一书中分析道：或许他（斯大林）仍然希望参加对日本的占领，把在朝鲜问题上对美国的让步当作实现这一目的的一个手段。此外，他还很可能把这条界线解释为在朝鲜半岛上划分势力范围的持久分界线。在 19 世纪 20 世纪之交，俄国和日本曾协商过将 38 度线作为它们势力范围的可能的分界线。

9 月 2 日，远东盟军总司令、美国陆军五星上将道格拉斯・麦克阿瑟发布“第一号总命令”，正式公开宣布以三八线作为美苏军队在朝鲜接受日本投降的分界线。

苏联红军是 8 月 15 日进入朝鲜的。在麦克阿瑟受降命令发布前一个多星期，苏军部队已越过三八线，逼近汉城。接到关于受降分界线的命令后，苏军迅速撤到三八线以北地区。

美军第 7、第 6、第 40 步兵师在第 24 军军长约翰・霍奇的率领下，从 9 月 8 日开始在朝鲜南部登陆。最早到达朝鲜的美军是步兵第 7 师，这次行动的代号是“黑名单 40”。10 日美军进入汉城。最先到达的美 7 师师长阿诺德被霍奇任命为驻朝鲜的军事长官。

美苏军队进入朝鲜后形成南北两个占领区，南北间的铁路、公路、电信联系被切断，随后又封锁了三八线，实实在在地将朝鲜半岛一分为二。美苏人为制造了朝鲜半岛的分裂，为战争的爆发埋下祸根。

## 冷战背景下南北两个政权的矛盾无法调和

如果没有美苏的冷战，仅仅是由于对日受降的需要，将朝鲜划分为南北两个占领区，倒也不会有多大问题。问题在于，美苏很快由战时的盟友成为对手，大搞冷战，使朝鲜半岛成为冷战的一个重要战场。1946 年 7 月，杜鲁门说过，朝鲜变成了两大思想体系斗争的战场，“我们在亚洲获取胜利将依靠在朝鲜的斗争”。

苏军和美军在各自的占领区内实行截然不同的政策，使南北朝鲜朝着不同的方向发展。

日本投降后，朝鲜国内要求建立独立、自由的国家的呼声不断高涨。8 月 24 日，咸镜北道首先自发组成了临时政权机构——人民委员会。随后，朝鲜各道、郡陆续建立人民委员会。同时，朝鲜建国同盟联合各派政治力量宣布成立“朝鲜人民共和国”。

美军进入朝鲜南部以后立即宣布对三八线以南实行军事管制，解散已建立起来的人民政权——各级人民委员会和“朝鲜人民共和国”政权机构，同时启用日本的殖民统治机构来维持“秩序”。驻朝日军司令官向占领军司令霍奇请求保留一支日本武装警察部队，用以保护他的人员和在朝的 60 万日本侨民免遭报复，霍奇当即同意。在霍奇看来，“朝鲜人和日本人一样都是猫崽子”，并且打算把他们都当作被征服的敌人来对待。

美军在原日本殖民政府的基础上，建立南朝鲜军政府，留用绝大部分日本官员和警察。为朝鲜人民痛恨的日本警察摇身一变，成为美国“军政府”的执法者。美国占领军宁可友善对待原日本殖民统治机器的成员，也要镇压南朝鲜左翼组织和爱国人士。美国人的倒行逆施，激起南朝鲜人民的强烈不满。

霍奇向美国参谋长联席会议报告说：“在南朝鲜，人们把分裂归罪于美国，这个地区的人民越来越憎恨一切美国人。”杜鲁门在其回忆录中承认：“大多数朝鲜人既不希望美国士兵，也不希望俄国士兵留在自己的国土上……1946 年秋季，在我们占领的地区，曾发生过几起骚乱和示威运动，在少数情况下，我们的军队还不能不向进行示威的群众开枪射击。”

为了抵制所谓“共产党的渗透”，军政府在华盛顿和麦克阿瑟总部的鼓励下，大力扶持南朝鲜反共势力。1945 年 6 月，离开故乡 30 年、流亡在美国的李承晚请求美国承认他是朝鲜政府的领袖。开始时，美国拒绝承认李承晚的“临时政府”，但后来美国人改了主意。10 月下旬，麦克阿瑟用军用飞机将 69 岁的李承晚从美国接回到汉城。麦克阿瑟当着另一位朝鲜领袖金九的面，明确表示要由李承晚担任统治者。

霍奇根据麦克阿瑟的命令，在汉城为李承晚举行回国仪式。霍奇要“全体朝鲜人拥戴他们的领袖李承晚”。1946 年 2 月，军政府建立主要由右翼分子组成的“民主议院”，任命李承晚为议长。

朝鲜北部的发展比较有秩序。苏军没有建立军政府，只是设立军事管制机构——警备司令部，并在第 25 集团军司令部中建立一个负责民政事务的机构——民政府。苏军承认各地建立的人民委员会，并采取措施使其成为朝鲜北部正式的政权机构。1946 年 2 月 7 日，朝鲜北部各民主政党、社会团体和各地人民委员会的代表在平壤举行会议，成立北朝鲜临时人民委员会，作为朝鲜北半部中央政权机关。金日成当选为委员长。在临时人民委员会领导下，北朝鲜进行土地改革和原日本工业的国有化，并在其他许多方面进行民主改革。

由于南北朝鲜事实上的对立和朝鲜人民要求立即独立的呼声日益高涨，大国联合托管的想法已难实现。霍奇和他的政治顾问们认为，美国应当把政权逐步转交给李承晚为首的反共势力，建立听命于美国的政权，但是华盛顿当局还不准备立即这么做。

1945 年 12 月，美国国务卿贝尔纳斯在莫斯科三国外长会议上提出，美苏两国占领军司令部组成统一的机构治理全朝鲜，然后在适当的时候由美、苏、中、英四国以联合国的名义对朝鲜实行五年的托管。苏联外长莫洛托夫同意四国托管，但主张建立朝鲜人自己的临时政府作为实际行政机构。会议最后达成的协议规定：

美苏占领军司令部代表组成联合委员会，就建立朝鲜临时民主政府问题同朝鲜各民主政党和社会团体磋商，并提出自己的建议供美苏两国政府考虑；该委员会还应提出关于托管的建议，交美、苏、中、英四国政府考虑。

莫斯科外长会议协议公布后，南朝鲜右翼势力为建立反共政权，利用人民渴望迅速独立的情绪，罔顾事实，说美国赞成朝鲜独立而苏联主张托管，制造“反托管”舆论。

美国政府的政策也发生了变化。1946 年 2 月，美国国务院、陆军部、海军部协调委员会一份政策文件认为，联合委员会很难达成协议，美国应在该委员会陷于僵局后自行建立朝鲜南部的“临时政府”。

联合委员会会议于 1946 年 3 月开始后，美苏双方在“民主政党和社会团体”的性质问题上进行激烈争论。苏联要求排斥制造“反托管”舆论的右翼组织，美国则坚持要由它们作为南朝鲜“民意”的代表参加磋商。会议在无任何结果的情况下于 5 月休会。第二年 5 月复会后，双方继续上述争论。

9 月，美国利用其在联合国的影响，强行将朝鲜问题纳入第二届联合国大会的议程。11 月 14 日，联大在美国操纵下通过关于朝鲜问题的决议，决定设立联合国朝鲜临时委员会，由该委员会监督在全朝鲜举行议会选举，然后成立朝鲜的统一政府。此前，美国在联合委员会会议上提议终止该委员会的工作。

北朝鲜方面拒绝让联合国朝鲜临时委员会入境，于是美国操纵“联大临时委员会”① 通过单独在南朝鲜举行选举的决议。

1948 年 5 月 10 日，南朝鲜举行选举，产生南朝鲜“国民议会”。8 月 15 日，大韩民国政府正式成立。

北朝鲜针锋相对。金日成领导的朝鲜民族统一民主主义阵线于 8 月 25 日举行最高人民会议的选举。9 月 9 日，朝鲜民主主义人民共和国正式成立，金日成当选为内阁首相。

朝鲜民主主义人民共和国成立后，立即呼吁外国军队撤出朝鲜半岛。苏军于 1948 年底完成从北朝鲜的撤军。1949 年 6 月 30 日，美国宣布在南朝鲜的美军已撤离完毕。

美苏军队撤走后，美苏在朝鲜问题上的斗争并没有停止。这种斗争与朝鲜南北双方的斗争交织在一起，愈演愈烈。双方的误会、歧见、矛盾越来越多，裂痕越来越大。在美苏冷战背景下，南北两个政权、两种制度之间在如何实现统一和统一于谁的问题上存在着激烈斗争，矛盾无法调和，最后导致朝鲜战争爆发。

由于美国的兵力不足，要达到其全球战略目标很困难。为保证战略重点地区的需要，美国没有把南朝鲜放在一个特别重要的地位。因此，一度设想在远东发生战争时不直接用美军保卫南朝鲜，也不以朝鲜半岛为基地对亚洲大陆发动进攻。

1950 年 1 月 12 日，美国国务卿迪安·艾奇逊在全国新闻俱乐部的演说中，宣布由国家安全委员会通过杜鲁门批准的远东战略。艾奇逊宣布，美国在西太平洋的“防御环带”从阿留申群岛起，经过日本，直至琉球群岛和菲律宾。南朝鲜和中国台湾没有被划在这条防线以内。

在美国当局看来，南朝鲜的价值主要不在它本身，而在于它对美国在整个冷战中的“可信性”的影响。因此，艾奇逊在演说中又说，在这条线以外的地区如遭到军事攻击，就“首先必须依靠受攻击的人民来抵抗，继则依靠整个文明世界在联合国宪章

---

① 美国为避免苏联在安理会行使否决权，在二届联大上提议每个成员国派一名代表组成联大临时委员会，在二届联大闭幕到三届联大开幕期间执行联大授权的六项有关任务。联大于 1947 年 11 月 3 日通过了美国的提议。

下承担的义务”。

朝鲜内战爆发后美国立即打着“联合国”的旗号武装干涉，是合乎其逻辑的，并不是美国政策的一个突然转变。

美国并没有打算“放弃”南朝鲜。根据1948年8月签订的《韩美临时军事协定》，美国向南朝鲜派遣由500人组成的庞大的军事顾问团，配备到南朝鲜军各级指挥部门；提供给南朝鲜的军事装备价值1.1亿美元，包括10万支步枪、5000万发子弹、2000具火箭筒、4万多辆各种类型运载工具和一些轻型火炮和迫击炮及7万多发炮弹（这一数字来自美国官方战史《朝鲜战争中的美国陆军——战争爆发前后》）。1950年1月，美国与南朝鲜又签订军事援助协定，南朝鲜得到1097万美元的军事援助。在撤军之前和撤军以后，美国都积极扩充和武装李承晚军队。1948年8月，由原日本统治朝鲜时期的军官和警察为主组成的“南朝鲜国防警备队”已有5个旅15个团共5万余人，名称也改为“国防军”。1949年5月，南朝鲜军将旅升格为师，陆军扩充到8个师23个团，兵力已达10万余人。以后，南朝鲜的军力继续扩充。据美军战史著作披露，到1950年6月，南朝鲜的总兵力达15万余人，其中陆军为8个师94808人，另有海岸警卫队6145人、空军1865人、警察48273人，装甲车27辆、炮700余门、反坦克炮140门、火箭筒1900余具、军用车辆2100余辆、舰船20余艘、飞机22架。

李承晚极力主张武力统一朝鲜。1949年1月21日，他在记者招待会上公开说，我希望“国军北进”。2月7日，他在国会发表演说，“如果在联合国朝鲜委员会的帮助下不能和平地统一朝鲜，那么国军就必须向北韩进军”。他称，“南北分裂是必须用战争来解决的”。9月30日，他在给好友、美国人罗伯特·奥利弗的信中说：

我坚信，现在是在心理上采取措施，同北方忠诚于我们的共产党军队结合，以便消灭他的其余部分的最佳时机。我们将把金日成的部队挤压到山区，在那里将他们饿死。那时我们的防线便可以建立在图们江口和鸭绿江上。我们的处境将变得更好。

在朝鲜内战爆发前一个星期，美国国务院顾问约翰·福斯特·杜勒斯代表国务卿艾奇逊访问南朝鲜，并视察三八线地区。杜勒斯在南朝鲜国会发表演说时明确表示：“如果韩国受到侵略，美国将防卫韩国。”杜勒斯相当肯定地告诉南朝鲜人：“万一韩国受到北方的侵略，美国已有充分的准备，当有万全之策对付。”

朝鲜民主主义人民共和国为实现国家的和平统一进行过一系列的努力，同时也进行了充分的军事准备，从苏联进口大量武器装备，组建各军兵种，加强军事训练。

1949年5月，金日成派人民军政治局主任金一到中国，请求让在中国人民解放军中的朝鲜人组成的部队返回朝鲜。朝鲜籍部队主要集中在第四野战军，约有 4 万人，他们为中国革命的胜利做出过贡献。在中国革命即将最后胜利和朝鲜民主主义人民共和国已成立的情况下，他们中的一些人表示要回国参加人民军。毛泽东同意让在东北地区的两个朝鲜籍师返回朝鲜，另一个正在南方作战的师待完成任务后返回朝鲜。同年 7 月，两个朝鲜籍师返回朝鲜，编入人民军部队。

到 1949 年 8 月，朝鲜人民军有 5 个步兵师、1 个步兵旅、1 个机械化师、2 个炮兵旅和一支拥有 74 架飞机的小型空军，总兵力为 8 万余人，另有警备部队 4.1 万人。以后，人民军又有发展。到朝鲜战争爆发时，人民军共有 10 个步兵师、1 个坦克旅和空军、海军及警备部队，共 13.5 万余人，装备有 T-34 型坦克、雅克式战斗机和 122 毫米榴弹炮等重型武器。

1950 年 1 月，朝鲜党和政府开始考虑用军事方式统一朝鲜的可能性，并要求苏联政府给予支持。同月，派人民军作战局局长金光侠等到中国要求接回 1.4 万名朝鲜籍战士。中国同意他们的请求，这批人于 1950 年春返回朝鲜，编入人民军部队。

4 月，金日成到莫斯科与斯大林会谈。斯大林同意金日成对朝鲜局势的分析和准备以军事方式统一国家的设想。5 月，金日成到中国，向毛泽东通报了他与斯大林会谈的情况。

实现朝鲜统一是朝鲜人民的共同愿望，符合朝鲜人民的根本利益，选择战争方式固然不理想，但也无可厚非。南北双方不仅口头上谋求统一，而且都进行了军事准备。

南朝鲜方面自 1949 年 1 月起就不断在三八线地区制造军事摩擦事件。据 1949 年 4 月 20 日，华西列夫斯基和什捷缅科关于三八线的形势给斯大林的报告，1949 年 1 月至 4 月，南朝鲜动用连至营级规模的兵力向三八线以北进犯 37 次。5 月，南朝鲜军队出动 4100 余人，进攻三八线以北开城附近人民军警备部队阵地。7 月，南朝鲜再次出动旅级规模的部队进攻北方。

冲突的规模由小到大，和平统一的路被堵死，最终发展为以武力解决统一问题就难以避免了。

由于后来美国的武装干涉（尽管美国抓到了联合国的旗帜），朝鲜内战的性质即起了变化。朝鲜人民为争取独立、统一的国内革命战争，演变为反对帝国主义侵略的民族解放战争。

# 二　廿五万大军集结东北

周恩来曾指出："朝鲜战争不是我们预料的，可是也不应该看成完全不是我们预料的。因为我们中国的胜利，是出乎美帝国主义所预料的。它信任蒋介石，援助蒋介石，虽不能把共产党完全消灭，至少可以打到一个更缩小的地区。就是到 1948 年或 1949 年，它们还有幻想，至少可以平分中国嘛！后来这些幻想都破灭了，蒋介石逃出大陆，美帝国主义侵略势力被赶出大陆，那真是出乎他们的预料之外。六万万人民站起来了，胜利了，再也不愿做帝国主义的奴隶了，真使它不甘心。所以，美帝国主义退出中国大陆，被赶出中国大陆，它是不会就此甘心的，必然要和我们较量，这一点我们是看到的。""这就是说我们同帝国主义较量是不可避免的，问题就看是选择在什么地方。"

这段话虽然是在 1958 年才说的，但它的确能够反映出新中国成立后中国共产党人对形势的看法和对美国的认识。

1950 年上半年，美国政府要员连续发表关于亚洲问题的演说，军政大员频频造访远东。中共中央敏锐地感到美国对其一手扶植起来的李承晚政权垮台绝不会置之不理。中共中央和毛泽东预见到如果朝鲜爆发内战，美国极有可能进行武装干涉。

1950 年 6 月 25 日，朝鲜内战爆发。6 月 26 日，美国总统杜鲁门即下令其驻远东的海、空军支援南朝鲜军作战。27 日，杜鲁门发表声明，公开宣布武装干涉朝鲜内战，并命令海军第 7 舰队侵入台湾海峡，入侵中国领土台湾。

中共中央和毛泽东自美国武装干涉朝鲜内政以后，更加关注那里的局势，分析战争的发展趋势及可能对国家安全造成的影响，并适时做出应对之策。

中共中央认为，美帝国主义企图在朝鲜打开一个缺口，准备世界大战的东方基地，至少企图将朝鲜人民军压至三八线以北。因此，朝鲜确实已经成为世界斗争的焦点。

美帝国主义利用朝鲜战争，将联合国旗帜拿到手，以对付和平阵线。对其国内也企图利用朝鲜战争进行动员。美国的战略虽然以欧洲为主，但也尽量利用朝鲜战争来动员欧洲各资本主义国家，使它们服从美国支配。美国另一企图就是利用这个时机，将日本和联邦德国（西德）武装起来，并取得各资本主义国家的同意。同时，美国如果压服朝鲜，下一步必然对越南及其他原殖民地国家进行压服。因此，朝鲜战争至少是东方斗争的焦点。

在这种情况下，“对于朝鲜不仅看作兄弟国家问题，不仅看作与我东北相连接而有利害关系问题，而且应该看作重要的国际斗争问题。只要利用朝鲜战争把美国的阴谋揭破，就可以使美帝国主义动员国内人民和动员它的盟国更加困难；如果朝鲜能够获得胜利，我们的台湾问题也就容易解决了”。因此，中共中央决定对朝鲜问题采取积极态度。

朝鲜战争爆发后，朝鲜人民军进展非常顺利，6 月 28 日解放汉城。在人民军凯歌行进阶段，中共中央即对朝鲜战局做出两种估计。第一种情况是速决，即朝鲜人民军一鼓作气，歼灭南朝鲜军，很快结束战争，至少告一段落。这样即使美国要援助，也需要长期的准备和调动更大的兵力才能进行登陆作战。这对朝鲜是有利的；第二种情况是持久，战争长期化。美国不甘心失败，继续增兵，甚至在朝鲜北部登陆，扩大战争规模，使战争转入持久。

基于对朝鲜战争形势的这两种估计，实际上是主要基于对战争转入持久可能性的判断，中共中央考虑采取有针对性措施，未雨绸缪，防患于未然。

首先，在外交上采取行动，强烈抗议美国侵略中国领土台湾、干涉中国内政的行径；发动广大人民群众开展各种活动，强烈谴责美国对朝鲜和台湾的侵略，对人民进行初步的政治动员。其次，加深与朝鲜政府的进一步联系，以求了解战场最新情况。第三，进行必要的军事准备。

## 中共中央果断决定推迟解放台湾

朝鲜战争爆发后，中央军委决定全军继续贯彻一个月前全军参谋会议确定的整编原则、编制定额和要求，做好部队复员 100 余万的工作，同时，继续加强海军、空军和陆军技术兵种的建设。

解放台湾，是人民解放军的首要作战任务。根据中共中央和中央军委的决定，解放台湾作战任务由第三野战军承担，海、空军全力配合。攻台准备工作一直在进行着。[①]

正当人民解放军加紧进行台湾战役准备的关键时刻，朝鲜战争爆发了。美国第7舰队侵入台湾海峡，以武力阻止人民解放军解放台湾的作战行动。形势的急剧变化，促使毛泽东和中共中央重新考虑主要战略方向和军事部署。

由于美国侵略朝鲜并可能进一步侵略中国东北，新中国面临的最大的和最直接的威胁已来自这一方向。加上美国第7舰队侵入台湾和人民解放军海、空军力量的弱小，使短期内解放台湾已无可能。在这种情况下，在东南方向采取守势，则东南部的安全还是有保障的。于是，中共中央决定军事战略重点北移，推迟解放台湾的时间。

6月30日，周恩来约海军司令员兼政治委员萧劲光谈话，传达中共中央对时局的估计和对策，认为“形势的变化给我们打台湾增添了麻烦，因为有美国在台湾挡着”。

中共中央认为，看待国际形势，只有坚持“惧无根据，喜不麻木”的态度，才是正确的。目前，在外交上要谴责美帝国主义侵略台湾，干涉中国内政；在军事上陆军继续复员，加强海军、空军建设，推迟解放台湾的时间。

## 组建东北边防军

至少在7月初，中共中央即对出兵援朝有所考虑。7月2日，周恩来约见苏联驻华大使罗申。在会谈中，周恩来要罗申将毛泽东和中共中央对朝鲜半岛政治、军事形势的估计转达给苏联政府。中国领导人估计，美国在日本的12万驻军中，大约有6万兵

---

① 自1949年7月起，第三野战军前委即令第9兵团所属第20、第26、第27军及第23军转入渡海登陆训练，随后又制订了8个军参加的台湾战役计划。1949年底，第三野战军决定增加攻台作战的兵力，决定以12个军共50余万人的兵力参加攻台作战。

1950年6月，粟裕在赴京参加中共七届三中全会期间，向中央汇报攻台作战的基本设想，并建议中央军委直接指挥或派刘伯承、林彪主持攻台作战，自己作为华东地区的军事领导人协助战役的组织指挥。毛泽东明确指示，攻台战役，仍由粟裕负责指挥。5月17日，第三野战军前委下达《保证攻台作战胜利的几个意见》，确定部队转入渡海登陆作战准备。

同时，中共中央、中央军委决定加紧进行海军、空军的建设。中共中央决定从苏联购买飞机，请苏军代训飞行员，并决定将苏联提供给中国的三亿美元贷款中的一半用于购买海军装备。1950年4月，周恩来致信苏联国防部长布尔加宁，要求“将中国人民海军所需要的定货，在我们所要求的时间（1950年夏天，至迟1951年春天前）内取得之”。同时，有关部门还同英国商人谈妥，购买两艘7000吨级的巡洋舰和5艘驱逐舰、4艘扫雷舰（这些定货在朝鲜战争爆发后被英国政府取消）。1950年5月在上海组成第一支可使用的海军舰队。在南京组建第一支可用于实战的空军部队第4混成旅。根据空军训练情况，估计到1951年初能组成有作战飞机400架的力量，从而形成对国民党空军的优势。

根据华东军区颁发的训练大纲，1950年7月至1951年3月，各军兵种部队分别训练；1951年4月至5月，进行陆海空协同登陆进攻合练，然后三军协同解放台湾。

力能够投入到朝鲜。这些兵力可能在釜山、木浦、马山等港口登陆，然后沿铁路线向北进军。与此有关，朝鲜人民军则应迅速向南推进，以便占领这些港口。毛泽东认为，为了防守汉城，美军将有可能在仁川登陆，所以应该在仁川地区构筑巩固的防守阵地。中国领导人估计，美军不会将日军派到朝鲜。周恩来告诉苏联驻华大使罗申，如果美军突破三八线，中国军队将着人民军服装参加战斗抵抗美军。为此，中国领导人将在沈阳地区集结 3 个军共 12 万人的兵力。

苏联政府决定对中国进行相关军事行动以援助。7 月 5 日，斯大林要罗申转告周恩来："在敌人越过三八线，集中 9 个中国师于中朝边境以便志愿军入朝作战是正确的。我们将尽力为这些部队提供空中掩护。"13 日，斯大林要罗申向周恩来或毛泽东转达的一份电报中提到：如果中国已经决定在中朝边境上部署 9 个中国师，"我们准备给您派去一个喷气式歼击机师——124 架飞机，用于掩护这些部队"。"我们考虑，在协助我们的飞行员时，用两三个月时间教会中国的飞行员，然后将全部物资移交给你们的飞行员。在上海的飞行师我们也考虑这样做"。

朝鲜战争爆发后，东北由原来的战略大后方一下子变成国防前哨，而此时的东北几乎没有什么野战部队，非常空虚。东北军区的建制部队只有 6 个警备师和部分地方部队。在东北地区的野战部队只有第四野战军的第 42 军。而第 42 军的主要任务是从事农业生产。根据 1950 年大裁军计划，该军将集体转业为农垦部队，东北军区的 6 个警备师也将缩编精简为两个师。

迅速调集部队，保卫东北边防，刻不容缓。

根据毛泽东的指示，由周恩来主持召开保卫国防问题会议，讨论组建东北边防军问题。组建边防军的主要目的就是一旦需要，即可入朝作战。如果战局按第一种情况发展，边防军是"备而不用"。

7 月 7 日下午，中央军委召开保卫国防问题的第一次会议。朱德总司令、军委代总参谋长聂荣臻、第四野战军兼中南军区司令员林彪、军委总政治部主任罗荣桓、总政副主任萧华、海军司令员萧劲光、空军司令员刘亚楼、军委总后勤部部长杨立三、军委铁道部部长兼铁道兵团司令员和政治委员滕代远、军委作战部部长李涛、摩托装甲兵司令员许光达、炮兵副司令员苏进参加会议。

会议传达中共中央、毛泽东关于成立东北边防军的决定，讨论保卫东北边防问题，提出并同与会者初步商议边防军的组成与部署、指挥机构的设立和领导人选、政治动员、后勤保障、车运计划和兵员补充等问题。

会议决定将部署在中原地区的国防机动部队第13兵团北调，和在东北的第42军等部共同组成东北边防军。边防军入朝作战“改穿志愿军服装，使用志愿军旗帜”。①

周恩来和聂荣臻分别向毛泽东报告会议情况及会议提出的保卫国防、支援朝鲜战争问题的部署建议，毛泽东批准实施。

7月10日，中央军委召开保卫国防第二次会议。第四野战军兼中南军区第三政治委员谭政、参谋长赵尔陆、炮兵司令员万毅和东北军区副司令员兼参谋长贺晋年奉命到京参会。除罗荣桓、杨立三、滕代远因故未能出席外，参加第一次会议的将领全部与会，军委总后勤部副部长张令彬、军委卫生部部长贺诚、军委军事运输司令员吕正操等也出席了此次会议。会议对第一次会议草成的决定略加修改，最后决定组织东北边防军的各项事宜。

7月13日，中央军委正式做出《关于保卫东北边防的决定》。该决定明确部队调动部署、指挥机构的组织、后勤工作准备、兵员补充准备、政治动员工作等五个方面事项。当天，周恩来将该决定送毛泽东审查，毛泽东同意，批示：“照此执行。”

中央军委决定：

一、调集部署在中南、华南地区的第13兵团全部三个军（第38、第39、第40军）九个师和在东北齐齐哈尔等地的第42军以及炮兵第1、第2、第8师等部，共25.5万余人，组成东北边防军。第40军全军5万余人，7月10日起由广州出发，直开安东，限7月24日到达。第38、39军（两军约10.6万余人）各缺一个师，7月15日分由信阳、漯河出发，限8月1日以前集结于辽阳、凤城、安东地区。第38军第114师和第39军第115师解除剿匪任务，限8月4日前到达辽阳集结。第42军三个师，解除农业生产任务，7月30日由齐齐哈尔及北安线出发，限8月1日到达通化、辑安集结。炮兵第1、第2、第8师共九个炮兵团，限7月31日前分别集结本溪至安东、通化至辑安一线。另调上海、广州的4个高射炮兵团到安东、水丰、辑安集结，调两个工兵团到安东集结，限8月5日前到达指定地区。此外，将从苏联购买、已抵达哈尔滨的飞机，编成三个团，改变原将这些团置于南京、徐州的计划，改为置于敦化、沈阳、安东训练。

---

① 有人说原来准备用“支援军”的名义，在黄炎培建议下才改为“志愿军”。这种说法在国内一些学术著作和纪实文学中都有反映，国外一些学者的著述中也有提到，但这种说法是不准确的。可能是由于口音问题，当时一些人将“志愿军”当成了“支援军”。在讨论成立东北边防军的军委会议记录和军委作战部部长李涛为毛泽东起草的组成志愿军的命令初稿中，都有“支援军”的字样，但由总参作战部整理、周恩来上报的会议记录明白无误地用“志愿军”字样，毛泽东对李涛起草的命令初稿进行了很多修改，其中将“支援军”改为“志愿军”。

二、以粟裕为东北边防军司令员兼政治委员，萧劲光为副司令员，萧华为副政治委员，李聚奎为后勤司令员。①

以第 15 兵团部为基础组成新的第 13 兵团部，统辖第 38、第 39、第 40 军，以邓华为司令员，赖传珠为政治委员，解沛然为参谋长，杜平为政治部主任，另决定黄永胜及参谋长曾国华调广东军区分任副司令员和参谋长。② 炮兵、战车团、工兵第 6 团及高射炮部队，由四野特司万毅负责指挥。成立东北空军司令部，调东北军区副参谋长段苏权任司令员。

三、步机弹按五个基数、炮弹二十个基数准备，炸药每团携带 2000 斤。从第四野战军和东北地区抽调汽车 1000 辆，从东北地区动员大车 4000 辆，担负粮草运输。按 31 万人员、3 万匹牲口、1000 辆汽车、4000 辆大车的数目，准备三个月的粮食、草料、汽油。由总后勤部按朝鲜人民军军服式样赶制服装，每人单衣、棉衣各一套，另准备其他装具。按收容 4 万名伤员配备医院数目，准备药品，准备 5000 副担架。

四、拟由中南减少 10 万人的复员，准备补充。如再需要，东北尚有地方师参加生产，可以补充。

五、在保卫国防安全的口号下，进行政治动员。具体计划由总政治部罗荣桓主任、萧华副主任起草政治动员令，经核定后实施。

接到中央军委的命令后，分散在各地的、预定组成东北边防军的部队，立即行动起来，向东北进发集结。

首先北上的是第 40 军。他们刚刚结束解放海南岛的作战，正准备经广州车运至河南洛阳地区整训。接到北上命令后，第 40 军立即改变原定计划。7 月 12 日，载着第 40 军指战员的第一趟军列驶离广州，风驰电掣般地向东北开去。

分散在中原各地参加农业生产和水利建设的第 38、第 39 军主力，接令后立即停止生产任务，马不停蹄，集中起一个营就出发一个营，整个部队很快在车站完成集结，统一车运北上。

正在黑龙江屯田垦荒的第 42 军接到集结的命令后，将收获的庄稼和开垦的土地移

① 第一次会议时中央军委决定，以粟裕为东北边防军司令员兼政治委员，萧华为副政治委员，并调第四野战军副参谋长李聚奎担任边防军后勤副司令员。萧劲光因不能离开海军工作，故林彪主张萧华前往，总政治部主任罗荣桓赴青岛休养，急调徐立清来总政工作。

② 第一次会议时中央军委决定，调第 15 兵团司令员邓华为司令员，吴法宪为政治委员，李作鹏为参谋长。林彪、罗荣桓、刘亚楼都认为第 13 兵团司令员黄永胜能力不及邓华，故主张调邓华、吴法宪、李作鹏三人组织新的第 13 兵团司令部，而将黄永胜和参谋长曾国华调广东。

交地方，4 天之内全部将部队收拢，并在 7 天之后全部到达集结地点。

第 13 兵团部于 7 月 27 日从广州火车站启程，8 月 4 日到达安东，标志着东北边防军基本集结完毕。

此时，除高射炮兵团没有全部到达指定集结位置外，东北边防军主要部队已进入指定位置。第 38 军军部位于铁岭，所属第 112、第 113、第 114 师位于铁岭、新开原、老开原等地；第 39 军军部位于辽阳，所属第 115、第 116、第 117 师位于辽阳、土佳屯、海城等地；第 40 军军部和所属第 118、第 119、第 120 师全部进驻安东地区；第 42 军军部位于通化，所属第 I24、第 125、第 126 师位于通化、三源浦、柳河地区；特种兵司令部位于凤城，所辖野战炮兵第 1、第 2、第 8 师位于凤城、本溪、通化地区，高射炮兵团位于安东、拉古哨地区，工兵团位于安东。配属第 13 兵团的骑兵团位于安东，担负战勤任务的第 169 师位于大东沟。

在东北边防军集结过程中，中央军委调整、充实了新的第 13 兵团的领导力量，精兵强将齐集第 13 兵团。7 月，中央军委任命第 40 军军长韩先楚为第 13 兵团副司令员。8 月，军委又根据邓华的请求和林彪的建议，任命洪学智为第 13 兵团第一副司令员。9 月底，军委批准身体不好的赖传珠离职休养一个时期，由邓华兼任兵团政治委员。

但东北边防军司令部的组成并不顺利。由于粟裕身体有恙，在青岛休养，不能马上到职。萧劲光、萧华因有其他工作，一时脱不开。中央军委遂决定边防军暂归东北军区司令员兼政治委员高岗指挥并统一一切供应，待粟裕、萧劲光、萧华去后再成立边防军司令部。但一直到志愿军出动，边防军司令部也没有成立。因此，后来成立的中国人民志愿军司令部和政治部是以第 13 兵团司令部、政治部为基础改组而成。

9 月 6 日，中央军委将在湖北的第 50 军调到东北，加入东北边防军序列。在此之前，军委根据代总参谋长聂荣臻的建议，将上海地区的第 9 兵团和西北地区的第 19 兵团分别调到津浦、陇海两铁路沿线地区，作为东北边防军的二线部队，以策应东北边防军。

组建东北边防军是中共中央深谋远虑之举，为不久后中国人民志愿军赴朝参战做了初步的但又是极其重要的准备，避免了临急应战，从而在战略上使自己处于主动地位，对后来朝鲜战局发展起到重大作用。聂荣臻说，如果不是毛泽东同志和党中央预见到战局会出现曲折，及时组建战略预备队，我们就很可能措手不及，贻误战机。

志愿军统帅彭德怀深有感触地说：

当美帝国主义发动侵略战争时，我们即调了五个军置于鸭绿江北岸，待敌越过三八线向我国边境逼近时，出敌不意地给以痛击，取得第一个战役的胜利。这不仅挽救了当时朝鲜人民军败退的局面，而且取得了战争的主动权。如果预先无此准备，想要凭空扭转当时极不利极严重的局面，那是不可设想的。

两位老帅对组建东北边防军这一战略预置行动的评价，既准确又到位。

# 三　中南海的战略抉择

1950 年 9 月 15 日，“联合国军”总司令麦克阿瑟以美第 10 军指挥两个师等部队共 7 万余人，在朝鲜西海岸实施登陆。仁川登陆成功后，美第 10 军以美陆战第 1 师攻打汉城，以美第 7 师向汉江以南的水原进攻，截断在洛东江一线的朝鲜人民军主力的后路。原受困于“釜山防御圈”的美第 8 集团军展开反攻。朝鲜人民军主力腹背受敌，于 9 月下旬被迫撤出洛东江一线，实施战略退却。9 月 28 日，美陆战第 1 师攻占汉城。29 日，美第 8 集团军指挥的美军和南朝鲜军，全线进抵三八线。

在生死存亡的危急时刻，朝鲜劳动党中央政治局决定，请求苏联和中国给予直接的军事援助。

## 金日成致函毛泽东请求援助

9 月 30 日晚，通过苏联驻朝鲜大使以电报方式给斯大林发出由金日成和朴宪永联名的求援信。信函中写道：

为了人民的独立、民主和幸福，我们将斗争到流尽最后一滴血……如果敌人不给我们时间来实现我们预定的措施，而且还利用我们极端严重的局面来加速对北朝鲜的进攻战役，那么我们将无法依靠自己的力量阻挡敌人。因而，……我们不得不请求您给予特别的援助。换句话说，当敌军跨过三八线以北的时刻，我们非常需要苏联方面的直接军事援助。如果由于某些原因不能做到这一点，那么请帮助我们在中国和其他人民民主国家建立国际志愿部队，对我们的斗争给予军事援助。

斯大林接到金日成和朴宪永的求援信后认为，这支国际志愿部队最好由中国军队组成，需要同中国方面商量。遂于10月1日致电苏联驻华大使并转告毛泽东或周恩来。电报中说：

我考虑，根据眼下的形势，你们如果认为能用部队给朝鲜人以帮助，那么至少应将五六个师迅速推进至三八线，以便朝鲜同志能在你们部队的掩护下，在三八线以北组织后备力量。中国师可以志愿者身份出现。当然，由中国的指挥员统率。

10月1日晚，金日成紧急召见中国驻朝鲜大使倪志亮和政务参赞柴军武（即柴成文），直接向中国方面提出关于中国出兵援助朝鲜的请求。同日，以金日成、朴宪永名义致函毛泽东。信中写道：

在目前敌人趁着我们严重的危急，不予我们时间，如要继续进攻三八线以北地区，则只靠我们自己的力量，是难以克服此危急的。因此我们不得不请求您给予我们以特别的援助，即在敌人进攻三八线以北地区的情况下，极盼中国人民解放军直接出动援助我军作战！

朝鲜劳动党中央政治局委托劳动党中央常务委员、朝鲜内务相朴一禹将这封信送达北京。10月3日，朴一禹当面向毛泽东主席呈交这封求援信。

## 一份未发出去的电报

10月1日，朝鲜关于中国出兵给予援助的请求通过中国驻朝鲜大使馆传到北京，斯大林关于建议中国组成志愿军援助朝鲜的电报也发至北京。

中共中央和中央军委对于必要时出兵援助朝鲜早有考虑和准备。

7月上旬，即开始组建东北边防军，明确东北边防军的任务就是准备必要时出动到朝鲜，支援朝鲜人民抗击美国侵略。8月上旬，毛泽东和周恩来在中共中央政治局会议上即明确提出以志愿军的形式对朝鲜进行帮助的思想。

经金日成同意后，9月19日，东北边防军派第13兵团侦察科长崔醒农、第40军第118师参谋长汤景仲、第39军参谋处长何凌登、军委炮兵司令部情报处副处长黎非、东北军区后勤部副部长张明远，以大使馆武官名义前往朝鲜收集美军情况，以熟悉美军装备、作战特点和朝鲜地形情况，以便利日后边防军的作战。

尽管如此，但中共中央面对国家诸多方面存在的严重困难，敌我力量对比异常悬殊的情况，要做出出兵朝鲜、与美国军队作战的决定，这个决心仍是很不好下的。

1950年10月上半月，在毛泽东的主持下，中央书记处和中央政治局多次召开会议，反复研究讨论出兵援助朝鲜的问题。

10月2日，毛泽东致电斯大林①：

（一）我们决定用志愿军名义派一部分军队至朝鲜境内和美国及其走狗李承晚的军队作战，援助朝鲜同志。我们认为这样做是必要的。因为如果让整个朝鲜被美国人占去了，朝鲜革命力量受到根本的失败，则美国侵略者将更为猖獗，于整个东方都是不利的。

（二）我们认为既然决定出动中国军队到朝鲜和美国人作战，第一，就要能解决问题，即要准备在朝鲜境内歼灭和驱逐美国及其他国家的侵略军；第二，既然中国军队在朝鲜境内和美国军队打起来（虽然我们用的是志愿军名义），就要准备美国宣布和中国进入战争状态，就要准备美国至少可能使用其空军轰炸中国许多大城市及工业基地，使用其海军攻击沿海地带。

（三）这两个问题中，首先的问题是中国的军队能否在朝鲜境内歼灭美国军队，有效地解决朝鲜问题……

（四）在目前的情况下，我们决定将预先调至南满洲的十二个师（五六个不够）于十月十五日开始出动，位于北朝鲜的适当地区（不一定到三八线）……

毛泽东在这份电报中提出中国出兵朝鲜的基本构想，后来志愿军入朝作战，中央也是按此进行指导的。根据现在的材料判断，这封电报很有可能是在10月2日上午起草的，估计原准备在下午中央书记处开会，做出出兵决策后发给斯大林，但这封重要的电报并没有发出去。

10月2日下午，中南海菊香书屋。毛泽东在此主持召开中共中央书记处会议，讨论朝鲜战局和中国出兵援助问题。结果出乎毛泽东的意料。

毛泽东认为出兵朝鲜已是万分火急，但中央书记处多数成员不赞成出兵。毛泽东起草的致斯大林的电报只好搁置下来。

## 召开中央政治局扩大会议

10月2日的中央书记处会议决定10月4日召开扩大的中央政治局会议，讨论出兵入朝作战问题。

毛泽东要周恩来派飞机到西安，接彭德怀到北京参加会议。

10月4日下午，中南海颐年堂，中共中央政治局会议在此召开。出席会议的有政

---

① 电报内容来自《毛泽东军事文集》（军事科学出版社、中央文献出版社1993年版）和毛泽东给斯大林的电报手稿，未做改动。

治局委员和候补委员毛泽东、周恩来、刘少奇、朱德、任弼时、林伯渠、董必武、陈云、彭真、张闻天、彭德怀、高岗、李富春，另有罗荣桓、林彪、邓小平、饶漱石、邓子恢、聂荣臻、薄一波、胡乔木、杨尚昆列席会议。[①] 议题是朝鲜战局和中国出兵援朝问题。

毛泽东首先要大家讲讲出兵朝鲜可能的不利情况。不赞成出兵者提出的主要理由是：打了这么多年的仗，迫切需要医治战争创伤；新中国成立才一年，经济十分困难；新解放区农村土地改革和城市民主改革还没有进行；国民党留下的众多土匪、特务、反革命分子还没有肃清，人民政权还没有完全巩固；人民解放军武器装备差，没有制空权、制海权，等等。因此，不到万不得已，最好不要出兵打这一仗。

毛泽东说："你们说的都有道理。但是别人处于国家危急时刻，我们站在旁边看，不论怎样说，心里也难过。"毛泽东还说，"我们可以提出几十条、几百条甚至几千条顾虑，这些顾虑都是揣测可能发生的。另外一条就是我们应该在朝鲜争取反美胜利，应该给美帝国主义这个世界各帝国主义侵略阵营的头子一个打击，把它的气焰打下去。"毛泽东认为，尽管遇到那样多条的顾虑，但那是可以克服的困难，或者是应该忍受的困难，也是我们为争取这个伟大的胜利应该付出的代价。

下午的讨论没有结果，毛泽东最后宣布："明天下午继续开会。"

第二天上午，毛泽东让邓小平去北京饭店接彭德怀到中南海，谈出兵援朝问题。见到彭德怀后，毛泽东说："昨天你没来得及发言。我们确实存在严重困难，但是我们还有哪些有利条件呢？"

彭德怀说："昨天晚上我反复考虑，赞成你出兵援朝的意见。"

毛泽东问："你看，出兵援朝谁挂帅合适？"

"中央不是已考虑派林彪同志去吗？"彭德怀反问道。

毛泽东谈了林彪的情况后说："我们的意见，这担子，还得你来挑。你思想上没有这个准备吧？"

彭德怀没有二话："我服从中央的决定。"

毛泽东很高兴："这我就放心了。现在美军已分路向三八线冒进，我们要尽快出兵，争取主动。今天下午政治局继续开会，请你摆摆你的看法。"

下午，中央政治局扩大会议继续在颐年堂举行。与会者以对党和国家的高度责任感，坦陈己见。对出兵援朝问题，还有两种意见。中央决策层在研究讨论过程中，对

---

① 参加中共中央政治局讨论出兵抗美援朝问题会议的人员名单，于 1999 年 11 月 3 日得到薄一波的确认。

是否出兵朝鲜有不同意见，是很正常的。研究讨论的过程，就是一个不断统一思想认识、形成共识、最终形成决策的过程。

彭德怀发言说："出兵援朝是必要的。打烂了，等于解放战争晚胜利几年。如美军摆在鸭绿江岸和台湾，它要发动侵略战争，随时都可以找到借口。"

周恩来在发言中支持出兵援朝的主张。

林彪在发言中提出，美军是一支高度现代化的军队，手里还握有原子弹。

对此，毛泽东指出："它有它的原子弹，我有我的手榴弹。我相信我的手榴弹会战胜它的原子弹。它无非是个纸老虎。"

经过反复权衡、研究讨论，会议达成共识，做出"抗美援朝，保家卫国"的战略决策。会议决定，由彭德怀挂帅，率志愿军入朝作战。同时决定派周恩来、林彪赴苏联，与斯大林就有关问题进行会谈。

10 月 6 日，周恩来受毛泽东委托，主持召开党政军高级干部会议，传达中共中央政治局的决定，对志愿军入朝作战事宜进行研究和部署。

10 月 8 日，毛泽东以中国人民革命军事委员会主席的名义签署组成中国人民志愿军的命令。命令指出："为了援助朝鲜人民解放战争，反对美帝国主义及其走狗们的进攻，借以保卫朝鲜人民、中国人民及东方各国人民的利益，着将东北边防军改为中国人民志愿军，迅即向朝鲜境内出动，协同朝鲜同志向侵略者作战并争取光荣的胜利。"同时任命彭德怀为中国人民志愿军司令员兼政治委员。同一天，毛泽东通过中国驻朝鲜大使馆将上述命令通报给金日成。

周恩来后来说："当着朝鲜正受到美帝国主义摧残的时候，美国侵略军越过了三八线迫近鸭绿江的时候，那时下这个决心，在我们革命的进展历史中是很不容易的。下这个决心，在当时的情况有许多顾虑，而从过渡时期来看这些顾虑是合乎实际的。"他说，"对于这样一场战争，在我国人民内部思想也不是容易解决的。有些人说，我们自己刚刚解放，朝鲜虽是邻邦，我们应先顾自己。要下决心是不容易的。我们对付的是强大的美国，它打的又是联合国旗号。毛泽东认为如果在这个关键时刻不下决心，不仅朝鲜被占领，就是我们自己的建设也将成为不可能。"

曾长期在毛泽东身边工作的胡乔木回忆说："我在毛主席身边工作二十多年，记得有两件事是毛泽东很难下决心的。一件是 1950 年派志愿军入朝作战，再一件就是 1946 年我们准备同国民党彻底决裂。""1950 年派遣志愿军入朝作战，毛主席思考了三天三夜，最后才下了决心。"

周恩来曾说过："毛泽东下这个伟大的决心，是根据他科学的预见、实际的分析。"这一决策充分体现了中国人民不畏强暴、反抗侵略的决心，展现了中华民族保卫和平、维护正义的气概。

毛泽东后来说："我们不要去侵犯任何国家，我们只是反对帝国主义者对于我国的侵略。大家都明白，如果不是美国军队占领我国的台湾、侵略朝鲜民主主义人民共和国和打到了我国的东北边疆，中国人民是不会和美国军队作战的。但是既然美国侵略者已经向我们进攻了，我们就不能不举起反侵略的旗帜，这是完全必要的和完全正义的，全国人民都已明白这种必要性和正义性。"

## 应当参战，必须参战

10月2日，毛泽东在给斯大林那份没有发出的电报中表明，中国决定派志愿军入朝参战。同一天，中央关于决定出兵的电报没有发出，但毛泽东通过苏联驻华大使罗申转发了致斯大林的另一份电报。这份电报重点强调志愿军出动后可能会出现的严重后果和中国的困难，以了解苏联对此的态度。毛泽东在这份电报中指出：

经过慎重考虑我们现在认为，这一举动会造成极为严重的后果。第一，靠几个师很难解决朝鲜问题（我军装备极差，同美军作战无胜利把握），敌人会迫使我们退却；第二，最大的可能是，这将引起美国和中国的公开对抗，结果苏联也可能被拖进战争中来，这样一来，问题就变得极其严重了。中共中央的许多同志认为，对此必须谨慎行事……我们将召开党中央会议，中央各部门的负责同志都将出席。对此问题尚未做出最后决定，我们是想同您商量一下。如果您同意，我们准备立刻让周恩来和林彪同志到您的休养地，同您讨论这件事，并报告中国和朝鲜的形势。①

罗申和斯大林对毛泽东这份电报产生误解，认为中国已经决定不出兵了。莫斯科时间10月5日，斯大林主持苏共中央政治局会议，对毛泽东通过罗申转给斯大林的电报进行研究。会后斯大林致电毛泽东，明确表示：

美国尽管没有做好大战的准备，仍可能为了面子而被拖入大战，这样一来，自然中国将被拖入战争，苏联也将同时被拖入战争，因为它同中国签有互助条约。这需要害怕吗？我认为不需要，因为我们在一起将比美国和英国更有力量。德国现在不能给美国任何帮助，而欧洲其他资本主义国家更不会成为重要的军事力量。如果战争不可

① 电报内容来自军事科学院军事历史研究部第二研究室编印的《关于朝鲜战争的俄罗斯档案文件》。

避免，那就让它现在就打，而不要过几年以后。[①]

实际上，毛泽东在接到斯大林这个电报之前，已主持中央政治局扩大会议，做出组成中国人民志愿军出兵到朝鲜作战的决策。接到斯大林的这份电报后，中共中央对苏联的态度有了底数。10月8日，周恩来和林彪前往苏联，向斯大林等苏联领导人通报中共中央出兵援朝的决策情况，并请求苏联援助武器装备和出动空军掩护。

在中国组建东北边防军时，斯大林曾经表示过，一旦中国军队以志愿军形式出兵到朝鲜作战，苏联“将尽力为这些部队提供空中掩护”。但周恩来同斯大林会谈时，斯大林只同意为中国抗美援朝提供武器装备，对出动空军掩护问题则表示，苏联空军没有准备好，两个月至两个半月不能出动掩护志愿军作战。后来斯大林又表示，两个半月以后也不准备出动到朝鲜作战，只在鸭绿江以北中国上空作战。

10月11日，斯大林与周恩来联名致电毛泽东，通报会谈情况。

中共中央没有料到苏联拒绝兑现此前做出的提供空中掩护的承诺。毛泽东接到斯大林和周恩来的联名电报后，10月13日，再次召集中共中央政治局成员进行研究。政治局同志一致认为，即便苏联不能出动空军掩护，中国人民志愿军也还是出兵到朝鲜为有利。

同一天，毛泽东致电周恩来并转告斯大林：如果“我们不出兵让敌人压至鸭绿江边，国内国际反动气焰增高，则对各方都不利。首先是对东北更不利，整个东北边防军将被吸住，南满电力将被控制”。我们采取积极政策，“对中国，对朝鲜，对东方，对世界都极为有利”。“总之，我们认为应当参战，必须参战。参战利益极大，不参战损害极大”。

1950年10月19日，中国人民志愿军在司令员兼政治委员彭德怀率领下开赴朝鲜。

抗美援朝出兵决策本身就改变了自近代以来中国给国际社会留下的软弱无能的印象。对于中国出兵朝鲜，亨利·基辛格博士在《大外交》一书中评论说：“毛泽东有理由认为，如果他不在朝鲜阻挡美国，他或许将会在中国领土上和美国交战；最起码，他没有得到理由去做出相反的结论。”

---

① 电报内容来自军事科学院军事历史研究部第二研究室编印的《关于朝鲜战争的俄罗斯档案文件》。

# 四　美军直逼鸭绿江

美国武装干涉朝鲜后，其飞机和军舰不断侵入中国领空和领海，公然对中国进行挑衅，试探中国的反应。1950 年 8 月 27 日和 8 月 30 日，周恩来两度致电联合国安理会主席马立克及联合国秘书长赖伊，要求制裁美国飞机侵入中国领空的行径。9 月 10 日，周恩来致电联合国安理会新轮值主席杰伯及联合国秘书长赖伊，要求允许中国派代表参加安理会，讨论美国军用飞机侵入中国领空的议案。

美军在仁川登陆后，大举向三八线推进。

## 中国政府明确警告不会坐视不理

针对美国政府蓄意扩大朝鲜战争的阴谋，中国政府一再提出严重警告。9 月 22 日，中华人民共和国外交部发言人发表声明，表示中国人民将永远站在朝鲜人民一边。

9 月 27 日，代总参谋长聂荣臻在军委对外联络处办公地，北京御河桥原日本领事馆旧址，接见印度驻华大使潘尼迦。

潘尼迦在谈话中说："记得 1949 年南京陷落的时候，麦克阿瑟曾对美联社记者托宾亲口说过：'给我 500 架飞机就可以摧毁他们。'"

聂荣臻答道："我们把原子弹看成是纸老虎，何况几百架飞机呢?"

"我丝毫不怀疑，没有任何人能够征服中国，击败解放军。我所担忧的是万一发生什么事情，将要使中国的建设拖后十年、八年。"

聂荣臻严肃、镇定地说："那有什么办法，如果帝国主义者真要发动战争，那么，我们也只有起而抵抗了。"

“中国的工业，不是在沿海就是在中国东北满洲，一旦发生事故，是很容易遭受破坏的。”潘尼迦提醒道。

聂荣臻坚定地答道：“一旦战争起来了，我们除了起而抵抗之外，是别无他途可循的。”

9月30日，周恩来总理在政协全国委员会庆祝新中国成立一周年的报告中警告美国：“美国侵略者如果以为这是中国人民软弱的表示，那就要重犯与国民党反动派同样严重的错误了。中国人民热爱和平，但是为了保卫和平，从不也永不害怕反抗侵略战争，也不能听任帝国主义者对自己的邻人肆行侵略而置之不理。”

10月3日凌晨，周恩来紧急召见印度驻华大使潘尼迦，请他通过印度政府向美国当局传递如下信息：“美国军队正企图越过三八线，扩大战争。美国军队果真如此做的话，我们不能坐视不顾，我们要管。”

周恩来说：“关于朝鲜事件，我们曾经交换过意见。我们主张和平解决，使朝鲜事件地方化。我们至今仍主张如此。我在10月1日的报告中也声明了我国政府的态度，我们要和平，我们要在和平中建设。过去一年中，我们在这方面已经做了极大的努力。美国政府是靠不住的。”

潘尼迦说：“麦克阿瑟对美国政府的压力很大。昨日有消息报告，南朝鲜军队已经越过三八线9英里。”

周恩来说：“我们也得到了同样的消息，据说是在东海。另一个消息说，沃克将军指挥的部队已经越过三八线，但是并未说明是南朝鲜军还是美军。”

潘尼迦说：“我当即刻报告尼赫鲁总理。除了以上阁下所述，是否还有其他需要我报告的？是否有任何建议？”

周恩来说：“其他一切，容我们研究尼赫鲁总理来函之后，于下次会面时再告。”

潘尼迦问道：“阁下所称朝鲜事件应该地方化，是否指朝鲜战事应该限于三八线以南？或是指朝鲜战事应该即刻停止？”

周恩来坚定地回答：“朝鲜战事应该即刻停止，外国军队应该撤退，这对于东方的和平是有利的。朝鲜事件地方化的意见，就是不使美军的侵略行为扩大成为世界性的事件。”

潘尼迦问道：“朝鲜事件地方化目前包含两个问题：第一，美军即将越过三八线，因此，朝鲜事件，可能是指所有已经越过三八线的美军必须即刻撤回；第二，朝鲜事件必须和平解决，有关各国，如中国、苏联必须参与讨论此事。为了使我向尼赫鲁总理做报告时较为明确起见，任何可能被中国接纳的建议究竟应包括哪种含义？”

周恩来回答道：“这是两个问题。第一，美军企图越过三八线，以扩大战争，我们要管，这是美国政府造成的严重情况；第二，我们主张朝鲜事件应该和平解决，不但朝鲜战事必须即刻停止，侵略军队必须撤退，而且有关国家必须在联合国内会商和平解决的办法。”

## 美国政府决意扩大朝鲜战争

周恩来对美国发出的警告，立即引起美方的注意。美国代理国务卿韦布急电驻印大使亨德森，要他请印度转告中国政府，周恩来的讲话“缺乏法律和道义根据”。国务院东北亚事务处副处长约翰逊在致助理国务卿腊斯克的备忘录中分析道，不能把周恩来的讲话完全看成“讹诈”，主张先由李承晚的部队越过三八线试探一下。

其实，美国当局在决策美军是否越过三八线的问题上，已经酝酿了很长一段时间，总统杜鲁门参与了整个过程。

1950 年 7 月 14 日，国务院对日和约特别顾问杜勒斯致函政策设计委员会主任尼采称，三八线绝不是政治分界线，美国的目标是统一朝鲜，如果有机会去掉这条分界线，美军当然应该这样干。如果美军有力量加以摧毁的话，必须摧毁北朝鲜部队，即使这样做需要越过三八线也在所不惜。这是消除威胁的唯一途径。

美国军方极力主张美军越过三八线。国防部于 7 月 31 日提出《对朝行动方针备忘录》，称：从以军事行动打击北朝鲜现在存在的军事力量方面考虑，三八线已经没有任何意义，美军可以随时越过三八线。备忘录提出美军应设法占领朝鲜，击败北朝鲜军队，无论北朝鲜军队是在三八线以北还是以南。为达到这一目的，麦克阿瑟在朝鲜采取必要的军事行动时，不必考虑三八线问题。但这一切都有一个前提，即苏联军队没有干涉。

麦克阿瑟更是积极主张美军越过三八线。当陆军参谋长柯林斯和空军参谋长范登堡 7 月中旬访问东京时，麦克阿瑟对他们说：“我打算摧毁而不仅仅是逐回北朝鲜军队。……我可能不得不攻占整个北朝鲜。”

美国参谋长联席会议也认为应彻底摧毁北朝鲜军队，以防止其再度进攻南朝鲜。他们希望能将北朝鲜军队消灭在南朝鲜，但他们认为不应用三八线限制麦克阿瑟。他们要求美军占领整个朝鲜，从而保证朝鲜自由选举的进行。

与此同时，美国开始向联合国透露美军要越过三八线、进占全朝鲜的意图，以征得其他盟国的同意。8 月 17 日，美国驻联合国大使奥斯汀根据艾奇逊的指示在安理会做了试探性发言，强调在击退北朝鲜进攻、“联合国军”胜利完成作战后，要在全朝鲜进行普选，建立统一政府。

美国国务院对《关于美军越过三八线的美国政策问题》进行了多次讨论，几经修改后于 8 月 23 日送交国家安全委员会。8 月 25 日，国家安全委员会召开会议讨论这份报告。

这次会议集中讨论了万一中国和苏联介入，美军是否越过三八线的问题。会议一致认为，麦克阿瑟有权在朝鲜北部实行两栖登陆作战，但“联合国军”应该与苏联边境保持明确距离。国防部已经表过态，美海、空军不得轰炸离苏境 17 英里的地区。美国地面部队不得越过 39 度线。会议建议，授权“联合国军”总司令指挥地面部队越过三八线，但要和中苏边境保持一定且明确的距离；如果有情报表明，中国或苏联进行了大规模有组织的抵抗，“联合国军”总司令在向华盛顿报告之前，不得下令继续前进。

9 月 9 日，美国国家安全委员会根据国务院的《关于美军越过三八线的美国政策问题》的报告和国家安全委员会会议的建议，起草了国家安全委员会第 81/1 号文件，即《对朝行动方针报告》。这份文件的主要内容是：

一、联合国军越过三八线打击北朝鲜军队有合法基础，应授权麦克阿瑟实施军事行动，包括在三八线以北进行两栖、空降或地面作战，以摧毁北朝鲜武装力量。实施这些行动的前提是，当进行这些行动时，苏联或中共未派遣大批军队进入、没有宣布打算进入北朝鲜，也没有发出在北朝鲜从军事上击败我军行动的威胁。作为一项政策，不得在与苏联接壤的东北部各省或在沿满洲边界附近使用非朝鲜的部队，麦克阿瑟的部队不得越过苏联或满洲边界。

二、参谋长联席会议在授权麦克阿瑟占领北朝鲜的同时，其作战计划必须得到总统的批准，并与盟国协商。

三、一旦中、苏同时占领北朝鲜，麦克阿瑟不应在北朝鲜进行地面作战，应在三八线顶住，继续轰炸北朝鲜。

四、一旦苏联在三八线以南公开或悄悄地投入大批部队，麦克阿瑟应尽可能守住防线，但不得采取使局势更加严重的行动，并迅速报告华盛顿。如果联合国军正在三八线以北作战，苏联大批部队公开参战，那么麦克阿瑟采取的行动同上。

五、一旦中国的主力部队在三八线以南公开或秘密参战，美国不应使自己陷入同共产党中国的全面战争。只要存在能够抵抗的机会，美国应继续作战，可以考虑授权麦克阿瑟在朝鲜之外，针对共产党中国进行适当的海、空军事行动，与此同时，美国应向安理会提出“谴责中共为侵略者”的决议案。若在三八线以南出现苏联或中国的小股部队，麦克阿瑟应继续目前的行动。

六、若没有迹象表明有与中、苏发生冲突的危险，而北朝鲜拒绝接受联合国军提出的“投降条款”，麦克阿瑟应当摧毁北朝鲜军队，占领朝鲜北部。

七、应改组南朝鲜政府，采取强有力措施解决共党分子，同时帮助南朝鲜政府进行社会、经济改革。

9月11日，杜鲁门批准国家安全委员会第81/1号文件。参谋长联席会议于9月27日根据第81/1号文件，向麦克阿瑟下达了越过三八线的第91801号指令。

美国当局在做出侵占全朝鲜的决定后，又积极操纵联合国通过相应决议，授权美军越过三八线，企图使美国扩大侵略得到形式上的“合法化”。

9月19日，美国当局致电美国驻联合国代表，称：美国的目的是在联合国的领导下，帮助朝鲜实现“自由、独立和统一”；美国代表应该避免讨论联合国地面部队到达三八线时美国的政策，这一问题应由联合国决定；联合国应该继续坚持建立“统一”的朝鲜。指示要求美国代表应向联合国大会强调执行联合国前决议关于建立“独立”和“统一”的朝鲜的必要性；向联合国提出南朝鲜现政府是朝鲜的唯一合法政府。指示还就以上内容拟定一份草案，要求美国代表说服联合国其他成员国代表同意这项草案。

9月21日，杜鲁门在华盛顿召开记者招待会。有记者问杜鲁门：“总统先生，在美军到达三八线时，你是否已经决定了美军的下一步行动？”

“不！我没有做出任何决定，因为那该由联合国来决定。美军是联合国部队的一部分，军事行动由联合国决定，我服从联合国的决定。”杜鲁门回答得十分干脆。

9月22日，美国务院远东司在一份《结束朝鲜敌对状态的计划》的备忘录中写道：

联合国在朝鲜的政治目的是在朝鲜建立一个完全独立和统一的国家。……为了与国家安全委员会第81/1号文件相一致，联合国军总司令在授权占领北朝鲜之前，有必要得到联合国成员国的同意。

这时，英、法开始担心美军越过三八线会“激怒”中国，引起中国介入朝鲜战争。一旦中国介入朝鲜战争，将有可能造成战争升级，从而导致第三次世界大战的爆发。印度也认为联合国安理会的决议是要北朝鲜军队撤退到三八线，既然北朝鲜军队目前已经撤至三八线，联合国部队的军事行动应该结束，目前应是谈判解决的时候。此外，苏联已于 8 月 1 日回到安理会，积极寻求政治解决朝鲜问题的途径。

在这种情况下，美国在联合国内外四处活动，说服其他国家支持美军越过三八线的计划。

在美国的鼓动下，英国、澳大利亚、巴西、荷兰、古巴、挪威、巴基斯坦、菲律宾等国按照美国政府的意图，拟制了一份准备提交联合国的提案。提案建议建立统一和复兴朝鲜委员会，支持美军越过三八线。

杜鲁门后来在其回忆录中写道：

10 月 3 日国务院收到了许多封电报，报告同一件事情：中国共产党威胁着要参加朝鲜作战。中国共产党政府现任外交部长周恩来召见印度驻北平大使潘尼迦，并且告诉他，如果联合国军队越过三八线，中国就要派遣军队援助北朝鲜人。不过，如果只是南朝鲜人越过三八线，中国将不采取行动。……从莫斯科、斯德哥尔摩和新德里也打来同样的报告。不过，这里却有一个问题：和这个报告有关的潘尼迦先生在过去却是经常同情中国共产党的家伙，因此他的话不能当作一个公正观察家的话来看待。充其量不过是一个共产党的宣传的传声筒罢了。建议采取一切适当的步骤以稳定全朝鲜局势的议案，在联合国大会的政治安全委员会里悬而未决。这个议案如果得到通过，那么联合国司令官就肯定有权力在北朝鲜作战。这个议案在第二天就要投票表决，看来周恩来的声明只是对联合国的恫吓，扬言要在朝鲜进行干涉。

在杜鲁门的指示下，代理国务卿韦布于 10 月 4 日电示美国驻印度大使亨德森，希望通过印度政府直接与中国驻印度大使接触，转达美国政府的意图，即美国无意与中国冲突，联合国军占领北朝鲜不会危及中国安全。同时又威胁中国说："不要低估美国人民全力支持太平洋地区国际和平的决心。"

在美国的操纵下，联合国大会于 10 月 7 日通过英国、澳大利亚、巴西、荷兰、古巴、挪威、巴基斯坦、菲律宾提出的"八国提案"。该提案的中心内容是要在"联合国军"的占领下和联合国机构的监督下，举行所谓选举来"统一"朝鲜。提案建议：

（甲）采取一切适当的步骤以保证全朝鲜情况的稳定；

（乙）采取一切组织政府的行为，包括在联合国主持下举行选举，以便在主权的朝鲜国家内建立一个统一、独立和民主的政府；

（丙）邀请南北朝鲜人民的各阶层和代表团体，在恢复和平、举行选举和建立统一的政府的工作中与联合国各机构合作；

（丁）除为达到上列（甲）、（乙）两款规定的目标所必要者外，联合国军队不得留驻在朝鲜任何地方；

（戊）采取一切必要措施以完成朝鲜的经济复兴。提案决议：设立一个由澳大利亚、智利、荷兰、巴基斯坦、菲律宾、泰国和土耳其组成的委员会。定名为联合国朝鲜统一复兴委员会：（1）担负联合国朝鲜委员会的职责；（2）代表联合国以实现全朝鲜统一、独立和民主的政府之建立；（3）行使大会在得到经济暨社会理事会的建议以后所决定的与朝鲜的经济和复兴有关的各种职责。联合国朝鲜统一复兴委员会应尽速前往朝鲜开始履行其职责等等。

## 麦克阿瑟保证战争将在感恩节前结束

麦克阿瑟在接到参谋长联席会议授权“联合国军”在三八线以北行动的第91801号指令前，已迫不及待地指挥美军在三八线地区展开，准备入侵朝鲜民主主义人民共和国。9月28日，麦克阿瑟根据参谋长联席会议的指令做出越过三八线北进的简要计划：

（1）第8集团军以现有兵力打过三八线，主攻方向是开城—沙里院—平壤轴线，目标是夺取平壤；

（2）第10军以现有兵力在元山实施两栖登陆，然后沿元山—平壤轴线向西进攻，与第8集团军会合；

（3）第3步兵师位于日本，作为总司令部的预备队；

（4）在占领平壤—元山一线后，定州—宁远—咸兴一线以北的作战由南朝鲜军队实施；

（5）第8集团军的进攻日期暂定为最早是10月5日，最迟不晚于10月30日。

9月29日，马歇尔听说沃克已命令第8集团军将在三八线停下来，可能是为了等待联合国批准越过三八线，感到非常不安，立即起草给麦克阿瑟的电报，电报称：目前有报告说，第8集团军曾宣布韩国各师将在三八线停下来进行重新集结。关于这一点，我们希望你认识到，你在三八线以北推进时无论在战术上还是战略上都不受限制。上面所提到的声明有可能会使联合国处境尴尬，因为在联合国里，人们显然不愿意出现必须对越过三八线进行投票的局面。相反，人们希望看到你在军事上已证明有必要这样做。

9月30日，麦克阿瑟复电，他对沃克是否发表过这类声明表示怀疑，但他要提醒沃克不要再提有关三八线的问题。麦克阿瑟说：

在军事上，三八线不是影响我们使用部队的因素。我的部队的后勤补给是妨碍我们迅速推进的主要问题。为利用敌军的失败，我们的部队随时可以越过三八线进行进攻。你们了解我在北朝鲜总的战略计划。在敌人投降前，我认为我们在整个朝鲜都可进行军事行动。

9月31日，参谋长联席会议正式批准麦克阿瑟的北进计划。10月2日，麦克阿瑟以“联合国军”司令部第二号作战命令向第8集团军司令官沃克下达了越过三八线的命令。命令的主要内容是，第8集团军从陆地推进，占领平壤；在此期间，第10军团在元山登陆。尔后两支部队在平壤—元山蜂腰部汇合，切断人民军退路，当联合国军到达定州—宁远—兴南一线后，这一线以北至边境线的作战，只由南朝鲜军担任。

在麦克阿瑟向第8集团军下达越过三八线命令的前一天，10月1日，位于东线的南朝鲜第1军团各师已经越过三八线。

南朝鲜第3师于10月1日进抵注文津—江陵一线，当日越过三八线，3日占领襄阳，继续北进，企图占领元山。首都师于10月1日进抵三八线，在注文津西北地区越过三八线。10月1日，西线的南朝鲜军各师进抵三八线。南朝鲜第6师于当日10时半占领洪川，2日占领杨平，3日在春川集结后继续向北进犯。南朝鲜第7师于2日由忠州出发，向原州进犯。南朝鲜第8师于3日抵杨平，4日转向议政府集结。

沃克接到麦克阿瑟越过三八线的命令后，立即下令所辖美军第1军以不足一个师的兵力占领临津江以西一线，其主力在集结地域集中，然后按集团军命令，确保骑兵第1师为主要突击力量，遂行北进的作战任务。美步兵第24师和南朝鲜第1师保障其翼侧，并担任预备队。美骑兵第1师奉命于10月5日进至汉城以北，确保美第1军在三八线附近集结地域的安全。骑兵第1师分成3个团级战斗队（即加强团），部署在开城附近的三八线南侧。10月7日，骑兵第1师巡逻队越过三八线。

10月9日，麦克阿瑟狂妄地敦促朝鲜人民军投降。他威胁说：“为了以最少的生命和财产的损失贯彻联合国决议，我作为联合国军总司令最后一次要求你们及你们指挥的军队，不管位于朝鲜什么地方，都放下武器，停止敌对行动……否则将马上着手采取必要的军事行动，以实施联合国的决议。”

当日，美骑兵第1师全部越过开城北部边界，进抵三八线。在三八线附近，骑兵第1师遭到朝鲜人民军的顽强抵抗。激战至11日，美骑兵第1师全部越过三八线，侵入朝鲜民主主义人民共和国。继美骑兵第1师之后，美步兵第2师、步兵第24师、英国步兵第27旅和南朝鲜第1师大举越过三八线，分多路向平壤攻进。14日，美骑兵第

1 师攻占金川，继续向平壤逼近。

“联合国军”于 10 月 7 日大规模地越过三八线后，大举向北推进。此时，朝鲜人民军的主力部队正在向北撤退，由于遭到“联合国军”分割、包围，弹药、给养无法补充，部分部队撤到三八线以北，部分部队被敌人包围，部分部队失去联系，而担任三八线防御任务的人民军部队，在“联合国军”的多路攻势下，被迫向中朝边境撤退。

随着人民军的抵抗逐渐减弱，美国军队迅速向中朝边境进犯。此时，杜鲁门开始关注中国和苏联对美国扩大战争的态度，有点担心中国或苏联军队会介入朝鲜战争。

10 月 9 日，经杜鲁门批准，参谋长联席会议向麦克阿瑟发出新的指令：“鉴于中国共产党军队可能在北朝鲜进行干涉，兹特对我们 9 月 27 日的指示作如下补充，尚希遵照执行。今后中国共产党要是不事先声明就在朝鲜任何地方公开或隐蔽地使用大量的部队，你应该根据自己的判断，只要在你控制下的部队有可能获得胜利，你就继续行动。在任何情况下，如果要对中国境内的目标进行任何军事行动，都必须事先得到华盛顿的批准。”

美国不顾中国政府的多次警告，扩大战争，而联合国大会却支持美国的侵略行径。对此，中国政府再次提出警告。10 月 10 日，中华人民共和国发表声明严正指出：10 月 7 日联合国大会在美国操纵下所通过的英、澳等八国提案，它的通过是完全非法的、违反全世界绝大多数人民意志的。目前美国正积极部署大规模越过三八线，企图把侵略战争的火焰延烧到中国边境。声明指出：“中国人民对这种严重状态和扩大战争的危险趋势，不能置之不理。”声明最后警告道：“所有侵略者必须对于他们自己扩大侵略的疯狂行为的一切后果负责。”

英国政府已经敏感地察觉到中国政府在不断地发出警告后可能要派军队进入朝鲜，当获悉中国的外交声明后，立即由外交大臣贝文致函美国国务卿艾奇逊，称：

虽然我们不能仅从字面上的含义看待中国的声明，但我们也不能完全置之不理……一旦中国公开干预，我认为麦克阿瑟在得到杜鲁门总统批准之前不得在朝鲜领土之外采取行动，这一点非常重要。我确信，在美国政府和女王陛下政府商讨之前，当然不会做出这类的批准。

贝文强调，英国有权要麦克阿瑟事先经过（与英国）协商，才能在朝鲜之外，对中国进行军事行动。他认为，“我方错误的行动会迫使中国卷入战争，后果虽不能预料，但肯定十分严重”。

对于中国政府越来越严厉的警告以及盟国对此的强烈反应，杜鲁门不得不重视起来。10 月 12 日，他收到中央情报局提供的两份权威性报告。一份报告是《关于中国干预朝鲜可能性的报告》。这份报告认为中国军队在缺少空中和海上支援的情况下进行干预，可能有效但未必具有决定性的意义。尽管周恩来发表了声明，中国的部队正向满洲机动，但没有令人信服的证据表明，中共真的打算全面干涉朝鲜。这份报告的结论是：中国人不会进入北朝鲜与联合国军对抗。

中央情报局的另一份报告是《关于苏联军事干预朝鲜可能性的报告》。这份报告认为，苏联驻远东部队在没有警告的情况下，有能力对朝鲜进行有效的干预。但苏联领导人会充分估计到，他们如果公开干预会引起苏联与美国及其他联合国军的直接对抗。苏联领导人不能保证苏联军队与美国军队的作战只限于朝鲜或远东，其结果可能引起与美国的全球战争。

尽管从各种迹象分析判断，中国或苏联干预朝鲜的可能性很小，但美国军队毕竟已经大举越过三八线。杜鲁门做出决定，要和麦克阿瑟进行面对面的磋商。

10 月 15 日清晨，杜鲁门乘“独立号”总统专机抵达威克岛。随行人员有参谋长联席会议主席奥马尔·布莱德雷、陆军部长弗兰克·佩斯、太平洋舰队司令阿瑟·雷德福以及助理国务卿迪安·腊斯克等。

麦克阿瑟在机场迎接杜鲁门。杜鲁门走下舷梯，亲热地拥抱着麦克阿瑟，说：“我很早就期望见到您，将军!”

麦克阿瑟风趣地说：“我希望下一次的见面不会等得太久。”

随后，他们一行驱车至海边的一座别墅。在会议厅里，麦克阿瑟首先向杜鲁门报告战况，他很有把握地向杜鲁门保证战争将在感恩节前结束。他说：“北朝鲜军队想抵挡住联合国军并转入进攻是痴心妄想，他们仅剩下 10 万人，这些部队缺乏训练，装备不足，他们顽固地战斗只是为了面子。”

麦克阿瑟信心十足地报告了他的作战计划：“正命令第 1 骑兵师直取平壤，第 10 军在已经占领的元山登陆，该军可以在一周内从那里横穿朝鲜半岛到达平壤。我认为北朝鲜人又一次犯了致命的错误，没有在纵深部署兵力，一旦美军在平壤会师，曾发生在朝鲜南方的事同样会在北方发生。第 8 集团军可以在圣诞节（12 月 25 日）撤回日本，在朝鲜只需留下美军第 2 师、第 3 师和其他国家的部队，直到那里举行了选举以后。我希望明年就举行‘选举’，避免实施军事占领。”

麦克阿瑟最后补充道：“所有占领都是失败的。”

杜鲁门听完麦克阿瑟的汇报，感到十分满意，但他还是有些担心中国或苏联的介入，问："中国或苏联会不会进行干预?"

"很小。如果他们在（战争爆发后）第一或第二个月就干预，那会起决定作用。现在我们不再担心他们干预了：我们不再畏畏缩缩。"

麦克阿瑟的语气十分肯定："中国在满洲的兵力有30万人。其中部署在鸭绿江的可能不到10万至12.5万，可以越过鸭绿江的只有5万至6万人。他们没有空军。由于我们在朝鲜拥有空军基地，如果中国人试图南下到平壤，那对他们来说将是一场大规模的屠杀。"

麦克阿瑟接着说："至于俄国人，情况稍有不同。他们在西伯利亚拥有一支空军，而且素质很好，拥有出色的飞行员，装备有先进的飞机。他们可以投入1000架飞机。但俄国没有可以用于北朝鲜的地面部队，因为把地面部队派到朝鲜战场是有困难的。一个师开到朝鲜要六个星期，而六个星期后冬天就到了。唯一可行的是俄国空军支援中国地面部队作战。但俄国空军同中国地面部队之间的协调将十分困难，我认为俄国人在中国人头上扔下的炸弹将会同落在我们头上的一样多。空中掩护是非常困难的，没有受过训练的空军和地面部队，如果不经过大量的联合训练，搞空中掩护是不可能的。我相信，中国地面部队同俄国空军做不好空中掩护，而我们是最好的。"

杜鲁门非常赞赏麦克阿瑟这番第一手权威性的分析和判断。他在离开威克岛起飞之前，在麦克阿瑟的优异服务勋章旁加上了第四枚橡叶勋章。在登上飞机时，他告诉麦克阿瑟说："我认为我们这次会晤是非常令人满意的。"

布莱德雷后来在回忆录中说：

我很少见过他（杜鲁门）如此兴致勃勃。我们大家都对朝鲜战争很快就要结束而感到如释重负。我们现在可以进行建设北约的重要任务了。

10月17日，杜鲁门在旧金山发表全国广播演说，声称威克岛会晤"非常令人满意"。他说："战区司令官由于亲临其境，最了解当地情况，所以再没有比和他晤谈更解决问题的了。他掌握大量的情报，这对我们所有的人，在这个危急的关头，正确地决定政策都会有帮助。"

杜鲁门信心十足地宣称："联合国军的力量正在日渐增强，目前他们与敌对部队相比远远处于优势。朝鲜共产党人有效的抵抗力量不久必将告终……"

威克岛会谈一结束，麦克阿瑟就命令"联合国军"加快向中朝边境的进攻速度。

随着朝鲜人民军有组织的抵抗逐渐减弱，"联合国军"地面部队在海、空军的支援下，直扑中朝边境。此时，朝鲜劳动党和政府被迫组织党政机关和部队向新义州、江界方向进行转移，并将临时首都迁到江界。

10 月 17 日，麦克阿瑟改变原定东西两线部队在平壤—元山一线汇合的计划，并且取消在定州—宁远—咸兴限制线以北地区禁止使用非朝鲜军队的规定，命令“联合国军”所有部队分路继续北进，将战线推进到中朝边境。

10 月 19 日，美骑兵第 1 师、第 24 师和南朝鲜第 1 师占领平壤。10 月 20 日，美第 10 军指挥的陆战第 1 师、步兵第 7 师分别由仁川、釜山船运至元山港海域，准备登陆。南朝鲜第 1 军团首都师由咸兴、兴南北进，占领北青、新兴。同日，美空降第 187 团在肃川、顺川地区空降。

麦克阿瑟乘坐一架直升飞机，亲自观看这次空降。当空降临近结束的时候，麦克阿瑟的飞机直飞平壤。

在平壤机场，在一群记者的簇拥下，麦克阿瑟微笑着宣称：“这次空降是决定性的，已完成了对敌人的合围，北朝鲜军一半幸存的士兵被包围了。”

接着，麦克阿瑟又以轻松的口气说：“我已命令联合国军全速前进，堵住朝鲜人民军的退路，消灭朝鲜人民军，摧毁朝鲜人民政权，尽快占领整个朝鲜。”

这时，“联合国军”总兵力已达 42 万人，拥有飞机 1100 余架，各型军舰 300 多艘。地面部队拥有 5 个军 15 个师另 2 个旅，23 万余人，其中，美国 3 个军 6 个师（每师装备有坦克 149 辆、装甲车 35 辆、各种炮 959 门）约 12 万人，南朝鲜军 2 个军团 9 个师（每师装备有各种口径的火炮 219 门）9 万人，另有英国、土耳其、澳大利亚、泰国、菲律宾等国军队 1.2 万余人。由于装备现代化的“联合国军”在北进过程中没有遇到有力抵抗，前进速度很快。从 20 日到 24 日，“联合国军”推进了 100 余公里，距离朝中边境最近处已不足 100 公里。

10 月 24 日，麦克阿瑟发布命令，取消对“联合国军”地面部队在朝鲜北部使用的所有限制，要求其部队向朝鲜北部边界极限推进。

24 日以后，“联合国军”越过三八线的所有部队，以师甚至以团或营为单位，以车载步兵为前驱的行动样式，置东西两线部队之间出现的 80 公里大间隙于不顾，分兵多路向朝中边境高速推进。

美国地面部队在大举向中朝边境推进的同时，美国海、空军的作战飞机不断侵入中国领空，进行轰炸和扫射。据不完全统计，从 1950 年 8 月 27 日到 1950 年 10 月 25 日，美军出动飞机 31 架次，侵入中国东北领空，并进行轰炸、扫射，造成中方人员伤亡 38 人，炸毁大量居民房屋。战火烧到了中国和平的土地上。还沉浸在欢庆新中国成立一周年喜悦气氛中的中国人民，越来越感受到战争的临近。

# 五　拉开抗美援朝战争的帷幕

1950 年 10 月 19 日黄昏，在中朝边境鸭绿江安东、长甸河口、辑安渡口上，中国人民志愿军部队正在紧张有序地渡江。听不到战马的嘶鸣声，看不见明亮的车灯，只能听见汽车马达声和缓缓流淌的江水声。

在大军跨过鸭绿江之前，在安东的江桥上，一辆绿色的军用苏式吉普嘎斯—69 急速地行驶着。中国人民志愿军司令员兼政治委员彭德怀正端坐在车内。吉普车很快驶过江桥，直奔朝鲜边境城市新义州。

当吉普车抵达新义州江桥的桥头处时，两名朝鲜人民军军官迎了上来。在朝鲜同志的引导下，彭德怀与朝鲜外务相朴宪永会面。

10 月 20 日，彭德怀在朴宪永的陪同下，乘车驶抵水丰发电站，等待与金日成联系并确定会谈地点。

## 志愿军改取运动歼敌方针

志愿军渡过鸭绿江后，第 40 军奔向球场、德川、宁远，第 39 军主力奔向龟城、泰川，第 42 军奔向社仓里、五老里，第 38 军奔向江界。

志愿军入朝时，朝鲜局势已发生急剧变化。彭德怀不得不重新考虑志愿军下一步的行动计划。

志愿军入朝以前，中央军委、毛泽东曾确定志愿军入朝作战第一个时期只打防御战的方针。

彭德怀依据中央军委和毛泽东的战略意图，决定志愿军入朝以后采取积极防御，阵地战与运动战相结合，以反击、袭击、伏击来歼灭与消耗敌人有生力量的作战方针，先在龟城—泰川—球场—德川—宁远—五老里一线，利用有利地形组织防御，控制一定地区，制止敌人进攻，稳定局势。

朝鲜战局变化急剧。10 月 20 日，西线南朝鲜第 2 军团距志愿军预定防御地区只有 90 至 130 公里；东线南朝鲜第 1 军团首都师已经进到志愿军预定防御地区，而此时志愿军仅有 5 个师渡过鸭绿江进到义州以东和朔州、满浦以南地区，距离预定防御地区还有 120 至 270 公里，已不可能先敌到达预定防御地区了。

志愿军入朝时采取了一系列战略佯动和伪装措施。志愿军调动、集结、训练等临战准备活动严守秘密，入朝时进行严密的伪装，利用黄昏和夜暗分路过江。在开进过程中夜间行军，拂晓前露营，天亮后严密伪装，隐蔽防空，避免与敌过早接触，较好地隐蔽了志愿军的行动和企图。在政治外交方面，中国政府多次发出严正警告，并公开地大张旗鼓地在全国范围内开展谴责美国侵略者、声援朝鲜人民的活动。美国当局认为这是“虚张声势”。

由于“联合国军”尚未发现志愿军入朝，气焰仍然十分嚣张，毫无顾忌地分兵冒进，中路南朝鲜第 2 军团三个师态势突出，东西两线部队之间敞开的缺口越来越大，这给志愿军在运动中各个歼敌提供了极好的机会。

志愿军入朝后，毛泽东一直密切关注着朝鲜局势的发展和志愿军的情况。依据朝鲜局势的变化，毛泽东审时度势，当机立断，决定志愿军立即采取在运动中各个歼敌的方针。

10 月 21 日凌晨 2 时 30 分，毛泽东致电彭德怀、邓华、洪学智、韩先楚及高岗：

（一）伪首都师由咸兴向长津前进。伪 3 师似将进至咸兴。伪 6 师改由破邑向北，目的地第一步在德川，第二步可能向熙川。伪 7、8 两师第一步向顺川、军隅、安州，第二步可能向泰川、龟城。以上五个师的最后目的地是江界、新义州一线。截至此刻为止，美伪未料到我志愿军会参战，故敢于分散为东西两路，放胆前进；（二）估计伪首伪三两师要七天左右才能进到长津，然后折向江界。我军第一仗如不准备打该两师，则以 42 军的一个师位于长津地区阻敌即够。42 军的主力则宜放在孟山以南地区（即伪 6 师的来路），以便切断元山、平壤间的铁路线，钳制元、平两地之敌，使之不能北援，便于我集中三个主力军各个歼灭伪 6、7、8 等三个师；（三）如伪 6 师（较强）由破邑（在铁路线上）至德川的路上能有朝鲜人民军一部作有力的阻击，则该敌可能要到 10 月 24 日或 25 日才能占领德川，如果我 40 军（全部）能于 23 日赶至德川、宁边地区，则可以绕至伪 6 师的后方（由东面绕至南面铁路线附近），让出正面给他军使用（38 军或 39 军），如果太迟，则敌将先占德川。

毛泽东特别强调：

此次是歼灭伪军三几个师，争取出国第一个胜仗，开始转变战局的极好机会，如何部署，望彭、邓精心计划实施之。……这一仗可能要打七天至十天时间（包括追击）才能结束，我军是否带有干粮？望鼓励全军，不惜牺牲，不怕艰苦，争取全胜。

电报发出后，毛泽东继续考虑朝鲜战事。一个小时后，他又发出一电，要求志愿军争取战机，迅速完成战役部署，电报指出：

你们是否已前进，我意 13 兵团部应即去彭德怀同志所在之地点和彭住在一起并改组为中国人民志愿军司令部，以便部署作战。现在是争取战机问题，是在几天之内完成战役部署以便几天之后开始作战的问题，而不是先有一个时期部署防御然后再谈攻击的问题。

根据中央军委、毛泽东的有关指示和战场形势，20 日中午，彭德怀、邓华等指示志愿军各军：目前美伪军北犯中，所遭到人民军的抵抗甚弱，仍无顾忌地分途北进中，并在下雪以前，进至中朝边境。据此，敌在未发觉我军行动前，将仍会向北冒进，因而使我军以运动战方式，歼灭敌人之机会，是充分可能的。你们应该极力争取与造成运动歼灭的良机，以求得开始即打几个好仗，将敌气焰打下去。

下午，彭德怀得到金日成指挥部的通知，在柴军武的陪同下，前往昌城郡大榆洞附近的大洞与金日成会谈。

21 日下午 4 时，彭德怀致电毛泽东、高岗、邓华：

（一）本日晨 9 时在东仓—北镇间之大洞与金日成同志见面，前面情况很混乱。由平壤撤退之部队，已三天未联络。咸兴—顺川线以南已无友军，咸兴敌是否继续北进，不明；（二）友军位置：长津附近有一工人团和坦克团，德川—宁边—大道线以北高地有 4 师，肃川有 46 师，博川有 17 师，以上均系新兵，如敌继续北进势难阻击；（三）目前应迅速控制妙香山—杏山洞线及其以南并构筑工事，保证熙川枢纽，隔离东西敌人是异常重要的。请设法集中部分汽车，速运一个师，以两个团至熙川以南之妙香山，一个团至杏川—五领线先机构筑工事。

志愿军第 13 兵团部于 10 月 19 日黄昏从长甸河口随第 40 军 118 师前卫团跨过鸭绿江。

10 月 21 日黄昏，兵团部分别收到毛泽东和彭德怀关于采取在运动中各个歼灭敌人的电报。

根据毛泽东和彭德怀提出的在运动中各个歼灭敌人的指示，邓华、洪学智、韩先楚、解方于当日21时改变部署，决定以一部分兵力钳制东线长津方向前进之敌及可能由元山、平壤增援之敌，集中3个军在龟城、泰川、熙川、德川、宁远地区，各个歼灭南朝鲜军第6、第7、第8师。

具体战役部署是：第一步计划拟以第42军一个师附一个炮兵团，坚守长津地区，阻击伪首都师团、第3师团，该军主力首先控制小白山地区，视情况向孟山以南地区挺进。第40军全部进到德川、宁远地区，第38军全部进到熙川地区，第39军全部进到泰川、龟城地区，而后视敌前进情况而各个歼灭之。

10月22日，南朝鲜第6师正集结于顺川—新仓里之间，准备进抵新义州；南朝鲜第8师正集结于江东—成川之间，准备进抵满浦镇。根据上述情况判断，敌军尚未发现我军开进，南朝鲜第6师将经新安州进至博川及其以西地区，南朝鲜第8师将进至军隅里及其以北地区。为歼灭南朝鲜第6、第8师，毛泽东电示彭德怀、邓华：

我军行进路线必须避开定州、博川、军隅里一线及其以北约二十公里地区不走，而走以北路线，否则，就会过早被敌人发觉，敌将停止前进，或竟缩回去。而此次作战，则以在博川、军隅里及其以北地区周围歼该敌为最有利。请按此意图，速定部署。

毛泽东同时指出：

如果我军能同时包围伪六、八两师，则于战局最为有利。我四十军应担任包围一个师，三十九军应担任包围一个师。当战斗紧急时，除伪七师必然增援，我可继歼该敌外，现在平壤之伪一师，亦应估计可能增援，你们也要准备对付该师。

当日，彭德怀致电邓华、洪学智、韩先楚并报毛泽东、高岗：我军先占德川已不可能，应迅速从39军或40军中车运一个师占据熙川南之妙香山—杏川洞线构筑工事。待伪6、7、8师攻击时，我集39军、40军主力由温井—云山线向东攻击敌侧背，38军由杏川洞向宁边、德川攻击，42军仍应迅速集结长津。

第13兵团根据毛泽东和彭德怀的指示精神，立即重新部署兵力，决定：第39军以一个师扼守铁山、宣川地区，军主力进至龟城及泰川西北，准备捕歼南朝鲜军第6师；第40军主力进至温井、云山地区，准备捕歼南朝鲜军第8师；第38军车运一个团控制妙香山、杏川洞，军主力迅速进至熙川地区，一方面阻击敌北进，同时准备配合第39军、第40军作战；第42军以一个师控制小白山地区要点，军主力迅速进至长津—旧津里线一线，阻击东线之敌。

与此同时，第13兵团政治部发布政治动员令，号召全体指战员发扬革命的英雄主义精神和勇敢顽强的战斗精神，不怕一切牺牲，克服一切困难，保证首战获胜，转变朝鲜战局。

接到彭德怀和第13兵团的部署电后，毛泽东于10月23日7时致电彭德怀和邓华同意第13兵团的部署，并指出："总以利于以主力插到敌人的后面和侧面，全歼六八两师为原则。"

10月23日中午，毛泽东得到新的敌情通报：敌军进展甚速，南朝鲜第6师主力于22日已到价川，小部到宁边，南朝鲜第1师有一个团已到军隅里。毛泽东估计南朝鲜第6、第1师当日均可到宁边，立即致电彭德怀、邓华并告高岗：

速令四十军主力即在温井地区隐蔽集结，以一部控制熙川，不要去云山、宁边与敌过早接触。三十九军即在龟城地区集结，亦不要去泰川。该两军侦察部队不要到定州、博川、宁边、球场去了，要注意避免和敌打响，要将熙川—温井—龟城一线以南地区让给敌人，诱敌深入，利于歼敌。三十八军应迅速前进。

毛泽东仍然放心不下，于当日再次发电，指示邓华、洪学智、韩先楚并告彭德怀：

敌进甚急，捕捉战机最关紧要。两三天内敌即可能发觉是我军而有所处置，此时如我尚无统一全军动作的处置，即将丧失战机。因此，你们应迅速乘车至彭处，与彭会合，在彭领导下决定战役计划，并指挥作战。

10月24日中午，邓华、洪学智、韩先楚到达大榆洞和彭德怀会合。原来，彭德怀与金日成在大洞会谈后，又率指挥人员转移到距大洞仅两公里的大榆洞。

大榆洞原是朝鲜一座有名的金矿，位于平安道的北镇西北三公里处，四面环山，从东北向西南方向有一条沟。山沟两边的山坡上散落着一些金矿。志愿军司令部驻地就设在山坡下的一座木板搭成的工棚里。

在工棚里，彭德怀高兴地与邓华、洪学智、韩先楚一一握手。接着他主持召开作战会议。

彭德怀首先介绍了与金日成的会谈情况，他说："朝鲜前线情况很混乱，由平壤撤退的人民军部队与金日成指挥部已多日未联络，现在朝方仅三个师，已无法阻拦敌人向中朝边境推进。"

彭德怀接着指出："因原定阵地作战难以实现，确定以运动战方式，采取分割、包围的战术歼敌，力争初胜利，以稳定局势。"

第二天，第13兵团收到中共中央来电，电报指示：

（一）为了适应目前伟大战斗任务的需要，十三兵团司令部、政治部及其他机构，应即改组为人民志愿军司令部、政治部及其他机构；（二）彭德怀同志为人民志愿军司令员兼政治委员（前已通知），邓华、朴一禹、洪学智、韩先楚四同志均为副司令员，邓华、朴一禹二同志均兼副政治委员，解方同志为参谋长，政治部、后勤部及其他机构的负责同志均照旧负责；（三）党委组织亦照原名单加入彭朴二同志，以彭德怀同志为书记，邓华、朴一禹为副书记。

## 首战告捷

“联合国军”在北进过程中，未遭有力抵抗，且运输装备先进，前进速度很快。从20日到24日，“联合国军”距离朝中边境最近处已不足100公里。10月24日，麦克阿瑟发布新的命令，取消美国参谋长联席会议“9.27”指令中关于“非南朝鲜的军队一概不准在和苏联接壤的东北各道或沿满洲边境使用”的规定，命令所属所有部队“全速和全力向北推进”到中朝边境，先控制边境要点，堵住朝鲜人民军的退路，消灭朝鲜人民军，摧毁朝鲜人民政权，以求尽速实现其侵占整个朝鲜的计划。

此时，志愿军由于只能在夜间徒步行动，在行进途中，一直受到美军飞机的袭扰，在路上又遇到正向江界、新义州撤退的朝鲜党政军民，人员、车辆和马匹，经常在道路上堵塞，志愿军前进速度较慢。至24日，志愿军除第40军先头两个师进到北镇以东、云山以北即将接近敌人外，其他各军距敌尚有20至50公里。根据这一情况，毛泽东及时电示彭德怀、邓华并告高岗：

今日情报，伪六师向楚山、北镇方向进攻，伪八师经宁远到熙川后向江界进攻，伪一师（战斗力颇强）已到宁边、龟城。请你们注意诱敌深入山地然后围歼之，敌人至今还不知道我情况。（请注意白头山制高点）

彭德怀、邓华、洪学智、韩先楚、解方重新制定部署，决定以第40军集结于温井以北、北镇以东地域，待机歼灭南朝鲜第6师于温井及其西北地域；第39军迅速集结于云山西北地域，准备在第40军围歼南朝鲜第6师时，调动南朝鲜第1师来援，将南朝鲜第1师歼灭于云山附近；第38军和第42军第125师，集结于熙川以北明文洞、仓洞地域，准备歼灭南朝鲜第8师于熙川及其以北地区；第42军第124、第126两师于东线长津以南黄草岭、赴战岭地区阻击敌人北进，牵制东线之敌，配合西线作战。

同时，命令第66军主力自安东过江，向铁山方向前进，准备阻击英第27旅。

10月24日傍晚，志愿军第40军正以两路纵队快速向温井、云山、宁边开进。左路第 118 师翻过新仓，到达北镇西北梨川洞。

邓岳、张玉华率第 118 师连夜赶到北镇东南两水洞地区。

北镇至温井是一条长约 20 公里宽约 1 公里的谷地。谷地两侧是绵亘的高地，谷地北侧高地树林浓密，南通平壤北至楚山的公路沿北侧绕行，九龙江沿公路走向缓缓流淌，南侧高地距公路较远，高地与公路间沟坎纵横，地形复杂。

入夜，在沿温井至北镇公路和九龙江北侧一线阵地上，第 354 团指战员正严阵以待。

次日凌晨，隐蔽在山林中的指战员们焦急地盯着山下的公路。突然，山下响起马达声，公路上扬起滚滚烟尘，两辆中型卡车沿着温井公路直开过来。接着，大队汽车一辆接一辆浩浩荡荡地开过来了。这是南朝鲜第 6 师第 2 团第 3 营并加强了一个炮兵连。

当敌人的前卫进至两水洞，后卫进到丰下洞以北时，团长褚传禹一声令下，全团一齐向敌人展开火力袭击。

汽车停止前进，车上的敌人纷纷跳下车，立即向路侧的一个小山包奔去。指战员们依托有利地形，以拦头、截尾、斩腰的战法，向敌行军纵队侧翼实施猛烈的攻击。

第 3 营第 8 连首先将敌炮兵连与敌第 3 营的联系切断，第 2 营以火力截断了敌第 3 营与团主力的联系，阻止了敌团主力的前进。第 1、第 3 营乘敌队形混乱之际，分路冲下公路，大胆实施穿插分割。顿时，公路上、稻田里、山坡上、河滩里，到处闪着刺刀的寒光。

“缴枪不杀!”战士们忘记了南朝鲜兵是听不懂中国话的，喊声越大，他们跑得越凶。

这股南朝鲜军兵力尚未展开，火炮未及开架，即大部被歼，余部向九龙江南溃逃。随队的一名美军顾问也成了志愿军的俘虏。

南朝鲜第 2 团主力在其第 3 营遭到阻击时，急忙组织兵力在炮火的支援下，向防守在 216、409. 5 高地的志愿军第 2 营疯狂进攻。

坚守在 216 高地的第 4 连，不顾敌人密集的炮火，勇敢顽强地抗击敌人，连续击退敌 10 余次进攻，坚守住了阵地。南朝鲜第 2 团主力被迫退回温井。

入夜，志愿军第 40 军将温井四面包围，给南朝鲜第 6 师第 2 团主力以突然、猛烈的打击。南朝鲜军在黑暗中陷入混乱状态，慌忙向城外溃逃。

志愿军担任阻击任务的部队迎头打击溃逃之敌，南朝鲜第 2 团主力被歼一部，大部撤逃。第 40 军乘胜攻占温井，切断了北犯楚山之敌南朝鲜第 6 师第 7 团的退路。

在两水洞战斗刚刚打响之际，云山战斗也即将展开。

云山东侧的玉女峰等高地是云山通往温井的天然屏障，占领玉女峰等高地就封闭了通向温井的通道。第 40 军第 120 师第 360 团潜伏在云山以北的玉女峰等高地。

在云山至温井的公路上，汽车、坦克一辆紧跟一辆轰轰隆隆开过来了。

突然，狂风暴雨般的枪弹向公路上的汽车、坦克扫去，敌人在志愿军突然猛烈的打击下，措手不及，被迫缩回云山。

缩回云山的是南朝鲜第 1 师的先头部队。师长白善烨还以为遇到的是朝鲜人民军的零散部队，又命令第 15 团由云山东北方向越过三滩川，企图抢占间洞南北一线高地。

守卫在间洞南山的 3 连英勇抗击，连续打退了敌人的数次进攻。

在 3 连 3 班的阵地上，班长石宝山带领全班利用有利地形，顽强地抗击着敌人的进攻。

弹药消耗殆尽，阵地受到了严重威胁。当敌人冲到阵地前时，石宝山毅然抱起两根爆破筒扑向敌群，与二十多个敌人同归于尽。

“为石宝山报仇!”战士们端起刺刀，举起石头，英勇地与敌人拼搏，再一次打退了敌人。敌人一次又一次的冲击，都失败了。11 时许，南朝鲜第 1 师又派出 8 辆坦克，搭乘步兵从间洞沟口迂回到第 3 连阵地右后侧，企图夺占间洞南山。

为保障第 3 连的侧翼安全，第 2 连第 3 排迅速向敌坦克靠近，7 班副班长秦永发勇敢机智地炸毁敌坦克一辆，粉碎了敌人的进攻。秦永发是志愿军第一个用爆炸筒炸毁敌坦克的战士。战后，他被师里命名为“反坦克英雄”。

在第 5 连的阵地上，指战员们顽强地抗击着敌人的猛烈进攻，机枪全部被炸坏，弹药大部被消耗，连级指挥员大部伤亡，先后有四人代理连长职务，仍然继续战斗。

在打退了敌人第五次进攻后，第 1、第 3 两个排只剩下 12 人了，他们推举在国内革命战争中曾荣获战斗模范称号的杜书生指挥战斗，连续打退了敌人的数次进攻，守住了阵地。

与此同时，志愿军第 42 军一部，在东线黄草岭地区与南朝鲜第 3 师也开战了。

志愿军第 40 军开进途中在玉女峰、两水洞及温井地区，志愿军第 42 军在东线黄草岭地区所进行的战斗，拉开了抗美援朝战争的帷幕。后来，1950 年 10 月 25 日被确定为中国人民志愿军抗美援朝战争纪念日。

# 六　与美军王牌部队的首次交锋

美国陆军中有一支特殊的部队，长期保留“骑兵师”的番号，它就是美军骑兵第1师。

美国陆军骑兵第1师正式建于1921年9月，其最早历史可追溯到独立战争时期，是美国历史最久的王牌部队之一。这支部队在两次世界大战中战功显赫，作战中总是充当开路先锋的角色，从没吃过败仗，享有“常胜师”的美誉。虽然早已改装为机械化步兵师，但仍然保留着“骑兵师”的番号，臂章也仍然采用最初的马头图案，可谓美国陆军中的“天之骄子”。

## 两支王牌军都没有做好较量的心理准备

朝鲜战争爆发之后，骑兵第1师作为第一批美军地面部队入朝参战，从洛东江反攻到突破三八线、进攻平壤，一直担负主攻任务，是“联合国军”总司令麦克阿瑟的“宠儿”，也是美第8集团军司令沃克手中的一张王牌。师长霍巴特·盖伊少将在第二次世界大战中曾任小乔治·巴顿将军的参谋长，以精通装甲战战术而著称。1950年10月19日，中国人民志愿军入朝参战，10月25日在温井等地重创美第8集团军所属的南朝鲜部队。沃克毫不犹豫地将该师投入战斗，在云山接替南朝鲜第1师继续向中朝边境攻击前进，企图依靠这支王牌军杀开一条血路，饮马鸭绿江。

10月31日，骑兵第1师先头部队第8骑兵团团级战斗队（相当于加强团）进入云山，师主力则进至云山以南的龙山洞。

此时在云山地区，除了美骑兵第1师主力外，还有南朝鲜第1师所属第15团和第

12 团一部。南朝鲜部队要求美军马上接防，而美军则要南朝鲜部队先收复丢失的阵地。最后议定，一旦南朝鲜军收复失地，美军立即接防，向鸭绿江推进。

团级战斗队是美军作战的基本战术单位，它以一个步兵团为骨干，配属一个炮兵营、一个坦克营和工程、通信、运输分队，具有很强的火力和机动力。第 8 骑兵团团级战斗队在骑兵第 1 师中一贯担任开路先锋，傲气十足。南朝鲜部队指挥官告诉第 8 骑兵团团长帕尔莫："云山周围肯定已经布满了中国军队，他们的战斗力很强，你们应该小心对付。"帕尔莫一笑了之："中国人？就是那些黄种人吗，他们也会打仗?!"

手下参谋要求向师部报告这一情况时，帕尔莫傲慢地说："枪声未响，先打报告，这不是第 1 骑兵师的风格。"

帕尔莫心目中的中国军队，不过是一群毫无现代战争经验的乌合之众。他不相信中国军队有胆量挑战美军王牌军，与美军的飞机、大炮和坦克较量，他把即将开始的战斗视为一次"武装示威"。正是这种傲慢轻敌，埋下了失败的祸根。

志愿军第 39 军，是人民解放军中一支声名显赫的部队。它的前身是工农红军第 25 军，后改编为八路军第 344 旅的南下支队、新四军第 3 师，曾在抗日战场上屡建奇功。解放战争期间，该师千里跃进东北，改称东北民主联军第 2 纵队，后改称中国人民解放军第 39 军，从白山黑水一直打到西南边陲的镇南关，是第四野战军中的攻坚尖刀，具有极强的战斗力，是人民解放军中当之无愧的主力军。朝鲜战争爆发后，第 39 军奉命北上，驻防中朝边境。接着于 10 月 19 日跨过鸭绿江，成为第一批入朝参战的志愿军部队。入朝之后，第 39 军的作战任务几经变化，最后在云山地区歼灭南朝鲜第 1 师。

云山之战，对整个战局关系重大。志愿军总部将攻克云山的重任交给了第 39 军。

10 月 28 日，第 39 军隐蔽进至云山的西北、西南和东北方向指定位置，并攻占了云山附近的有利地形。这时，兄弟部队已经捷报频传，而第 39 军按照预定部署，却要按兵不动，隐蔽作战意图。对于一支荣誉感极强的部队而言，这种等待不啻为一种煎熬。吴信泉本人虽有点急不可耐，但他对进攻的每一个细节仍然精雕细刻。他所掌握的情报是云山之敌为南朝鲜第 1 师的两个团，而不知道美军第 8 团已经进入云山。所以他确定的作战方案是：集中 4 个师对云山实施进攻，以第 116 师主攻，第 117、第 115 师助攻，第 115 师主力阻敌打援，杀鸡用牛刀，一锤定音。

10 月 30 日，志愿军总部最后同意第 39 军进攻云山的部署。总攻时间定在 11 月 1 日 19 时 30 分。

中美军队在朝鲜战场上的第一次较量即将爆发。但是，需要指出的，无论是美军还是志愿军，实际上对这次战斗都缺乏足够的心理准备，并不知道对手的实力。中美军队两支王牌军的较量是以一个戏剧性的开端而展开的。

## 志愿军惊异地发现云山之敌竟是美军

11 月 1 日早晨，云山地区大雾弥漫，加上连日激战所引燃的烟火，能见度极差。吴信泉接到志愿军总部的通报，称美骑第 1 师已经进至龙山洞地区。他高度重视这一情报，为防止美军北上增援，他马上派出一个团南下，到龙山洞至云山的公路上构筑阵地。

由云山通往龙山洞的公路是美骑兵第 1 师的主要补给线，沿九龙江河谷延伸，形成了两个大的弯曲部。靠近云山的弯曲部酷似一个骆驼头，龙兴江在骆驼鼻子处注入九龙江，两江汇合处有一座公路桥，称作诸仁桥。美军把诸仁桥周围的地区叫作“骆驼鼻子”。由“骆驼鼻子”向南几千米，九龙江形成了第二个弯曲部，形状酷似一个乌龟头，其鼻子部位正好对准龙头洞，美军称此为“龟头鼻子”。“骆驼鼻子”和“龟头鼻子”是美军北进南撤的必经之路。

正午时分，正在行军的第 343 团被美军侦察机发现。美军师长盖伊接到报告后，不由得倒吸一口凉气，这意味着对手正企图切断龙山洞通往云山的公路。他立即命令驻扎在龙山洞的第 5 骑兵团指挥官约翰逊上校派部队向北巡逻；命令云山的第 8 骑兵部队驻守诸仁桥，保证公路畅通；命令空军和炮兵严密封锁通往“龟头鼻子”的山路。

志愿军第 343 团冲破美军飞机和炮火的封锁，抢先一步到达了“龟头鼻子”。部队还没构筑好工事，美军的北上巡逻分队就到了。志愿军突然开火，领头的一辆美军吉普车轰然起火，瘫在公路中央。后尾的卡车接着被打燃，歪倒在路旁。美军士兵尚未弄清发生了什么事情，一场伏击战就干净利落地结束了。

美军 60 人的排级巡逻队，只有几人逃回了龙山洞。约翰逊得知巡逻队遭伏击，意识到问题的严重性，马上派出第 1 营向北攻击前进。自己随后率第 2 营到达“龟头鼻子”，亲自指挥部队向志愿军阵地发起了轮番进攻。

美军的攻势越来越猛，志愿军寸土不让。双方激战到了黄昏时分，美军已显疲惫，攻击势头明显减弱，志愿军则斗志正旺。王扶之抓住有利战机，命令第 1 营出击。第 1 营快如闪电，狠如饿虎，打得美军狼狈后撤。其中第 1 连全歼美军 B 连，创造了以一个连歼灭美军一个连的模范战例。

彭德怀接到战报，传令嘉奖第 343 团第 1 营第 1 连，称：“从此次作战中，可看出我军指战员的战斗素质与作战精神比敌人强。我以一个连即能歼灭美军一个连。”

第343团首战告捷，奏响了云山之战的序曲。不过，美军第8团团长帕尔莫却依旧在做着进军鸭绿江的美梦，他没有命令部队转入防御，只是命令第3营在“骆驼鼻子”设防，保护后方，要求其他部队继续做好向鸭绿江推进的准备。

上午，南朝鲜部队向志愿军阵地发动了多次进攻，可除了多丢下几十具尸体之外，一无所获。到了下午，南朝鲜部队再也不愿白白送死，不顾美军阻拦，撤下阵地，扬长而去。帕尔莫无奈，只得下令所属部队提前接防。一时间，云山城内，人声鼎沸，车辆如梭，一片混乱。

这一切都被密切注视着云山城内情况的志愿军观察员看在眼中。15时，观察员向第116师指挥所报告：南朝鲜部队正在撤出阵地，公路上发现有车辆、人员向南移动。3师长汪洋亲自到山头上观察，他并不知道美军已经接防云山，眼前的景象使他得出结论：敌人想逃跑。他指示部队做好提前出击的准备，并将情况向军部做了报告。

15时30分，第39军的炮兵和配属的炮兵两个团又一个营，向云山猛烈射击，炮火持续了二十分钟。16时，担任助攻任务的第117师首先从云山东北方向向云山外围高地发起了进攻。

守卫此地的是南朝鲜军队第15团，并得到了美军炮兵的有力支援。第117师冒着猛烈的炮火，三路出击，很快突破了南朝鲜军的前沿阵地。南朝鲜部队急忙收缩防御，死守三巨里核心阵地。志愿军有进无退，冲上高地，与南朝鲜军展开了肉搏战。另外又分出一支部队，向美军炮兵阵地猛扑过去。美军见势不妙，抛下南朝鲜军先行南撤。

离开了美军的炮火支援，南朝鲜军顿作鸟兽散。志愿军紧追不舍，于21时攻占三巨里。随后兵分两路，一路直通云山城区，另一路向上九洞攻击前进，阻截逃敌。战至23时，云山东北方向的南朝鲜军已被基本消灭。美军战史称：“午夜刚过，南朝鲜第15团就已不再是一支战斗建制部队了，大部分人战死或做了俘虏，侥幸逃脱者极少。”

志愿军第117师进攻开始不久，担任主攻的第116师也在云山西北方向发起了进攻。要想攻进云山，先要扫清外围高地，但敌军阵地前不易展开兵力，师长汪洋仔细研究地形后，制订了巧妙的进攻计划。

他命令第347团以一个营首先出击，截住后撤的南朝鲜部队，吸引高地上的敌军注意力，掩护师主力向敌阵地隐蔽接近。拿下高地后，二梯队马上开展进攻，直捣云山城。

志愿军第 347 团第 2 营如一股旋风掠过山谷，转眼间即在龙浦洞附近抓住了后撤中的南朝鲜第 12 团一个营。双方在公路上杀作一团。路旁高地上刚刚占领阵地的美军见此情景，集中火力支援南朝鲜军作战。

这正是汪洋想要达到的效果。在高地上的美军的注意力均被吸引到了公路上时，第 116 师主力已经进入了进攻出发位置。汪洋一声令下，第 347 团主力和第 348 团如两把尖刀，直捣美军阵地。

此时已经是黄昏时分，高地上、河谷中到处枪声一片，军号声大作。美军被搞得晕头转向，搞不清哪里是志愿军主力，到底有多少志愿军。美军营长米利金是参加过第二次世界大战的老兵，但他却从来没有见过这种阵势，惊得目瞪口呆，半天才下令重机枪连开火。机枪射手请示射击目标，米利金叫道："往哪儿打？哪里有喇叭声就往哪里打！"美军的机枪在阵地前打出了一道火墙，志愿军正面进攻受阻。迂回分队则在夜幕的掩护下，从侧后冲上了美军阵地。一排手榴弹，接着是冲锋枪的扫射，战士们猛打猛冲，将美军阵地搅得一片混乱。

一个志愿军的战斗小组动作过猛，连手榴弹都来不及投，就冲到了美军的机枪掩体前，两人一合力，干脆把美军的机枪连带射手一起掀下了山崖。战至 22 时，两颗绿色信号弹从美军阵地上腾空而起，美军残部向云山城内狼狈逃窜。

激战过后，志愿军士兵惊异地发现自己的对手不是南朝鲜兵，而是黄头发、大鼻子的美国兵。这是他们战前所不知道的：经过审讯战俘，他们方知自己遇到了美国的王牌军——美骑第 1 师。

## 彭德怀下达坚决消灭美军王牌师的命令

情况被逐级报告到了第 39 军军部。军长吴信泉沉吟片刻，对政委徐斌洲说："本想吃肉，却先啃上了骨头——怪不得火力这么强，原来是美军的王牌军。我的意见是继续进攻，吃掉这股敌人！"

徐斌洲说："同意。出国第一仗就与美军交手，这是对我们的考验。应该告诉各师，发扬我军近战、夜战的特长和大无畏的革命英雄主义精神，首先从气势上压倒敌人！"

吴信泉说："就这么办，命令各师，多动脑筋，先打乱敌人，然后各个歼灭。"

志愿军总部接到报告后，彭德怀司令员的答复只有一句话："坚决消灭美军王牌师。"

彭德怀的命令迅速传达到部队。听说与美国王牌师交手，第 39 军官兵斗志更旺，一股英雄豪气陡然而生。一位班长说："它是王牌，老子就是王中王，专克狗日的王牌军！"

志愿军的进攻更加猛烈了。到 23 时，志愿军已经攻克云山外围的全部高地。师长汪洋立即命令预备队第 346 团投入战斗，向云山城内发动进攻。第 346 团团长吴宝光亲自到尖刀连——第 4 连布置任务，要求他们不顾一切，决不恋战，直插云山城内，来个中心开花，为团主力打开通路！

第 4 连跑步前进，很快便通过了美军的炮火封锁区，进至云山城边的三滩川大桥附近。这里是进入云山的必经之路，美军严密布防。第 4 连隐蔽前进，直到距大桥 150 米时才突然开火，发起冲锋。尖刀排冲上桥头，迂回分队则迅速解决了美军迫击炮阵地。趁敌混乱，全连突入了云山城。

副班长赵子林带领三名战士，两人一组，交替掩护，冲在全连的最前面。在城中心的十字路口，迎面碰上了一辆美军的重型坦克，坦克后面跟着车队。他们一阵射击，卡车上的步兵纷纷跳下车。坦克也掉转炮塔，对准赵子林等人猛烈扫射。其他几个战斗小组这时也已先后赶到，与美军形成对峙。赵子林见状，找来两根爆破筒，喊道："掩护我！"说完就向坦克扑去。

美军坦克发现有人接近，马上封锁街面。赵子林躲进街旁的屋子，穿墙破门，一直冲到了坦克近前。不料，爆破筒插不进行驶中的坦克履带。赵子林情急之下，干脆横刀立马，冲上街头，等美军坦克驶到眼前，方拉响爆破筒，纵身跳入了路旁的一间空屋子里。

拔掉"拦路虎"，第 4 连直捣美军指挥所，战士们高喊着"缴枪不杀"冲入院中。活着的美军听不懂中文，不知如何是好。一位志愿军战士对准天上就是一梭子，叫道："不服气吗？"美军听不懂中文，却听懂了枪声，急忙举起了双手。

紧随着第 4 连，志愿军其他部队从四面八方突入了云山城，与美军展开了巷战。在志愿军的猛烈进攻之下，美军已经斗志全无。为避免全军覆没，团长帕尔莫只好下令向南撤退。

由云山向南有两条公路，一条通向龙山洞，一条经上九洞、立石通向宁边，两条公路在西迁洞附近分叉。午夜过后，美军部队开始后撤。由于通往龙山洞的公路已被切断，帕尔莫命令部队向立石方向撤退。

然而，想跑已经来不及了。美军先头部队刚刚通过西迁洞路口，主力即被志愿军挡住了去路。担负穿插任务的志愿军第 348 团如神兵天降，一举攻占西迁洞路口，封锁了美军南撤的通路，将其拦腰截成数段，并趁势以一部攻占云山机场，全歼守敌一个连，美军的四架飞机还没来得及起飞，就变成了志愿军的战利品。

在西迁洞路口，南撤的美军部队与志愿军部队展开了混战。志愿军首先击毁一辆榴弹炮牵引车，接着又击毁一辆清障坦克，把公路堵得水泄不通。美军几次反击，都无法打开通路。第 8 团副团长埃德森只好下令部队抛弃重装备，分散突围。这样，向立石撤退的美军主力第 8 骑兵团第 1、2 营，坦克第 70 营，野战炮兵第 99 营的坦克、卡车、榴弹炮都被抛弃了，活着的官兵们趁着夜幕，有的逃向了诸仁桥地区，有的逃入深山，直到几天后才回到部队。战至 12 月 2 日凌晨，云山地区的美军第 8 骑兵团主力连同南朝鲜第 15 团、第 12 团一个营大部被歼。

美军主力在西迁洞路口受阻并遭受重创的消息传到第 3 营后，营长奥蒙德少校急忙命令占领诸仁桥旁高地的 K 连和 L 连撤回营地，同时命令全营所有车辆在桥边空地集结，成行军纵队排列，准备以坦克开路，在第 5 团级战斗队的接应下，突破志愿军的阻截，前往龙山洞。

这时，时间约为 11 月 2 日凌晨 2 时。诸仁桥头月光皎洁，虽人声鼎沸，却无枪炮之扰，是云山地区唯一一块安静的地方。在部队集结的过程中，一些美军士兵忙里偷闲，进入了梦乡。

就在这时，在明堂洞通往诸仁桥的山路上，出现了一支队伍，他们背着枪，一声不吭，向桥头急速走来。美军哨兵拦路发问，来者边走边用朝语敷衍了几句。哨兵听不懂朝语，以为来者是被打散的南朝鲜部队，就让他们通过了诸仁桥。

队伍过桥后，一直向美军营地中央走去。当行进到美军第 3 营营部附近时，队伍中突然响起了几声短促的小喇叭声，全体人员随着喇叭声在瞬间展开，向美军的帐篷和车队扑去。睡梦中的美军士兵稀里糊涂地送了命，公路上的车辆也在连续的爆炸声中起火燃烧。

美军营长奥蒙德听到枪声，走出帐篷，刚要开口发问，就被迎面扫来的子弹打倒在地。副营长莫里亚蒂好不容易集中起二十多人，才突出火网，落荒而逃。美军第 3 营指挥所顷刻间被消灭，剩下的美军失去指挥，一片混乱，只得各自为战。

进攻诸仁桥的部队，是志愿军第 115 师第 345 团。那支勇闯诸仁桥的分队，是第 115 师警卫连。这是吴信泉设下的一支奇兵，负责截断云山之敌的退路。他们的进攻既不能过早，让敌人发现志愿军的意图，也不能太晚，让敌人跑掉，必须准确把握进攻时机，而且要出手即胜。

团长要清川接受任务后，与部属反复研究了作战计划，最后确定了奇袭加强攻的方案，以师警卫连化装成南朝鲜散兵，混过诸仁桥，先打掉美军指挥所，然后再发起全面进攻。师警卫连奇袭得手，第 345 团全线出击，里应外合，与美军展开了近战。顿时，诸仁桥头火光四起，枪声大作，杀声一片。从高地下撤的美军两个连还没到达桥头即被志愿军基本歼灭。

美国陆军战史描述当时的情景时说："第 3 营陷入了一场'西部牛仔与印第安人式的战斗'。"

战至天明，剩余的美军被压缩在诸仁桥畔的一块稻田中。美机此时赶来助战，在诸仁桥四周狂轰滥炸。被围美军在飞机的掩护下，以坦克为核心，构成一个方圆 180 来米的环形阵地，固守待援。志愿军见美军已集中，且火力猛烈，遂暂停进攻。

枪炮声逐渐沉寂，被围美军开始清点人数，除第 3 营人员之外，还有陆续逃来的其他营散兵，共 740 多人，其中半数以上是伤员。一架在头上盘旋的飞机给他们投下师长盖伊的手令："坚持下去，接应你们的部队已经上路。"

盖伊所说的接应部队，就是在"龟头鼻子"受阻的第 5 团级战斗队。得知第 3 营被围的消息，团长约翰逊心急如焚，因为他原是第 3 营营长，一个月前才晋升为第 5 团团长。从"龟头鼻子"到"骆驼鼻子"，直线距离只有 3000 米左右，地面距离也不过 9000 米。约翰逊不相信凭借飞机、大炮和坦克的优势火力无法冲破志愿军的防线。盖伊也是孤注一掷，给约翰逊又调来两个营和几个坦克排、炮兵连，要求他在天黑前务必接出第 3 营。

2 日上午，美军的飞机、大炮和坦克对志愿军阵地实施密集轰击，并投掷了凝固汽油弹。守卫阵地的志愿军第 343 团第 1 营只构筑了野战工事，且缺乏对付凝固汽油弹的经验，伤亡增大。飞溅的汽油到处肆虐，越扑打火越旺，加上阵地上林木、杂草丛生，阵地上烈焰熊熊，难以容身，志愿军暂时撤离阵地。

美军占领了志愿军的第一道阵地，非常得意。约翰逊马上下令向志愿军第二道阵地进攻，并调集两个步兵连和四个坦克排组成特遣队，准备一旦进攻得手，就快速冲向"骆驼鼻子"。战斗进入了最关键的时刻，美第 1 军军长米尔本和盖伊也亲自到前沿观察所督战。

但是，尽管有飞机、大炮和坦克开路，美军的进攻却再也没能有任何进展。从下午 2 时到黄昏时分，美军对志愿军阵地连番攻击，兵力由一个连增至两个连，最后增至两个营，甚至三个营一起进攻，但都无法踏上志愿军阵地一步，只是在阵地前丢下了上百具尸体。约翰逊有两位上司在背后督战，不敢怠慢，亲自披挂上阵，指挥冲锋，仍一无所获，自己倒挨了志愿军一颗炮弹，被炸成重伤。

在稳固防守的基础上，志愿军第343团不失时机地投入第二梯队，数路并发，对美军实施反击，不仅将美军赶下山坡，而且收复了丢失的阵地。美军官兵被志愿军反击时的军号声和喇叭声搅得心惊胆战，给志愿军阵地起了一个名字，叫作“喇叭山”。

现在，美军中谁都明白这场战斗败局已定，但谁都不敢下令停止进攻，因为这样做，就意味着丢弃被围的第3营，这与美国陆军的传统是相悖的。在前沿观察所，所有人都把目光投向军长米尔本。米尔本铁青着脸，独自走出指挥所，在一块岩石上坐下，久久凝视着几千米外的志愿军阵地。

回到观察所后，米尔本下达命令：“任何救援第3营的努力都将是徒劳无益的。我命令部队放弃进攻，立即向南撤退。”

盖伊闻言，大惊失色，刚要争辩，米尔本把手一挥，接着说：“我明白你要说什么。我和你们一样痛恨这个决定，但我对此承担责任，这是我一生中做出的最让我心碎的决定。”

米尔本说完，扬长而去。盖伊呆站了许久才掏出手帕擦擦眼睛，说：“执行命令，让第5团撤出战斗。至于第3营，愿上帝保佑他们吧！”米尔本的命令传到了在“骆驼鼻子”处的美军第3营，绝望的情绪笼罩着每个人。志愿军的炮弹不断地落入包围圈，美军的伤亡持续增加，此时剩下的450多人，其中尚能走动者只有200多人。

靠吗啡维持生命的第3营营长奥蒙德决定，伤员全部留下，由军医安德逊上尉率领向中国人投降，其他人天黑后分散突围。这是奥蒙德少校做出的最后一个决定。两个多小时后，奥蒙德因伤重身亡。

难熬的白天过去了。夜幕降临，美军的突围行动开始了。但是，志愿军行动更快。突围的美军没爬出几步，志愿军第345团向被围美军的总攻也已开始，将美军迎头堵了回去，并趁势突入美军阵地。

经一夜激战，美军第8骑兵团第3营全部被歼，营长、营参谋军官和四个连长或死或被俘。作为一个建制单位，第3营已经不复存在。11月6日，美国陆军被迫撤销了第3营番号。

云山之战至此全部结束。中美军队在朝鲜战场上的第一次较量以志愿军的胜利而告终。在两天三夜的战斗中，志愿军第39军重创美国骑兵第1师，毙、伤、俘美军和南朝鲜部队共2000余人，其中美军1800余人，击落飞机3架，缴获飞机4架，击毁与缴获坦克28辆、汽车170余辆、各种火炮119门。这是美骑兵第1师历史上最为惨重的一次失败。

彭德怀司令员高兴地说：“从没吃过败仗的美国‘常胜师’——骑1师这回吃了败仗，败在我们39军的手下！”

美军王牌军在朝鲜战场被志愿军击败的消息震惊了世界，在西方军界引起强烈的反响。时任美国陆军参谋长的柯林斯将军在回忆录中写道：“作为乔治·巴顿将军的部属，霍巴特·盖伊怀着沉痛的心情，咽下了一杯苦酒。”

几十年后，一位参加过云山之战的美军军官在接受记者采访时，表示他仍心有余悸。他说：“云山？我的上帝，那是一次中国式的葬礼！”

# 七　清川江畔钓大鱼

美军占领平壤后，无论是东京的麦克阿瑟还是华盛顿军政当局，都认为美国在朝鲜的军事胜利已成定局，“美国人的耳朵只能听到胜利之声”。

## 美国判断中国只是象征性出兵

冒进的“联合国军”遭志愿军当头棒喝后，美国人不愿意承认中国人民志愿军参战这一事实。他们认为，在朝鲜的中国人很可能是一些零星的志愿人员，而不是成建制的中国部队。中国不会让大批军队渡过鸭绿江去冒遭受麦克阿瑟沉重打击的风险。“联合国军”总部的情报官认为，“从战术的观点来看，由于节节胜利的美军师全面投入战斗，因此进行干预的黄金时机看来早已过去；如果计划采取这一行动，很难设想会把它推迟到北朝鲜军队的残部气数已尽的时候”。

11 月初，中国军队参战的事实被确认后，更让美国人感到困惑不解。中国人参战的企图是什么？兵力有多少？

美国参谋长联席会议主席布莱德雷回忆说：“中国在北朝鲜使用正规军队作战的消息在华盛顿比在东京引起了更大的忧虑……我们既搞不清赤色中国向北朝鲜实际投入了多少部队，也不知道他们可能的军事目标是什么。”

国务卿艾奇逊说，所有总统的顾问，不论是文官还是军人，都知道出了毛病，“但是什么毛病，怎样找出来，怎样处理，大家都没有主意”。频繁地召开会议，但是找不到答案。

参谋长联席会议要麦克阿瑟对中国军队参战后的朝鲜局势做出简明而准确的评估。

11月4日，麦克阿瑟分析有四种可能：一是中国打算以其全部强大的军事力量进行干涉，并在其认为适当的时机公开宣布这一行动；二是中国隐蔽地给予朝鲜军事援助，但是为了外交上的理由，尽可能地掩盖起事实的真相；三是允许并唆使或多或少也算是志愿的人员源源不断地越过国境，加强并援助北朝鲜的残余部队，使他们能够为了在朝鲜保留一个名义上的立足点而继续斗争；四是他们一旦了解到这样的兵力是不足以达到目的时，就很可能学乖一点，趁早从破船上捞回点东西。麦克阿瑟认为，虽然第一种可能已很明显，但“还没有足够的证据，使人们能很快地同意这种看法”，而后三种情况或后三种情况的综合，“似乎是很可能的”。他建议“在条件可能还不够成熟的时候，不轻率地做出结论。我相信最后的估计还有待于更全面地积累军事情报”。

11月5日，麦克阿瑟命令远东空军动用全部力量，用两周时间打击在朝鲜境内的中国人民志愿军和朝鲜人民军，特别命令出动全部90架B-29战略轰炸机，轰炸鸭绿江上的所有国际桥梁，以阻止中国军队继续进入朝鲜。

华盛顿当局感到大为震惊，他们认为，麦克阿瑟采取这一行动与他4日对战局的乐观分析相矛盾，同时采取这样的行动未必能达到麦克阿瑟想象的效果，反而可能会引起苏联人的卷入，况且美国与英国有约在先，不经英国同意，美国不得对鸭绿江沿岸的中国地区采取行动。因此，麦克阿瑟的计划被否决，参联会要他取消轰炸行动并立即提交对局势的最新判断。

美国国防部、参谋长联席会议和国务院的主要官员召开特别会议，讨论同意了麦克阿瑟的轰炸建议，最后由杜鲁门批准。

麦克阿瑟认为，这次轰炸不但可以阻止中国部队从满洲越过鸭绿江增援，而且还将消灭已在朝鲜的中国部队。他要在11月15日发动攻势，彻底消灭中国军队，将旗帜插到鸭绿江边。

11月9日，美国国家安全委员会对中国军队参战进行全面的讨论。参谋长联席会议为会议准备了报告，其结论与麦克阿瑟11月4日的分析差不多。参联会建议，应紧急进行一切努力，通过政治方式，最好通过联合国解决中国“干涉”带来的问题，向中国保证不侵犯他们在鸭绿江沿岸的利益，通过盟国或联合国朝鲜问题临时委员会同中国政府直接谈判，以及采取其他可行方式；在进一步搞清中共的军事目标和政治卷入的程度之前，应对赋予联合国军总司令的任务加以审查，但不作变动。

美国国家安全委员会会议批准参联会的建议，在军事上允许麦克阿瑟继续执行占领全朝鲜的计划，发动一次进攻或进行武力侦察，矛头直指鸭绿江；与此同时，在政治外交上积极活动，试探在鸭绿江两岸各 10 英里的地带建立一个缓冲区，要求中国军队撤出朝鲜。

志愿军与“联合国军”脱离接触后，麦克阿瑟和华盛顿当局更加相信中国只是象征性出兵，“当他们遭受惨重打击后，也许已经放弃了继续作战的企图”。正如李奇微所说：“少数几个中国‘志愿军’的出现，仅仅被当成中国在外交棋盘上采取的又一个小小的步骤，不会马上对联合国军总部产生影响。”布莱德雷后来回忆说，在 11 月 2 日至 9 日的重要日子里，“我们翻阅了材料，坐下来仔细思考，但不幸的是我们却做出了荒谬绝伦的结论和决策”。

麦克阿瑟计划先进行试探进攻，以查明志愿军在朝鲜的实力和企图，并以远东空军摧毁鸭绿江上的桥梁和鸭绿江以南的北朝鲜的交通运输设施、军事设施、工厂、城镇，然后发起总攻势，以第 8 集团军在西线、第 10 军在东线全面向鸭绿江和图们江推进，消灭在朝鲜境内的所有志愿军和人民军，在圣诞节前全部结束朝鲜战争。原定 11 月 15 日发起总攻势，由于第 8 集团军的供应准备不足，推迟到 11 月 24 日。

麦克阿瑟对总攻势充满信心。11 月 17 日，他对驻南朝鲜大使约翰·穆乔说，渗透到朝鲜的中国部队不超过 3 万人，联合国军的全线进攻，将在 10 天之内“扫荡”仍在北朝鲜人和中国人手中的所有地区。

11 月 6 日，也就是志愿军结束第一次战役的第二天，“联合国军”就发起试探性进攻。11 月 8 日，美军出动飞机轰炸鸭绿江上的所有桥梁和朝鲜北部的城镇。大轰炸持续到 12 月 5 日。鸭绿江上的公路桥梁大部被炸断，朝鲜北部的城镇几乎被夷为平地，中国边境城镇也遭到了一定程度的破坏。

11 月 21 日，“联合国军”完成了一切进攻准备。同一天，美国国家安全委员会最后审查并批准麦克阿瑟的“总攻势”计划。

## “联合国军”钻进志愿军布下的口袋

为准备第二次战役，志愿军党委会于 10 日在大榆洞召开。彭德怀说：“麦克阿瑟虽遭到第一次战役的打击，但美军主力未受损失，同时他对我军的兵力还不清楚，所以，肯定还要向鸭绿江大举进攻。我军虽在兵力上占优势，但装备太差，如和敌军死拼硬顶，肯定要吃亏。不如先避其锐气，故意示弱，边打边退，迷惑敌人，诱其深入。我军可以后撤 30 至 50 公里以分散敌人，然后在运动中寻机歼敌，这是我军的拿手战术。我们要在清川江畔钓大鱼！”大家赞同彭德怀的分析和设想。

三天后，在大榆洞，志愿军司令部又召开第一次志愿军党委扩大会议，除志愿军党委成员外，第38军军长梁兴初，第39、第40、第42、第66军领导和志司（中国人民志愿军司令部的简称）各单位有关领导参加会议。会议确定："在我空军、炮兵、坦克尚未得到适当组成前，我们仍采取运动战、阵地战、游击战相结合，内线和外线相结合的方针"，采取"内线作战，诱敌深入，各个击破和歼灭敌人"。主力后撤至第一次战役比较熟悉的地区休整和构筑反击阵地，以逸待劳；以小部分兵力与敌保持接触，故意示弱，骄纵敌军和诱敌深入，将西线之敌诱至大馆洞—温井—妙香山一线地区，东线诱至长津水库地区，然后突然举行反击。如果敌军不进，志愿军就打出去。

但是，第二次战役到底应采取什么方针？中朝苏三方是有争论的。朝方和苏联驻朝鲜军事顾问瓦西列夫主张志愿军应继续向清川江以南追击敌人，不同意后撤几十公里。在与朝苏方面争论后，彭德怀致电毛泽东，如实反映情况。中央特派高岗到志愿军司令部，准备与朝苏方面讨论作战方针和有关朝中两军联合作战问题。

11月15日，金日成和苏联驻朝大使史蒂柯夫到大榆洞。在召开的会议上，史蒂柯夫说："中国党过去已消灭了强大的敌人，证明是完全正确的，不能有任何怀疑。"彭德怀后来回忆说："他们当时忽视了在武器装备上敌优我劣的具体条件，极力主张乘胜追击。我们当时如果不坚持自己的意见，而同意他们的意见，那肯定不会取得第二次战役那样大的胜利。"

会后，彭德怀命令各军把清川江、大同江以北的德川、戛日岭、杜日岭、球场之间的地区全部让给"联合国军"，给他们一点甜头，诱其上钩。

彭德怀胸有成竹，镇定自若，对司令部的人说："要诱鱼上钩，你必须让鱼尝点甜头。麦克阿瑟吹嘘说他从来没打过败仗，看看这次战役究竟谁能把谁吃掉。"

"联合国军"的试探性进攻很谨慎，从6日到16日仅向北推进了9至16公里，离志愿军预设歼敌地区还有相当一段距离。于是，彭德怀命令诱敌各部队从17日起停止向前出击，继续北撤，让敌人放胆前进。

东西两线志愿军在后撤过程中，故意丢弃一些装备物资，制造"狼狈撤逃"的假象，并向被释放的美军战俘透露消息："志愿军粮食供应困难，准备撤回国。"

对志愿军的后撤，麦克阿瑟和华盛顿当局都认为志愿军是"怯战败走"。他们估计志愿军只有6至7万人，并且这些部队没有得到很好的补给，补给的困难和寒冷的天气可能是他们撤退的原因。麦克阿瑟还认为，他的空中轰炸会使鸭绿江以南地区成为一片焦土。

从 18 日起，第 8 集团军全线快速向北推进。至 21 日，全部到达其预定的攻击开始线。东线美第 10 军认为对面志愿军只有一两个师，于是令各军快速北进。

11 月 21 日，美第 7 师第 17 团进至鸭绿江边的惠山镇，这是美军到达中朝边境的第一支也是唯一一支部队。军长阿尔蒙德专程赶到惠山，以鸭绿江对面的中国地方为背景，与第 7 师一些军官合影，以示祝贺。

南朝鲜首都师和第 3 师向图们江推进，美陆战第 1 师已到达长津湖南岸的下碣隅里及以北地区，并准备继续向江界方向推进，掩护西线第 8 集团军的右翼。

11 月 23 日，美国感恩节。麦克阿瑟让他的士兵美美饱餐一顿丰盛的火鸡宴。士兵们开玩笑地说："吃饱了好进屠宰场。"他们可能不会想到，这句玩笑话竟比他们司令官的预言还准确。

11 月 24 日上午 8 时，"联合国军"发起总攻势。当天，麦克阿瑟由远东空军司令斯特拉特迈耶和"联合国军"总部作战处长赖特等陪同，到朝鲜前线视察。麦克阿瑟在清川江前线听取第 8 集团军司令沃克关于进攻计划的汇报，并视察美军，还乘上飞机，亲自到鸭绿江上空侦察。

但是志愿军隐蔽得很好，麦克阿瑟只看到被皑皑白雪覆盖的山岭。他认为"联合国军"的空中轰炸已彻底制止了中国后续部队入朝，在强大攻势面前，在朝鲜的中国军队已经弹尽粮绝，正向北"溃逃"，面临灭顶之灾。麦克阿瑟信心十足地告诉第 9 军军长库尔特："你告诉官兵们，他们打到鸭绿江之后就可以回国了。我希望我的话可以兑现，就是他们可以回家过圣诞节。"

回到东京以后，麦克阿瑟立即发表公告，宣布"联合国军"已发起总攻势。他信心十足地说："联合国军对在北朝鲜新的赤色军队的庞大压缩和包抄行动已经临近决定性的时刻。在过去的三星期中，作为这一钳形攻势的独立组成部分，我们各军种空中力量以模范的协同和有效率的持续攻击，成功地切断了敌军的补给线，敌军来自北方的增援已大大减少，基本物资供应受到显著限制。这一钳形攻势的右翼，在海军出色的支援下，以一个辉煌的战术行动稳步推进，现已抵达一个居高临下对敌实施包抄的有利位置，在地理上将敌人在北部势力所及的潜在区域拦腰切断。这一钳形攻势的左翼，今天早晨也已发起总攻，向前推进，以完成压缩，并合拢铁钳。假如获得成功，实际上就可结束战争。"

至 11 月 25 日，西线"联合国军"完全进入志愿军的预设战场，志愿军完成了诱敌深入的任务。

根据“联合国军”进展情况，志愿军准备在南朝鲜第2军团所属的第6、第7、第8师进到熙川以南的妙香山—下杏洞一线后，以第38、第42军和第40军一部从东西两翼实施侧后攻击，将其歼灭，占领德川、宁远，然后向军隅里、三所里方向攻击前进，断敌退路，打开战役缺口，造成整个战役扩张战果之战机。西线其他各军于上述二军在清川江东岸发起攻击后，迅速抓住清川江西岸之敌，视情况或先歼灭美第24师于龟城、泰川地区，或先歼灭美骑兵第1师、美第2师于温井以南地区，而后集中主力分割包围各个歼灭敌军部队。

为统一指挥第38、第42军歼灭南朝鲜第2军团3个师的作战，特由副司令员韩先楚组织志愿军前进指挥所。本来彭德怀要亲自上第一线，但几位副司令员从安全和指挥全局的角度考虑，坚决不同意。

彭德怀致电韩先楚，西线的攻击时间为25日晚，西线各军则视情况发展再定。同时要韩先楚根据战场的具体情况，确定最后的作战部署。彭德怀在电报中还提出，总的原则是先切断、包围，求得全歼南朝鲜第7、第8师之目的。

23日，南朝鲜第7、第8师进至德川、宁远线，并继续向北推进；南朝鲜第6师则由价川地区东移至北仓里、假仓里，遗防由美第2师接替；美骑兵第1师、第24师、英第27旅及南朝鲜第1师已进至球场—龙山洞—博川一线。

23日，中央军委电示志愿军：

我在清川江东岸发起进攻后，美二师、骑兵一师有东向增援的可能。如该两敌东援，我位于清川江西岸之三十九、四十军均难以达到配合四十二军、三十八军歼灭伪七、八两师之目的，因而可能影响到下步的作战。同时也将因四十二军、三十八军所形成的迂回突击力量不够，使战局难以发展。

中央军委建议以第40军东进与第38军靠拢，增强左翼的突击力量；第42军三个师全部首先歼灭宁远地区之南朝鲜第8师，然后向孟山、北仓里进攻南朝鲜第6师；以第38军全力首先歼灭德川地区的南朝鲜第7师；以第40军对付球场、院里方向可能向东增援的美第2师和骑兵第1师，以保证我第38、第42军首先歼灭南朝鲜第7、第8师，并为下一步对美军作战造成战役迂回的有利条件。如果第40军东移，第39、第66、第50军应向前推进至适当地区，牵制美第2、第24师等的东援行动。

根据军委的指示和敌情变化，11月24日7时，志愿军司令部决定对部署进行调整：第40军东移新兴洞、苏民洞及以北地区，以一个师接替第38军第112师防务，阻击敌人，军主力向杜日岭、西仓插进，阻止美军东援或北援；第40军东移后，第39、第66、第50军亦逐次东移，逐次接防，保持战线的完整。

毛泽东接到志愿军的作战部署后，于24日深夜致电彭德怀等：

你们本日七时的作战部署是完全正确的，望坚决照此执行。望你们充分注意领导机关的安全，千万不可大意。此次战役中敌人可能使用汽油弹，请研究对策。

就在麦克阿瑟到前线视察的当天，韩先楚最后确定歼灭南朝鲜第7、第8师的部署：以第40军插到苏民洞、杜日岭、九政里及以南，将南朝鲜第7、第8师与美军的联系隔断；以第38军第112师正面各团进至新兴洞以南地区，师主力南下向云松里攻击，第114师经莎坪向德川攻击，第113师迂回到德川以南，该军以围歼南朝鲜第7师为目的；以第42军8个团歼宁远南朝鲜第8师（主力由头上洞向北及西北攻击），另派一个加强团进到仁德里，对付北仓、孟山可能来援之敌。两军以25日黄昏为统一攻击时间。

美第8集团军对面临的灾难竟毫无觉察，仍在继续进攻，进攻正面扩大到300公里，与东线美第10军间的空隙更加扩大。西线部队几乎都在清川江一线，且各师间间隙很大。总之，整个布势呈现出兵力分散、翼侧暴露、后方空虚的态势。南朝鲜第2军团以第7师为左翼、第8师为右翼、第6师为预备队，企图先前出至德仁峰—神奇峰—三月江巨里—百岭川一线，占领进攻出发阵地，并与其左翼的美第9军协同北进，夺取柔院镇—熙川一线，然后向鸭绿江突进。

## 第38军和第42军打开战役缺口

11月25日黄昏时分，第二次战役打响。

志愿军第38、第42军在副司令员韩先楚的统一指挥下、在西线正面各军的配合下，乘敌立足未稳，出其不意地对南朝鲜第7、第8师发起猛烈攻击。

第38军第113师从敌右翼向德川以南迂回。他们在击溃当面之敌后，迅速穿过南朝鲜第7、第8师的结合部，涉过大同江，于26日8时到达德川以南的遮日峰、济南里，切断了德川、宁远南朝鲜军的联系和德川之敌南逃的退路。

第112师从敌左翼进攻，于26日5时迂回到德川以西的钱三里、云松里、安下里，切断了德川与军隅里之敌的联系和德川之敌西逃价川、安州的道路。

从正面进攻的第114师于26日11时占领德川以北的北葛洞—斗明洞—马上里一线，完成对德川之敌正面压缩的任务。

南朝鲜军在大量飞机的掩护下，分三路向西南突围。

14 时，第 38 军发起总攻，激战至 26 日黄昏，南朝鲜第 7 师 5000 余人大部被歼，7 名美军顾问全部被俘。

第 42 军以第 126 师两个团从宁远东北向宁远以南攻击前进，对敌侧后实施多路迂回，试图断敌退路。南朝鲜第 8 师对侧后出现志愿军部队感到惊恐，立即调整部署，以第 16 团坚守侧翼防线，师主力迅速向孟山方向收缩。

乘敌混乱，在宁远以北实施正面进攻的第 125 师于 25 日 23 时从三个方向发起猛攻，冲入宁远城，与南朝鲜军第 10 团指挥所和直属队展开巷战，端掉了指挥所。失去指挥的南朝鲜军第 10 团官兵四散奔逃，3 个师与占据宁远的南朝鲜军展开激烈战斗，至 26 日拂晓，攻克宁远城，将南朝鲜第 8 师大部歼灭。

担负割断南朝鲜第 2 军团与美军联系任务的第 40 军，于 24 日晚开始向龙川山、西仓方向运动，而此时美第 2 师已经占据新兴洞和苏民洞。第 40 军为完成任务，于 25 日晚向敌发起攻击。

第 120 师第 359 团强渡寒冷的清川江，攻击鱼龙浦和清川江西岸高地，阻止敌从球场方向的增援，堵截新兴洞之敌。第 359 团 4 个尖刀连不怕牺牲，冒着美军猛烈的炮火，徒涉 200 米宽的清川江，冲破美军一个步兵营、一个炮兵营和一个坦克营严密防守的江防阵地，攻占鱼龙浦，切断了新兴洞美第 9 团主力的退路。美第 2 师展开反扑，但在志愿军第 359 团的固守下无能为力。志愿军首长向全军通报了他们英勇顽强的战斗事迹。

第 118 师向新兴洞美第 9 团主力发起进攻。经过一夜的激战，第 118 师攻占新兴洞外围阵地，迫使新兴洞之敌撤退，美第 9 团余部于 27 日凌晨绕道逃至球场。

第 119 师向占据苏民洞的美第 38 团发起攻击，击溃美军一个多营，于 26 日 5 时攻占苏民洞。很快，美第 38 团主力在飞机、坦克的配合下，发起反扑，重占苏民洞。位于美第 2 师和南朝鲜军结合部东仓的美军一个营，企图和苏民洞守敌会合。

本来第 119 师准备在歼灭苏民洞、龙水洞守敌后，继续向西仓穿插，切断德川与价川间的联系，但现在美军再次占据苏民洞，直接威胁第 38 军右翼的安全。于是决定先歼灭苏民洞之敌，再南下西仓。当天晚上，第 119 师再次对苏民洞之敌发起攻击。经过几个小时的战斗，苏民洞被攻克，守军在坦克的掩护下大部向西撤退。27 日晚，第 119 师向龙水洞之敌发起进攻，迫使该敌于 28 日下午向西撤退。

经过 26 日一天的战斗，志愿军在德川、宁远地区打开了战役缺口。

志愿军在清川江以东发起反击后，清川江以西“联合国军”除美第 24 师一部西犯郭山外，其余各部基本上停留在原地与志愿军对峙。但是，“联合国军”无法正确解读西线志愿军的行动企图。

接到南朝鲜第 2 军团惨遭志愿军打击的报告后，第 8 集团军司令沃克决定立即采取封堵战役缺口的措施。他明白，一旦志愿军利用这一缺口从东北方向对第 8 集团军实施纵深迂回攻击，第 8 集团军将被迫再次后退。

沃克命令，在军隅里地区作为集团军预备队的美骑兵第 1 师配属第 187 空降团和菲律宾营立即南下，在顺川和沿顺川至孟山公路建立阵地；美第 9 军预备队土耳其旅从军隅里向东推进，收复德川，并和美第 2 师阵地连接；英第 29 旅由美第 1 军调归美第 9 军指挥，作为军预备队。

## 第 38 军先敌抢占三所里、龙源里

在德川、宁远战役缺口打开后，为迅速发展胜利，彭德怀于 11 月 26 日命令西线各军向当面敌人发起进攻，不使其逃脱。彭德怀命令第 38 军在德川战斗结束后，主力迅速向军隅里攻击前进，一部取捷径向三所里前进，阻敌撤退和增援，以配合第 40 军围歼院里、球场地区的美第 2 师，命令第 42 军立即向孟山北仓里、假仓里攻击前进，在歼灭这些地方的敌人后，继续向顺川、肃川攻击前进，截断南朝鲜第 2 军团和美第 9、第 1 军的退路，以利志愿军主力追击和侧击。

26 日晚，除第 38 军在德川地区打扫战场外，第 42 军向孟山攻击前进，于 27 日晨攻占孟山。第 40 军向苏民洞美军发起进攻，迫使守敌南逃。第 39 军向上九洞等地之敌发起进攻，歼敌一部，并于柴山洞争取美军一个连（115 人）投降。第 66 军对进至泰川东北松川洞之敌、第 50 军向进至定州之敌发起攻击，守敌在志愿军发起攻击前撤退。

27 日晚，为配合西线各军作战，东线志愿军第 9 兵团向当面之敌发起攻击。

彭德怀判断，在东线志愿军开始攻击后，西线之敌可能向清川江南岸撤退，在安州、元山间狭小地带建立防线，以阻止志愿军继续南进，为发展战役的胜利，志愿军首长决心集中力量首先歼灭美第 9 军两个师，并以有力一部进至顺川，切断“联合国军”的退路，并在“联合国军”撤退时实施全线猛追、侧击，歼灭部分敌人。

按照这一形势判断和作战设想，27 日午时，志愿军首长电令第 42 军按照原定计划歼灭北仓里、假仓里之敌，而后以主力向顺川、肃川方向前进，断敌退路，另以一个师向成川攻击前进，得手后或在原地阻歼逃敌，或会合敌后人民军部队向平壤、汉城

间猛进；第38军以主力向院里、军隅里方向攻击前进，一部向军隅里南的三所里攻击前进，以迂回堵击军隅里、价川逃敌；第40军以有力一部截断球场之敌退路，如敌南逃，军主力则猛追包围该敌；第39军在歼灭当面之敌后向院里攻击前进，协同第38、第40军会歼球场地区之敌；第66军逼近古城洞、龙山洞，抓住当面敌人，力求歼敌一部，而后向宁边、军隅里攻击前进；第50军主力歼灭大宁江西岸歼残敌后向博川以南攻击前进。

27日晚，西线志愿军各军按照上述作战部署行动。28日晨，第40军正面逼近球场，第39军逼近宁边，第66军进至泰川、宁边间的古城洞、龙山洞，第50军进至纳清亭以北五龙洞。

担任侧翼迂回的第42军于28日3时攻克北仓里，并继续向假仓里方向前进。第38军主力在戛日岭、于口站地区击破土耳其旅的阻击后，于28日晨进至戛日岭以西装德站、瓦院地区，迫敌西撤。尤其是第38军第113师（欠一个团）急行军14小时行进140里，于28日8时到达三所里，切断了美第9军由顺川南逃的必经之路，打乱了西线“联合国军”的整个布势。

28日，清川江以西的“联合国军”开始收缩。

同一天5点半，毛泽东急电彭德怀，目前任务是集中第38、第39、第40、第42军歼灭美骑第1师、美第2师、第25师主力。只要这三个师主力消灭了，整个局势就很有利了。

根据毛泽东的这一指示，彭德怀于9时限令第42、第38军迅速完成战役迂回任务，切断肃川方向敌之退路。同时令第40军立即尾追从球场南撤之敌，并在到达价川、军隅里后，转向安州以南；令第39军协同第66军围攻宁边之敌，得手后从军隅里方向渡过清川江，沿铁路线转向安州；令第50军向博川以南攻击前进，截断博川、宁边间敌人的退路，而后协同第66军围歼清川江北岸来不及撤走之敌。

28日夜，西线志愿军各军按照这一部署继续发动进攻，形成了对美第9军所属的美第2、第25师、土耳其旅和美骑兵第1师、南朝鲜第1师各一部的三面包围，只有从安州向肃川南逃的退路尚未切断。东线志愿军第9兵团也完成了对长津湖地区美第10军的分割包围。美第8集团军和美第10军都面临被歼灭的危险。

## 志愿军在清川江畔展开围歼战

“联合国军”被志愿军包围，麦克阿瑟傻了眼。11月28日，麦克阿瑟向参谋长联席会议报告，中国军队已经开始大举进攻，我们面临一场全新的战争。“联合国军”所面对的不是得到少数中国军队支援的北朝鲜军队，而是一支总数超过 30 万人的中共正规军。依靠我们目前的力量难以应付中国军队的进攻。

11 月 28 日晚，麦克阿瑟在东京美国大使馆他的寓所召开紧急作战会议。第 8 集团军司令沃克和第 10 军军长阿尔蒙德被秘密从朝鲜前线召到东京。斯特莱梅耶、乔埃和其他一些将级幕僚军官参加会议。麦克阿瑟要沃克在必要时实施撤退，使中国人不能对他的翼侧实施迂回。由于阿尔蒙德的部队还没有受到志愿军攻击的全面压力，所以他非常自信地认为，海军陆战队第 1 师能够在朝鲜中部的山区内压制并从后方打击志愿军。

12 月 3 日，麦克阿瑟在答复参联会来电时指出，第 10 军正在尽快向咸兴的环形防御圈撤退。沃克已不再希望守住平壤了，同时随着压力的逐渐增加，第 8 集团军毫无疑问要被迫撤到汉城。在这种情况下，麦克阿瑟认为第 10 军和第 8 集团军合在一起没有什么好处。参联会经总统的批准后通知麦克阿瑟：“我们认为，保存你的部队实力是现在就应考虑的主要问题。”

东京方面已收到中国在朝鲜的兵力已占压倒优势的报告。在 12 月初，柯林斯根据杜鲁门的命令飞到东京去了解最近的情况。柯林斯发现麦克阿瑟对他当面的中国军队在数量上所占的优势深表忧虑。麦克阿瑟认为，如果联合国军继续仅仅在朝鲜范围内作战，那么，他的部队迟早要被迫从朝鲜半岛撤走，除此以外别无其他的希望，充其量也不过是拖延时日罢了。

第二天，西线美军开始实施全线撤退。美第 9 军从清川江北岸撤至安州，准备经肃川向平壤方向撤退。美第 9 军撤到军隅里、价川地区后，企图沿军隅里经龙源里、三所里至顺川的两条公路向南突围。位于顺川的美骑兵第 1 师和位于平壤地区的英第 29 旅各一部向北增援接应，企图突破志愿军第 113 师坚守的龙源里、三所里阵地，为美第 9 军南撤打开通路。

彭德怀急令第 38 军主力迅速开展进攻，与第 113 师靠拢；第 42 军迅速抢占肃川，断敌退路；令其余各军继续发展进攻，歼灭当面之敌。

西线志愿军在清川江畔西起新安州，东至军隅里、价川，南至龙源里、三所里的广大地域内与“联合国军”展开激烈的战斗，双方伤亡惨重。

12 月 1 日，“联合国军”见从三所里、龙源里突围无望，于是丢弃大量装备和伤员，在 100 多架飞机的掩护下，于上午 8 时转而向西，向安州方向突围。彭德怀即命令西线志愿军转入追歼战。志愿军各部乘胜追击，至傍晚7时结束战斗。第40军紧随逃向安州的“联合国军”，并于当晚占领安州。“联合国军”退向平壤。

后来，美国军方史书描绘了这次溃退的狼狈情景，写道：“我们有的被包围，有的被渗透到背后的中国人截断了退路……在这里已分不清哪里是前线，好像到处都有中国人。”美国官方战史承认，美第2师在清川江地区的战斗中损失惨重，至12月1日收拢人员时只有8662人，重装备遗失殆尽。

“联合国军”从清川江畔败退后，彭德怀等分析“联合国军”有以平壤为中心，以肃川、顺川、成川、三登为外围布置新防线，阻我前进的企图，在肃川、顺川堵击敌人的战机已失，而志愿军经过连续作战已显疲劳，需要休整。于是，彭德怀等于12月1日24时致电中央军委：根据敌退平壤部署，拟于肃川南北线侧击敌时机已失，着各军停止战役追击。各军休息两至三天，整理组织，严密侦察警戒，打扫战场，准备继续作战，配合东线扩大战果。

中央军委于12月2日5时回电，令西线各军主力在肃川、顺川之线以北地区休息四至五天，“整顿队势，补充粮弹，准备继续作战，配合东线扩大战果”。

接到中央军委的电报后，彭德怀遂电令各军主力就地集结，休整补充，各以一个师追击敌人。西线志愿军作战告一段落。

此役，西线志愿军歼灭南朝鲜第7、第8师和土耳其旅大部，给美第2师以歼灭性打击，重创美骑兵第1师、第25师，共歼敌2.3万余人，缴获与击毁各种火炮500余门、坦克100余辆、汽车2000余台和大量军用物资。志愿军在清川江畔钓到了大鱼。

东线战场，志愿军和朝鲜人民军于12月24日收复兴南地区和沿海各港口，第二次战役结束。

第二次战役，东西两线志愿军加上人民军一部分部队，共歼灭“联合国军”3.6万余人，收复朝鲜民主主义人民共和国的全部领土，将“联合国军”和南朝鲜军从鸭绿江边赶到三八线。

美国和西方各国感到十分震惊，纷纷发表评论。12月5日，美国《纽约先驱论坛报》说：“这是美国陆军史上最大的失败。”美联社惊呼：“这是美国建军史上最丢脸的失败。”美国前总统胡佛在12月20日发表的广播演说中说美国在朝鲜被共产党中国击败了。“世界上没有任何部队足以击退中国人。”

# 八　万岁军的诞生

第 38 军是中国人民解放军的主力部队之一，它的前身是东北野战军第 1 纵队。它是由彭德怀红三军团部队的老底子逐步发展壮大起来的。抗日战争胜利后，根据中共中央关于向东北发展并争取控制东北的战略部署，八路军山东军区滨海支队组成的东北挺进纵队和山东军区第 1、第 2 师部队，先后开到东北，于 1946 年 1 月分别改编为东北民主联军第 7 纵队、第 1 师、第 2 师，8 月合编为东北民主联军第 1 纵队。1948 年 1 月又改称东北人民解放军第 1 纵队，归东北野战军建制。1948 年 11 月改称中国人民解放军第 38 军。入朝时，第 38 军军长为梁兴初、政治委员为刘西元。

## 在国内战场曾屡建奇功的第 38 军入朝第一仗却打得窝囊

新中国成立后，第 38 军驻扎在中原地区，奉命作为全国战略机动部队，并在朝鲜战争爆发不久急调东北，成为东北边防军的一支重要力量。第 38 军是最早入朝的部队之一。

彭德怀在部署第一次战役时对第 38 军是寄予厚望的。

他先是让第 38 军打熙川。可第 38 军的先头部队误将那里的南朝鲜军当成美军，未及时发起攻击。第二天主力赶到后才于黄昏时分发起攻击，但已错失歼敌良机，熙川的南朝鲜军已经南撤了。

熙川扑空后，彭德怀又将攻占军隅里、价川、新安州一带，切断清川江“联合国军”南北联系的这一“全局的关键”任务交给第 38 军。说它是全局的关键，是因为第 38 军如果能够切断“联合国军”的退路，志愿军就有可能将清川江以北的敌人各个歼灭。

毛泽东两次致电彭德怀等："请注意使用三十八军全军控制安州、军隅里、球场区域，构筑强固工事，置重点于军隅里，确实切断清川江南北敌之联系。""全局关键在于我三十八军全军以猛速动作攻占军隅里、价川、安州、新安州一带，割断南北敌人联系，并坚决歼灭北进的美军第二师。此是第一紧要事，其余都是第二位。"

第 38 军当面之敌是南朝鲜第 8 师和第 7 师一部。在战役开始后，该两师已遭到过志愿军的打击，此时已成惊弓之鸟，第 38 军完成这一重任，当不成问题。可是，第 38 军接令后，到第二天才行动，在迂回过程中又有些恋战，因此未能按时到达指定位置，将"联合国军"退路切断。

彭德怀对第 38 军这次贻误战机十分生气。战役结束后，在大榆洞召开的志愿军第一次党委扩大会议上，彭德怀严厉批评第 38 军领导对敌情估计过高，行动迟缓，没有截断敌人，使这一次可能歼敌两三个整师的战役计划未能完成。

彭德怀越说火气越大，他将右手重重地朝桌上一拍，大声说道："我彭德怀别的本事没有，斩马谡的本事还是有的！"

## 第 38 军为荣誉而战

第 38 军在第一次战役中的表现，令彭德怀怀疑起这支主力部队的战斗力和指挥员的指挥能力来。据曾任第 13 兵团政治部主任和志愿军政治部主任的杜平回忆，彭德怀曾向他询问："第 38 军在东北究竟能不能打？军长梁兴初的作战指挥怎么样？"

第 38 军毕竟是一支久经战火考验、能征善战的英雄部队。第二次战役，彭德怀又把打开战役缺口和迂回切断敌后路的重任交给了它。

据第 38 军政委刘西元的回忆，11 月 17 日韩先楚临行前，彭德怀对韩先楚说："在第一次战役中，38 军动作迟缓，没有按时完成阻敌任务，让敌人逃跑了，使整个战役没有达到预期的目的，战果十分不理想。我听说 38 军过去在国内战如猛虎，很能打仗，这次我要再考验他们一次，看看他们的战斗作风到底怎么样。所以，仍让 38 军担任西线迂回阻击任务。这次阻击关系到整个战役的成败。你们沿途遇敌不要恋战，必须不顾一切，直插交通要道三所里，这是我军截断敌军南逃北援的一道'闸门'，一定要按规定的时间插到底。你要亲自到前线指挥该军行动，如插不到指定位置，别回来见我！"

彭德怀来回踱了几步，又继续说："沿途可能会遇到小股敌人的纠缠，能避则避，不能避时就冲过去。在占领三所里和龙源里后，要不惜一切代价，像钢钉一样，狠狠地钉在那里。没有我的命令，不准后退！”

第 38 军从军首长到广大士兵心里都憋着一股劲儿，决心打一场漂亮的翻身仗。原定由第 38 军加上第 42 军一个师攻打德川，第 38 军首长向韩先楚提出：“打德川我们包了！”

战役发起后，第 38 军首先干净利落地歼灭德川的南朝鲜第 7 师大部，与攻打宁远的第 42 军一起成功打开战役缺口。

拿下德川后，随 38 军行动并指挥 38 军和 42 军两军作战的志愿军副司令员韩先楚，对第 38 军军长梁兴初和政治委员刘西元强调：“38 军下一步的任务是艰巨的。一要插向三所里，二要攻占戛日岭，但关键是插到敌后三所里。”

戛日岭是位于德川西面 20 公里处的一道天然屏障，山高林密，地势险要，是个“一夫当关，万夫莫开”的险要关隘。德川通往价川的公路曲曲折折通过山顶垭口，是第 38 军主力向军隅里方向前进的必经之地。“联合国军”如果占领了垭口，就卡住了第 38 军主力前进的道路。如果那样的话，即使第 113 师穿插迂回成功，也由于不易得到大军的配合，由一步好棋变成一着险棋。

韩先楚和梁兴初、刘西元等决定第 113 师从德川西南插到价川以南的三所里，112 师沿德川至价川的公路北侧走乡间小道向价川攻击前进，第 114 师沿德川至价川公路攻击前进，迅速占领戛日岭，对在价川地区的美军形成包围。

当第 114 师第 342 团到达戛日岭时，土耳其旅的一个加强连已经从价川乘汽车先于志愿军到达戛日岭，占领了垭口。

土耳其旅的士兵受不了刺骨的北风，正在垭口的公路边点起篝火取暖。见到这种情况，第 342 团团长孙洪道和政治委员王丕礼一商量，两人各率一个连，一个攀登陡坡奔袭戛日岭主峰，一个沿公路扑向围火而坐的土耳其兵。

土耳其旅的这个加强连没有想到志愿军来得这么快，只经过几十分钟的战斗，就被全歼了。

然后，孙洪道率一个连冲下山去，将乘车西逃的土耳其旅一个加强营堵截住。在兄弟部队的配合下，将该敌全歼。

三所里是从价川到平壤公路上的一个小村镇，它北依大山，南临大同江，西傍公路，是个险要关口。村西的公路是西线“联合国军”主力北进的主要交通线，也是志愿军截断“联合国军”南逃的一道“闸门”。

梁兴初和刘西元深知抢占三所里对于整个战役的成败具有重大意义。抢占三所里是第二次战役整盘棋中最关键的一步棋，这步棋不能走到位，志愿军为这次战役所做的整个努力就可能化为乌有。他们也同样知道，插向三所里的第 113 师面临的困难将是相当巨大的。该师面对的敌人很可能是美军 3 个师，而且都是美军的主力师。

27 日傍晚，师长江潮、政治委员于敬山率第 113 师开始了艰苦的穿插行军。副师长刘海清率前卫团——第 338 团走在最前面。指战员们不顾两天两夜行军作战的疲劳，顶风冒雪，翻山越岭，一路疾行。

部队行进到离三所里三十来里的松洞时，天已经放亮。美军的飞机沿大同江飞来，在第 113 师行军纵队上空盘旋侦察。

开始时，一见有敌机飞来，指挥员就命令部队隐蔽，这样走走停停，影响到行进速度。师领导一起研究对策，鉴于部队已经深入到西线“联合国军”的纵深地带，他们怎么能知道咱们是志愿军，于是他们做出一个大胆的决定：部队去掉伪装，大摇大摆地行军。

这一招果然很灵。美军飞行员以为这是一支从德川撤下来的南朝鲜军，还通知驻三所里的敌治安队为“国军”准备咸鱼、米饭和开水好生招待呢！当第 338 团前卫营到达三所里时，三所里的敌人毫无戒备，因此志愿军很顺利地收拾了那里的敌人。

第 38 军攻占德川、戛日岭后，整个清川江北面的美军数万人见势不妙，企图南逃。

当第 338 团指挥所到达三所里东山时，前卫部队已与敌人交上了火。团长朱月华举起望远镜，只见北面公路上烟尘滚滚，乘着汽车撤退的“联合国军”先遣分队已经到了。第 338 团一夜走了 145 里，于上午 8 时先敌 5 分钟到达三所里，抢占有利地形，将这股最先撤退的敌人歼灭。两条腿赛过了汽车轮子。

由于抢占三所里关系到整个战役的成败，志愿军司令部、志愿军前进指挥所、第 38 军军部都关注着第 113 师的行动。但是第 113 师出发以后，他们一直得不到该师的消息。

彭德怀、邓华等在志司作战室焦急地等待着第 113 师的消息。彭德怀日夜操劳，双眼红肿，嘴上也起了泡。他坐立不安，几次自言自语似的问：“这个 113 师跑到哪里去了？”

参谋长解方守着电台，通信处长和电台台长都上了机，所有机子都在听第 113 师的信号。韩先楚、梁兴初、刘西元同样万分焦急地等待着第 113 师的消息。

终于，第 113 师报来了好消息：“我部到达三所里。”彭德怀如释重负，严肃的脸上绽放出笑容：“哎呀，总算到了，这下可放心了。”

彭德怀要参谋长解方向第 113 师第 338 团直接传达命令，要他们像钢钉一样钉在那里！受彭德怀的委托，解方当天三次用无线电报话机激励第 113 师不惜一切代价，截断敌人的退路，配合主力在大会战中歼灭敌人。

彭德怀命令正面各军加速向安州、价川方向进攻，分割包围敌人，以减轻三所里第 113 师的压力。

上午 9 时，美骑 1 师在飞机、大炮、坦克的支援下，向三所里的第 113 师阵地猛攻，企图突破一个缺口南逃。

志愿军前线指挥员韩先楚电令第 42 军夹击驻守顺川附近之美骑第 1 师，以减轻第 113 师的压力；又电令第 114 师，从东往西侧击从三所里、龙源里方向突围的敌人。

第 338 团以顽强的作战，打退了美军 40 多次进攻，牢牢地挡住了他们的退路。第 338 团还成功地打退了北援的敌人。到下午 5 时，激战了一天的三所里渐渐安静下来。师首长为战场的宁静感到焦急，美军是退回去了，还是另有南撤的道路？

这时军部来了命令，要他们分兵龙泉里。师长江潮感到奇怪，从地图上看，龙泉里在三所里的北面，他判断应是三所里西面的龙源里。地图上那里只有乡间小路，没有公路，但是有铁路。美军从三所里走不通，很可能从龙源里南逃。于是，第 113 师立即派出一支部队控制龙源里。

果不其然，三所里被死死卡住后，美军取道龙源里南逃。29 日凌晨 4 时，第 337 团前卫第 3 连经一夜的急行军赶到龙源里时，就听到隆隆的马达声。这是美骑第 1 师第 5 团和南朝鲜第 1 师的先头部队，一共 15 辆汽车。第 337 团给予这股逃窜的敌人迎头痛击，在龙源里又建起了一道坚固的“闸门”。

这时，第 113 师远离主力，孤军深入敌后 80 公里。“联合国军”蜂拥向南突围，平壤附近的英军第 29 旅沿公路向北接应。

南逃之敌为打开通路，以数百辆汽车组成庞大车队，在飞机和坦克引导下向第 337 团龙源里阵地连续突击。该团指战员英勇奋战，始终坚守阵地。

彭德怀三次电令第 38 军军长梁兴初、政委刘西元指挥主力迅速向第 113 师靠拢，又电令第 42 军迅速向顺川、肃川方向进攻，指示该军说：“能否乘敌撤退混乱中消灭敌人主力，关键在于能否先机占领肃川，断敌退路。”

根据彭德怀的命令，西线志愿军 6 个军在西起安州东至军隅里南至龙源里、三所里地域内，展开了围歼敌人的大规模战斗。

美第9军在航空兵和大量坦克的支援下，如潮水般涌向龙源里。在军隅里至龙源里之间的狭长地带拥挤着数万美军，汽车、坦克、大炮、步兵填满了公路。第38军部队就如同一把把尖刀，肢解着撤逃的美军。最残酷的战斗集中在松骨峰和龙源里。

刘西元在战后回忆道：

11月29日13时，在龙源里激战的113师指挥所无线电报话机里，响起了急促的讯号，师政委于敬山拿起话筒，听见一个湖南口音很浓的人大声说："我是彭德怀！你们那里的情况怎么样？现在向南逃跑的敌人已全涌向你们那里去了，你们到底卡得住卡不住？"于敬山大声回答："报告彭总，我们虽伤亡很大，但完全有信心把敌人卡在这里。"彭德怀高兴地说："很好！要告诉战士们，你们打得蛮好！我们的主力部队正在向你们那边靠拢，你们要加把劲，继续把美国人卡住，不让敌人跑掉！"于敬山立刻把彭司令员的鼓励传到硝烟滚滚的战壕里。统帅和战士的心紧紧地联系在一起。

30日拂晓，第112师在师长杨大易的率领下，插到松骨峰、书堂站一带，将美第2师等部拦腰截断。第335团第1营第3连在松骨峰与敌展开力量极其悬殊的恶战。全连最后只剩下副政治指导员和6名负伤的战士，但仍坚守着阵地，直到大部队歼灭被拦截之敌。该连荣立集体特等功。在打扫战场时，人们发现与美军同归于尽的志愿军战士，他们有的紧紧抓住敌人的机枪；有的手里握着手榴弹，弹体上沾着敌人的脑浆；有的身体压着敌人，牙齿和指甲深深地嵌在敌人的肉里。

志愿军惊天地、泣鬼神的英雄壮举，强烈地震撼着随军进行战地采访的作家魏巍的心灵，他以饱蘸激情的笔调，写下了《谁是最可爱的人》这篇著名的通讯。全国人民由此知道了松骨峰英雄们的事迹，志愿军也由此被全国人民称为"最可爱的人"。

被围困在价川、军隅里以南三所里、龙源里以北狭小地域内的美军四处乱窜，拼死突围。此时，彭德怀再次电令第113师坚决堵住逃敌，同时，志愿军各部从三面向三所里、龙源里地区合围，各军逐步紧缩包围。美第8集团军见势不妙，集中100多架飞机、400多门大炮，对志愿军各路战斗部队狂轰滥炸，以坦克为前导，采取"波涛式"的集团冲击实施突围。但志愿军第113师就像钢钉一样钉在三所里和龙源里两条交通要道上，坚持了五十多个小时，使南突北援之敌，双方相距不到一公里，却始终可望而不可即，无法会合。

30日晚上，韩先楚根据彭德怀的命令，指示各军对被围之敌再次发起猛烈围歼，战斗打得相当惨烈。刘西元回忆当时的情景说："在十几公里长的战线上，敌人丢弃了几千辆汽车、炮车和被炸毁的坦克。在公路两侧还有上万桶的汽油、近万吨的军用物资被美军的猛烈炮火击中，炸声如雷，烟柱冲天，火光染红了天空和山峦，漫天灰烬飘落在战场周围十几里的田野里。这场浓烟烈火一直到第二天傍晚才渐渐熄灭。”

12 月 1 日凌晨，枪炮声渐渐减弱，公路和山岗上燃烧着的烈火仍不停息，战场到处都是两军拼死厮杀后的惨烈情景。由于突不破第 38 军的防线，“联合国军”只好转向安州方向逃跑。

彭德怀连续 6 个日夜几乎没有合过眼，得知第 38 军围歼敌人的消息非常兴奋。12 月 1 日，志愿军总部同志以彭德怀、邓华、朴一禹、洪学智、韩先楚、解方、杜平的名义起草了一封给第 38 军的嘉奖电。彭德怀觉得不够劲，就亲自挥毫修改，在电稿最后的夹缝内加写了“中国人民志愿军万岁！卅八军万岁”几个字。现在读来，仍能清晰感受到彭大将军当年的喜悦、满意之情。最后形成的电报稿如下：

梁刘转卅八军全体同志：

此战役克服了上次战役中个别同志某些过多顾虑，发挥了卅八军优良的战斗作风，尤以一一三师行动迅速，先敌占领三所里、龙源里，阻敌南逃北援，敌机、坦克各百余，终日轰炸，反复突围，均未得逞。至昨卅日战果辉煌，计缴仅坦克汽车即近千辆。被围之敌尚多，望克服困难，鼓起勇气，继续全歼被围之敌，并注意阻敌北援。特通令嘉奖，并祝你们继续胜利！中国人民志愿军万岁！卅八军万岁！

有人劝说：“在我军历史上还没喊过哪个部队万岁的，这样写不好吧？”彭德怀说：“这次战役胜利，38 军起了关键作用，打得好就可以喊万岁嘛！”

从此，第 38 军被称为“万岁军”。万岁军美名在全军、全国久久传扬。

# 九　风雪长津湖

志愿军在第一次与“联合国军”较量后，且战且退，示弱于敌，欲将“联合国军”引入预设战场。志愿军的行动，造成了麦克阿瑟的错觉。麦克阿瑟做出错误的战略判断，令东西两线“联合国军”放胆前进，合围志愿军和朝鲜人民军。

## 志愿军 15 万大军成功躲过美军各种侦察耳目

11 月 5 日，彭德怀致电毛泽东，建议已到达东北地区的第 9 兵团迅速入朝参加东线作战以接替第 42 军防务，得到毛泽东的批准。同一天晚上，毛泽东命令第 9 兵团立即入朝，在江界、长津方向作战，以转变战局。毛泽东在电报中指出，江界、长津方面的作战任务，由宋兵团全力担任；作战方针是诱敌深入，寻机各个歼敌。

6 日，彭德怀致电第 9 兵团司令员兼政治委员宋时轮和副司令员陶勇，命令第 9 兵团在小白山以东诱敌至旧津里—长津一线，歼灭美陆战第 1 师两个团。

宋时轮和陶勇受领任务后，经反复研究认为，要打好这一仗，当前首要的任务是隐蔽地完成战役开进，出敌不意地发起攻击。根据先期入朝部队的经验和敌人空军活动的特点，第 9 兵团领导机关制定了具体的保密规定和防空措施。

为阻止中国人民志愿军后续部队入朝作战，麦克阿瑟命令空军“全部出动，以最大的力量摧毁鸭绿江上的所有桥梁和沿江一带北朝鲜的城镇和村庄”，阻止志愿军继续增兵。美国空军每天出动各型飞机达 1000 架次，对鸭绿江大桥和朝鲜边境城市新义州等地进行毁灭性轰炸。

就在美机狂轰滥炸之时，志愿军后续部队第 9 兵团 15 万人，在宋时轮指挥下，于

11 月 7 日、12 日、19 日由辑安、临江秘密渡过鸭绿江。第 9 兵团克服“联合国军”的轰炸和道路崎岖、天气寒冷带来的诸多困难，严密伪装，迅速向东线战场开进。志愿军第 42 军在长津湖地区节节阻击美军，诱敌深入，掩护第 9 兵团的开进行动。在 21 日前后，第 9 兵团第 20、第 27 军到达长津湖东西及以北预定歼敌地区，担任兵团预备队的第 26 军也到达指定的厚昌江口地区，完成了战役集结。

11 月 26 日，也就是东线战场志愿军即将发起反击的前一天，美第 10 军军长阿尔蒙德从兴南乘直升机到达柳潭里，听取战场情况报告。返回兴南的途中，他仔细对地面情况进行了观察，也没有发现志愿军行动的任何迹象。第 9 兵团 15 万大军开进，成功地躲过了美军空中和地面的各种侦察耳目，堪称战争史上的奇迹。

志愿军第 9 兵团司令员兼政治委员宋时轮、副司令员陶勇、参谋长覃健、政治部主任谢有法，下辖第 20、第 26、第 27 军。

第 20 军军长兼政治委员张翼翔，下辖第 58、第 59、第 60、第 89 师。第 20 军的前身是华东野战军第 1 纵队。1949 年 2 月，根据中共中央军委关于统一全军编制及部队番号的命令，改称中国人民解放军第 20 军，属第三野战军第 9 兵团建制，参加过宿北、鲁南、莱芜、孟良崮、豫东、淮海、渡江等战役。

第 26 军军长张仁初、政治委员李耀文，下辖第 76、第 77、第 78、第 88 师。第 26 军的前身是华东野战军第 8 纵队。1949 年 2 月，改称中国人民解放军第 26 军，隶属第三野战军第 8 兵团建制（后改隶第 9 兵团），参加过莱芜、孟良崮、洛阳、豫东、济南、淮海、渡江等战役。

第 27 军军长彭德清、政治委员刘浩天，下辖第 79、第 80、第 81、第 94 师。第 27 军的前身是华东野战军第 9 纵队。1949 年 2 月，根据中共中央军委关于统一全军编制及部队番号的命令，华东野战军第 9 纵队改称中国人民解放军第 27 军，隶属第三野战军第 9 兵团，参加过莱芜、孟良崮、潍县、兖州、济南、淮海、渡江等战役。

## 孤军深入的美陆战第 1 师被分割包围

当西线志愿军于 11 月 25 日晚对“联合国军”发起大规模进攻时，东线“联合国军”尚未查明志愿军的意图，美陆战第 1 师孤军深入长津湖地区且兵力分散。美陆战第 1 师第 7 团在下碣隅里，第 5 团主力在西兴里、新兴里，师部和第 1 团在富盛里和古土里。

西线战斗打响后，为加强向西线的迂回力量和保护陆战第 1 师的翼侧安全，阿尔蒙德命令陆战第1师全部沿长津湖西岸公路向西攻击前进，令美第7师派出一个团级战斗队（相当于加强团）进入新兴里接替陆战第1师的防务，并保证陆战第1师右翼的安全，令美第3师一部开到社仓里，保障陆战第1师侧后安全。根据这一命令，美陆战第1师第7团于26日西进至柳潭里；第5团西进至下碣隅里，随后至柳潭里与第7团会合；美第7师第31团级战斗队进至新兴里、内洞峙；美第3师第7团1营和南朝鲜第3师第26团进至社仓里。

在第9兵团开进过程中，彭德怀等志愿军首长根据敌情的变化，对第9兵团的作战作了许多指示。毛泽东接到彭德怀等关于东线作战的部署后，致电彭德怀说：美陆战第1师战斗力据说是美军中最强的，我军以四个师围歼其两个团，似乎还不够，应有一个至两个师作预备队。9兵团的26军应靠近前线。作战必须充分准备，战役指挥必须是精心组织的，请不断指导宋陶完成任务。

宋时轮、陶勇、覃健等根据毛泽东和彭德怀的指示和东线敌情，决心立即抓住东线"联合国军"兵力分散、尚未发现第9兵团入朝的有利战机，首先集中第20、第27军主力，歼灭进犯长津湖地区的美陆战第1师的第5、第7团，钳制美第7师两个团，并力争再歼敌一部。

11月26日14时，第9兵团最后确定，27日晚向长津湖地区的"联合国军"展开进攻。有意思的是，东线"联合国军"确定的总攻日期与志愿军第9兵团决定的发起进攻日期为同一天。阿尔蒙德原本确定东线"联合国军"发起总攻时间为11月26日，由于美陆战第1师没有准备好，后决定将总攻时间改为11月27日；东线第9兵团的进攻时间本来定在11月26日黄昏，由于部分兵力尚未到达进攻出发阵地，故决定推迟至27日黄昏发起反击。敌我双方的进攻日期不谋而合。

27日这一天就这么受宠，天公也来凑热闹。一场大雪纷纷扬扬，下个没完没了，长津湖地区的气温骤然降到零下30摄氏度。

27日上午，东线"联合国军"发起进攻。这天黄昏，第9兵团向进犯到长津湖以南之敌发起突然攻击。

第20军四个师担负从侧后攻击美军的任务。第58师于28日凌晨3时到达下碣隅里以南的上坪里、富盛里，并从东、南、西三面将下碣隅里之敌包围。第59师占领下碣隅里西北的死鹰岭、西兴里，切断了下碣隅里和柳潭里的联系。第60师占领乾磁开，切断了敌南逃之路，并以一部向古土里和黄草岭前进，准备阻击从兴南北援之敌。第89师逼近社仓里。

第 27 军担负正面进攻任务。第 80 师（附第 81 师一个团）占领新兴里四周有利地形，将新兴里四面包围，并将那里的美军压缩在不足四平方公里的狭小地域。第 79 师进攻柳潭里，与第 20 军第 59 师配合，完成了对该敌的包围。第 81 师主力占领赴战湖西侧的小汉岱、广大里，切断了美陆战第 1 师和美第 7 师的联系。作为军预备队的第 94 师从厚昌江口南调。

28 日拂晓，志愿军第 20、第 27 军在长津湖地区将大批美军包围，计有：柳潭里美陆战第 1 师第 5 团（欠一个营）、第 7 团，下碣隅里美陆战第 1 师师部、第 1 团两个营、第 5 团一个营，新兴里美第 7 师一个多团和一个坦克营、3 个炮兵营，共约 1 万余人。这个数字比第 9 兵团战前的估计多出一倍，有的地方甚至多出三至四倍。这是经过两天的激烈战斗才了解的。而据战后美国海军陆战队官方战史的材料，参加长津湖地区作战的美陆战第 1 师的兵力即达 2. 5 万人，加上美第 7 师的第 31 团级战斗队，长津湖地区的美军实际兵力有近 3 万人，远远超出志愿军的估计。

## 奇寒的天气是第 9 兵团的另一个对手

对于第 9 兵团指战员来说，他们的对手不仅仅有数量多、火力猛的美军，还有奇寒的天气，后者的威胁有时甚至更大。

长津湖是长津发电站的一个蓄水湖，位于朝鲜北部赴战岭和狼林山脉之间，湖东西两岸都是海拔 1300 多米的山地。摩天岭、死鹰岭、雪寒岭、荒山岭、剑山岭……你只要听一听这些地名，就会有一种恐怖、寒冷的感觉。从 10 月下旬，长津湖地区就开始连续下雪，到处是一片冰雪的世界，气温不断下降。

第 9 兵团部队从温暖的江南，一下子开到山高路险、风雪迷漫、气候严寒的长津湖战场。长期战斗在华东战场，没有寒带战斗和生活的经验，又要与强敌较量的第 9 兵团面临着严峻的考验。他们对与美军作战进行了比较充分的准备，但对严寒这个自然界的敌人，无论从物质准备方面还是从心理准备方面都是不充分的。

由于时间紧、任务急，第 9 兵团的准备工作很不充分。从上海到山东，再从山东到东北，最后踏入朝鲜东线战场，这一系列调动都是在不到三个月的时间内完成。一切都显得太仓促了。

指战员们在寒区生活必备的冬服没有准备齐全。第 9 兵团乘火车北上东北时，部队穿的还是适合华东地区气候的单薄冬装，原计划到东北地区整训一个时期，并换发寒区冬装，然后再入朝作战，但由于战场形势的急剧变化，不允许第 9 兵团在东北有一段整训和适应期。中央军委一声令下，第9兵团指战员毫不犹豫，毅然迅速开赴朝鲜战场。有的部队甚至接到这样的命令："重装备就留在火车上，在火车站进行动员准备，随时待命出动。""各种补给在火车站内进行，冬装在火车站内发给。"他们只是在火车经过沈阳等地时，匆匆补充了少量冬服，多数指战员没有大衣，有的甚至还穿着单胶鞋，戴着单军帽。

11月4日，宋时轮带兵团从指挥所出发，准备经沈阳去新义州，指挥先头部队过江入朝。在经过沈阳时，他立即去见东北军区的领导人。他告诉东北军区副司令员贺晋年，由于行动匆忙，准备不足，部队在防寒装备上存在严重困难。贺晋年了解到这一情况后，立即下令军区后勤部将库存的日本军大衣、棉鞋悉数拨给第9兵团使用。但因数量有限，临时赶制又来不及，仅勉强解决了兵团部分人员的冬装问题。

对于第9兵团的实际困难，毛泽东极为关注，他曾多次致电东北军区，要他们"用一切可能的方法保证东西两线粮弹被服（保障御寒）之供给"。毛泽东还要周恩来打电话向高岗询问："对宋兵团所要求的棉帽、棉鞋、棉手套、棉大衣，是否已往前送，送到什么程度？"东北军区为此做了不少工作，但终因美军的空中封锁、志愿军保障能力弱等原因没有能够保证部队的需要。

在寒冷无比的长津湖地区，装备有鸭绒服装、睡袋的美军都被冻得瑟瑟发抖，严寒难挨。美陆战第1师从10月26日至12月15日非战斗减员高达7313人，其中大多数是冻伤。美军尚且如此，就别说衣着单薄的志愿军了。指战员手脚冻僵，脸、耳朵和手脚冻伤是常有的事儿，冻死疆场的事也不鲜见。

第9兵团由于天气寒冷原因减员的数量很大，作为兵团领导当然负有责任。宋时轮司令员在战后曾多次做过诚恳的检讨，着重从主观上检查原因，并表示自己应负主要责任。

## 创造一次歼灭美军一个加强团的范例

第9兵团指战员顶风冒雪，与美第10军部队在山高林密、白雪皑皑的长津湖地区展开一场恶仗。

被围美军以坦克、装甲车和汽车组成环形防御，在大量飞机和坦克的火力掩护下负隅顽抗。为打破被分割包围的不利态势，被围美军在空军和坦克的配合下，连续向志愿军阵地猛攻。

下碣隅里和柳潭里的美军从东西两面攻击第59师死鹰岭和西兴里阵地，困水里和后浦里的美军从南面攻击第80师新垡里阵地，古土里的美军进攻第60师小民泰里——富盛里一线阵地。

29日上午，古土里地区的美陆战第1师第1团，以配属该团的英国皇家陆战队第41突击队为主，加上美军两个步兵连、两个坦克排和其他火力支援单位共约1000人，组成德赖斯代尔特遣队，在30多架飞机的支援下，从南向北，向志愿军第60师和第58师小民泰里——富盛里一线阵地发起进攻。

经过几个小时的战斗，除少部分坦克突入上坪里，被志愿军第58师歼灭外，其余大部被志愿军第60师的第178和第179团阻止于长津湖地区中部乾磁开地区。

入夜，第60师部队发起猛攻，将敌分割包围起来。在志愿军军事、政治攻势下，德赖斯代尔特遣队被围人员于30日上午8时缴械投降。

与此同时，下碣隅里的美军从北向南发起进攻，企图与德赖斯代尔特遣队配合，打通与古土里的联系。

在下碣隅里东南不远处的1071.1高地及该高地东南的小高岭，是下碣隅里美军南撤古土里的必经之路。志愿军第58师172团3连连长，在解放战争期间曾获得华东一级英雄称号的杨根思，率该连3排坚守小高岭。

29日上午，美军在飞机、大炮的配合下，几次企图夺占小高岭，都被3排击退。接着，美军出动重型轰炸机和远程火炮，向小高岭倾泻了大量的炸弹、炮弹、燃烧弹，摆出一副不拿下小高岭决不罢休的架势。子弹打光了，杨根思就和战士们用刺刀、铁锹、石块打击敌人。美军的8次进攻都被打退了。最后，全排只剩下两名伤员，美军又发起了第9次进攻，有40多个敌人已经冲上阵地，而志愿军支援分队尚未赶到。在这危急时刻，已挂彩的杨根思抱起最后一个炸药包，勇敢地冲向敌群，与阵地共存亡。志愿军总部为杨根思追记特等功，追授特级英雄称号，并将他生前所在连命名为“杨根思连”。朝鲜最高人民会议常任委员会追授杨根思“朝鲜民主主义人民共和国英雄”称号和一级国旗勋章、金星奖章。朝鲜政府还在杨根思牺牲的地方竖起“杨根思英雄纪念碑”。杨根思成为抗美援朝战争运动战时期唯一一个特级英雄，成为志愿军两个特级英雄之一。这是杨根思个人的光荣，也是第20军和第9兵团的光荣。

柳潭里、新兴里美军的突围企图也在志愿军第27军和第20军第59师的坚决打击下破灭。

美国最精锐的王牌部队之一——陆战第1师和第7师第31团级战斗队被困长津湖，使参谋长联席会议非常紧张，11月29日在给麦克阿瑟的电报中强调，先前所有与防御计划相抵触的命令均应取消，必须保持第 10 军和第 8 集团军行动的一致性，使两支部队连为一体。

麦克阿瑟认为，第 10 军从地理上威胁到正向第 8 集团军右翼进攻的中国军队的主要补给线，正是这种威胁迫使中共投入 8 个师的兵力阻挡陆战第 1 师的进攻，自然减轻了第 8 集团军的压力。第 10 军的当务之急是向咸兴、兴南地区收缩，摆脱被隔离和围困的境况，然后准备坚守或向西进攻，策应第 8 集团军作战。

按照麦克阿瑟的命令，阿尔蒙德决定将东线部队全部收缩于元山、兴南地区。11 月 30 日，阿尔蒙德飞到下碣隅里召集陆战第 1 师师长史密斯、第 7 师师长巴尔开会，研究将部队撤出长津湖地区的计划。阿尔蒙德授权史密斯在部队撤出长津湖地区时，可以销毁任何延迟其行动的装备，并可直接呼叫所需要的空中支援。经研究决定，先将柳潭里的陆战团撤至下碣隅里，然后再派一支强大的解围部队从下碣隅里北上，营救第 31 加强团。

经过连续两天的战斗，第 9 兵团部队虽然对长津湖地区美军实施了分割包围，但是歼敌数量不多，同时对该地区美军的实力已有新的了解，尽管这种了解比实际美军的数量还要少得多。

根据这两方面的情况，宋时轮、陶勇决定先集中绝对优势兵力拿下新兴里，然后转移兵力，攻歼柳潭里、下碣隅里之敌。由位于赴战湖西侧的第 27 军第 81 师会同第 80 师担任对新兴里的主攻任务，将第 20 军第 59 师暂归第 27 军指挥，第 27 军预备队第 94 师随时准备投入战斗。为配合新兴里的战斗，第 9 兵团还决定第 20 军第 58 师、第 21 军第 79 师分别对柳潭里、下碣隅里美军进行牵制性攻击。另令第 26 军主力兼程南下，准备参战。

30 日晚，在军长彭德清、政治委员刘浩天的指挥下，第 27 军第 80、第 81 师主力对新兴里美军第 31 团级战斗队发起进攻。经过 15 分钟的炮火急袭，第 27 军部队于 23 时发起攻击。至次日拂晓，4 个步兵团先后突破新兴里美军前沿阵地，将其压缩在新兴里村内。

在志愿军指战员的猛烈打击下，新兴里美军损失惨重。指挥官费斯上校下令炸毁所有的火炮、卡车和补给品，然后率众于 12 月 1 日 13 时开始向南突围。在 40 多架飞机的支援下，美军以 10 辆坦克为先导，突破志愿军阵地，杀开一条生路，向南逃窜。

第 27 军部队随即展开拦阻和追击。第 342 团第 3 营依托 1221 高地及公路以东一线高地，猛烈打击突围美军，并炸毁公路上的桥梁，将美第 31 加强团拦阻在 1221 高地前。第342团第2营和第80师各团依托公路东侧的有利地形，从侧面、正面、尾部对突围美军进行打击，一举将美第31团级战斗队大部歼灭于新兴里、新垈里地区。

美第31团级战斗队残部一部越过冰封的长津湖逃向柳潭里，另一部继续沿公路南逃，被志愿军第242团第1营拦截于后浦里、困水里地区。经过激烈战斗，美第31团级战斗队残部又被歼灭400余人。

12月4日，新兴里战斗胜利结束。志愿军第27军全歼美第31团级战斗队，共歼敌3191人，其中俘384人，击毙指挥官麦克里安上校及接任者费斯上校，击毁坦克7辆、汽车161辆，缴获汽车184辆、坦克11辆、火炮137门、枪2345支（挺），创造了一次全歼美军一个加强团的范例。在整个抗美援朝战争中，志愿军歼灭美军营的建制多，但歼灭美军一个整团、一个加强团，也就只有这么一次。

## 美陆战第1师遭受其历史上最惨重的失败

新兴里战斗美第31团级战斗队被全歼，西线美第8集团已向肃川、顺川撤退，麦克阿瑟的“总攻势”已告失败，于是阿尔蒙德立即下令东线所有部队向咸兴、元山撤退，同时为避免陆战第1师被歼，命令该师立即将柳潭里的部队撤至下碣隅里，以便在美第3师的配合下向南突围。

12月1日，进至清津、惠山镇等地的“联合国军”开始向咸兴地区撤退。柳潭里的美陆战第1师的第7团在第5团的掩护和空军的支援下，向下碣隅里猛突，企图与在下碣隅里死守的部队会合后再一起南撤。2日，社仓里的美军和南朝鲜军也开始南撤。

此时，第9兵团也根据中央军委和志愿军首长的指示调整部署。

12月1日，宋时轮、覃健致电彭德怀、邓华，认为大量敌人西进的可能性日渐减少，建议厚昌只留置一个主力团，第78师率两个团即开前方参战。彭德怀、邓华回电同意第9兵团的部署，指示第9兵团全力歼截被围之敌，在第26军未到前，切不可疏忽对敌北援阻击的部署。

2日13时，中央军委致电彭德怀等志愿军首长和第9兵团首长，要宋时轮、陶勇“注意争取于今明两晚基本上解决被我包围之陆1师等部”，认为这样最为有利。同时要求宋、陶在围歼战斗未结束之前，切实加强黄草岭南北之阻援与阻止突围之敌的力量。

3日，毛泽东致电志愿军和第9兵团首长时指出，我第9兵团数日作战，已取得很大胜利。“敌方在数日内可能增援的部队，只有两个李承晚师和美7师一个多团。如果我军能将这些增援部队各个歼灭，在朝鲜战局上将起很大的变化”。毛泽东请宋时轮、覃健考虑两点，一是将第26军迅速南调，执行打援任务；二是对柳潭里地区的美军除歼灭其一部外，暂时保留一大部，让其日夜呼援，这样便一定会吸引援敌到来，使我有援可打。如果柳潭里地区之敌被我过早歼灭，则援敌一定不来了，他们将集中咸兴一带，阻敌南进，这对我军下一次作战不利。

第9兵团立即令第27军和第20军第59师迅速歼灭柳潭里突围之敌；令第26军从长津湖以北南下，接替第20军攻击下碣隅里之敌的任务；令第20军第60、第58师前出至黄草岭地区，第89师主力前出至黄草岭以南上、下通里地区，阻敌南逃北援，留一部在社仓里警戒。

此后，志愿军在北起死鹰岭南至上、下通里长约70公里的路段上，步步紧追，层层阻击，予美陆战第1师以沉重打击。接替因在第二次战役中遇车祸身亡的第8集团军司令沃克的马修·李奇微感慨地说：“这是一次漫长而曲折的撤退，一路上战斗不断，似乎是在一寸一寸地向后挪动。”

柳潭里美军要撤往下碣隅里，1419.5高地和西兴里、死鹰岭是他们的必经之地。志愿军第59师的部队已在那里等着他们了。为逃脱被歼的命运，美陆战第1师第7、第5团使出浑身解数，向志愿军第59师坚守的阵地猛攻。第59师部队顽强堵击突围之敌。

志愿军第79师于2日拂晓攻占困水里以西高地，第94师攻占困水里以东高地，对南突的美军形成两面夹击。

美陆战第1师在继续南突的同时，派出一支部队沿山间小路向东运动。第27军立即派第81师主力越过长津湖，于3日拂晓控制长兴里、文川里地区，防止美军从东面逃窜。

12月3日，美国远东空军第5航空队司令帕特里奇到兴南视察后，决定把其全部轻轰炸机交给第10军来支配。美国远东空军司令斯特莱梅耶也从东京发出通知，称所有的B-9部队都可根据第10军所要求的方式向其提供支援。第二天，斯特莱梅耶指示透纳使用他所有的C-46、C-47、C-119型飞机来支援第10军。

四面受困的柳潭里美军部队拼死也要找出一条活路来。3日，他们在50多架飞机的支援下，以坦克群打头阵，不顾一切地向志愿军第59师坚守的阵地进攻，同时下碣隅里的美军部队也派出一部接应，第59师两面受敌。由于冻伤和战斗减员很大，弹药也供应不上，在美军的两面进攻下，第59师阵地被突破。

第 27 军立即令第 59 师固守公路以南阵地，令第 81 师 243 团控制西兴里、獐项里阵地，正面堵击美军。

当日 22 时，第 243 团部队进入指定位置，向正在朝西撤逃的美军发起冲击，将美军部队截断，迫使美军退回西兴里。但第二天，在西兴里和下碣隅里美军的两面夹击下，第 243 团阵地被突破。

狼狈逃窜的柳潭里的美军终于到达了渴望已久的下碣隅里。随军采访的美国《纽约先驱论坛报》记者玛格丽特·希金斯报道说：

我在下碣隅里见到这些遭到一阵痛打的官兵，不由想到他们如再受一次最后打击，究竟还有没有再逃脱的力量。官兵们衣服破烂不堪，脸上因刺骨的寒风而发肿流血，手套也破了，棉絮露在外面。没有帽子，耳朵冻成紫酱色。还有因为手脚冻伤，穿不进结冰的鞋子，赤脚走进军医棚的。……第 5 团团长默里中校憔悴不堪，像个幽灵……

虽然逃过一劫，但这是暂时的。美军已经能够感到更大的威胁正一步步向下碣隅里逼近。于是，美陆战第 1 师破坏了全部重装备，准备继续南逃。美第 10 军调来大批运输机和直升机，帮助美陆战第 1 师运送伤员，补充物资。同时令真兴里以南的美军部队全力北援，接应下碣隅里美陆战第 1 师部队突围。

陆战第 1 师在下碣隅里的环形防御圈内平整了冰面，修建了一条石子跑道，其宽度仅足以供 C-7 型飞机起降。12 月 7 日在古土里也修建了一条同样的跑道。到 12 月 10 日为止，已有 240 架次飞机（其中大部分是由第 21 部队运输机中队出动的）将 273.9 吨补给品运到了这种粗糙的机场上，而更重要的是运出 4689 名伤病员。其中海军陆战队第 1 航空联队共出动了 56 架次，而新进入战区并配属于第 21 中队的皇家希腊空军分队的 C-47 型飞机也出动了 30 架次运送货物。

根据战斗的发展情况和部队的现状，第 9 兵团于 12 月 4 日夜决定，第 26 军主力围歼下碣隅里之敌，得手后，南下向咸兴攻进；第 27 军在结束柳潭里战斗后，主力休整两日，然后取道社仓里等地向咸兴以西的地境攻进，以一个团守五老里，割裂敌人，配合主力作战；第 20 军以小部包围古土里，作为诱饵，吸引敌军，主力进占黄草岭及其附近阵地，阻敌打援，待第 26 军向南攻进时，即集中全力攻歼古土里之敌，另以第 89 师主力进至上、下通里附近，从运动中截歼敌人，适时闭阻长津湖地区之敌的退路，配合主力作战。毛泽东赞成这一新部署。

第 26 军接令后即行南进，准备在 12 月 5 日晚围歼下碣隅里之敌。但由于距离较远，风雪迷途，行动缓慢，未能按时到达指定位置及时发起进攻。第26军定于26日晚实施进攻，但下碣隅里的美陆战第1师主力已在空运了1000多名伤员后，于6日拂晓在大量飞机、坦克掩护下向南突围。

此时，第20军的第58、第60师已进至黄草岭南北地区，第89师也尾追社仓里美第3师第7团进至下通里以北地区。下碣隅里美军南逃后，第20军随即层层展开阻击。第26军尾随逃敌，穷追不舍。第27军主力则从右翼经社仓里向地境方向攻进，以切断美军的退路。

12月7日，美陆战第1师逃到古土里，不敢在这里停留，第二天又在大量航空兵的支援下继续向南撤逃。在古土里以南的隘路处，遇到了志愿军第58师172团两个连的阻截。第172团还将唯一的一座直接悬在1500尺深的峡谷上面的铁索桥炸毁，切断了美军的退路。如果不把这座桥修好，陆战第1师将不得不将其车辆、坦克和大炮抛掉徒步突围出来。师长史密斯提出把一座八节桥身的M-2型辙道桥以及所有的胶合铺板空投给他的部队。在此之前的世界战争史上还从来没有空投过桥梁。

美军一面在大量飞机的配合下猛攻第172团这两个连的阵地，一面紧急空运桥梁构件，一面调黄草岭、真兴里美军北援接应。

阻截美军的志愿军第172团部队不顾顶风冒雪和连续作战的疲劳，顽强地坚守住阵地。经过几天的激战，由于战斗伤亡和冻伤，最后能够战斗的只剩下二十来人，但他们仍死死地卡住这一关口。从真兴里北援的美军被志愿军第60师第180团阻于堡后庄地区。美陆战第1师已陷入绝境。

这天晚上，气温下降到零下40摄氏度左右。第二天美军再次向志愿军阵地发起进攻，他们没有遇到任何打击，原来坚守在阵地上的志愿军第172团的指战员由于衣着单薄、冻饿数日，体力严重下降，抵挡不住严寒的袭击，全部冻僵在阵地上。

天气帮了美陆战第1师的大忙，美军很侥幸地通过了古土里以南的隘路，搭建了临时桥梁，得以继续南逃，并与北援美军配合，对位于堡后庄的志愿军第180团进行夹击。第180团在第179团一个营的增援下，与美军激战两天，最后全团由于冻伤、战斗伤亡严重，只剩下20人，阵地被美军突破。

第9兵团在长津湖地区经过近半个月的极其艰苦的战斗，战斗伤亡和冻伤减员情况十分严重。特别是第79师损失极为严重，全师战斗伤亡2297人，冻伤减员2157人，难以继续实施大的作战行动。

12月9日，彭德怀在给宋时轮的一封回电中说，第79师已处极端严重困难的境地，十分悬念。除用一切办法加强运输接济外，望迅速撤出当前战斗。越过黄草岭向南数十里较黄草岭温和得多，围敌打援计划应立即停止进行。10 日，宋时轮报告彭德怀：第 9 兵团已做出决定，“不顾一切困难和代价，继续组织所有还能勉强支持的人员，力争歼灭南窜与援敌一部或大部”。

10 日，古土里美军越过黄草岭，继续南逃。志愿军第 20 军第 89 师在真兴里以南、上、下通里以北的水洞、龙水洞截歼南逃美军 600 余人，击毁、缴获汽车 90 余辆。

直到 12 月 12 日，美陆战第 1 师才在美第 3 师的接应下，逃到五老里。空投是这个超过师规模的部队在将近两个星期内所需要补给品的唯一来源。313 架 C-119 和 37 架 C-47 共空投了 1580.3 吨补给品和装备。师长史密斯坦言：“如果没有空投下来的大量弹药，我军将要有许多人被击毙。”

虽然逃脱了全军覆没的厄运，但此时的这支王牌军已伤亡过半，溃不成军。美国海军陆战队战史公布，在 11 月 27 日至 12 月 15 日，陆战第 1 师减员 7321 人。美国人约瑟夫·格登在其《朝鲜战争——未透露的内情》一书中将美军在长津湖地区的作战称为“陆战队历史上最为艰辛的磨难”。

美国人 R. M. 波茨在《韩战决策》一书中写道：

12 月 6 日和 7 日是最艰难的日子。交叉火力向陆军和陆战队倾泻过来。由于雪天阴云密布，中国军队在大部分时间里没有遇到空中袭击。殿后的坦克和卡车尾随着车队驶入下碣隅里以南 10 英里的古土里，车上满载着被打死且已冻僵了的尸首和挂彩或冻伤的伤号——那情景真是惨不忍睹。

由于“联合国军”在东西两线均遭败绩，麦克阿瑟的“总攻势”彻底破产。12 月 5 日，“联合国军”被迫退出平壤，继续向南溃退了 260 公里。6 日，志愿军收复朝鲜民主主义人民共和国临时首都平壤。接着又乘胜南进，抵达三八线附近。从 12 月 7 日起，西线美第 8 集团军开始向三八线实施总退却。东线第 10 军也开始集结部队，准备从海路撤逃。至 12 月 14 日，美第 1 师余部和南朝鲜首都师、第 3 师从惠山镇、清津等地分别从陆路和海路撤到兴南。逃出志愿军包围圈的美陆战第 1 师残部与美第 3 师一起也退到兴南。

志愿军第 9 兵团与人民军一道乘胜追击，12 月 17 日占领咸兴，接着直逼兴南港。此前人民军已于 12 月 9 日收复元山，切断美第 10 军从元山的海上退路和陆上退路。美第 10 军只剩下兴南这唯一的一条海上退路了。美军急调 300 余艘舰船到兴南港，并在兴南港用陆海空火力构成严密火网，如此，“联合国军”才得以实现海上大逃亡。12

月 24 日，志愿军和人民军收复兴南地区和东线沿海各港口。

美国陆军官方战史《朝鲜战争中的美国陆军——战争爆发前后》说：

在中国人 11 月底和 12 月初发动的攻势中，第 8 集团军和第 10 军不仅付出了沉重的伤亡代价，同时在敌军进攻时期这两支部队也由于遗弃和自己毁坏而丧失数目庞大的补给品和装备。第 10 军极其分散的部队，特别是在长津水库地区的那些部队，在撤往兴南的途中丢失或毁坏了大量被服、帐篷、军械装备、通信器材和工程器材。阿尔蒙德将军负责补给工作的参谋们推断，要弥补中国人在长津水库地区攻击第 10 军部队所造成的后果，需要提供重新装备一个半师的装备。

独当一面的志愿军第 9 兵团为第二次战役的胜利做出了重大贡献。长津湖一仗共歼敌 13916 人，给美陆战第 1 师和美第 7 师一部以歼灭性打击，保证了志愿军西线部队的侧后安全。

毛泽东认为：“九兵团此次在东线作战，在极困难条件下，完成了巨大的战略任务。”

# 十 攻克汉城

中国人民志愿军在第二次战役中，给“联合国军”以沉重的打击，引起了美国国内的极大震动。

## 美国历史上最惨重的败仗

美国新闻界竞相报道美军在朝鲜遭到惨败的消息。美国《纽约先驱论坛报》发表文章将美军的这次失败称作“美国陆军史上最大的败绩”。《时代》杂志说：“我们吃了败仗——美国历史上最惨重的败仗。”《新闻周刊》称其为“珍珠港事件后美国最惨的军事败绩。可能会成为美国历史上最糟糕的军事灾难”。

美国统治集团内部对于失败的责任相互埋怨、指责，有的指责麦克阿瑟判断错误，指挥笨拙，要求撤麦克阿瑟的职；有的把责任归咎于华盛顿当局的政策；有的议员建议罢免总统杜鲁门。

美国前总统赫伯特·胡佛发表演说，承认美国在朝鲜的失败已无可挽回，并尖锐地抨击杜鲁门的外交政策。他说：“联合国军在朝鲜被共产党中国打败了，现在世界上没有任何军队足以击退中国人。”

英国对“联合国军”遭到的惨败表示大为不满，他们把不满发泄在麦克阿瑟身上，英国国防大臣辛威尔说：“有一段时间，麦克阿瑟似乎是超出了我们在事件开始时所了解的目标，结果我们走近了驻有庞大中国军队的满洲边境。我们知道那里大约有 7 万军队准备作战，麦克阿瑟将军可能认为他满可以对付他们。但是，那里可能有更多的军队，他的情报弄错了。我们的处境实在可怕，欺骗自己是没有用的。”

英工党议员伊文斯在演说中也对麦克阿瑟大加抨击。伊文斯说，麦克阿瑟是“现实生活中的一个鲁莽闯祸的人”“是俗语所谓闯进了瓷器店的牛”。

他还说：“麦克阿瑟已给自己派定了一个要以武力铲除世界上共产主义的新的政治救世主的角色。但是，这是行不通的。……共产主义是毁灭不掉的。”“亚洲人民不会为维护像李承晚与蒋介石那样腐败的政权而战斗。”

在朝鲜战场，“联合国军”在中国人民志愿军的沉重打击下溃不成军，拼命夺路南逃。从平壤往南的路上，塞满了一支大规模撤退的军队。

据东京“联合国军”司令部向美国国防部的报告，联合国部队在1950年11月30日和12月1日有1.1万人阵亡、负伤、失踪或被俘。美第2步兵师损失了6380人，几乎是其兵力的一半，编制5000人的土耳其旅损失了1000人。第8集团军和第10军在战场上的兵力加起来也不过是11万人，而据情报分析，中国人的兵力为25.6万人，北朝鲜人的兵力为1万人。

12月4日，柯林斯飞往朝鲜，以弄清朝鲜的确切形势。柯林斯到第8集团军司令部与沃克会面。沃克悲观地谈到，美第2师和土耳其旅受到重创，几乎被全歼。南朝鲜部队除第5师外，其他部队将不得不退出战斗，进行休整。沃克认为他不能守住平壤。他担心中国人会在第8集团军和第10军之间的缺口中长驱直入。如果第8集团军试图在汉城—仁川地区周围坚守，它很有可能会被包围。他不希望被迫由仁川撤退，因为担心那会使人员和装备损失重大。

美联社驻第8集团军总部记者评论说：“对于美军来说，命运的轮子整整转了一个圈——从失败至胜利，然后又回到失败。在刚好五个月的时间里，这个循环也刚好完成。7月和8月那些绝望的日子在走近，但是这次不是一个营在撤退，这一次是美国7个师同英国2个旅、土耳其1个旅和其他的联合国部队一道为生存而战斗。他们已遭到占压倒多数的中国军队的严重打击。他们的战斗效能已因重大的伤亡而低落。迅速取得胜利的光明的希望黯然消失在阴沉灰色的失败里。”

路透社记者不得不承认：“军事灾难的阴影仍然笼罩着他们。”

## 李奇微走马上任

12月23日，沃克乘一辆吉普车行驶在从汉城至议政府的公路上，准备视察部队。一辆想超到前面去的军用卡车撞在沃克乘坐的吉普车后部，吉普车翻了个底朝天，沃克当场身亡。美国陆军助理参谋长马修·李奇微接任美第8集团军司令官。12月26

日，他到达朝鲜。

李奇微一上任，麦克阿瑟就将“联合国军”地面部队全部交他指挥。李奇微接任后本来想很快恢复进攻，但他还是用两天时间视察了美第 1 军、英第 29 旅、美第 25 师、南朝鲜第 1 师，会见了在前线的指挥员，并且了解了他们对发动一次进攻的看法。然而，第 8 集团军在过去的几周中，在肉体上和心理上都受到了深痛的损伤，部队士气极低，处在毫无进攻精神的萎靡状态。第 8 集团军的各级指挥官、参谋乃至士兵都已经丧失了信心。指挥员们认为，此时无论实施何种进攻都会归于失败，而且可能付出重大的代价。

鉴于美军中普遍存在着失败情绪，士气低落，李奇微只好放弃立即转入进攻的打算。他命令“联合国军”沿三八线建起一条西起临津江、东达东海岸的防线后，正积极构筑工事，建立纵深防线和整顿部队，准备抗击志愿军的进攻。

李奇微准备采取“在夜间收缩部队，让部队与部队之间紧紧衔接在一起，到昼间，则以步坦协同的分队发起强有力的反冲击”的方法对付中朝军队的进攻。一旦被迫放弃一些阵地，则“在周密地勘察并精心构筑后方阵地之后，有秩序地按照调整线实施后撤”。

12 月底，李奇微部署了“一条从临津江到三八线的总战线”。在这条横贯朝鲜半岛 250 公里、纵深 60 公里的战线上，设置了两道基本防线。第一道防线（A 线）西起临津江口，东经汶山，沿三八线到东海岸的襄阳；第二道防线（B 线）西起高阳，东经议政府、加平、自隐里至东海岸的冬德里。为了加大防御纵深，在第二道防线以南至北纬 37 度线，还准备了 C、D、E 三道机动防线，由南朝鲜抽调大批民工进行构筑；C 线从永登浦沿汉江南岸，经杨平、横城至江陵；D 线从水原经利川、原州、平昌至三陟；E 线沿 37 度线，从平泽经忠州至三陟。

为了防止被迫退回到釜山，李奇微还指定工兵出身的加里森·戴维森准将在靠近釜山地区设置一道防线，即原来的洛东江防线，以保卫釜山港地区。戴维森动用成千上万的南朝鲜劳工，构筑了大部分堑壕体系、炮兵阵地，还设置了大量的铁丝网。

此时，“联合国军”在朝鲜的地面部队总兵力为 36.5 万人，其中作战兵力 25 万人，美第 10 军亦统归美第 8 集团军指挥。除遭受严重打击的美第 10 军（指挥美陆战第 1 师、美第 7 师和美第 3 师）位于大邱、釜山地区，美第 2 师主力位于三七线以北的堤川休整外，在第一线展开 8 个南朝鲜师，其余美英军主力均置于议政府至汉城以南的机动位置。

## 毛泽东决定立即越过三八线再打一仗

志愿军攻占平壤后，12 月 8 日，彭德怀、洪学智、解方决定集中西线主力，攻歼中和、祥原、遂安地区之敌。

此时，经过连续两次战役的作战，志愿军已伤亡 4 万余人，尚有一些非战斗减员，部队异常疲劳，急需休整补充。志愿军在第一线兵力不占绝对优势，同时志愿军向南挺进，供应线延长，再加敌机骚扰，后方公路、铁路和桥梁遭受破坏严重，物资供给十分困难，志愿军部队经常缺衣少粮。

根据上述情况，彭德怀起草了一份给毛泽东的电文：

下一战役定于十六七号开进完毕，十八九号可开始攻击，估计月底可结束。如能歼灭伪一、六两师，美廿四师、骑一师，或给以歼灭性打击时，我即将进越三八线，相机取得汉城。如上述敌人不能消灭，或不能给以歼灭性打击时，即能越三八线或取得汉城，亦不宜做。因过远南进，驱退敌人至大邱、大田一带，增加以后作战困难，故拟在三八线以北数十里停止作战，让敌占三八线。待我充分准备，以便明年再战时歼灭敌主力。但须派人民军二、五两军团南进，造成带战略性的断敌后路。

毛泽东收到彭德怀的电报后，认真地思考着志愿军面临的困难。为不给美军喘息的时机，不给国际上造成志愿军打到三八线就停止的错觉，毛泽东决定趁“联合国军”内部混乱、举棋未定的时机，立即越过三八线再打一仗，然后休整。他于 12 月 13 日致电彭德怀并告高岗：

（一）目前美英各国正要求我军停止于三八线以北，以利其整军再战。因此，我军必须越过三八线。如到三八线以北即停止，将给政治上以很大的不利。

（二）此次南进，希望在开城南北地区，即离汉城不远的一带地区，寻歼几部分敌人。然后看情形，如果敌人以很大力量固守汉城，则我军主力可退至开城一线及其以北地区休整，准备攻击汉城条件，而以几个师迫近汉江中流北岸活动，支援人民军越过汉江歼击伪军。如果敌人放弃汉城，则我西线六个军在平壤、汉城间休整一时期。

彭德怀接到毛泽东的电示后，坚决克服因连续作战部队异常疲劳、兵员不足及供应不及等困难，决定发动第三次战役。12 月 15 日，彭德怀致电金日成和毛泽东：

我以六个军向开城、涟川、金化线攻击前进，求得在汉城、原州线以北歼灭一部敌军，得手后再看情况。

同日，彭德怀、邓华、朴一禹、洪学智、韩先楚、解方致电西线各军、东线宋时轮并报军委：

为粉碎敌企图以三八线为界，重整残部准备再战之阴谋，奉毛泽东主席命令决心继续向三八线以南前进，求得在汉城、原州、平昌线以北地区歼灭美军和南朝鲜军一部，第一步以三八线以北的市边里、涟川为目标攻击前进。

志愿军西线 6 个军冒着严寒，踏着积雪向南前进。“联合国军”未作抵抗，继续向南撤退，于 12 月 16 日全部撤至三八线以南。

## “联合国军”败走汉城

1950 年 12 月 31 日，三八线附近寒风凛冽，大雪纷飞，气温骤降。

16 时 40 分，志愿军的一发发炮弹呼啸着飞向对岸敌军的阵地，顿时，江对岸腾起一片火光和烟雾。

短促的炮火准备之后，在西起临津江口、东至麟蹄的 200 多公里宽大正面上，志愿军和人民军向“联合国军”在三八线的防御阵地发起进攻。

志愿军右纵队第 39、第 40、第 38 军各担任突破任务的指战员在高浪浦里至永平地段上，冒着敌人炮火的封锁，奋勇踏冰（部分部队徒涉），向临津江和汉滩川南岸攻进。

临津江和汉滩川南岸是天然峭壁，南朝鲜第 1、第 6 师依托既设阵地，凭险据守，敌防线前沿布满了铁丝网和地雷。志愿军右纵队过江后，冲破重重阻碍和火力封锁，一举突破敌防御前沿，继续向敌防御纵深发起进攻。

“现在发起冲锋！”第 39 军第 116 师副师长张锋向突击部队下达了命令。几乎同时，几千名战士跳出交通壕，呐喊着向江面冲去。

张锋下达完命令后，立刻走出掩蔽部，站在小山上观察这一壮观的场面。临津江上火光闪烁，战士们在炮弹爆炸的火光中踏冰向对岸冲去。突然，在江南的沙滩上腾起一片火光和烟柱，左翼连的冲击地段上地雷爆炸了。地雷一串连着一串，从北向南，迅速地爆炸着。前面的战士倒下了，后面的战士并没有停止，仍然向前奔跑。

在一连串的爆炸之后，后面的部队冲到对岸的悬崖边，架起云梯。紧接着，在敌阵地上响起一片手榴弹的爆炸声，悬崖上闪起一片火光。三颗红色信号弹升上天空。

“突过去了！突过去了！”张锋掩饰不住内心的激动，跑进掩蔽部，用电话向师长报告：“我们已占领南岸敌第一道堑壕！”

“好！迅速扩大战果，保障二梯队进入战斗！”

第39军在新堡、土井地段突过临津江后，迅速从南朝鲜第1师防御正面突入。经过一夜的激战，于1951年1月1日拂晓前突入敌防御纵深约10公里，占领了大村、武建里地区，并有力地策应了第50军的渡江。

第40、第38、第50军于1日分别占领安兴里、新邑里、紫长里等地区。

永平至马坪里地段敌防御正面狭小，纵深内山川交错，森林密布，白雪皑皑，两侧依托临津江和北汉江。志愿军左纵队第42、第66军准备突破这一地段。

第42军突破南朝鲜第2师前沿阵地后，经一夜激战，于1日拂晓前占领道城岘、蛾洋岩。

该军担任迂回任务的第124师占领道城岘后，不顾山高雪深，不怕敌机威胁，于昼间继续突击，大胆猛进，沿途打退敌人10次阻击，于1日12时前出至济宁里以南石长里地区，切断了南朝鲜军第2师的退路，并继续向上、下南淙地区突击。

2日拂晓，南朝鲜第2师第31、第32团和南朝鲜第5师第36团大部及南朝鲜军炮兵一个营由华岳里沿暗川、上南淙、下南淙公路，企图向南逃窜。第124师协同第66军主力全歼该敌，圆满地完成了断敌退路、围歼敌人的任务。

第42军主力于1日推进到花岘里、中板里、赤木里地区，歼灭了南朝鲜第2师一个多营，然后继续向加平方向开展进攻，于2日10时占领加平，加平之敌已南逃。2日15时，向春川方向佯攻的第66军第198师占领春川。

第66军突破南朝鲜军第2师和南朝鲜军第5师防御前沿后，攻克敌人设置的重重障碍，翻越冰山雪岭，一举突破了华岳山、高秀岭等阵地。

然后，志愿军第66军向南朝鲜军防御纵深开展进攻，先后占领修德山、上红绩里、下红绩里、上南淙、下南淙地区，在第42军第124师的协同下歼灭了该地区的南朝鲜第2师第31、第32团和南朝鲜第5师第36团大部及南朝鲜军炮兵一个营，共毙伤俘敌3200余人，缴获各种火炮30余门，胜利地完成了预定任务。为此，志愿军司令部致电祝贺第66军取得的重大胜利。

人民军第2军团4个师和第5军团一个师，于战役发起前越过三八线，分别向洪川、横城、原州方向渗透迂回前进。第2军团第12师于31日晨前进至洪川西南新堡里地区，威胁了敌人侧后，迫使南朝鲜第3师南逃。战役发起后，该军团的其余部队继续越过三八线，随主力向南攻进。

至此，志愿军6个军在人民军3个军团的协同下，突破了“联合国军”三八线既设阵地，并乘胜向敌纵深开展进攻，彻底粉碎了“联合国军”固守三八线的企图。

南朝鲜军在志愿军的连续突击下，第一道防线已全面崩溃。美军随军记者报道了南朝鲜军争相南逃的情景：

强大的中国军队于今年元旦早晨在汉城以北和东北把联合国军击退了好几英里。汉城正北的盟军一个师已完全崩溃。

记者曾看到该师约 300 名军人在他们原来的阵地以东数英里的路上狼狈南行。记者透露这个被击溃的师是以顽强著称的。

第 8 集团军在撤退时，将上年 12 月初以来即已占住的学校、粮库以及茅草屋等焚烧一空。白烟和烧焦了的稻草屑在撤退的路上飘浮，烟雾蔽天，冬日无光。

美第 8 集团军司令李奇微后来在其回忆录中写道：

元旦上午，我驱车由北面出了汉城，结果见到了一幅令人沮丧的景象。朝鲜士兵乘着一辆辆卡车，正川流不息地向南涌去，他们没有秩序、没有武器、没有领导，完全是在全面败退。有些士兵是依靠步行或者乘着各种征用的车辆逃到这里的。他们只有一个念头——逃得离中国军队愈远愈好。他们扔掉了自己的步枪和手枪，丢弃了所有的火炮、迫击炮、机枪以及数人操作武器。

南朝鲜陆军士官学校金明阳在《韩国战争史》中也说：

联合国军士兵扔掉所有重炮、机关枪等支援火器，爬上卡车向南疾驰，车上人挤得简直连个小孩都不能再挤上去了，甚至携带步枪的人也寥寥无几。他们只有一个念头，“把那可怕的敌人甩掉”，拼命跑呀！控制不住的“后退狂”蔓延开了。

1951 年 1 月 3 日，李奇微被迫下令全线向汉城以南撤退后，美第 8 集团军在撤离汉城的同时，用汽油、炸弹对汉城、仁川、金浦机场等地进行疯狂破坏。汉城的学校、医院、图书馆、博物馆等遭到严重的破坏。路透社记者怀特搭乘飞机逃离汉城时，看到“汉城在烟火中燃烧”“大火在城南 50 英里处仍可看见”。

彭德怀依据战场形势，当即决定乘胜追击，扩大战果。彭德怀在当日致韩先楚并各军及人民军第 1 军团首长的电报中指出：

（一）令四十军即派有力支队从清平川附近渡北汉江向杨平侦察前进，查明敌情道路。

（二）估计此役至现在止我伤亡不很大，左纵队及人民军第二、第五军团拟乘胜占领春川、洪川、横城、襄阳、江陵，利用山地分存军需弹，充分准备将来南进。

右纵队及人民军第一军团相机占领汉城、仁川、水原、杨平、利川邑，控制飞机场，以便准备南进条件，休整补充，让敌退守平泽、安城、忠州、堤川线以北，亦有利于将来向南进攻。如同意此企图，我主力（两个军）须从清平川附近渡江向杨平推进，渡过南汉江，威胁和相机截击汉城南逃之敌。以第五十军向汉城、水原推进，第一军团以占领汉城及仁川港、金浦机场，担任城防、机场和海面警戒。

韩先楚接电后，认为以第40军从清平川南渡北汉江追击已来不及，于当日10时建议，以第38、第39、第40军集结于汉江北岸休整，第42军扫清北汉江南岸残敌后，即在洪川、横城、杨平地区休整。以第50军过汉江尾追南逃之敌，控制汉江两岸阵地，以利春季攻势。人民军第1军团进至汉城西南、金浦、仁川地区，担负海防。第66军追至汉江南岸，控制桥头阵地，掩护人民军第2、第5军团向敌后插进。

彭德怀基本同意韩先楚的建议，于3日15时回电指出：

你们当面之敌有退汉城南岸，小部控制桥头阵地防守，相机防守或继续南退，须看我军行动决定。请速令四十军以一个师从清平川渡江向杨平攻击前进，占领杨平后威胁汉城南退。三十八军、三十九军、四十军本（三）日晚即在原地休息，积极做从清平川渡江南进准备，具体行动部署须待向杨平挺进之师弄清情况后再行决定。五十军继续向汉城推进，相机占领汉城，如敌继续南逃，则跟踪追至水原为止，并与仁川一军团、杨平四十军之师联络。人民军一军团按前电占领汉城、仁川、金浦（机场）担任警卫不变。

据此，韩先楚副司令员于当日18时令左纵队各部突破美第24师在议政府以南水落山—道峰山防线后，第38军以第113师向汉城东南、第114师向汉城以东，第40军以第118师向汉城东北，第39军以第116师向汉城正北，第50军主力向汉城西及西南攻进，求得在汉江以北会歼美第24师。如美第24师已退，则第50军视情况渡江追击，第39军留一个师负责在汉城城内维持秩序，其余各部迅即撤出汉城，以防美军空袭。各部依此向汉城追击。

志愿军右纵队第50军分两路向汉城方向追击，右路第149师第446团在高阳以北阳碧蹄里击退美第25师一个营，俘获美军20多人。

第446团继续追击，在高阳以南佛弥地，截断了由议政府向汉城方向溃逃的英第29旅的退路。

第39军向汉城方向追击，第116师347团在议政府以西釜谷里歼灭英第29旅两个连。战斗中，第347团第7连担任阻援任务。该连打退敌增援部队的数次猛烈攻击，干部全部牺牲，全连仅剩7人。

在这关键时刻，司号员郑起挺身而出，代理连长指挥全连作战。当敌即将突入我阵地时，郑起机智地吹起了冲锋号，敌误以为我发起冲锋，仓皇溃逃。第 7 连胜利地完成了阻援任务。郑起荣立特等功，获“二级英雄”称号。

第 38、第 40 军追至议政府东南水落山地区，击退美第 24 师第 17 团，歼敌一部。

志愿军左纵队第 42 军主力、第 66 军一个师分别由加平、春川向汉江南岸进军，渡过北汉江向洪川方向追击。人民军第 2、第 5 军团继续向洪川、横城方向截击南逃之敌。

第 42 军于 4 日除以一部向横城搜索前进、侦察敌情外，主力已进至阳德院里—东幕里一带。第 66 军已进至春川—洪川间地区。

1 月 4 日下午，志愿军第 39 军第 116 师和人民军第 1 军团占领汉城。第 50 军第 149 师于当日晚进入汉城。第 38 军第 114 师、第 39 军第 117 师各有一部侦察分队于 4 日进入汉城。

人民军第 1 军团进入汉城时与美军一个坦克营发生激战，毙伤俘敌约 200 人，缴获坦克 2 辆、汽车 46 辆。由于“联合国军”和南朝鲜军在撤离汉城时，对这座城市进行了疯狂的破坏，此时的汉城已面目全非，许多建筑物化为瓦砾。

志愿军和人民军进入汉城后，严格遵守政策纪律守则，受到汉城市民的热烈拥护。

1 月 5 日，中国《人民日报》发表社论，对占领汉城表示祝贺。社论同时指出：中国人民志愿军之所以在朝鲜能战胜“武装到牙齿”的美国侵略军，主要是因为他们是为正义人道而战，为爱国主义和国际主义而战，为消灭美国野兽而战，为使朝鲜和中国人民免于屠杀而战，为朝鲜和中国妇女儿童的安全而战。因而他们所到之地，救死扶伤，恢复城镇和乡村，恢复朝鲜人民的和平生活。他们的伟大行动，已受到朝鲜人民的热烈欢迎。

# 十一 中朝两军高级干部会议纪实

中国人民志愿军和朝鲜人民军高级干部联席会议，是在抗美援朝战争取得三次战役胜利的形势下召开的一次极其重要的会议，也是抗美援朝战争中唯一的、规模最大的一次中朝两军高干会议。

## 彭德怀精心筹划

酝酿召开中朝两军高级干部会议，中朝联军司令员兼政治委员彭德怀从1950年12月底就已经开始了。第三次战役之前，1950年12月31日他在给毛泽东的报告中说：

此役结束后我们司令部前移二三百里，拟开一次全军（中朝两军）高级干部会。并请金日成同志及朝鲜党中央其他一些同志出席。

此时，中国人民志愿军在彭德怀率领下，在两个多月的时间里，连续取得两次战役的胜利，歼敌3.6万余人，把“联合国军”从鸭绿江边打退到三八线，扭转了朝鲜战局。由于这两次战役的重大胜利，志愿军在朝鲜党政军民中享有崇高威望。

虽然在短短的时间里，志愿军连续取得了战役的胜利。但是，从志愿军入朝后，即存在一个志愿军和朝鲜人民军相互配合和统一指挥的问题。第一次战役结束后，彭德怀曾考虑朝鲜人民军总部最好能与志愿军总部靠近，以便协调志愿军和人民军在作战问题上的统一行动问题。11月中旬，彭德怀致电毛泽东，提议由金日成、苏联驻朝鲜大使史蒂柯夫、彭德怀组成三人小组，负责决定与作战有关的协调指挥、军事政策等问题。毛泽东将此事转告了斯大林。12月3日，金日成来到北京，与毛泽东、周恩来、刘少奇就朝鲜战争的若干重要问题进行友好协商。

在会谈中金日成说：斯大林来电报同意中朝军队统一指挥，因中国志愿军有经验，应由中国同志为正，朝鲜同志为副。朝鲜劳动党政治局会议已同意。最后双方商定，成立中国人民志愿军和朝鲜人民军联合司令部，凡属作战范围及前线一切活动均由联司指挥，后方动员、训练、军政、警备等则由朝鲜政府直接管辖。联合司令部下仍分两个机构，即中国人民志愿军司令部和朝鲜人民军总参谋部，合驻一处办公，彭德怀任联司司令员兼政治委员，朝方金雄、朴一禹分别任联司副司令员、副政治委员。中朝联合司令部对外不公开，仅对内行文用之。

根据中朝两国领导人商议的精神，12 月 8 日，周恩来代表中共中央起草了中朝两方关于成立“中朝联合司令部”的协议，协议征得了金日成的同意。按照协议的内容，彭德怀与金日成在朝鲜对组成“中朝联合司令部”的具体问题又进行了会谈。这样“中国人民志愿军和朝鲜人民军联合司令部”即正式组成，简称“联司”。“联司”的成立，从组织方面解决了志愿军和人民军的协调统一作战指挥问题。从第三次战役开始，中朝两军即在“联司”的统一指挥下协调作战。

第三次战役动用志愿军 6 个军、朝鲜人民军 3 个军团的兵力，于 1950 年 12 月 31 日夜开始。中朝两军密切协同配合，冒着狂风大雪和零下 20 摄氏度的严寒，向防守在三八线的“联合国军”实施全线进攻。经连续八昼夜的并肩作战，前进 80 至 110 公里，追进至三七线附近，歼敌 1.9 万余人。彭德怀及时识破了敌欲诱志愿军南下的阴谋，即下令停止追击，转入积极防御作战。[①]

中朝联合司令部成立后，从组织方面解决了中朝部队的协调统一指挥问题。为了在重大问题上求得统一思想、统一认识、统一步调，以夺取更大的胜利，所以彭德怀在第三次战役结束的当天（1 月 8 日），就做出召开中朝两军高级干部会议的具体安排，志愿军党委向中央军委作《拟召开军级干部会议和春季反攻准备工作的报告》。《报告》中说：

第三次战役已结束，为了总结经验，统一思想，准备春季攻势，拟于一月二十日至二十五日间，召开军级干部会议，并希望有中央、东北局同志出席。为就后方同志，

---

① 彭德怀果断命令停止追击，已被历史证明是正确的战略决策。但在当时，苏联驻朝鲜的军事顾问、劳动党内部有人表示不解，他们看到敌人南逃，认为只要继续向南追击，美军很快就会退出朝鲜半岛。中朝两军内部轻敌速胜的观点也在迅速增长，一些人议论“美军要速逃，美军要撤退”“由北向南，一推就完”“快打，快胜，快回国”等等。苏联驻朝鲜大使向斯大林报告说，彭德怀“右倾保守，按兵不动，不乘胜追击”。与此同时，毛泽东同意彭德怀的意见并将朝鲜战场的情况电告了斯大林。斯大林回电苏联驻朝大使说：“彭德怀是久经考验的统帅，今后一切听彭的指挥。”

开会地点可在成川西南之君子里，如朝鲜党中央同意，即拟名为人民军与志愿军高级干部联席会议。如不同意，即以志愿军党委名义，召集扩大会，仍请朝中央主要负责人出席（待与金日成同志商量）。

1月10日晚，金日成在中国驻朝鲜武官柴军武陪同下，来到君子里“中朝联军司令部”，与彭德怀讨论中朝军队继续向南追击问题。邓华、洪学智参加了会谈。彭德怀向金日成介绍了志愿军面临的困难，分析了战场局势。彭、金就该不该乘胜追击、下一步作战问题、春季攻势准备问题等取得一致意见。双方决定，于1月25日在君子里召开中国人民志愿军与朝鲜人民军高级干部联席会议，会议的筹备工作由志愿军负责。

## 毛泽东亲自修改彭德怀的报告

彭德怀对这次会议十分重视，不但亲自找志愿军政治部主任杜平等人部署会议的筹备工作，而且还亲自主持撰写题为《三个战役的总结和今后任务》的会议报告稿。他对报告稿反复修改，字斟句酌后，于1月16日将报告稿报送毛泽东审批。

毛泽东对彭德怀的报告稿很重视，接到后立即进行审阅、修改，并增写了中国人民志愿军要爱护朝鲜一山一水一草一木，努力向朝鲜劳动党和人民学习的重要内容。1月19日，毛泽东给彭德怀复电：“德怀同志，在两军高级干部联席会议上的报告稿收到，这个报告的内容很好。”“发上，请再依据情况予以斟酌，并请事先送金首相阅正商得其同意。”

中朝军队高干联席会议准备开5天（从25日至29日），参加会议的人员包括：志愿军直属各部，各军军长、政委和一部分师的干部，第19兵团在朝鲜参观的军师干部，以及朝鲜人民军总部领导人和各军团长。此外还有朝鲜劳动党中央政治局主要负责同志，中共中央特派东北人民政府主席、东北军区司令员兼政治委员高岗和第3兵团司令员陈赓出席。参会人员共122人，其中正式代表60人，列席会议者62人。为便于中朝军队之间互助交流经验、互相学习，将参加会议的人员分为6个小组，志愿军和人民军干部混合编组。

为了开好会议，劳逸结合，在紧张的会余时间拟组织晚会7次，其中看电影4次、朝鲜人民军协奏团演出两次、志愿军政治部戏剧团演出一次。

1月25日，中朝军队高干联席会议在君子里正式举行。大会首先通过斯大林和毛泽东为大会主席团名誉主席，通过以金日成（朝鲜民主主义共和国首相）、金枓奉（朝鲜民主主义人民共和国人民会议主席）、朴宪永（朝鲜民主主义共和国副首相）、金雄

（联司副司令员）、朴一禹（联司副政治委员）、彭德怀、高岗、邓华（志愿军副司令员兼副政治委员）、宋时轮（第9兵团司令员兼政治委员）9人组成的大会主席团，政治部主任杜平为大会秘书长。

金枓奉致开幕词，彭德怀作《三个战役的总结和今后任务》的报告，朴宪永作《人民军的政治工作》的报告，邓华作《对美伪军作战的初步经验》的报告，杜平作《志愿军三个战役的政治工作》的报告。

彭德怀在报告中讲了7个方面的问题。

一、关于三个战役胜利的意义。彭德怀说，在三个战役中，我们歼灭了敌军6万余人（敌军的非战斗减员如冻伤、病、逃等未计在内），收复和解放了朝鲜三分之二的领土。这个胜利奠定了全部解放朝鲜的基础，巩固了中国的国防，暴露了美帝国主义的弱点，沉重地打击了美帝国主义在远东的侵略计划，扩大了美帝国主义内部和帝国主义侵略阵营内部的争吵和分裂，鼓舞了全世界人民的反帝国主义斗争，因此这是一个伟大的胜利。但是美帝国主义现在还没有退出朝鲜，美国侵略者因为要维持其在远东和世界的政治地位，因为要保护他们在朝鲜所掠夺的财富，并且也因为他们还相信装备上的优势可以帮助他们守住朝鲜南部的阵地，所以他们是不会自动退出朝鲜的。我们还必须在各方面充分准备，进行几次激烈的和大规模的作战，才能达到完全解放朝鲜的目的。

二、关于胜利的原因。彭德怀说，在朝鲜反侵略战争中，我们的优势在于我们的正义性和部队的人数较多，敌人的优势在于其装备强。我们在三次战役中完全没有飞机、坦克，极少大炮，几乎没有反坦克武器，运输工具和机械极不健全，而敌人则有强大的空军、坦克部队、炮兵和运输力量，但是我们仍然取得了胜利。这是因为：第一，我们的作战是正义的，它得到了朝鲜人民的全力支持，得到了中国人民尤其是东北人民的全力支持，得到了友好人民的援助和全世界人民的援助。没有这些支持和援助，战争的胜利是不可能的；第二，中朝军队团结，英勇作战。中国人民志愿军和朝鲜人民军的全体指挥员、战斗员、后勤工作人员、参谋机要工作人员、政治工作人员，能够在作战中表现完全团结一致，上下友邻之间万众一心，表现出无比英勇、不怕困难、不怕牺牲的精神，敢于进行近战、迂回、挺进，敢于以各种轻型武器对付敌人的飞机、坦克、大炮。没有这种团结和英勇，战争的胜利也是不可能的；第三，我们实行了正确的军事指导原则，即集中优势兵力，分割包围敌人，予以各个歼灭。三次战役的胜利，说明这个军事指导原则是完全必要的，否则胜利也是不可能的。

三、关于对美军作战中的战术问题。彭德怀主要讲了大家都十分关心的一些问题，特别是与朝鲜同志和苏驻朝大使有意见有分歧的追不追击的问题。为什么胜利后没有进行深远追击？他说，我们在第一战役后不但未追击，而且将主力后撤了 30 至 50 公里，这是因为敌人主力还未击破，敌人对我军力量还没有正确估计，敌人迷信其空军威力，还没有放弃进至鸭绿江边的野心，这些造成我军诱敌深入、以逸待劳的可能；而如果我军进行追击，则只能赶跑敌人，不能歼灭敌人。第二个战役在东线击败敌人后，曾进行相机追击；在西线亦曾以一部分兵力分三路相机追击败敌，主力则集结休整，准备再战。事实证明，以徒步追击近代化装备的敌人，不能取得大的结果。第三个战役后，志愿军和人民军都做了部分追击，亦未取得大的结果。胜利后不宜远追，因为我们存在着很多缺点和困难。敌人用汽车撤退，有飞机、坦克掩护。我军只能夜间行动，一夜走 35 公里还很忙，拂晓前两小时还需进入休息地带，伪装人、马、车辆，否则将受到很大损失。因此将敌人击溃时，如原先没有远距离迂回的部队，正面追击是不可能消灭敌人的，反而吓走了敌人，把敌人吓退愈远，我愈困难。鉴于解决交通运输、补给问题、消除部队疲劳、巩固海岸防务和巩固后方安全的迫切需要，不能猛追和连续进攻的方针是完全正确的。第二个问题是对敌军装备优势应该如何估计？如何对付？他说，三次战役的经验证明，敌军的装备虽占优势，我军依靠灵活的战役指挥和勇敢顽强的步兵作战相结合，是可以胜利的。但是完全忽视敌军优势装备的作用，以致不讲战术是不对的。在装备悬殊的条件下，我军应力求夜战（但在渗入敌人纵深，或迂回敌后，或疏散地追击溃敌的条件下，白天作战仍是可能和必要的）。力求大胆地迂回包抄分割，勇敢渗入敌之纵深和后方，同时组织精锐勇敢的小部队。袭击敌炮兵阵地和指挥所，打乱敌之部署，乘胜全面猛攻，使敌四顾不暇。实行这种战术必须有重点地集中绝对优势的兵力和火力，求得逐股歼灭敌军。在防御的方面，应尽可能采取积极的移动防御。对必须防御的要点，必须掌握主力，随时注意隐蔽于阵地侧后，灵活地进行阵地前的反突击，力戒过早暴露。无论攻防，火器配备必须分散隐蔽，阵地必须多准备多变换，火力必须集中。彭对三个战役后为什么没有实行过远追击，对敌军装备优势应该如何估计、如何对付等问题的回答，是令人信服的。

四、关于下一战役的思想准备。彭德怀说，下一战役敌我双方的主客观条件都有了变化。因此我军必须按照新的情况进行各项准备，采取新的战术，以求解放全朝鲜。这是决定性的一战，必须准备好、打得好。

五、关于加强后勤工作。彭德怀说，在朝鲜的作战中，后勤工作特别繁重复杂且艰苦，必须加强后勤工作的干部和机构，进一步克服困难，提高工作效率，保证战争胜利。

六、关于在三八线以南地区应采取的政策和加强军队纪律问题。彭德怀说，巩固军民团结，克服违犯群众纪律现象。中国人民志愿军因为出国作战，更应注意。应展开评纪律运动，树立执行《三大纪律八项注意》好的模范单位，每一伙食单位必须建立纪律检查小组，特别注意对侦察部队、采买人员和其他杂务人员的纪律教育。对于落伍掉队的人员，必须组织收容，群众损失必须赔偿。同时应在群众中加强宣传组织工作，解释朝鲜人民胜利形势，解释朝鲜劳动党和朝鲜民主主义人民共和国政府的政策，揭露敌人的谣言。由于语言不通，中国人民志愿军应多贴朝鲜文宣传品。

七、关于志愿军努力向朝鲜劳动党和人民军学习的问题。彭德怀说，中国人民志愿军在朝鲜作战是有成绩的，这是光荣的，也是应该的。因为抗美援朝就是保家卫国，朝鲜人民和中国人民的利益是完全一致的。过去朝鲜有很多同志参加中国革命战争，为中国人民而流血，我们应当学习。中国人民志愿军在朝鲜的工作中已经发现了一些缺点，这就是对群众纪律遵守不够，对朝鲜劳动党和人民军学习不够。彭德怀要求志愿军同志必须认真向朝鲜同志学习，全心全意地拥护朝鲜人民、拥护朝鲜民主主义人民共和国政府、拥护朝鲜人民军、拥护朝鲜劳动党、拥护朝鲜人民领袖金日成。

彭德怀报告的最后一段话是毛泽东在修改原稿时写的：

中朝两国同志要亲如兄弟般地团结在一起，休戚与共，生死相依，为战胜共同敌人而奋斗到底。中国同志必须将朝鲜的事情看作自己的事情一样，教育指挥员、战斗员，认识朝鲜的一山一水、一草一木，不拿朝鲜人民的一针一线，如同我们在国内的看法和做法一样，这就是胜利的政治基础。只要我们能够这样做，最后胜利就一定会得到。

## 邓华、杜平、解方等发言探讨作战经验

邓华在会议上作《对美军和南朝鲜军作战的初步经验》的专题发言。他说，三个战役能取得这样伟大的胜利，是毛泽东的战术思想，即集中优势兵力分割包围，各个击破这个原则正确地运用于朝鲜作战的具体情况的结果。敌人有制空权、制海权、优势的装备和高度的技术，但我们看到了敌人的弱点，依靠战争，士气低、新兵多和迂回穿插山地战不熟练，敌人主要依靠技术，但掌握技术的人战斗力不强，坦克、大炮山地受到限制。我们装备低劣，虽然如此，采取了运动与游击战积极配合，抓住并扩大了敌人弱点，在战术上采取了集中优势兵力，诱敌深入，分割包围敌人，部队勇敢地执行这个战术原则，取得了胜利。一方面各级干部灵活运用了这个战术，部队勇敢，

克服困难，战术与勇敢的结合，使敌人害怕，无法对付。由于这种结合，才取得了三次战役的胜利。

但应检讨的是，三次战役未更多地歼灭敌人，主要原因是，客观上，敌人飞机多，妨碍我们的行动，不利于白天作战，往往在拂晓前不能解决战斗，而白天使敌人跑掉。再者，我们本身准备不够，特别是后勤工作，主要是飞机对我们的危害，运输跟不上，影响了战斗的进行。部队吃饭问题不能解决，不能连续战斗（第二次战役山大天寒，再加之补给跟不上，亦影响了战斗）。主观上检讨，第一次战役对敌估计过高，思想上有顾虑情绪，不敢大胆迂回包抄（如熙川敌进犯），结果战果不大。经过第一次战役以后，心里有了底，在战术思想上、战斗动作上均提高了一步，在第三次战役上有很大改变，取得了很大胜利。东线作战更艰苦，零下 40 摄氏度作战，供应跟不上，事先思想、物资均没有很好准备，然而也歼灭了很多敌人。邓华还谈了今后作战的几个问题。

杜平作《志愿军在朝作战三个月的政治工作简要总结及今后工作的意见》的发言。他主要讲了战时部队政治工作、战时群众纪律和战时敌军工作等三个问题。他说，如何把各种与战争相抵触的思想，引导和集中到积极作战、争取光荣的胜利上来，必须抓好两个环节：一是不断宣传胜利，鼓舞士气，增强胜利信心。部队出国前由于对美军不摸底，有信心不足的问题。出国后，打了胜仗的高兴，打得不好，部队伤亡大，环境特别艰苦的，容易出现埋怨和失望情绪。政治工作必须在战争的全过程中反反复复地从战争全局、从政治意义上来宣传胜利，宣传战斗英雄和模范人物的先进事迹及其战斗经验，以巩固与提高部队的战斗情绪；二是要注意克服速胜思想，树立持久作战、把战争打到底的思想。三战三捷后，部队普遍出现了快打、快胜、快回国的急躁思想。为此，志愿军政治部发布了政治动员令及各项政治工作指示，从敌情、我情和三次战役的经验，反复说明为什么战争是长期的，要求逐级进行传达讨论，克服各式各样缺乏长期作战准备的思想，把全军上下的思想都集中到持久作战上来，有决心打到底，有信心打到最后胜利。

26 日，大会进入第二天。志愿军参谋长解方作《练兵计划及司令部工作》的报告，金雄作《人民军作战经验》的报告，志愿军副司令员韩先楚作《战术问题》的报告，志愿军副司令员洪学智作《后勤工作问题》的报告。

解方在讲话中说，第一、二次战役是以运动战为主，第三次则是山地攻坚战，敌人利用三八线占有工事，点面结合的防线，设防不强，密度不大，一平方里七个人（便于穿插）。第三次战役经验：1. 必须先突破穿插，而后达到分割包围歼灭敌人；

2. 必须连续突破，连续发展才能大量歼灭敌人；3. 打敌要猛，打动它的一点，威胁了它的后方即全线动摇。他在发言中重点讲了下一次战役的战术、技术准备问题，对司令部工作提出要求。

韩先楚主要讲了下次战役中的战术问题。他说，春季攻势作战，在敌我装备悬殊的情况下作战，求得大量地歼灭敌人，所以思想上力求迅速转移，避免拖延以及不必要的消耗战。必须周密地充分准备（物资上），细密侦察，歼敌不要张得口大了，集中优势一点一股地歼灭敌人。担任侧后的部队，应该组织先头轻装的加强团，以主力迅速地向纵深穿插，插到敌之后路，如遇阻以部队监视主力迅速前进，不要因小失大。正面的部队不宜过多，不要过于集中，以侧后迂回到敌人之后路包围歼灭，攻击部队应该集中力量全力突破，求得迅速解决战斗，避免消耗战斗。组织小部队，协同大部队歼灭敌人，轻装配好轻便火器，以小部队插到敌后破坏桥梁，对付敌人要快。在兵力使用上，应是集中优势的雄厚兵力。在纵深发展上连续战斗，指挥员应走在前面，随时了解情况，捕捉战机。

洪学智主要讲了后勤工作问题。他回顾了三个月来的后勤工作情况。他说，志愿军后勤工作有很大成绩，存在的主要问题是物资供应不上，伤员抢救不及时，部队是在挨饿受冻的情况下打败敌人的。部队普遍反映有“三怕”：一怕没饭吃，二怕无子弹打，三怕负伤后抬不下来。主要是我们没有制空权，敌机轰炸破坏使后勤遭到严重损失。前三次战役共损失了1200多台汽车，平均每天损失30台。此外后勤力量不足，机构不健全也是一个重要原因。美军13个后勤人员供应一个兵。志愿军则是一个后勤人员大体要供应6至10个兵。没有充足的物资，没有足够的道路和交通工具，没有健全的组织机构，就谈不上后勤保障。他强调要搞好后勤工作，必须有强有力的后勤机构，必须组织多线运输，必须事先准备物资，必须加强对敌机的斗争。

## 中朝双方混合编组交流经验

27日，大会进入分组讨论阶段。为了便于中朝军队之间互相交流经验、互相学习，志愿军和人民军的干部混合编组，将参加会议的所有人员分为6个组。

28日，金日成作《朝鲜劳动党今后工作方针》的报告，高岗作《国内外形势》的报告，宋时轮作《第九兵团作战经验》的报告。

高岗在讲话中说，我是一个志愿军的后勤工作人员，因为住在后方，对前方的情况不了解。他讲了国内国际形势，讲了战争准备问题。在讲到志愿军的物资供应问题时，他说，中心是把前方需要的物资运上来。历史上有好多部队由于供应不上而遭受挫败。为此，东北局已拿出六个委员，东北人民政府已拿出四个部长专门做后勤工作，以保证供应。为了解决这一问题，必须加紧抢修铁路；必须赶修机场；必须从各方面以各种办法与敌人的空军作斗争；必须增加汽车部队，改善管理，提高运输能力，按实际需要配备大车、手推车，弥补火车、汽车的不足；必须加强后勤部门的管理。在以上工作中，应特别注意抓紧抢修铁路与机场，以及加强运输的计划性。

29 日，大会上午作典型报告。人民军第 5 军团军团长方虎山报告《人民军第 6 师作战经验》、第 38 军第 113 师副师长刘海清报告《第二次战役截断敌人的作战经验》、第 39 军第 116 师副师长张峰报告《突破临津江的战斗经验》。下午，彭德怀作大会总结。

## 会议的重要意义

在抗美援朝战争取得重大胜利、战争向更艰巨复杂局势发展的重要时刻，彭德怀召集中朝两军众多的高级干部集聚一堂，利用战争间隙集中 5 天的时间，认真总结前三个战役的经验，深刻分析形势，结合下一步的作战任务和作战方针，根据面临的新环境、新目标、新任务、新情况，对作战的指导思想、战略战术、政治动员、后勤保障、战役准备和新区的群众政策与纪律等一系列的重要问题，进行较充分的讨论，这是前所未有的。这是中朝两军高级干部第一次相聚、交流经验、相互学习的会议。

会议发扬了中国人民解放军长期形成的优良传统和作风，特别是一切从实际出发，理论联系实际和群众路线的作风。120 多名中朝高级干部欢聚一堂，共同相互学习，畅谈作战经验，交流战术思想。在大会上做了报告发言的有彭德怀、金日成、高岗等 13 人次。会议内容十分丰富，开得很团结、很成功。中朝两军高级干部亲如兄弟，休戚与共，共商夺取战争胜利之大计，达到了统一认识、统一思想、统一行动的目的。

正如 1 月 30 日的会议简报所说：“到会的干部反映开得好、教育很大，明确认识了国内外形势和今后的作战方针，消除了某些干部对上级的埋怨情绪和速胜思想，交流了经验，加强了团结。”高岗在给毛泽东的报告中说：“会议对全体到会干部，尤其是朝方同志，教育意义很大。全体同志情绪饱满，信心极高。”会议还对立即进行第四次战役做了部署和动员，对于中朝两军并肩作战，夺取第四次战役和整个战争的胜利均产生了重要的影响。

# 十二　汉江南岸的日日夜夜

著名作家魏巍在一篇战地通讯《汉江南岸的日日夜夜》中写道："这儿的每一寸土地都在反复地争夺。这儿的战士，嘴唇焦干了，耳朵震聋了，眼睛熬红了，他们用焦干的嘴唇吞一口干炒面……"他还引用一位志愿军副师长的话写道："这里的每一个人都在经历着'日日夜夜'式的考验。"这就是对志愿军第50军和第38军等部队坚守汉江南岸作战情景的描述。

## "联合国军"采用"磁性战术"，志愿军进行坚守防御

1951年1月15日，"联合国军"为了查明志愿军情况，开始采用"磁性战术"在水原至利川实施试探性进攻。所谓"磁性战术"，即在大规模交战之前，以少量坦克和汽车搭载步兵与志愿军保持接触，或进行武装侦察，或抢占志愿军某一地区，或迟滞志愿军之行动，掩护其主力转移，以此来消耗志愿军、疲惫志愿军。"联合国军"发动攻势之前，常常有三五辆坦克进到志愿军阵地前沿或侧后，侦察了解志愿军阵地情况。美军了解到志愿军缺乏反坦克武器，所以大胆使用坦克来侦察或破坏志愿军的工事。

"联合国军"除采取"磁性战术"外，还采用"火海战术"，即依恃其优势炮兵、航空兵火力以及坦克的火力，对志愿军进行密集的高强度的火力突击，使志愿军吃了不少苦头。一排排坦克摆在志愿军阵地前，用炮火直接摧毁志愿军阵地工事，或开到志愿军阵地侧后进行侦察打炮，嚣张至极。

中央军委和志愿军首长决定，以第50军、第38军第112师等部队在西线汉江南岸组织坚守防御，钳制敌主要进攻集团，以掩护主力部队在东线横城地区实施反击作战，

阻止“联合国军”的攻势。

第50军和第38军在天寒地冻、粮弹供应困难的情况下，打得非常英勇，前仆后继，不畏牺牲，在每一个点上都要同敌人进行反复争夺，使敌人付出重大代价。

## 一把炒面一把雪，殊死搏斗五十天

1月7日，第50军在第三次战役即将结束之际，接到志愿军总部的命令，全军在野牧里至庆安川以西地区展开，依托修理山、光教山、文衡山等要点，构成第一线防御阵地；依托博达里、内飞山、鹰峰、国主峰等要点，构筑第二线防御阵地，坚决抗击由水原沿铁路两侧向汉城方向进攻之敌，控制和巩固汉江以南滩头阵地。该军在汉江南岸防御地带约40公里的正面，是“联合国军”进攻的主要方向和重点，也是敌人进攻兵力的主要集团。于是，军首长令步兵第148师在修理山、帽落山、内飞山地域组织防御；令步兵第149师在白云山、光教山、文衡山、国主峰地域组织防御；令步兵第150师在东鹤山、金良场里、阳智里保障地带组织防御，并以步兵第442团及各师之侦察部队进至七宝山、发安场间进行活动，在乌山、水原间与敌保持接触查明情况。全军于1月10日部署就绪。

1月15日，美军开始采用“磁性战术”作试探性进攻。第150师第449团首先在金良场里设伏，歼灭美第3师侦察兵50余人，缴获侦察通信吉普车7辆，打击了敌侦察部队，取得了胜利。

22日，第450团第7连在阳智里256.2高地，数次击退敌飞机、大炮、坦克掩护下的300余人的进攻。

1月25日，“联合国军”动用飞机200余架、坦克80余辆、各种火炮近300门，掩护美第3师、第24师、第25师和南朝鲜军一部近6万人，全线发起激烈的、大规模的进攻，主要方向为汉城第50军的防御正面。该军指战员在天寒地冻、粮弹供应困难、工程器材异常缺乏、敌我兵力和装备极为悬殊的情况下，依托一般野战工事，英勇顽强地进行坚守防御，狠狠打击敌人。

25日和26日，美军、南朝鲜军以一个团的兵力，在飞机、大炮、坦克的支援下，向东鹤山、阳智里等阵地进攻，步兵448团第1营、第2营、第450团4、7连英勇阻击，激战终日，连续打退敌人108次冲击，毙伤敌500余人。美军第25师一个营，进占水原，与白云山前沿阵地对峙。

25日，为查明敌情，步兵447团第3营副营长代汝吉带领两个连行动，率18名勇士夜间冲进水原，歼灭美军一个宪兵排，俘敌2人，毙伤敌60余人，烧毁敌汽车10辆。夜袭水原，弄清了敌情，打乱了敌人进攻计划。

27日开始，“联合国军”动用十倍于我军的兵力，向据守在白云山前兄弟峰、东远里的步兵第447团阵地实施进攻。终日以数十架飞机、大炮、坦克疯狂轰炸，掩护其兵力轮番进攻。该团与进攻之敌展开了浴血奋战，每天打退敌人十数次进攻，在阵地前反复争夺，坚守11昼夜，毙伤敌1400余人，守住了白云山主峰，胜利完成了任务。

美军和南朝鲜军在数十架飞机、数十门大炮及60辆坦克的配合下，向帽落山一线阵地连续进犯，步兵第443团进行了顽强抗击。在236.5高地，9连英勇阻击，打退敌人6次冲锋，直至弹药殆尽，人员大部伤亡。在123.8高地，机枪射手田文富以灵活机动的战斗动作，打退敌人数次冲锋，杀伤敌50余人。全团以步枪、手榴弹、十字镐与敌搏斗，鏖战8昼夜，杀伤敌1500余人，胜利完成坚守任务。

与此同时，“联合国军”又连续向修理山一线阵地进攻。步兵第444团英勇顽强地坚守和反击，与敌殊死拼搏，阵地失而复得。第2连抗击敌一个营兵力的进攻，打退敌多次冲锋，连队大部分同志牺牲和负伤。当敌300多人蜂拥而上时，机枪射手王英子弹打光，就抱起炸药包，拉开信管冲向敌群，与来犯之敌同归于尽。该团大量杀伤敌人，守住了阵地。

彭德怀等志愿军首长于1月31日通报表扬第50军（特别是第148师）全体指战员，还分别表扬了步兵第443团、第444团、第447团。志愿军司令部根据第148师实施坚守防御的作战情况和经验，向其他部队发出战术指示，及时指导汉江南岸的顽强防御作战。

为了保住汉江南岸的桥头阵地，缩小防御正面，加强纵深的防御，2月3日晚，志愿军首长命令第50军将南泰岭、果川、军浦场以西14公里正面防御地段移交给第38军和人民军第1军团的部队防守，第50军集中兵力扼守帽落山、白云山、文衡山各阵地要点。为控制防御纵深内有利地形，以便节节抗击，迟滞敌人进攻，5日，第50军首长决定除留步兵第447团第2营扼守白云山，步兵第449团在文衡山二梅里、直洞地域抗敌外，军主力转移到内飞山、果川、鹰峰、国主峰地区组织防御，继续抗击敌人。

8日，在汉江北岸，军首长命步兵第149师加强炮兵第26团在素岛、浮里岛、龙马峰地域组织防御；步兵第148师在广北里、三碑里（不含）、东九陵地区组织防御；步兵第150师在三碑里、上八堂、礼峰山、金谷里地域组织防御，坚决阻击敌人进攻。

从9日开始，“联合国军”除对该军汉江南岸扼守的阵地和高地实施猛烈进攻外，并不断在沿江渡口实施侦察，对该军防御正面进行局部试探性进攻。12日，步兵第445团在击退敌多次进攻后，奉命撤回汉江北岸。步兵第150师第450团及第448团第1营，自军主力撤至汉江北岸后，在极端困难的情况下，扼守广州、二圣山等阵地，抗击敌人10昼夜，给进攻之敌以大量杀伤，圆满完成任务后，于2月17日撤至汉江北岸归建。

步兵第149师第447团3连及师侦察连一部，自2月16日奉命坚守汉江之江心岛——浮里岛。至3月12日，打了25个昼夜，终日顶住敌人猛烈轰炸和炮击，打退了敌陆空配合的多次渡江进攻，消灭了大量敌人，胜利地完成了任务，于3月14日撤回北岸。

至3月15日，第50军完成汉江两岸机动防御任务后，奉命撤离前线。该军从1月25日至3月15日，在汉江南北两岸50个昼夜防御作战中，毙伤敌1.1万余人，俘敌61人，缴获各种枪支1800多支、汽车17辆、炮34门及其他大量军用物资，击落击伤敌机15架，击毁击伤敌坦克37辆、装甲车3辆、汽车20多辆、牵引车10辆，打击和消耗了敌人的有生力量，迟滞了敌人的进攻，保证了志愿军主力的休整、集结和粮弹的补充，以及后续兵团的开进，为准备实施战役反击争取了时间，做出了重大贡献。

第50军广大指战员在汉江两岸50个昼夜的坚守防御作战中，贯彻积极防御作战思想，在严寒的冬季，依托临时构筑的简单工事，发扬革命英雄主义精神，一把炒面一把雪，以无比坚强的毅力，战胜重重困难，付出重大牺牲，战斗减员6256人，以劣势装备战胜了“联合国军”，打出了军威、国威。全军涌现出许多可歌可泣的英模集体和个人：步兵第447团被授予“白云山团”的光荣称号，步兵第444团4连、445团8连、450团7连被分别授予“修理山连”“英勇顽强连”“战斗英雄连”称号；步兵第446团7连1排，聚歼英皇家坦克营的446团5连2排，445团3连“王长贵战斗英雄班”和礼峰山“李德贵突击组”集体立功；还有战斗英雄王长贵，炸毁敌坦克三辆的特等功臣李光禄、顾洪臣，舍身炸敌群的特等功臣王英，二级英雄特等功臣鲍清芳，反击二圣山的特等功臣郑恩喜，反击礼峰山的特等功臣李德贵，英雄驾驶员特等功臣刘金山，歼敌百余名的机枪射手二等功臣钱树俊，二等功臣田文富及首创轻机枪击落敌机的刘群秀等大功以上功臣476名。

## “万岁军”顽强英勇，敌“火海战术”无奈

第38军112师与第50军，并肩担任南汉江南岸的坚守防御作战任务。

第112师在第三次战役的追击中前进较远，负责警戒汉江南岸宽大正面和纵深，从前沿泰华山、鼎盖山起至南汉江江岸纵深20公里。东起价军山，西至泰华山是40公里正面山区阵地。该师一边警戒一边休整。

1月26日、27日，“联合国军”在第112师阵地前，采用“磁性战术”，进行试探性进攻和坦克侦察活动；采用“火海战术”，企图把志愿军消灭在江南的山头上。“联合国军”在进攻时除以少量部队与志愿军保持接触外，加强了侦察活动。其侦察机每天出现在志愿军防区上空低空盘旋侦察，同时还增加了便衣侦察，派出若干组南朝鲜军化装成居民或伪装成北朝鲜人民军官兵，或用飞机空投便衣特务深入志愿军阵地后侧，刺探兵力和火力，以判断志愿军的战斗力，或以小股武装便衣进到志愿军边沿地区，捕捉零星人员。

志愿军为了查清当面敌情，也加强了侦察捕俘活动，不断派出侦察部队捕捉敌人军官。经审问俘虏，进一步了解到，美军连遭失败后，利用其良好的运输条件，迅速从美国本土及驻扎在欧洲、日本的军队中，抽调大批老兵补充在朝部队，并加强了坦克和野炮部队，改善了后方供应。还将美第10军调至三七线附近地区，加入一线作战序列。在第112师正面之敌全系美、英军及希腊营。

1月28日开始，“联合国军”向第38军第112师阵地展开猛烈攻击，扬言“三天之内，联合国军坚决收复汉城”。该师在极端困难的情况下，以一当十，抗击着敌人的强大攻势。

自2月8日起，美第1军积极向汉江逼近，2月10日占领仁川。美第9军则集中第24师、美骑兵第1师、英27旅、希腊营和南朝鲜军第6师等部，在大量炮兵、坦克、航空兵的配合下，猛攻该军阵地，战斗空前激烈，每一阵地均与敌人进行反复争夺，多者达五六次。“联合国军”炮兵火力和航空兵火力异常猛烈，志愿军花费一夜时间修筑的工事，一小时内即被摧毁。

为了保证东线部队反击获胜，全军战士在缺少工事依托，缺少炮兵支援和缺乏弹药的情况下，同美军进行了殊死拼搏。

自从第50军和人民军第1军团主力撤到汉江北岸以后，第38军在汉江南岸的防御任务更重了。在防御地幅缩小的情况下，即面临着“联合国军”4个师兵力的步步紧逼，并且随着汉江的解冻，将要背水一战。前沿部队面临更严峻更残酷的考验。

第38军被称为“万岁军”当之无愧。在汉江南岸，他们在极端困难的条件下，抗击着“联合国军”在大量飞机、坦克和猛烈炮火支援下的多次进攻，保障了东线部队顺利出击，受到中朝联司的通报表扬。

为了保证东线部队攻打砥平里，志愿军司令部电令第 38 军据守汉江南岸基本阵地，继续坚守一个星期。军长梁兴初坚定地说："彭老总信任我们，困难再大，我们也要坚守下去！"

第 335 团阵地在武甲山与莺子峰之间，他们在这里坚持了八天八夜。战斗一天比一天艰苦。2 月 15 日、16 日，"联合国军"在大炮、坦克和飞机的有力配合下，向 580 高地及 409.1 高地发起连续攻击。这里找不到老百姓，找不到粮食，随身携带的炒面早就吃光了，只能吞雪解饥渴。

敌炮火严重威胁到第 335 团指挥所的安全，榴弹炮弹落到团指挥所的掩蔽部上，震得尘土簌簌落下。580 高地经过反复争夺，志愿军又一次丢了阵地。100 多名伤员感到对不起祖国人民，自动组织起来上了阵地。白天阵地丢了，晚上就组织力量把阵地夺回来。子弹打光了，他们就从敌人尸体上捡回弹药，继续坚守阵地。

580 高地正面宽达 1.5 公里，第 112 师打得十分顽强。原来的山头已被炮火削成平顶。美军除用飞机轰炸，地面还有 3 个炮群和一群坦克炮支援。在大约 600 平方米的面积上，每天至少要落下 2 万发炮弹。通往 580 高地的道路都被炮火封锁了，运送伤员和弹药都很困难。在 580 高地附近的一个垭口，第 335 团电话员架了 7 次新电话线，刚刚架上就被炮弹炸断了。最后部队撤离时收回来一些电话线，在不到 50 米的电线上有 30 多个结头。

2 月 16 日，汉江两岸飘着纷纷扬扬的雪花。中午，志愿军司令部通报 38 军，东线出击已胜利结束，坚守部队可以撤到江北了。于是军首长下令，除留第 338 团和第 341 团各两个营继续坚守江南滩头阵地外，其余部队于 16 日夜至 17 日迅速转移江北。

# 十三　西顶东反，妙笔横城

志愿军出国作战，在彭德怀的指挥下三战皆捷，至 1951 年 1 月上旬，在短短的 80 天的时间里，连续取得三次运动战的胜利，共毙伤俘敌 7 万余人，把“联合国军”从鸭绿江边驱逐到三七线附近。这时，国内也发表了相关新闻消息，全国人民纷纷集会庆祝。

## 李奇微的如意算盘

在大胜的形势下，彭德怀等却十分冷静。1951 年 1 月 8 日，在第三次役战胜利结束之际，彭德怀与志愿军几位领导在一起分析了朝鲜战场的形势。彭德怀面对地图反复查看敌我情况。他表示，志愿军已经相当疲劳，特别是减员很大，第一线 6 个军已减到 21 万余人，各军虽然都采取缩减非战斗人员充实战斗连队的措施，但绝大多数战斗连队的员额，多者为参战初期的三分之二，少者已不足参战初期的半数。同时，由于部队在人员营养不良，经常吃不上饭，十天半月不见油盐的艰苦条件下连续行军作战，各种疾病增多。随着战线的逐步南移，后勤运输线已经延长到 500 至 700 公里，在敌飞机封锁袭扰之下，志愿军后方弱点暴露更多，前运后送更加困难。在敌我力量未发生根本变化的条件下，显然决战时机尚不成熟。可见“联合国军”放弃汉城后，还继续后撤，这是醉翁之意不在酒。

于是，彭德怀决定，以第 50 军和第 38 军 112 师及朝鲜人民军第 1 军团两个师驻守汉江以南，负责警戒海防和控制汉江南岸桥头阵地；以第 42 军 125 师驻守南汉江以东，警戒当面之敌；志愿军主力和人民军第 1 军团一部则分别集结于汉城、高阳、东豆川、磨石隅里、加平及金化地区休整；人民军第 2、第 5 军团除一部分兵力警戒当面之敌外，主力集结于洪川、横城以东地区休整，准备于 3 月份发动春季攻势。

李奇微考虑到志愿军由于疲劳、兵力不足、补充困难，短时间内不可能发动大的进攻，于是决定加紧反扑准备。李奇微采取集中兵力，加大纵深，严格控制南朝鲜军，将南朝鲜军直接交给美军师指挥等办法，一面恢复和整顿部队，一面不停地向志愿军发动试探性的进攻。同时，美军还利用良好的运输条件，迅速从美国本土及驻扎在欧洲、日本的军队中抽调大批老兵补充其在朝鲜的作战部队，使“联合国军”地面部队达到 25 万人。

从 1951 年 1 月 15 日起，李奇微以一个加强团的兵力，在水原至利川之间实施试探性进攻，每日采取多队小股的方式，在宽大正面上进行威力搜索，不断地对志愿军进行小规模的进攻。在一周之内，“联合国军”就 5 次进出乌山里，4 次进出金良汤里，3 次窜占利川。自 18 日起，“联合国军”又以小股兵力向原州、宁越一带作试探性进攻。李奇微还乘飞机到志愿军阵地上空进行侦察活动。

李奇微依靠现代化技术条件，在迅速完成部署调整和补给之后，命令部队于 1 月 25 日开始，由西至东逐步在全线发起大规模进攻。这次进攻，“联合国军”集中了 5 个军 16 个师又 3 个旅、一个空降团及其全部炮兵、坦克兵和航空兵，地面部队共 23 万余人。美英军主力及南朝鲜军一部于西线（南汉江以西），向汉城方向实施主要突击；美军一部及南朝鲜军主力在东线（南汉江以东），实施辅助突击。

“联合国军”这次进攻的特点是，美军和南朝鲜军混合编队，由美军担任主攻，美军主要在西线，南朝鲜军主要在东线，并加大了战役的纵深配备。

为防止志愿军实施反击和分割包围，美军也一反过去分兵冒进的做法，而改取相互靠拢、齐头并进、稳扎稳打的战法，力求东西呼应，互相支援，保持一条连续的战线。

## 彭德怀“西顶东反”的部署

此时，志愿军主力转入休整不久，运输补给仍然极为困难，兵员也没有来得及补充。毛泽东等判明“联合国军”企图后，决定中朝部队于 1 月 27 日停止休整，准备作战，将正在进行中的中朝两军高级干部联席会议，改为准备进行第四次战役的动员会议。

据此，彭德怀等决定，采取“力争停止敌人前进，稳步打开局面，并从各方面加紧准备，仍做长期艰苦打算”的方针，实行“西顶东反”，即以一部兵力在西线组织坚守防御，钳制敌主要进攻集团；在东线则让敌深入，而后集中主力实施反击，争取歼灭敌人一至两个师，进而向敌纵深发展突击，从翼侧威胁西线之敌主要进攻集团，动摇敌人的布势，制止其进攻。

为实现“西顶东反”的战役企图，志愿军的部署是：

在西线，由韩先楚指挥第38、第50军和人民军第1军团（简称韩集团），在金浦、仁川及野牧里至骊州以北68公里的地段上组织防御，坚决抗击敌人向汉城方向的进攻。以人民军第1军团位于金浦、仁川港、永登浦、汉城地区，担任海岸防御及汉城守备任务。

以第50军（配属炮兵第26团两个营）展开于野牧里至庆安州以西地区，依托修理山、光教山、文衡山等要点构筑第一线防御阵地，依托博达里、内飞山、鹰峰、国主峰等要点构筑第二线防御阵地，坚决抗击由水原沿铁路两侧向汉城方向进攻之敌。

以第38军（配属炮兵第27团两个连）主力集结在磨石隅里以南地区进行作战准备，以该军第112师展开于利川以北、庆安川以东至南汉江之间地区，于堂谷里、泰华山、广岘、天德峰地区构筑第一线防御阵地；于旺谷、新垡里、中悦美、南治岘构筑第二线防御阵地，坚决抗击由利川沿公路向汉城方向进攻之敌。

在东线，由邓华指挥志愿军第39、第40、第42、第66军（简称邓集团），在龙头里、阳德院里、洪川及横城以北地区集结，准备向原州、横城方向实施反击作战。

由人民军前线指挥部指挥人民军第2、第3、第5军团，展开于三巨里、大美洞、宝来洞以北地区45公里的地段上，掩护邓集团集结，并准备以第3、第5军团在邓集团左翼，向横城东南方向实施反击。

毛泽东和彭德怀为避免陷于被动，同时令位于山东省的第19兵团由司令员杨得志、政治委员李志民率领，迅即向东北安东、凤城集结，准备随时入朝参加西线作战；令第9兵团之第26军立即向铁原集结，作为志愿军司令部预备队。

志愿军担任西线防御的第50军和第38军第112师，在天寒地冻、粮弹供应困难、工程器材极缺乏的情况下，依托野战工事进行坚守防御作战，战斗异常激烈艰苦。所谓野战工事，实际上很多就是在雪堆上浇水做的工事。第50军和第112师都打得英勇顽强，每一个点都要与敌展开反复争夺，使敌人付出重大代价。

## 邓华挥师大战横城

在东线，“联合国军”为配合其主要方向上的进攻，于1月31日开始，以美第2

师和南朝鲜第 8、第 5 师于南汉江以东至原州、武陵里地段，分向砥平里及横城方向发起进攻。随后，美第 7 师和南朝鲜军第 7、第 9、第 3 师、首都师也分由堤川、宁越、旌善、三陟、春阳等地向北推进。

邓华决定，除以南汉江以东之第 42 军第 125 师在砥平里东南九屯一带进行阻击外，当即令第 42 军主力从加平地区南下，控制砥平里附近之注邑山、德村里、下高松一线；令第 66 军第 198 师进至洪川以南五音山地区，阻击美第 2 师、南朝鲜第 8 师的进攻。以一部展开防御的同时，为在横城地区对突出之敌进行突然反击。邓华以主力于 2 月 5、6 两日相继出动，分别由高阳（第 39 军）、东豆川（第 40 军）、金化（第 66 军主力）地区实施远距离奔袭，向阳德院里及洪川以南集结地域迅速开进；人民军第 3 军团则迅速由金城地域前调，准备进行反击。

为抓住战机，邓华决定于 2 月 11 日晚开始反击，歼灭突出于横城西北之南朝鲜军第 8 师，在横城方向打开缺口，然后向原州、牧溪洞方向开展进攻。其部署是：

第 42 军（配属第 39 军第 117 师及炮兵第 25 团第 1 营）以第 124、第 117 师经上物安里、都仓村，向横城西北鹤谷里、上下加云方向进攻，切断南朝鲜军第 8 师退路；以第 125 师（欠一个团）前出至横城西南介田里、回岩峰地区，阻击原州方向可能出援之敌，并策应第 66 军作战；以第 126 师（配属第 125 师第 375 团）配置于注邑山及胝平里以北地区，继续钳制砥平里地区之敌第 40 军（配属炮兵第 29 团第 1、第 3 营）从正面向横城西北之丰水院、梨木亭、广田地区之南朝鲜军第 8 师实施突击；第 66 军（配属炮兵第 29 团两个连），以第 196、第 197 师经横城东北之弓川里、介田里向横城东南方向突击，首先攻占德高山、曲桥里，切断横城敌之退路，并以有力一部准备阻敌增援，而后向横城突击；以第 198 师，从横城以北之五音山向雉洞、草堂方向突击；第 39 军（欠第 117 师）为预备队，配置在龙头里东南地区，战役发起后逼近并监视砥平里之敌，如该敌南逃，则应以勇猛动作截歼之。

人民军以第 3、第 5 军团首先歼灭横城东北釜洞里、于屯里之南朝鲜第 5 师一部，然后向横城东南鹤谷里、乌原里方向突击；以第 2 军团配置于自主峰、泰歧山地区继续防御，积极钳制敌人，阻止南朝鲜第 7、第 9 师西援，待反击成功后，各军团继续向平昌、宁越方向发展。

根据上述战役反击部署，邓华指挥主力部队于 2 月 11 日先后进至进攻出发地域，完成进攻准备。邓华命令各部队从 11 日 17 时开始发起进攻。

各部队按照预定的作战计划，立即发起攻击。第 42 军突破后，第 124 师迅速攻占上物安里和531高地，并于12日6时前出至鹰峰、鸭谷里、仓村、昆矣洞，向横城西北方向攻进，一夜前进30余公里，于12日6时30分前出至鹤谷里、夏日地区，将横城西北之南朝鲜军第8师的退路截断，造成歼灭该敌之有利态势；第125师（欠第375团）经居瑟峙、下物安里、石花村，于12日8时进到横城西南之回岩峰，截歼来自横城方向的逃敌一部。

第40军由正面下高堡、新堡里向敌发起突击。该军第118师突破后，以勇猛动作迅速割裂了南朝鲜第8师的部署，于12日9时前出至广田、碧鹤山、下草院里地区；第12师突破后，攻占圣智峰等地，牵制当面之敌，配合第118师向纵深发展，并于12日6时攻占梨木亭。

第66军第198师由五音山突破后，向草塘突击，歼敌一部；第196、第197师突破后在红桃山、国士峰受阻。

此时，南朝鲜第8师在志愿军的猛烈攻击下，战斗队形全被打乱，被迫向横城方向逃窜。邓华当即令第66军主力按预定计划向横城以南急进，切断横城之敌南逃的退路。

12日，第117师和第118师将南朝鲜第8师大部包围于下加云北山、鹤谷里地区；第120师和第124师于广田地区包围敌军一部。经一天激战，将南朝鲜第8师3个团全部歼灭。

由于第66军主力未能及时到达指定位置——横城东南曲桥里、德高山地区，切断敌人退路，同时，进至回岩峰的第125师也未能及时渡过蟾江阻截逃敌，致使横城地区美第2师一部、南朝鲜第8师师部及第3师大部得以逃脱。

人民军前线指挥部指挥的第3、第5军团，由横城东北之荃村里、下琴台里向釜洞里、花田里、铜山地区之敌发起攻击，于13日进至横城东南之鹤谷里、乌原里、下安兴里地区，歼灭南朝鲜第3、第5师各一部，有力地配合了邓集团反击作战的胜利。

横城反击作战经一天两夜的激烈战斗，于2月13日晨结束。这次反击作战，打得很出色，歼灭了南朝鲜第8师三个团、美第2师一个营、美军和南朝鲜第4师炮兵营及南朝鲜第3、第5师各一部，共歼敌1.2万余人，其中俘敌7800余人，迫使东线“联合国军”后退26公里，对志愿军完成防御任务起了一定作用。

李奇微在他的回忆录《朝鲜战争》一书中写道：

在中共军队进攻面前，美2师又一次首当其冲，遭受重大损失，尤其是火炮的损失更为严重。这些损失，主要是由于南朝鲜第8师仓皇撤退所造成的。该师在敌人的一次夜间进攻面前彻底崩溃，致使第 2 师的侧翼暴露无遗。南朝鲜军队在中国军队打击下损失惨重，往往对中共士兵怀有非常畏惧的心理，几乎把这些人看成是天兵天将。所以，过了很长时间，才使南朝鲜军队树立起抗击敌夜间进攻的信心。脚踏胶底鞋的中共士兵如果突然出现在南朝鲜军队的阵地上，总是把许多南朝鲜士兵吓得头也不回地飞快逃命。

# 十四　规模最大的一次战役

第五次战役，是抗美援朝战争中双方投入兵力最多、规模最大的一次战役。志愿军和人民军共投入 11 个军和 4 个军团的兵力，“联合国军”则投入了几乎全部地面部队，并有大量航空兵的支援，双方总兵力达 100 万人，激战 50 天，志愿军和人民军取得了战役的重大胜利，但在转移阶段也遭受了不小的损失。

## 志愿军提前发起第五次战役

撤出砥平里战斗后的第二天，1951 年 2 月 17 日，彭德怀和朴一禹下达志愿军和人民军全线转入运动防御的命令，李奇微指挥“联合国军”向北推进。

鉴于“联合国军”的反扑和志愿军第二番部队已陆续到达朝鲜战场的情况，2 月 28 日，邓华、朴一禹、洪学智、解方致电彭德怀（此时彭在北京），建议集中 6 至 8 个军在 3 月间组织一次较大的战役，以有力打击北犯之敌。他们认为，虽然这样做会影响第二番部队的作战，但敌进攻将迫使我作战，还不如主动地打击敌人为好。

3 月 2 日，彭德怀回电。他认为，从第二番部队第 19、第 3、第 9 兵团开进集结和粮食、弹药储备等情况看，在 3 月间组织一次较大战役有困难，而且会使“联合国军”过早注意我第二番部队。而到 4 月上中旬即可集中志愿军 3 个兵团共 9 个军和人民军 2 个军团，此时再大举出击较为有利。

几天之后，彭德怀返回朝鲜战场。他与邓华等研究了战场情况，决定采取运动防御的方式，节节阻击敌人，争取时间，将敌诱至对我有利的地区，等待志愿军后续部队发起战役反击。新的战役反击发起时间初步定在 4 月中旬。

但是，第3、第9兵团预计到4月10日还无法进至指定位置，完成战役准备；第19兵团虽然已进至指定位置，由于补入的新兵较多，必须进行近一个月的训练；人民军也需补充兵员；实施新战役所需物资也没有准备好。于是，彭德怀考虑第五次战役最好是乘敌进入三八线南北地区立足未稳之时发起，时间大致在5月上旬。

但4月初情况又起了新变化。

自1951年3月下旬“联合国军”将战线推到三八线附近后，英、法等国参加“联合国军”的国家与美国以及美国统治集团内部，在要不要越过三八线和采取什么方式结束朝鲜战争的问题上发生了争执。英、法等国不愿意长期陷在朝鲜半岛，认为此时是结束朝鲜战争的“心理时机”，主张在三八线建立“事实上的停火”，通过谈判解决朝鲜问题。美国内部意见分歧也很大，有的同意英、法的意见，有的主张在战场上取得有利地位后再谋求谈判，有的主张以武力彻底解决朝鲜问题，如麦克阿瑟甚至叫嚷不惜把战争扩大到中国。

美国政府经与盟国协商，从其全球战略出发，决定在不扩大战争范围的前提下，稳步向朝鲜北部推进，待占领有利地区后，即以“实力政策”为基础，或与中朝进行外交谈判，或继续进行军事行动，以保持美国在亚洲的地位。

“联合国军”根据美国当局的这一新政策于4月初再次越过三八线，实施名为“狂暴行动”的作战行动。4月9日，美第1、第9军和南朝鲜第1军团进至“堪萨斯线”①。4月10日，“联合国军”又实施名为“无畏行动”的作战计划，向“犹他线”②推进。4月20日，美第1、第9军部队进抵“犹他线”。与此同时，美国加紧整训在日本的南朝鲜军3个师；将转为现役的两个国民警卫师（第40、第45师）调往日本，与原在日本的步兵第34团组成第16军；加速扩建釜山、金浦等空军基地，美航空兵对志愿军和人民军后方交通线、物资囤积地和军队集结地等重要目标进行狂轰滥炸；其海军加强对元山、新浦、清津等港口的炮击、封锁。美国政府要员和各种舆论公开宣称，“联合国军”将继续北进，以侧后登陆配合正面进攻，在“朝鲜蜂腰部建立新防线”。

根据获得的情报和“联合国军”在战场上的各种迹象，志愿军司令部判断，“联合国军”企图实施侧后登陆以配合正面进攻，进占安州—元山一线，在朝鲜蜂腰部建立新防线。此时，志愿军第二番部队已陆续入朝，力量得到很大的加强，但尚无在正面

① 西起临津江口南岸，经积城、道城岘、华川湖南岸、杨口至东海岸襄阳一线。

② 从铁原以南、高台山以北，向东南经广德山、白云山和“堪萨斯线”会合，是“堪萨斯线”向北的延伸部分。

和侧后同时阻挡住敌人进攻的力量。

根据敌人的这些新动向和志愿军第二番作战部队大部到达三八线以北完成集结的情况，4 月初志愿军召开党委扩大会议，决定抢在“联合国军”实施登陆作战前发起第五次战役，迫敌放弃在侧后登陆企图，避免两线作战。

彭德怀提出，志愿军反攻时机，以现在为好，因敌很疲劳，伤亡还未补充，部队不甚充实，且后备部队尚未到达。

考虑到志愿军第二番作战部队尚未集结完毕，应将“联合国军”大体放至金化—文登里—杆城一线，然后实施反击。彭德怀还根据“联合国军”在战役布势上只有战术纵深的情况，提出第五次战役应采取的方针，即采取战役分割包围与战术分割包围相结合的方针。

会议决定于 4 月下旬或 5 月上旬发起反击，以志愿军 11 个军在人民军 3 个军团的配合下，歼灭战线中西部的敌人几个师，夺回战场主动权。这次战役被志愿军党委视为关系到战争是长期还是短期的关键。具体部署是：

以第 40 军从金化至加平线打开战役缺口，将敌东西割裂，并以第 39 军牵制华川、春川间美军，使其不能西援；以第 3 兵团第 12、第 15、第 60 军正面突击，以第 9 兵团第 20、第 26、第 27 军和第 19 兵团第 63、第 64、第 65 军分别从东西两翼突破，实施战役迂回，首先将南朝鲜第 1 师、英第 29 旅、美第 3 师（欠一个团）、土耳其旅、南朝鲜第 6 师歼灭，然后再集中力量会歼美第 24 师和第 25 师。以第 38、第 42、第 47 军和人民军两个军团在肃川、元山和平壤地区，防敌侧后登陆。

4 月 10 日，彭德怀向毛泽东汇报第五次战役的方针和部署，他在电报中报告说：

我作战企图，拟从金化至加平线，利用这一大山区，劈开一个缺口，将敌人东西割裂，然后用九兵团和十九兵团对西线敌人进行战役迂回，三兵团正面进攻，以各个分割歼灭敌人，力求在三八线以北歼灭敌人几个师，得手后再向敌纵深发展。

毛泽东三天后回电：“完全同意你的预定部署，请依情况坚决执行之。”

4 月 21 日，志愿军第二番作战部队基本完成作战准备，第一番作战部队结束第四次战役。

此时，“联合国军”和南朝鲜军在前线共 16 个师 3 个旅又一个团，兵力 34 万人，并有大量航空兵支援。美第 8 集团军的具体部署是这样的：美第 1 军指挥美第 3 师、美第 25 师、南朝鲜第 1 师、英第 29 旅、土耳其旅，防守汶山、高阳、古南山、富坪里地带；美第 9 军指挥美第 24 师、美陆战第 1 师、美第 27 旅（后由第 28 旅接替）、南朝鲜第 6 师，防守汉滩川、清平川、大利里、春川地带；美第 10 军指挥美第 2 师、美第 7 师、南朝鲜第 5 师，成一个梯队展开，防守九万里、洪川、大岩山地带；南朝鲜第 3 军团指挥第 3 师、第 7 师，防守元通里、山南里、月屯里地带；南朝鲜第 1 军团指挥首都师、第 11 师、第 9 师，防守寒溪岭、横岭里、杆城、江陵地带；美骑兵第 1 师、第 187 空降团、南朝鲜第 2 师为美第 8 集团军预备队，置于春川、水原、原州一带。

志愿军和人民军在第一线集中志愿军 11 个军 3 个炮师和 1 个高炮师，兵力为 58 万余人，加上人民军 3 个军团，共 68 万余人，兵力虽然占优势，但仍没有空中支援，武器装备处于绝对劣势状态。

## 志愿军和人民军逼近汉城

4 月 22 日黄昏，志愿军和人民军各突出集团按照计划，向“联合国军”发起全线反击，敌我双方投入兵力最大的一次战役打响了。

战役发起后，志愿军第 40 军在军长温玉成、政治委员袁升平指挥下动作迅猛，一夜之间打乱了南朝鲜第 6 师在白云山以东的部署，占领敌第一线主阵地。接着，他们兵分两路，向敌纵深猛插。第 118 师 354 团参谋长刘玉珠，率领第 3 营，沿途击破敌军 5 次阻击，前进 30 多公里，于 23 日中午提前到达加平东北沐洞里。为了全局的胜利，他们又与数倍于己的美、英军展开激战，阻止了敌军西援。至 25 日，第 40 军共歼敌 2200 余人，胜利完成割裂“联合国军”的任务。

第 39 军经过激战，将美陆战第 1 师拦阻在北汉江以东地区，使其不能西援。

左翼宋时轮第 9 兵团突破后发展较为顺利，歼灭美第 25、第 24 师和南朝鲜第 6 师各一部。25 日，主力进占抱川东和东北地区。

右翼杨得志第 19 兵团扫清临津江西岸之敌后，于 23 日凌晨先后突破临津江。担任向议政府方向迂回任务的第 64 军，突破后受阻，未完成迂回切断敌军后路的任务。但该军第 190 师侦察支队和第 569 团第 3 营组成的先遣支队，在 20 小时内突破敌军 7 次拦击，插入敌纵深 25 公里，于 24 日下午占领议政府西南的道峰山，并坚守阵地三天四夜，成为插在敌人心脏的一把尖刀。

志愿军第 63 军第 187、第 188 师冒着敌人的炮火，不顾江水刺骨的严寒，渡过临津江，在第 65 军一个师的配合下，迅速攻占英第 29 旅一线防御阵地，并打退敌人多次反扑。第 188 师第 564 团第 7 连两个班顽强坚守一座高地，最后只剩下战士陈三一个人。他独身一人顽强作战，打退了 200 余人的三次反扑，毙伤敌 80 余人，守住了阵地。

傅崇碧率领军前进指挥所随第 187 师过江后，令第 189 师从第 187 师突破口进入战斗，向纵深发展，协同第 187 师歼灭英第 29 旅，而后向议政府方向进攻，断美第 3 师的退路。

第 63 军第 187 师第 561 团勇猛穿插，越过 15 公里崎岖的山路，粉碎敌人数次拦阻，夺占临津江南岸敌纵深第一个制高点，也是敌在雪马里地域防御的要点——绀岳山，将英第 29 旅和美第 3 师的联系切断。占领绀岳山之后，第 187 师调整部署，增加穿插兵力。师长徐信率精干的指挥小组随第 561 团行动。

第 561 团第 1 营向绀岳山西南的沙器幕方向渗透，将绀岳山西北雪马里地区守敌的退路切断。该营第 2 连 6 班战斗小组长刘光子在沙器幕山梁搜索前进时，发现山沟里挤了不少敌人。刘光子浑身是胆，只身一人绕到敌人后面，利用岩头的掩护，突然用冲锋枪扫射，又甩出一个手雷，趁烟雾迅速冲向敌群，大喊一声“缴枪不杀”。敌人被突如其来的枪弹声和喊声所震慑，吓得晕头转向，乖乖缴枪投降。后来，排长派人向后方押送俘虏途中，遇美机轰炸，俘虏死伤逃散了一部分，最后清点，还剩下 63 人。刘光子创造了一人俘虏 63 个英国兵的奇迹，荣立一等功，获二级孤胆英雄称号。第 187 师文工队梁立、吕合、权泊涛根据刘光子的事迹创作了大鼓节目《孤胆英雄刘光子》。

4 月 23 日 15 时，第 187 师第二梯队第 560 团奉命加入战斗，在第 559 团和第 561 团的协同下，攻歼被包围于绀岳山西北雪马里地区的英第 29 旅格洛斯特营。

被围的英第 29 旅格洛斯特营和配属的皇家炮兵第 70 连、第 170 迫击炮连 C 排和部分坦克分队共 1000 余人。该营是英军有 150 年历史的王牌部队。在 1801 年英国远征埃及的殖民战争中，因反败为胜，被英皇特授“皇家陆军”字样帽徽，从此该营官兵都佩戴两枚帽徽，被称为“皇家陆军双徽营”。

24 日拂晓，雪马里围歼战打响。第 187 师以第 560 团主力前后夹攻，攻占雪马里以北的高地。被围英军遗弃重装备，在纵深炮火的支援下，在晨雾中向南突围，遇到第 560 团第 1 营的截击，英军被迫缩回雪马里及 235 高地。志愿军进一步缩小包围圈。

“联合国军”总司令李奇微急忙飞到朝鲜前线，组织救援。英第 29 旅派出菲律宾加强营，美第 3 师派出两个营并加强一个坦克营和一个炮兵营，在航空兵的支援下，分别由东向西救援。南朝鲜第 1 师第 12 团在一个重坦克连引导下，由西向东救援，均被志愿军第 187 师第 561、第 559 团和第 189 师第 566 团顽强阻挡。

25 日 8 时，担负主攻任务的第 560 团发起最后攻击，全歼被围之敌。

雪马里围歼战，志愿军第187师全歼英军第29旅格洛斯特营及配属部队，共毙伤俘敌580余人，缴获坦克18辆、火炮26门、汽车48台。英军该营被歼在英国军政当局引起巨大震动，并增加了美英之间的矛盾。

中路王近山指挥的第3兵团突破后，在涟川周围地区遭到美第3师、土耳其旅的抵抗。第60军一举突破土耳其旅的防线，切断了其与美第25师的联系。第15军和第12军在突破后各歼敌一部。到25日夜，第3兵团部队夺占涟川以南哨城里、钟悬山和宝藏山地区。

在志愿军和人民军的强大反击下，“联合国军”地面部队依靠空中掩护和现代化的运输装备，迅速后撤，企图到二线阵地继续抵抗。志愿军和人民军继续发展进攻，于26日攻占“联合国军”在锦屏山—县里—加平一线设置的第二线阵地。

4月29日，志愿军和人民军逼近汉城，一部前出至汉城近郊北岳山。根据中朝联合司令部的命令，部队停止进攻，第一阶段作战结束。这一阶段作战，歼敌2.3万余人，将“联合国军”和南朝鲜军从三八线赶至汉城东西一线地区，夺回战场主动权。

## 志愿军主力秘密转兵东进围歼县里之敌

经过第一阶段的打击，战场态势有了新的变化。美第8集团军以美骑兵第1师、美第24、美第25师、美第3师、英第28旅、英第29旅、土耳其旅、南朝鲜第1师重兵布防汉城周围和汉江南岸地区。“联合国军”的东部战线显得很突出，而且那里都是南朝鲜的部队。

彭德怀一眼看出志愿军歼敌的机会在东线出现了，于是决定转兵东线，以歼灭南朝鲜军为主要目标发起第二阶段作战。5月6日，中朝联合司令部下达战役第二阶段预备作战命令，决定以第9兵团和东线人民军前线指挥部所属部队首先集中力量，歼灭县里地区南朝鲜第3、第5、第9师（后加第7师），而后视情况歼灭南朝鲜首都师、第11师；以第3兵团割裂西线美军与东线南朝鲜军的联系，阻击美第10军，使其不得东援。

为了迷惑李奇微，达到出其不意之效，志愿军采取声东击西之计，以第19兵团3个军和人民军第1军团，在汉城以北向汉城和汉城东西地区佯动，摆出要第二次进攻汉城的架势，以牵制当面的美军；以第39军到春川、华川地区进行整补，在加平至龙沼项间的昭阳江西岸做渡河准备，掩护第3、第9兵团主力秘密东移。

李奇微判断，志愿军和人民军将以5个军在中西部发起新的进攻，目标直指汉江下游地区，同时以志愿军 3 个军和人民军 1 个军团在汉城方向实施助攻。对东部战线，李奇微的研判是志愿军和人民军可能集中 5 个军在春川—洪川一线实施小规模的进攻。

根据李奇微的命令，美第 8 集团军调整部署，集中美军 6 个师、英军 1 个旅、土耳其军 1 个旅、南朝鲜军 3 个师，以汉城为重点，一线密集配置；东线从勿老里至东海岸部署南朝鲜军 6 个师，也成一线配置；美第 3 师、美空降第 187 团、英第 29 旅，分别置于西线京安里、永登浦、金浦地区，为美第 8 集团军的预备队。

志愿军第 19 兵团和人民军第 1 军团在西线积极佯动，成功地将“联合国军”的主要作战集团抑留在西线。第 3 兵团、第 9 兵团大军稍事整补，于 5 月 9 日起在第 39 军的掩护下移兵东线。

1951 年 5 月 16 日 18 时，东线志愿军和人民军各突击集团发起全线进攻，开始第五次战役第二阶段的作战。

志愿军第 9 兵团（欠第 26 军，附第 12 军），配属炮兵 4 个团，在宋时轮的指挥下，在金雄指挥的朝鲜人民军第 2、第 3、第 5 军团的协同下，采取多路突破，多迂回包围的战法，向县里地区的南朝鲜军第 3、第 5、第 7、第 9 师发起攻击。

志愿军第 20 军在军长兼政治委员张翼翔的指挥下，突破南朝鲜军第 7 师防御。该军第 60 师奋力穿插，其前卫第 178 团第 5 连在连长毛张苗的带领下，12 小时内经大小战斗 13 次，前进 30 公里，及时抢占合围要点五马峙。毛张苗荣立一等功，获“一级英雄”称号。第 60 师于 17 日晨顺利攻占后坪里、美山里地区，切断了县里地区南朝鲜第 3、第 9 师南逃之路。人民军第 5 军团于 17 日午前切断了县里之敌东南逃路，与志愿军第 20 军对敌构成合围。南朝鲜第 3、第 9 师被压缩包围在县里地区。

第 27 军在军长彭德清、政治委员曾如清的指挥下，向南朝鲜军第 5、第 7 师的结合部攻击。担任迂回任务的第 81 师猛烈向敌纵深穿插。该师师长孙端夫亲自率领第 242 团第 2 营为先导，勇猛打破南朝鲜军的多次阻拦，一夜前进 28 公里，占领严达洞公路两侧高地和砧桥、坊内里各要点，切断县里之敌西南逃窜之路。孙端夫荣立二等功，第 242 团第 2 营获“穿插模范营”称号。第 81 师和第 60 师在美山里、上南里地区将南朝鲜第 5、第 7 师击溃，全歼 5 个营 3000 余人。

第 12 军突破后歼灭南朝鲜第 5 师一部，在自隐里北侧与美第 2 师和法国营展开激战，担负迂回任务的第 31 师一个团插入敌纵深。

至 17 日晚，志愿军和人民军通过穿插分割已切断了县里地区之敌的退路，构成对南朝鲜军的内层包围。在志愿军和人民军强大的攻势面前，南朝鲜军全线溃退，四散奔逃。

为争取更大胜利，彭德怀致电宋时轮、金雄：必须贯彻大胆迂回与分割包围，以达全歼敌人的作战思想，不放松白天作战的任何机会，争取全胜。

根据这一指示，第 27 军第 81 师迅速抢占苍村里、三巨里，第 12 军第 31 师继续迅速向束沙里、下珍富里攻击前进，人民军第 2 军团主力继续向下珍富里以东前进。

18 日晨，南朝鲜第 3、第 9 师开始向南和东南两个方向突围。第 20 军和人民军第 5 军团从东西两面出击。战至 19 日，将南朝鲜这两个师大部歼灭，缴获其全部重装备。

南朝鲜军的惨败，令李奇微大为光火，他撤销了南朝鲜第 3 军团的建制，解除了南朝鲜第 3 师师长的职务。李奇微还对南朝鲜损失大量武器装备感到恼火，他感叹说："所丢弃的这些武器不可等闲视之，这些武器装备足可装备好几个整师。"

第 3 兵团第 15 军在军长秦基伟、政治委员谷景生的指挥下发起攻击后，第 45 师攻占沙五郎峙，歼灭美第 2 师 200 余人；第 44 师插向敌纵深，将在大水洞露营的美第 2 师第 38 团团部和第 1、第 2 营大部歼灭。由于美第 2 师和陆战第 1 师在寒溪里—都十里一线继续顽抗，第 15 军前进受阻，未能进一步实现战役割裂任务。在这种情况下，第 3 兵团命令第 60 军第 179 师机动到春川以东，增强第 15 军方向上的突击力量。但由于敌主力已经靠拢，这一企图没有实现。第 60 军的第 180 师积极进攻，于 19 日夜占领法所里，牵制当面之敌美军第 7 师，使其不得东援。

在东线歼敌的同时，西线第 19 兵团也对当面之敌发起进攻，歼敌一部，配合了东线的作战。

东线南朝鲜军在志愿军和人民军各突击集团的打击下，撤退到九成浦里—丰岩里—下富珍里—铁甲岭—仁邱里一线布防。

见"联合国军"的防线出现缺口，美第 8 集团司令范佛里特急令美第 10 军主力逐次东移，以阻止志愿军和人民军向西开展进攻；令集团军预备队美第 3 师迅速东援，堵塞战役缺口；令南朝鲜军战略预备队第 8 师立即从大田北上平昌、堤川，建立纵深防线。同时，令美第 1 军 3 个师又 3 个旅在西线加强对志愿军第 19 兵团的进攻，以减轻东线的压力。至 5 月 20 日，"联合国军"又重新形成东西相衔接的完整防线。

到此时，志愿军已在一个月之内连续进行了两次作战，部队相当疲劳，粮弹将尽，而且雨季又快到来，江湖沼泽在志愿军后方，一旦山洪暴发、交通中断，部队补给将更加困难。第五次战役未能消灭美军师、团建制单位，其还有北犯可能，在这种情况下，若继续进攻，不仅不易消灭敌人，反而徒增自己的困难，不如后撤休整，寻机歼敌，更为主动。

5 月 20 日，负责东线指挥的志愿军第 9 兵团司令员宋时轮、副司令员陶勇和第 3 兵团副司令员王近山致电彭德怀、邓华、朴一禹，汇报面临的情况，提出收兵的建议。

彭德怀同意前线指挥员的分析和建议，并将情况报告毛泽东。毛泽东于 5 月 21 日复电彭德怀："根据目前的情况，收兵休整，准备再战，这个处置是正确的。"

21 日，第五次战役第二阶段作战结束，志愿军和人民军歼灭南朝鲜第 3、第 9 师大部，重创南朝鲜军第 5、第 7 师，并歼灭美第 2 师、陆战第 1 师各一部，共计歼灭南朝鲜军和"联合国军"2.3 万余人。

## 向北转移过程中一八〇师损失惨重

5 月 21 日，中朝联合司令部下达主力转移休整的命令。志愿军各兵团根据中朝联合司令部的部署，先后下达停止进攻、主力北移的部署命令。

5 月 23 日，志愿军和人民军部队主力开始转移时，各兵团留下一个师或一个军采取运动防御的办法，节节阻击，掩护主力休整。

然而，在志愿军主力刚刚开始转移时，李奇微就采取所谓"磁性战术"，全线展开反扑。"联合国军"以坦克、炮兵和摩托化步兵组成特遣队，在空军和远程炮兵的掩护下，寻找志愿军和人民军防线上的空隙，向纵深猛插，并空降营连规模的兵力抢占后方要点，阻止志愿军主力北移。志愿军一度陷于被动，其中第 60 军第 180 师遭受了严重的损失。

对志愿军第 180 师的损失，长期以来有各种各样的不正确说法。如说 180 师"未经激烈战斗，全师被歼""180 师的军旗还在联合国"等等。第 180 师失利的过程到底是怎么样的？遭受了多大程度的损失？失利的原因是什么？作为军事历史研究工作者，我们有责任利用我们掌握的档案资料，真实客观地回答这些问题。

第 60 军原定在加平至苍洞里一线展开，组织防御。5 月 23 日上午，鉴于运输力缺乏，伤员转移缓慢，第 3 兵团首长决定各部暂先不撤，在原地阻击北犯之敌，以掩护伤员转移。

第 60 军第 179 师和第 181 师在战役的第二阶段分别配置第 12 军和第 15 军作战，此时尚未归建。因此，在北汉江南岸地区一个军的防御地域内只有第 180 师一个师担任防御任务。韦杰等本来计划第 180 师在北汉江北岸春川西北地区组织防御，接到兵团5月23日上午的命令后，改变原定计划，于当日晚做出新的阻击部署，即命令第180师在北汉江南岸的汉谷、正屏山地区抗击“联合国军”的反攻，命令第179师在大龙山及以东地区阻击，同时命令这两个师在北汉江南岸的部队争取阻敌5天的时间。

此后，虽然第179师和第181师先后归建，投入防御作战，但是，第60军没有根据敌情、我情及时调整防御部署，仍将3个师一线展开于30余公里的正面，与友邻部队间也没有进行很好的协调，致使该军未能进入原定防御地区，结果造成机山里至沐洞里段出现空隙。同时，第60军的右翼第19兵团第63军一个师已经在23日晚向北转移，因此，在第3兵团和第19兵团的结合部又出现了空隙。

5月24日，美第25师“特遣队”乘隙楔入志愿军防线，进占志愿军第180师右侧后的加平—济宁里—城蝗堂一线，美第7师“特遣队”进占第180师左侧后的春川，从第180师正面进攻的南朝鲜第6师已进至北汉江南岸的江村，控制了江村里渡口。虽迟滞了“联合国军”的进攻但自身伤亡也很大的第180师，处于三面受敌、背水作战的极其不利的境地。

24日11时30分，第60军致电第3兵团，提出阻敌北犯的两个方案：一是以第180师位于北汉江南岸的部队实施小的反击，争取在24至25日两天之内保持现有阵地，25日晚主力转移到北汉江以北地区；第179师位于昭阳江以南的部队也同时北移到江北地区；二是以第179师左翼协同第180师实行大的反击，求歼向正屏山进攻之敌一部，以争取较长的时间，掩护兵团主力北移及伤员转移。

由于信通联络方面的问题，到第二天下午6时50分第3兵团才答复第60军：同意提出的第一方案。第3兵团指示第60军：除以一个师控制加平至新延江以北山地担负阻击敌人的任务外，军主力转至冠厅里、场岩里、史仓里地区进行短期休整。而此时，第60军鉴于第180师的危险处境，为摆脱不利局面，已于24日命令该师撤到北汉江以北的退洞里、三巨里地区。

第180师接令后于24日晚开始渡江北撤，并节节抗击敌人的进攻，继续掩护主力和伤员转移。到25日拂晓，师主力撤至江北鸡冠山—北培山—上芳洞—明月里一线，但是没有能够确实控制要点。美第24师和南朝鲜第6师各一部从西面和南面联合攻击鸡冠山。志愿军第180师顽强阻击，经几个小时的激烈战斗，将美第24师进攻部队打退，但是最后阵地还是被南朝鲜第6师部队夺去。

25日，志愿军第60军命令第180师继续北移到蒙德山—架德山—退洞里以北一线高地阻击。同时命令第179师第536团在春川以北梧口南里、马坪里占领阵地，阻击由春川北犯的美第 7 师，掩护第 180 师北移。

但是，当时第 179 师第 536 团有两个营已失去联系，第 180 师在北移过程中，需翻山越岭转移，由于道路狭窄，自身尚有 300 多名伤员需要转运，又要与美第 24 师、南朝鲜第 6 师部队作战，因而行动较慢，25 日夜未能到达指定地区。

此时，第 180 师阵地右侧后阵地已被美第 24 师部队攻占，从春川方向进攻的美第 7 师部队攻占志愿军第 179 师一部在西上里、退洞里的阵地，志愿军 180 师被分割于北培山、驾德山、梧月里地区，形势相当危急。

25 日，由于“联合国军”继续进攻，志愿军在加平东北至抱川东北的芝岩里、官厅里至机山里防线出现一个大的空隙，而且“联合国军”已进至县里及其以北、加平以北地区，判断其有进攻金化的充分可能。于是，志愿军司令部调整部署，其中令第 60 军迅速转移到机山里东北的场岩里、国望峰、史仓里地区，坚决阻击当面之敌的北犯。

同一天，从正面进攻的南朝鲜第 6 师继续向北推进；美第 7 师突破志愿军第 179 师阵地，将志愿军第 179 师与第 180 师的联系完全切断，并继续向第 180 师侧后攻进，将第 180 师的退路切断；从左翼进攻的美第 24 师占领松亭里、滩甘里、间村。这样，在芝岩里以南地区的志愿军第 180 师几乎完全被“联合国军”包围。

这一天下午 4 点半，志愿军第 180 师紧急致电第 60 军，报告其所处的危急局面，并决定 26 日傍晚向西北方向突围。第 60 军此时援救第 180 师要紧，志愿军司令部要其在场岩里、国望峰、史仓里阻击的任务无法实现，志愿军司令部立即改令第 15 军担负该线的防御任务。第 60 军于下午 6 时命令第 179 师第 536 团从芝岩里以东展开反击（该团因自身有两个营被敌隔断，正在激战中，掌握兵力较少，经军部批准未出击），令第 181 师从华川地区出发救援第 180 师。同时，第 60 军建议第 3 兵团主力紧急支援第 60 军作战。

正在与敌激战的第 181 师接到救援第 180 师的命令后，立即收拢部队。但因师团间电话中断，徒步传达命令时间耽搁，加上天降大雨，道路崎岖，到当晚 24 时才开始西进。27 日，紧急驰援的志愿军第 181 师在论味里、场巨里、原川里与北进之敌遭遇，援救计划未能实现。第 60 军的第一次救援行动失利。

26 日下午 6 时，连续激战没有休整的第 180 师开始了艰难的突围行动。师主力经贺德山、蒙德山突围，于 27 日上午 9 时到达鹰峰，其余部队经纳实里、间村迂回突围，在 27 日 9 时也到达鹰峰，与师主力会合。由于战斗不断，部队已经断粮，弹药也极少，加上联络中断，“联合国军”炮火的严密封锁，山路的崎岖，失散人员较多，此时全师人员已不到1000人。

27日，志愿军司令部令第3兵团主力解第180师之围。但此时，第3兵团的第12军正在转进之中，于是，第3兵团于当日12时令第15军派部队到场岩里、广德里接应，令第60军不惜一切代价救援第180师，并指示第180师干部要沉着冷静，很好地掌握部队，保持建制，利用敌人的空隙，将部队撤回。几个小时之后，第3兵团又电示第60军，令第180师不顾一切牺牲，由师团干部带队，选最强的部队，组织好火力，从芝岩里、华岳里之间，选敌空隙，沿红碛岭、芳确屯、狮子岭，杀出一条血路，向史仓里至松亭里之间方向突围。在此之前，第60军第180师已下了坚决向史仓里方向突围的命令，同时令第179师取捷径向史仓里以南之敌出击，接援第180师。

接到命令后，第179师立即出发。但由于山高路险，“联合国军”火力封锁严密，到28日5时，才有一个营赶到明芝岘、下实乃里地区。而此时“联合国军”已经分三路进攻史仓里，并于28日下午攻占史仓里，使其东西阵地连成一线。第60军的第二次救援行动失利。

27日晚，第180师将部队组成3个连，全力向史仓里方向攻击突围。因迷路又返回，转而向西北方向突围。在突破敌3个阵地后，部队伤亡很大，无力继续攻击。在这种情况下，第180师主要指挥员没有很好地查明情况，集体全力继续寻敌间隙突围，而是决定采取分散突围的办法，分路向史仓里方向突围，然后到伊川、铁原集中，结果导致该师损失严重。

自5月29日至6月中旬，第180师先后突围成功集中的有师长、副师长、师参谋长、团长及以下近4000人（含先期掩护军后勤转移的一个营）。第180师在回撤过程中共损失7000余人。

5月27日，为了稳定局势，彭德怀命令部分军停止休整计划，志愿军第63、第64、第15、第26、第20军和人民军第5、第2、第3军团主力展开于临津江、汉滩川以北芝浦里、华川、杨口、杆城地区全线阻击。

志愿军各部在粮弹将尽、供应非常困难和连续作战极度疲劳的不利情况下，顽强阻击和不断反击，制止了“联合国军”的猖狂进攻。至6月10日，将其阻止于三八线南北地区，第五次战役结束。在20天的转移和阻击战中，志愿军又歼敌3.6万余人。

第五次战役结束后，志愿军各级都在总结战役的经验教训，其中包括第180师失利的教训。

第 60 军军长韦杰、政治委员袁子钦总结了第 180 师受损的原因：

（一）敌乘我粮弹未补，部队正在调整，工事未构筑前，实行大举进攻，战斗开始认为敌之进攻是局部的，其目的是达到以攻为守。又由于本兵团伤员太多，力求迟滞敌人前进，争取时间，便于伤员转运，形成被动作战。（二）指挥上由于对敌情不了解，反映情况不及时，指挥不及时，形成两次接援计划落空。（三）通信联络不顺畅，误事很大，因此报告情况及部队位置不及时，命令不能及时下达。（四）与友邻联络不够。（五）供应不及时，致使部队粮尽弹绝，对敌情分析、判断错误，指挥不及时，两次接援计划未实现，致使该师遭受损失，造成严重损失。

1951 年 8 月 4 日，第 3 兵团党委在总结第五次战役的经验教训时说："一八〇师惨重损失，其原因除撤退不稳，部队饿饭，兵团电台在后撤中受敌机的扫射破坏，两三天内联络中断，不能及时给以指挥外，主要是该师在紧急关头发生动摇，炸毁电台，命令部队分散突围……"

第 3 兵团参谋长王蕴瑞总结兵团在第 180 师失利问题的责任时说：

（A）违背志司命令，擅自将 60 军主力 181 师、179 师由春川以西调到春川东北地区使用，正面助攻力量过于薄弱，这是一错。60 军主力虽已东调，仍可机动使用或用于正面补救之。但是又迅速用于寒溪南北地区投入战斗，这是再错。即使如此，还有 39 军两个师在春川以东地区尚可补救，可是过早（20 日）将该军撤走。这样就造成了百余里地区不可弥补的一个大空隙，为敌所乘。同时，180 师也因之而更加突出和孤立，这个缺口是一而再，再而三，一连串错误所铸成的。

（B）在撤收的时间上，也是违背志司命令的。志司规定 23 日北撤，而兵团令于 22 日夜北撤。15 军则是 22 日夜北撤的，由于该军撤收过早，不仅使已造成的缺口更加扩大，而且使整个东线处于危境。

（C）因伤员尚未运完，即急躁不冷静、轻率地命令各部暂不撤收，掩护运转伤员。因而引起 60 军误解，致使 180 师迟撤而处于不利地位。

（D）180 师被包围之后，即坚令 60 军接援和令 180 师坚决突围，这种决心是好的，但是始终未能贯彻下去。60 军两次接援计划流产，致 180 师造成如此严重而惨痛的损失。

只要各方配合得好，前线指挥员指挥得当，第 180 师那么大的损失不是不能避免的。在第五次战役北移阶段，志愿军第 12 军第 91 团被隔绝在敌后 90 余里的地方，回撤路线被敌层层隔断，但指挥员冷静率领全团突围成功。志愿军第 21 军转移在最后，美军又在富坪里空降，企图切断该军道路，但该军首长根据实际情况，适时修正决心，改变北移道路。部队沉着应战，交替掩护，顺利实现转移。

第五次战役后，志愿军召开党委会总结经验教训，彭德怀、邓华等都讲了自己的看法，一致认为这次战役虽然取得很大胜利，但很不圆满。彭德怀对第五次战役中的损失屡次公开自我批评，主动承担责任，表现了他襟怀坦荡。

第五次战役共歼敌 8.2 万余人，是继第二次战役之后对“联合国军”的又一次重大打击，粉碎了美国在平壤—元山一线建立新防线的企图，迫使“联合国军”转入战略防御，迫使美国当局不得不调整朝鲜战争政策，谋求和谈。但是，第五次战役的胜利很不圆满，未能实现预定歼敌目标，特别是在胜利回师时对“联合国军”的反扑估计不足，部署不够周全，一度陷入被动。志愿军和人民军在这次战役中战斗减员 8.5 万余人。从作战指导上讲，此役“打得急了一些，打得大了一些，打得远了一些”。就是说，此次战役的准备比较仓促，战役的企图过大，后勤补给跟不上，部队停止进攻后又不易摆脱“联合国军”的反扑。

# 十五 “持久作战，积极防御”战略方针

1951年5月下旬，中国人民志愿军和朝鲜人民军发起的第五次战役接近尾声。朝鲜战局逐渐趋于稳定。

## “零敲牛皮糖”

五次战役的实践表明，中国人民志愿军在没有海军、空军的支援配合和装备极为落后的情况下，是可以同现代化装备的美军进行作战的。但是，由于敌我技术装备悬殊，特别是在无空军掩护的情况下，志愿军在作战中遇到了许多困难。志愿军实行战略或战役性的大迂回，难以大量歼灭敌人的重兵集团。志愿军在作战中可以一次包围美军一个或几个师，但都难以达到歼灭任务，因为美军全系摩托化装备，有大量的炮兵、坦克兵和航空兵，机动快，火力强。志愿军则主要靠步兵和少量炮兵作战，而且主要是在夜间，后方供应受到很大限制。

在这种情况下，志愿军实施大的迂回包围，向敌深远的战役纵深发展突击，歼敌重兵集团，客观上是困难的。志愿军发起战役进攻后，如不能在第一个夜晚基本上完成战役迂回任务，打动敌人战役布势，而在战术上又未能分割包围并打乱敌人，而后战役的发展将十分困难。“联合国军”可以利用其优越的技术装备迅速改变其不利态势，或迅速增援其被围部队，凭借其优势的炮兵火力，在大量坦克、飞机的掩护下进行突围；或将已被打开的缺口迅速堵塞；或收缩兵力形成新的防御。

鉴于上述情况，毛泽东于5月26日起草了一份给彭德怀的电文：

历次战役证明我军实行战略或战役性的大迂回，一次包围美军几个师，或一个整

师，甚至一个整团，都难达到歼灭任务。这是因为美军在现时还有颇强的战斗意志和自信心。为了打落敌人的这种自信心以达最后大围歼的目的，似宜每次作战野心不要太大，只要求我军每一个军在一次作战中歼灭美英土军一个整营，至多两个营，也就够了。……打美英军和打伪军不同，打伪军可以实行战略或战役的大包围，打美英军则在几个月内还不要实行这种大包围，只实行战术的小包围，即每军每次只精心选择敌军一个营或略多一点为对象而全部地包围歼灭之。

这时，志愿军参谋长解方已经回国向中共中央汇报朝鲜战场的情况，准备担任志愿军副司令员的陈赓即将赴朝鲜战场。5 月 27 日，毛泽东在中海南接见了他们。

解方详细地汇报了朝鲜战场的形势、志愿军下一步行动的设想，以及目前迫切需要解决的问题等。

毛泽东仔细地听着解方的汇报。解方刚汇报完情况，陈赓就补充说："美军不像国民党军那样笨拙地计较地方的得失，必要时他们会大步地撤退，甚至不惜放弃汉城。李奇微就是针对我军粮弹补给困难的弱点，采取'磁性战术'与我军保持接触，使我军吃不掉他们又甩不掉他们，以达到疲惫和消耗我军力量的目的。"

毛泽东听完他们的话，站起身子，边踱着步子边说道："我已告诉彭德怀，对美英军暂时不要实行战略或战役性的大迂回、大包围，只实行战术的小包围，打小歼灭战。像我们湖南家乡卖牛皮糖，用铁锤一小块一小块地敲下来，一毛钱也卖，一分钱也卖，卖多少敲多少，'零敲牛皮糖'。"

毛泽东接着说："我们的总方针是，这个战争要打下去，国内还要建设，边打边建。"

5 月 27 日，毛泽东把 26 日致彭德怀电报的内容通报给了斯大林。斯大林显然对电报中提出的小歼灭战思想产生了误解。

29 日，斯大林致电毛泽东。他认为毛泽东这个方针是"冒险的"，很易被美英军识破，"拿蒋介石军队作类比，也是不能令人信服的"，"一旦美英军向北推进，并建立一道道防线，你们突破防线就会付出巨大损失"。斯大林建议："看来你们将要准备一次重大的战役，其目的当然不是为了局部机动，而是为了给美英军以沉重打击。"

斯大林一时无法理解毛泽东的思想，但长期与毛泽东并肩战斗的彭德怀却心领神会。彭德怀在收到毛泽东的电报后，于 5 月 30 日起草了给人民军前线总指挥金雄的信，6 月 2 日转发给志愿军有关部门。彭德怀指出：

一、从历次战役来看，美英军还保存着相当高的战斗意志。以我们现在的条件，每次战役要求消灭其一两个师是困难的，即［使］消灭其一两个整团亦属不易。然而，伪军的战斗意志是薄弱的，一次消灭其两三个师，是可能的。把美英的战斗意志削弱到现在伪军的低度还须一个相当长的时期（准备半年至一年）。……对美英军不拟组织全面的大战役，以兵团为单位不断组织小战役，争取一个军每月平均消灭美军一个整营（击伤除外）。……目前迫切需要改善运输条件，加强新兵训练，克服各种困难，准备长期作战是必要的。

二、我之优势是正义和人力，敌之优势是装备技术，消灭敌人有生力量是争取胜利的基本方针。由于我技术条件不如敌人，因此不能一次大量地消灭敌人，因此必须采取削弱敌人，一股一股逐渐地消灭，然后进行大规模的歼灭。

## 志愿军进行战略调整

6 月 3 日，毛泽东、周恩来同金日成在北京举行会谈，讨论了战争的方针问题，确定政治斗争和军事斗争双管齐下，一方面同敌人举行停战谈判，另一方面以坚决的军事行动粉碎敌人的任何进攻，以配合谈判的顺利进行。

为此，中共中央为中国人民志愿军确定了“充分准备持久作战和争取和谈达到结束战争”的总方针，在军事上则确定了“持久作战、积极防御”的方针。

聂荣臻后来回忆说：“第五次战役以后，中央开会研究下一步怎么办，会上多数同志主张我军宜停在三八线附近，边打边谈，争取谈判解决问题。我当时也是同意这个意见的。我认为把敌人赶出朝鲜北部的政治目的已经达到，停在三八线，也就是恢复战前状态，这样各方都好接受。如果战争继续下去，我们不怕，而且越打越强，但是也不是没有困难。会议在毛泽东同志的主持下，最后确定了边打边谈的方针。”

中央做出上述决定后，毛泽东又接见了志愿军副司令兼副政治委员邓华和第 38 军政治委员刘西元、第 39 军军长吴信泉、第 40 军军长温玉成、第 42 军军长吴瑞林。邓华等是受彭德怀委托，回京向中央报告战场形势和请示今后方针的。

在中南海菊香书屋，毛泽东首先接见邓华。邓华向毛泽东汇报了志愿军党委扩大会议拟讨论的几个议题，如对朝鲜战场形势的分析、对战争发展状况的估计，以及改善装备、改善后勤供应和轮番作战部队等等。

第二天，邓华又和几位军长、政委来到中南海颐年堂。在一间陈设朴素的办公室，邓华把他们一一介绍给毛泽东。毛泽东一边同他们握手，一边亲切地说：“同志们辛苦了！坐下，都坐下吧！你们从朝鲜前线回来，都是有功之臣嘛！”

待大家坐下后，毛泽东开始与他们亲切地交谈。当谈到朝鲜战场情况时，毛泽东说："五次战役的实践证明，包围敌人后必须集中优势兵力当夜消灭敌人，否则，第二天敌人便会借助大量飞机的支援，或拼死固守，或空转逃走，使我们很难吃掉敌人。因此，歼灭战的胃口不能太大，不可能一口气吃掉敌人几个师的兵力……

"持久战是我们战胜日本侵略军的法宝。在以劣势装备对优势装备敌人的作战中，特别应当注意扬我所长，避我所短。持久，持久，消耗敌人，在打法上轮番作战，可以'零敲牛皮糖'！我们一个军每次以干净彻底地消灭敌整个营为目标，积少成多，逐步消耗敌人的有生力量，才能使其知难而退。"

接着，毛泽东高兴地告诉他们："关于你们关心的装备改善问题——我们向苏联订购了 100 个师的装备大部已运到，高炮部队正在训练，不久可入朝。关于志愿军的后勤供应问题，我们已经买了好几千辆汽车，交通改善了，供应也会好起来。还有轮换作战的问题，你们已经看到，有的军已接替，有些军正准备开进。现在，杨成武的第 20 兵团正在准备向朝鲜开进……"

毛泽东还向邓华和几位军长谈到朝鲜停战谈判问题。他说："美国人在 5 月底，通过外交人员接触了苏联的马立克，提出愿意与我们会面，讨论结束朝鲜战争问题。前几天，金日成同志来北京，我和周恩来同志与朝鲜方面就此进行了讨论。当然，我们如能再歼灭敌人更多的有生力量再谈，更为有利。但是，和平解放朝鲜问题是我们历来的主张，如果能以逐步撤退外国军队包括朝鲜的前途等问题为条件来谈判，我们也不宜拒绝。中央也开了会，研究下一步怎么办，多数同志都主张我军宜停在三八线。现在把敌人从朝鲜北部赶出去的目的已经达到，停在三八线，恢复战前状态，各方面都不丢面子。如果继续打下去，我们虽然可以逐步改善装备、增加力量、改变敌我双方力量对比，但是困难也不小。不过，美国方面提出愿意谈判也可能是缓兵之计，或是为了争取国际舆论。因此，我们必须有长期作战的准备，边打边谈……"

6 月 13 日，毛泽东电告彭德怀："已令邓华同志及其他四同志于 15 日动身回前方，中央各项重要决定由邓面告。"

邓华回到朝鲜后，于 6 月 25 日在空寺洞志愿军总部参加志愿军党委扩大会议。与会人员有彭德怀、邓华、宋时轮、洪学智、韩先楚、解方、杜平、王近山、杨得志。

邓华首先传达毛泽东关于持久作战、积极防御的指示。邓华在传达时指出："战争既不可能速决，我们的作战指导就必须遵照中央指示，要有长期的打算和稳扎稳打的方法。一方面，我们在作战方法和人力、物力的使用上，要能持久而又能达成杀伤、削弱敌人，并能取得时间；另一方面，则应以最大的努力从战争中来改善我们的技术装备，加强炮兵（特别是防空与反坦克炮火）、坦克兵和空军的建设，生产军火，准备物资，改善供应运输，加强政治攻势，瓦解敌人斗志，团结敌后人民，发展游击战争等等。只有改善了这些条件并把敌人削弱到一定程度才能歼灭敌人。这是持久作战争取最后胜利的努力方向。”邓华要求志愿军官兵继续贯彻毛泽东提出的打小歼灭战的思想，通过积小胜为大胜，逐步削弱敌人，最后达到战争胜利。

接着，邓华传达实行持久作战的方针：第一，关于作战地区。在敌军正面不增兵、侧后不登陆的情况下，坚持三八线和38.5度线。因为这一地区有利于我军集中和机动兵力；供应线短，可减少我军供应困难；地形有利于我军作战。

第二，关于兵力的安排使用。朝鲜三面环海、地形狭窄的特点，决定了兵力少了不够用（因需要适当兵力防守海岸），而兵力多了又展不开。故根据作战需要与供应能力，除特种兵外，以18个军分两批轮换为宜。第一线部署9个军于正面作战，第二线9个军分置于东西海岸及机动地区担任海岸防御和执行机动任务，另以2个军位于我国东北地区为总预备队。第一、二线部队每两三个月轮番一次。在朝鲜坚持作战一年以上的部队，因伤亡大、短时间难以恢复战斗力者，视情况可调回国内，另以新的部队替换。

第三，关于作战方式。大踏步进退的作战方式大大减少了，我军死守一地和攻击敌人坚固阵地也都不易，因此，今后的作战方式“是一种运动防御与反击相结合的拉锯战形式，也就是积极防御与短促突击的作战方式”。

第四，关于歼敌的原则。根据敌我双方的基本特点，采取“零敲牛皮糖”战术歼灭敌人。

第五，关于前伸的目标。根据我军工作方法和能力，战线不宜远伸，应尽可能使敌来就战，诱敌前进于我有利地区。毛泽东指示：“打到三八线为止，不要超过南汉江、昭阳江而增多自己的困难，并要稳步进攻，一次攻不了作两次攻，进一步巩固起来，准备好了再攻，一次不打远了。”打到三八线为止，不仅供应上有利，而且在政治上来说也是有利的。

会议认真分析了朝鲜战争的形势，总结了志愿军入朝作战的实践经验，对如何贯彻“持久作战，积极防御”的战略方针统一了认识，确定了作战指导原则和部署。

7月1日，彭德怀致电毛泽东：

根据您“准备长期，争取短期”的方针，特将执行此方针的意见和作战准备报告如下：经过八个月激烈战斗，朝鲜战争是长期的，认识上更深刻。美国为维持东方和世界统治地位，依靠技术优势，不甘心失败。我步兵强，人员多，但运输极为困难。朝鲜地形狭窄，使我军作战受到很大限制。在我空军不能掩护交通运输和配合作战前，优势难以发挥有效作用。作战方面，在汉江、昭阳江以北及38.5度以南地段进行反复拉锯战，平均两个月进行一次较大规模反击战役。如此我以二十一个军以三番或十八个军作两番进行战斗，每月需补兵员三万，年需战费七至八亿美元。“充分准备持久作战和争取和谈，达到结束战争”的方针是完全必需的，是对朝鲜人民、中国人民均有利的。

## 持久作战和停战谈判的准备

为了使全体指战员树立起长期作战的思想，志愿军政治部在部队中广泛进行树立长期作战思想的教育。由于第四、第五次战役未取得很大的胜利，在部队中普遍产生了厌倦战争长期性、艰苦性的思想情绪。

志愿军党委在1951年5月26日致中共中央并高岗的电报中，充分反映了这种情况，电报指出：

根据各军反映，目前部队有些干部情绪消沉，对战争的长期性、艰苦性感到厌倦，认为没有相当的飞机、大炮、坦克的配合，很难甚至不可能大量歼灭敌人，埋怨飞机不出动、技术兵种未配合，对于四、五次战役未能取得很大胜利表示不满，相当普遍顾虑今后作战会更加困难，特别是顾虑供应的困难得不到解决，因而对战争胜利的前途表示怀疑，所谓战争无头苦无边。……产生上述右倾现象的原因，我们认为主要是由于战争很残酷，困难多且严重，以及一、二、三次战役打得较顺利，对美帝是一只纸老虎片面理解，产生和存在着轻敌和速胜思想。但自四、五次战役以来战争愈来愈残酷，看到战争不可能短期结束，同时志党委对战争的长期性未进行系统的深入教育。

针对上述情况，志愿军政治部向各部队发出《对长期作战思想教育的指示》。指示说，为了继续贯彻长期作战思想，必须在部队中加强爱国主义与国际主义的基本教育，系统地说明战争的性质、前途、敌我条件、战略方针及作战方针等，并在思想基础上，发扬革命英雄主义，增加胜利信心，克服速胜情绪。

志愿军各部队随即广泛进行思想教育。通过深入教育，全军上下牢固树立了持久作战的思想，为贯彻“持久作战，积极防御”的战略方针打下良好的思想基础。

1951年底，志愿军政治部颁发《中国人民志愿军立功条例（草案）》，有力地推动了全军立功运动的开展。

为了便于机动和减少供应困难，防敌在侧后登陆，志愿军决定必须坚持在三八线至38.5度线地区，并在该地区构筑数道大纵深防御阵地。构筑阵地时，注意充分利用朝鲜的有利地形，将野战工事与要点的坚固工事相结合，采取纵深配备，为坚守防御作战创造必要的条件。

志愿军和人民军积极构筑防御阵地。至8月中旬，志愿军和人民军第一线阵地西起礼成江口，经五里亭（朔宁东北）、平康、登大里（金化东）、艾幕洞（杨口西北）、西希里（杨口北）、沙泉里（高城南）至东海岸高城，东西绵延250公里之防御工事已经完成，并构筑了第二线防御阵地。

与此同时，部队部署进行了适当调整。中线以志愿军第27军接替第20军的防务；原在西线的人民军第6军团调至化川里（通川西南）地区，以加强东线防御力量。为了贯彻轮番作战的方针，志愿军决定以20个军左右的兵力分批轮番作战。除以足够的兵力担任正面作战和分置于东西海岸与阳德、谷山地区进行休整训练并防敌登陆外，志愿军另以相当兵力置于中国东北地区作战略预备队。

志愿军第20兵团（辖第67、第68军）在司令员杨成武、政治委员张南生率领下，于6月开始入朝，集结于东线元山以西地区，准备随时支援人民军作战或歼灭登陆之敌。

为保证志愿军空军以朝鲜境内的机场为基础配合地面部队作战，志愿军第23兵团（辖第36、第37军）在司令员董其武、政治委员高克林率领下于9月初入朝，担任修建朝鲜北部机场的任务。第50军军部和一个师也担任修建机场的任务。

为了加强后勤建设，中央军委做出成立志愿军后方勤务司令部的决定。志愿军后方勤务司令部于6月成立，中央军委任命志愿军副司令员洪学智兼任后方勤务司令部司令员、原前方后勤指挥部部长周纯全任后方勤务司令部政治委员、张明远任副司令员、杜者蘅任副政治委员。从此，在志愿军后方勤务司令部领导下，开始全面加强后勤建设，诸如建设兵部运输网，改变原来的建制供应体制为以分部为单位划区供应到军和军以下仍按建制供应相结合的供应体制等等。

为了改善交通运输，志愿军在后方铁路、公路沿线修建大量隐蔽仓库，囤积作战物资，并积极修建熙川至孟山、阳德公路，以及佳丽州至洗浦里、昌道里和法洞里至淮阳两条东西向公路。

这样，志愿军为坚持长期作战以及同“联合国军”进行停战谈判做了各种准备。

# 十六　乔治·凯南伸出橄榄枝

1951 年 6 月，朝鲜战争出现了可能通过谈判结束战争的局面。这是中国人民志愿军入朝参战以来，中朝军队同以美国为首的“联合国军”实际较量的结果。

## 杜鲁门谋求通过谈判实现“体面停战”

早在 1951 年 1 月下旬，“联合国军”发动全线反扑时，美国当局即从其艰难状态中已经认识到“联合国军”已不可能再推进到鸭绿江边的现实，加之英法等国已对朝战失去热心，这就更增加了美国的疑虑。3 月中旬，美国当局曾考虑，以总统名义发表一项旨在通过谈判达到结束朝鲜战争的声明，并起草声明的草稿，征求参加“联合国军”行动的有关国家使节的意见。3 月 20 日，参谋长联席会议将该项声明的大意发给麦克阿瑟征求意见。然而，由于麦克阿瑟于 3 月 24 日发表了一项与草拟中的总统声明意图大相径庭的声明，使美国当局的这次考虑付诸流水。由此引起美国与其盟国内部的混乱。

杜鲁门无法容忍麦克阿瑟对他的挑战，震怒之下，于 4 月 9 日下午 3 点 15 分签署解除麦克阿瑟一切职务的命令，把李奇微推上“联合国军”总司令的宝座。

由于麦克阿瑟桀骜不驯，对总统、国务院和五角大楼一直表示不恭，其被免职是早晚的事。此时麦克阿瑟被免职，不过是美国政府以这种方式承认了战场上的失败，也显示美国政府为调整在朝鲜的政策，寻求通过谈判结束这场战争准备了一个台阶。

4 月 11 日，杜鲁门发表广播演说，首次明确提出美国在朝鲜是“打一场有限战争”。

5月2日至16日，美国国家安全委员会再次对美国在朝鲜所追求的政治和军事目标进行研究，认为美国无法在朝鲜赢得一场决定性的胜利，仅凭军事手段不可能解决朝鲜问题。美国国家安全委员会于16日通过一个有关朝鲜问题的政策备忘录。这个备忘录将美国在朝鲜的终极目标和当前目标做出明确区分，确定美国在朝鲜的当前目标是在三八线地区建立一条有利的防线，寻求缔结停战协定，结束朝鲜战争。5月17日，杜鲁门总统批准该文件。

这是自1950年9月美军仁川登陆成功后，美国当局命令麦克阿瑟越过三八线北进以来，第一次调整朝战政策，第一次明确“联合国军”的作战不再实现军事占领全朝鲜的目标。

## 凯南拐弯抹角放出和谈气球

美国当局决定调整朝战政策，以谋求通过谈判实现“体面停战”。然而，美国过去的所作所为，从一意孤行、根本不愿意考虑任何和平解决朝鲜问题的建议，到玩弄假停火的阴谋以求喘息，几乎把谈判的大门堵死了。所以，对于杜鲁门来说，此时寻找谈判的门路就更加困难了。于是，美国朝野上下，紧锣密鼓，想方设法进行外交试探。正如美国国务卿迪安·艾奇逊后来在他的回忆录里所形容的：“就像一群猎狗一样到处寻找线索。”

艾奇逊先是要国务院在巴黎的代表查尔斯·波伦向驻德国的苏联管制委员会主席的政治顾问弗拉基米尔·西蒙诺夫试探。5月2日，艾奇逊又让驻联合国官员欧内斯特·格罗斯等向苏联驻联合国代表马立克及副代表西门·查拉普金进行非正式的试探。继而，又通过美国与瑞典通向莫斯科的渠道进行秘密试探，并派白宫政策设计办公室的查尔斯·伯顿·马歇尔前往香港寻找同中国接触的机会。尽管艾奇逊一伙“辛辛苦苦”，通过不同渠道，采取多种方式到处寻找线索，但收效甚微。

情急之中，艾奇逊想到了乔治·凯南。

乔治·凯南1904年2月16日出生于美国中西部的威斯康星州的密尔沃基，其祖先是17世纪迁居北美大陆的苏格兰—爱尔兰移民，他的父亲受过大学教育，家庭属于中等收入阶层。1921年，乔治·凯南到新泽西州的普林斯顿市，进入世界名校普林斯顿大学。1925年大学毕业，他成为一名职业外交官。

1933年11月，美国与苏联达成建立外交关系的协议后，凯南成为美国首任驻苏大使布利特的助手和翻译，随其到莫斯科进行大使馆的筹建工作。从1933年底到1946年初的十几年间，凯南有约一半时间是在美国驻苏联大使馆度过的。他先后担任过美驻苏使馆三秘、二秘、公使、参赞和代办，成为美国外交界头号“苏联通”。凯南根据自己长期对苏联的认识，于1946年初提出遏制苏联的主张，被称为“遏制之父”。

1947年至1949年，凯南担任美国国务院政策计划室主任。1950年任国务院顾问。朝鲜战争爆发前，凯南已获准告假离开国务院，到母校普林斯顿大学高级研究院从事学术活动。朝鲜战争爆发后，他被继续留用一段时间，参与美国政府制定有关政策的讨论。

凯南是最早提出美国出兵干预朝鲜内战的人士之一，但他主张“欧洲第一”，朝鲜半岛不属于他所说的遏制重点，因而他反对美国因这场战争而过多卷入远东的事务之中。同时，他虽然认为“北朝鲜所为”是“莫斯科指使”的结果，但不认为这意味着苏联要发动一场对西方的全面进攻。所以他主张美国在朝鲜半岛的军事目标只是恢复战前的状况，避免同苏联或中国发生军事冲突。凯南希望美国同苏联进行谈判，以防止冲突不断扩大和使美苏关系进一步恶化。

艾奇逊想到了凯南，正是由于认同凯南的价值观及其与苏联的交往关系，由他出面去找苏联驻联合国代表接洽有便利条件。

1951年5月18日，凯南应召到华盛顿面见艾奇逊，接受以私人身份单独会见苏联驻联合国代表马立克的任务。艾奇逊要求凯南向苏联方面透露美国方面关于“就地停战和停火”的意向，并“很想知道莫斯科对这一形势的看法，也想知道如果有什么建议的话，那将是什么样的建议”。让凯南表明，“如果要结束战争的话，这正是着手结束战争的良好时机”。

凯南欣然应允，并立即提笔写信给马立克，要求前去拜访。很快他得到了回音。5月31日，凯南从普林斯顿驱车前往纽约长岛马立克的别墅，受到主人的热情接待。在马立克的会议室里，双方用英语进行了“朋友式”的交谈。谈话很快接触到了实质问题。

凯南说，此番要谈的事就是在朝鲜的停火问题。马立克问，谈判停火问题是否包括撤出在朝鲜的一切外国军队？凯南模棱两可地说，立即撤走一切外国军队，据说会使朝鲜半岛“重开内战”。

马立克问美国政府准备接受的停火条件是什么。凯南回答，大致可按双方现有阵地实行停火，建立适当的监督停火的机构，不使双方利用停火加强实力，发动攻势。

凯南反问马立克，苏联政府是否觉得这一条可以接受？马立克随即提出涉及美国侵略中国领空、中国在联合国合法席位和台湾等问题。凯南说："我认为，只有讨论停止朝鲜冲突这个特定问题，并且只谈这个问题而不涉及有关远东普遍问题的更为广泛的分歧，我们才会取得进展。"马立克当即提出，凯南的建议"毫无新东西"。不过，通过交谈，双方均已了解对方的意愿。谈话的内容很快传到有关各方。

6 月 5 日，双方再次会面时，马立克告诉凯南："苏联政府希望和平，并希望和平解决朝鲜问题，越早越好。但是，苏军既没有参加在朝鲜的冲突，苏联政府不认为它能参加关于停火问题的任何讨论。"马立克建议："美国政府应该和朝鲜与中国就此事进行接触。"

凯南心领神会，认为马立克是奉命说话，"越早越好"这句话是颇有希望的信号。马立克这次根本没有提到更为广泛的远东国际事务问题，这表明苏联政府希望停火。

双方的第二次会面很快结束了。凯南完成了牵线搭桥的使命。

也许是由于凯南为打开朝鲜和谈之门起了重要的作用，1951 年底，杜鲁门政府又把一个重要职位——驻苏联大使交给了他。于是，凯南中断了在母校的学术研究工作，于 1952 年春赴莫斯科就任。凯南希望抓住这次机会，以"促进紧张关系的缓解和国际环境的改善"。但由于美国对苏联政策的"军事化"倾向，凯南上任不久，便对促进美苏对话与改善关系失去了信心，甚至他本人也因在柏林机场发表反苏言论（把苏联与纳粹德国相类比）而被宣布为"不受欢迎的人"。其时，距他出任苏联大使还不足半年时间。

## 和谈之门终于打开了

在凯南奉命与马立克会见的同时，6 月 1 日，美国又通过联合国秘书长特里格夫·赖伊表示愿"沿着接近"三八线地带停火。

6 月 3 日，艾奇逊在参加"麦克阿瑟事件听证会"过程中，在就朝鲜问题接受新泽西州参议员史密斯质询时，亦表示在有保证的情况下，美国愿沿三八线地带谋求停火并逐步从朝鲜撤军。

6 月 3 日，金日成应邀赴北京同毛泽东、周恩来等深入地讨论了这一形势的发展，商谈了可能到来的停战谈判问题和战争方针。毛泽东、金日成研究决定，实行边打边谈的方针，政治斗争和军事斗争双管齐下，一方面准备同美国方面进行谈判，争取以三八线为界实现停战撤军；另一方面对谈判成功不抱幻想，在军事上必须做长期持久的打算，并以坚决的军事打击粉碎"联合国军"的任何进攻，以配合停战谈判的顺利进行。

6月5日，毛泽东致电斯大林，决定派高岗前往莫斯科，向斯大林通报毛泽东与金日成讨论的情况及中共中央的意见，并听取斯大林的意见。正在北京的金日成，也希望与高岗一同前往莫斯科与斯大林讨论这些问题。斯大林在接到毛泽东的电报后，于7日复电毛泽东，表示已准备好接待高岗和金日成。

6月8日早晨我们从莫斯科派飞机到北京迎接高岗和金日成同志来莫斯科。飞机将于6月9日抵达北京。请您指示你们的有关部门让飞机无阻碍地飞行并在北京机场迎接飞机。

6月10日，高岗和金日成乘坐由斯大林派来的飞机前往莫斯科。6月13日，斯大林会见高岗和金日成，并于同日致电毛泽东："关于停战，我们认为，现在停战是件好事。"亦在同日，毛泽东致电在莫斯科的高岗和金日成，提出：

关于如何提出停战谈判问题，认为由我们自己提出是不太适宜的，因为最近两个月中国人民志愿军和朝鲜人民军都应采取防御态势。最好的办法是：一、等待对方提出；二、由苏联政府根据凯南的谈话提出。或两种方式同时进行，一方面由苏联政府进行试探；另一方面，如果对方提出，中国和朝鲜方面表示同意。此外，关于停战条件：恢复三八线边界；从北朝鲜和南朝鲜划出一个中立区，绝不容许中立区只从北朝鲜领土中划出，南北朝鲜彼此有交错。至于中国进入联合国的问题，我们认为可不提出这个问题作为条件，因为中国可以援引联合国实际上已成为侵略工具，所以中国现在不认为进入联合国的问题有特别意义。以上问题请与斯大林交换意见。关于军事问题，我已告邓华同志返回前线，并坚决守住现有防线，6月、7月进行准备，8月进行一次较大的战役反击。

高岗和金日成再次拜会了斯大林，斯大林对毛泽东所提各项均表示同意。

6月23日，马立克在联合国新闻部举办的"和平的代价"广播节目中发表演说，再次明确提出了和平解决朝鲜问题的建议。

接着，6月25日和7月3日，中国《人民日报》连续发表社论，回应苏联方面的提议。6月25日社论指出："本月23日苏联驻联合国代表马立克发表广播演说，再一次提出了和平解决朝鲜问题的建议，我们中国人民完全赞同这个建议。"继而指出，"这是给予美国的又一次考验，看它是否接受以往的教训，是否愿意和平解决朝鲜问题"。

凯南的试探得到苏联和中国的响应，马立克的讲演也得到美国的响应。6月25日，杜鲁门在田纳西州土拉霍马参加航空工程研究中心落成典礼时，借机阐述外交政策，表示“愿意参加朝鲜和平解决的谈判”。同时，为进一步探明马立克演说的真实意图，美国国务院训令驻莫斯科大使柯克就马立克的演说询问苏联政府的意见。6月27日，柯克求见葛罗米柯，通过交谈，确认了下列问题，即马立克所表达的观点是苏联官方的意见；停战谈判应在战场司令官之间进行；停战包括停火，应局限于纯军事问题，而不包括任何政治或领土问题；军事代表应讨论保证避免恢复军事行动问题。

此间，美国国务院以及国务院和国防部官员之间多次举行会议，建议杜鲁门总统批准由李奇微发表一个声明，表示愿意同共产党司令员进行谈判。

6月29日，经杜鲁门批准，美国国家安全委员会将已拟制好的声明发给远东美军总司令李奇微，令其将声明于30日（星期六）东京时间上午8时，经广播电台向朝鲜共产党军队司令员发出，并同时向报界发表。6月30日，李奇微便通知中朝方面：

本人以联合国军总司令的资格，奉命与贵军谈判下列事项：因为我得知贵方可能希望举行一停战会议，以停止在朝鲜的一切敌对行为及武装行动，并愿适当保证此停战协议的实施。我在获得贵方对本文的答复以后，将派出我方代表并提出一会议的日期，以便与贵方代表会晤。我更提议此会议可在元山港一只丹麦伤兵船上举行。

此前，中朝方面在获悉葛罗米柯与柯克谈话内容的主要精神和美方会马上提出谈判的意向后，毛泽东与金日成、彭德怀就如何回答美方的谈判建议等进行电商。李奇微发表声明后，中朝方面在进一步电商的基础上立即作出答复。

7月1日，北京中央人民广播电台发表金日成和彭德怀对李奇微通知的复文：

联合国军总司令李奇微将军：

你在本年6月30日关于和平谈判的声明收到了。我们受权向你声明，我们同意为举行关于停止军事行动和建立和平的谈判而和你的代表会晤。会晤地点，我们建议在三八线上的开城地区。若你同意，我们的代表准备于1951年7月10日至15日和你的代表会晤。

随后，双方又通过几次电文协商，确定了如下事项：一、谈判地点在开城；二、正式谈判日期从7月10日开始；三、为有效安排双方代表第一次会议细节，双方各派联络官三人、翻译二人，于7月8日上午9时在开城举行预备会议；四、双方代表车队沿规定路线行驶，每辆车上均挂白旗一面，以便识别和确保安全；五、由朝中方面负责会议的接待和警卫工作。

杜鲁门、艾奇逊通过乔治·凯南寻找的门路终于走通了。

# 十七 唇枪舌剑与默不作声交织的谈判

乔治·凯南的沟通工作完成后，美国召集派兵参加“联合国军”的各国大使商谈如何进行停战谈判问题。会上，多数都坚决主张应由战场上的双方司令官举行军事会谈。但是，美国军方并不愿意承担这一责任，他们很不乐意背上这个包袱。然而，当美国总统决定应由他们来处理这件事情的时候，他们只得立即接受了任务。

## 李奇微任命乔埃为停战谈判高级代表

1951 年 6 月 30 日下午，在东京美国远东海军司令部的办公室里，美国远东海军司令特纳·乔埃海军中将正与前海军司令部的长官薛曼将军闲谈。双方的话题一再涉及朝鲜停战谈判问题。谈话间，乔埃的副官进来报告，说李奇微将军传见乔埃。

闻听传见，乔埃立即起身前往第一大厦晋见李奇微。李奇微直率而爽快，他开门见山地对乔埃说：“我要你做我停战谈判的高级代表。”

乔埃听后略显惊讶。他没想到此事会来得这样快，更没想到此项重任会落到自己头上。但乔埃还是以军人的方式接受了这项命令。他感谢李奇微对他的信任，并向李奇微表示：“保证必竭尽所能执行使命。”

此后一周多的时间，乔埃首要的任务便是认真理解和掌握美国在谈判中的基本立场和追求的目标。这就是：“停战是军事问题，需要一种军事的解决，与一般的和平条约不同。军事的现实情况，使作战双方寻求停止冲突的方案，而停战协议的条款必须反映出军事的现实情况。任何分开两敌对部队的非武装区，自需以双方的阵地为基础。除此之外，别无恰当的地点，如欲以人为的纬度线为依据，则更不能自圆其说了。我们并且要获得保证，一旦签订了停战协定之后，冲突就不再发生。

“……我们要求获得保证，停战条款必须一一实现。这就需要组织一个军事视察团，在联合停战委员会之下工作，它可以到韩境任何一地方视察。

“因为停战只是停止冲突而已，在停战时期也像在作战时期一样，我们首要的顾虑是我们部队的安全问题。我们自应有防御阵地以策安全。当然同时愿意敌人也有他们的防御阵地。

“最后，我们希望战俘问题能得到最好的解决。”

乔埃做的第二件事是遴选另外 4 位代表。乔埃推荐他的副参谋长奥尔林·勃克少将为谈判代表；另外，美国远东空军司令推荐他的副司令劳伦斯·克雷奇少将；第 8 集团军范佛里特推荐他的副参谋长亨利·霍治少将和南朝鲜第 1 军军团长白善烨少将为代表。这些人选均经李奇微批准。同时，确定了美国空军上校安德鲁·肯尼、美国陆军上校詹姆斯·穆莱、南朝鲜军中校李树荣担任联络军官。

随后，乔埃主持草拟谈判议程，并设想了停战谈判期间可能发生的种种问题。比如，当时美方假定谈判将在元山的丹麦船上举行，所以，当乔埃在第一大厦进行谈判准备的时候，拟调一支舰队集中在元山，以供代表团的居留食宿。

临时从统帅部及作战部门调来的官员，是乔埃谈判班子中的主要构成人员，他们正忙于将种种可能辩论的问题进行对策性研究。

美方在接到朝中方面建议以开城代替元山为谈判地点的消息后，李奇微便亲自主持召开会议，认为开城地处三八线以南，实际为朝中方面所控制，因而无论在行动上还是在宣传上，都对美方不利。但在韩国境内，可作为谈判的地点实在太少，开城既被认为无人地带，其位置也不致受到战争的严重影响，出入亦无多大困难，因而也是可以接受的。

会场地点既然由海上改为陆上，美方曾考虑到是否另派一位陆军将领充当首席代表。但由于李奇微对第 8 集团军所要应付的局面尚没有底数，不想削弱战地司令的阵容，所以谈判代表一职仍由乔埃担任，不作变更。

10 月 9 日，乔埃与李奇微同机飞往汉城。途中，乔埃拟定分工合作计划：霍治主持非武装区问题、克雷奇负责停火及停战具体措施的意见、勃克处理有关战俘事项。美方代表团的代表或工作人员如有意见和建议，先经过上述各小组组长后，再提交乔埃。

乔埃并决定，凡是美方在会议间提出的事项，必须最大限度地用事前准备或席间临时书写的书面文件；对所提出的论证或反驳必须经过慎重思考；尤其重要的，从头至尾都要有记录。

李奇微与乔埃一行到达汉城后，又转乘直升飞机抵达汶山。美方代表团的营地坐落在一片苹果园中。作为一种待遇，乔埃的儿子、美第10军通信连中尉邓肯也被临时调到营地担任电话接线员。

乔埃住在用两顶篷布搭成的一个长方形的营帐中，里面放着一张可以折叠的桌子、两把椅子、一个洗脸架、一张挂着蚊帐的行军床。陆军一等兵钱德威奉命做乔埃的勤务员。

代表团的代表和工作人员，各人把住处安定之后，即聚集到一个作为会议室的营帐中，为第二天的会议做最后的准备。李奇微对代表团人员作完指示后，即赴汉城同新闻界见面。

由于谈判期间乔埃仍需执行远东海军司令的职务，所以美方代表团中，海军人员居多，以协助乔埃两方面的工作。

从6月上旬开始，在中国、朝鲜、苏联三国政府协商谈判问题的过程中，朝中方面即从谈判方针、谈判人选及会议组织等各方面进行准备工作。6月底和7月初，毛泽东与金日成、彭德怀通过电商，就谈判人选及谈判的组织领导问题达成一致意见，并在关于停战谈判朝中方面所提建议问题的基本主张上也获得了一致。朝中代表团首席代表为朝鲜人民军总参谋长南日大将，代表为中国人民志愿军副司令员邓华、参谋长解方、朝鲜人民军总司令部侦察局局长李相朝、朝鲜人民军第一军团参谋长张平山。

7月8日上午9时，为安排正式谈判的筹备会议在开城召开。朝中方面出席的是张春山、柴成文、金一波、毕季龙、都宥浩；“联合国军”方面出席的为美国空军上校安德鲁·肯尼、美国陆军上校詹姆斯·穆莱、南朝鲜军中校李树荣和朝文翻译恩德·伍德、中文翻译凯瑟·吴。

会议确定，正式谈判的第一次会议于1951年7月10日上午10时在开城来凤庄举行。

## 乔埃拿出一纸协议要朝中方面签字

7月10日上午，李奇微在美方代表团营地亲自为乔埃等送行。

这天，是入夏以来少有的好天气。位于朝鲜半岛中部、三八线以南靠近西海岸的高丽王朝古都开城，以其整洁的身姿，迎接美方来使。

此前，当谈判地点确定在中朝军队控制区内的开城后，毛泽东便立即指示彭德怀，命令位于开城地区的军队负责首长，迅速布置在开城和谈会议的房屋，布置可靠的警戒，务必保障会议的安全，不许出乱子。毛泽东还特别强调，美方代表的宿舍及开会的会议场所，均须布置得妥当一点。请中朝联合司令部派一懂事的、有能力的负责干部，即去开城地区，指挥上述布置事宜。

彭德怀根据毛泽东的指示，于 7 月 4 日派志愿军参谋长解方到开城，负责上述任务的落实。志愿军第 47 军第 139 师和人民军第 1 军团第 8 师担任了开城地区的警戒任务。为保障会议顺利进行，朝中方面在沙川江畔的板门店设立接引联络站，城内街道进行了清扫，临时会场来凤庄——开城近郊一所具有东方建筑风格的、古朴典雅的庭院——被布置得庄重严肃。

上午 9 时 12 分，“联合国军”代表团分乘的汽车和直升机均已到达开城，由于正式开会的时间未到，先在靠近会议场所的一座小白楼做短暂休息。10 时，双方代表在来凤庄的过厅会晤，然后步入会场，隔着东西向摆放的长条桌南北坐定，并由双方代表交换进行谈判的公文。南面是“联合国军”代表团，乔埃居中，其右侧是白善烨、霍治，左侧是克雷奇、勃克；北面是朝中代表团，南日居中，其右侧是邓华、解方，左侧是李相朝、张平山。双方大体相当的参谋、翻译和记录人员分别坐在各自代表的后面。

乔埃做好了先发言的准备。于是，当双方代表刚一坐定，乔埃便抢先发言。他首先表明自己是代表“联合国军”司令部发言，声称停战条件未获双方同意以前，除双方同意的中立区外，敌对行动是仍会继续的，并强调，“讨论以及今后的讨论都应该仅限于朝鲜的军事问题”“不讨论任何政治或经济问题，不讨论与朝鲜无关的军事问题”。乔埃还表示其代表团将在谈判中，为实现停止敌对行动而尽一分力量的“善良诚意”等等。不难看出，乔埃抢先发言是企图给会议确定调子。

当然，朝中方面也必须针锋相对。乔埃发言后，朝中代表团首席代表南日便旗帜鲜明地阐述朝中方面的原则立场。

南日的发言内容是由中朝双方组成的谈判班子事先研究好，并经中朝双方最高决策层审定的。南日说：“朝鲜人民历来主张，现在仍然主张朝鲜战争应该迅速结束，因此赞成苏联驻联合国代表马立克先生 6 月 23 日提出的建议——交战双方应该谈判停火与休战，并且双方把军队撤离三八线。因此，我代表朝鲜人民军提出下述建议：

“第一，在互相协议的基础上，双方同时下令停止一切敌对军事行动，陆军停止对对方的进攻、袭击与侦察；海军停止对对方的轰击封锁与侦察；双方空军停止对对方的轰炸与侦察。显然，双方停火，不但可以减少生命财产的损失，而且是扑灭朝鲜境内战火的第一步。

“第二，确立三八线为军事分界线，双方武装部队应同时撤离三八线十公里，并于一定时限内完成之。以双方撤离的地区为非军事地带，双方皆不驻扎武装部队或进行任何军事行动。这里的民政，恢复1950年6月25日以前的原状。与此同时，立即进行关于交换俘虏的商谈，使各国俘虏早日还乡与家人团聚。

“第三，应在尽可能短的时间内撤退一切外国军队。外国军队撤退了，朝鲜战争的停止与朝鲜问题的和平解决，便有了基本的保障。”

南日发言后，志愿军代表邓华接着致辞，表示完全支持南日的发言。他说：“在朝鲜作战双方停火，确定三八线为双方军事分界线，及撤退一切外国军队，是符合朝鲜人民、中国人民以及全世界人民的愿望和要求的。我们认为，朝鲜人民军代表所提出的三项建议，是停止朝鲜战争及和平解决朝鲜问题的前提与基础。中国人民志愿军衷心支持这些建议，并认为应把它们作为谈判的出发点。”

但在听完朝中方面的发言后，乔埃拒绝进入实质性问题的讨论，并声明朝中方面的建议超出会议应讨论的范围，同时提出反映美方立场的包括九项内容的书面议程草案。乔埃说：“我们现在此处有一协议，并且希望能按这一协议来达成，即联合国军司令部的军事代表和朝鲜与中国共产党军队的总司令都同意讨论仅限于朝鲜的军事问题。贵方愿意签字吗？”

乔埃边说边将拟好的签字稿递过来，朝中方面的代表未予理睬，他只好又拿回。

无“主持人”的、对等的停战谈判，贵在平等协商。乔埃抢先发言，已有违国际惯例，继而他又拿出准备好的签字稿让朝中方面签字，就更有强加之嫌。而就美方提出的包括九项内容的议程草案来说，明眼人不难看出，真正要讨论的问题实际上都已包括在朝中方面的三项原则建议之内了。

尽管如此，既然是双方对等的谈判，对方主张要有个议程，朝中方面还是本着求同存异的原则，在研究并指出美方提案的不合理性的同时，以自己所提三项原则建议为基础，提出了包括五项内容的议程方案。

对此，南日在代表朝中方面发言中指出：“相对于美方的九项内容来说，我方议案则是正确的、符合逻辑的。因为，第一项是讨论问题的前提和基础；第二项所提以三八线为军事分界线是解决停火问题的最主要问题；第三项关于外国军队撤出朝鲜问题也是最主要的。解决这些原则后，要提出具体的停火停战的办法，最后再讨论停战后俘虏的处理问题。这样，就将一切重大问题都包括在内了。相反，如若主次颠倒，或回避要害问题，谈判就会一事无成。”

但美方仍坚持自己的观点。双方唇枪舌剑，第一天的会议毫无结果。

当天，还出现了两个小插曲。一是在南日首次发言后落座的一瞬间，乔埃突然发现他坐的椅子甚矮，他的脖子露出桌面仅约 6 寸，而南日的身高比他矮得多，但坐在座位上，却对他有居高临下之感。于是，乔埃回过头，对朝文翻译恩德·伍德说：“请你尽快设法给我调换一把椅子，让我跟南日保持在同一水平。”二是早上开会前，双方代表尚未进入会场，美国翻译官便将一面联合国旗，插在约有两尺高如烛台那样的小旗座上。下午复会后，朝中方面联络官张春山将一面比对方旗帜更大的朝鲜民主主义人民共和国国旗放在桌子上。摆放国旗时，张春山态度极其严肃，以示尊严。

朝鲜停战谈判由于双方所持立场分歧明显，使仅为达成一个会议议程即舌战了 16 天，足见其步履维艰。然而，双方在谈判桌上的斗争还仅仅是开始……

## “海空军优势补偿论”“防御阵地和部队安全论”破产

1951 年 6 月初，毛泽东同金日成在北京商谈可能到来的停战谈判的方针和方案时，就考虑把恢复三八线边界作为停战的基本条件之一。7 月 13 日，周恩来为毛泽东起草致斯大林电，介绍停战谈判开始两天来的情况和朝中方面对停战谈判议程问题的原则立场。致电指出：“根据总的形势，我们认为需要坚持三八线和外国军队撤出朝鲜，只是在表达这些问题时需要指出一个总的思想，在从根本上讨论这些问题时，需要解决三八线问题。”“至于外国军队撤出朝鲜，这可在一个单独阶段实施。”

在谈判过程中，朝中代表团根据上述底牌和中朝两党在此问题上的一系列指示，注意把握有理、有利、有节的斗争策略，在采取先退一步，以争取尽快对议程达成协议的情况下，便决心在紧接着的对议程进行实质性的讨论中，理直气壮地坚持以三八线为双方军事分界线的主张。因此，当开城停战谈判几经周折得以达成谈判会议议程的协议后，谈判会议转入第二项议程，即军事分界线问题的讨论。一开始，南日在发言中便阐述了主张以三八线为双方军事分界线的基本原则立场，即以三八线为军事分界线，双方各自后退十公里，建立非军事区，脱离接触。

南日在提出该方案时，具体阐述了三大理由：一是举世公认，二是公平合理，三是切实可行。

但是，美方首席代表乔埃坚决拒绝朝中方面以三八线为军事分界线的合理建议，于7月27日抛出了预先准备的长篇发言，鼓吹以“实际的军事考虑”和“军事效能”为基础的“海空军优势补偿论”，即所谓非军事区域的划定，要以军事实力为基础，美方的海空军强，其“优势”必须在地面上得到补偿的“理论”。

乔埃认为有三种有军事意义的地区：空中区、海上区、陆上区。他说，联合国军保持着整个朝鲜的空中优势，并控制着围绕朝鲜全部的两面海洋。

乔埃提出非军事区的纵深约为二十里，应按照容易识别的地面或地理形态加以划定。同时，将事先标定好的、将军事分界线划在深入我阵地后方地区数十公里的地图交与我方，企图以所谓停止地面战斗和海空军活动的“让步”，而攫取我方1.2万平方公里的土地。

美方逻辑的荒谬性显而易见。略有点军事常识的人都会知道，当时朝鲜战场的地面战线恰恰是两军综合力量较量的结果，如果没有对方的海空军优势，地面上早已没有对方存在的余地了。显然，“海空军优势补偿论”完全是一种诡辩。

28日上午，朝中方面质问对方：“既然你们的空军如此厉害，你们为什么不在你们的海空军掩护下，在你们曾经达到过的平壤—元山一线站住脚，而却一路退到汉江以南呢？事实上，你方只是依靠了海空军，毫无人道地、违反国际公法地狂轰滥炸，才能勉强地、暂时地维持了你们地面部队的现状。假使没有这种狂轰滥炸的掩护与支持，你们的地面部队早就不知撤到什么地方去了。”

朝中方面在充分论理的基础上强调说，现阶段战场上的形势是处在变动不居之中，而又大体上脱不出三八线地区的范围。

“从这个特点，我们不可避免这样一个结论，即在现阶段中，三八线近似地反映了你我双方在战场上的态势。因此，即从纯粹的军事观点出发，我们认为以三八线为双方军事分界线是公平合理、切实可行的。”

美方代表听发言时，面色极沉重。当朝中方面讲到“为何你们又撤到汉江以南”时，乔埃噘嘴，眉毛往上扬，霍治并以拳轻轻击桌，似极愤怒，但又勉强压抑。

轮到乔埃发言了，他要求休会，准备实施反击。下午复会，乔埃指责朝中方面在发言中采用了“非常粗鲁的词句”，是“向本代表团虚张声势”。南日则回敬对方：“贵方好像已经忘却昨天赋有恫吓与侮辱性的声明。我今天发言中仅对你不正确的单方的发言加以批评而已。”双方你来我往，争论得十分激烈。

第二天，美方又提出支持其荒谬理论的所谓“防御阵地和部队安全论”。说三八线只是一个纬度线，没有可以利用的地形。“联合国军司令部现在是处在可以防守的阵地上，它不希望放弃这样的阵地，以危及它部队的安全”云云。乔埃在对朝中方面对其“防御论”的驳斥进行辩解时，还以反侵略者自居，标榜他们所主张的充分的防御是对和平的必要努力等等。

在30日和31日两天的谈判中，双方各持己见，会议陷入僵局。

## 下午1时38分至3时50分，会议始终保持沉默

事有凑巧，8月4日，朝中方面驻开城警卫部队一个连在布置维护中立区安全的工作时，一部分警卫人员在赴会途中误入双方协议的开城中立区。乔埃在8月4日下午的谈判会上提出此事。朝中方面经调查确有此事，于5日向美方承认误入，并做出了以后不再发生此类事件的保证。但李奇微为摆脱被动处境，转移世界舆论的责难，便又重演7月12日“记者问题”的故伎，抓住误入会场区这个偶发事件，于8月5日，声明谈判代表不来开会，致使停战谈判会议又一次中断。

6日，朝中方面以金日成、彭德怀名义致函李奇微，再次表明了朝中方面的上述态度，并提议不致因此次偶然事件而中断谈判会议。

美方利用停会以争取舆论的企图未能奏效，又深知朝中方面不会轻易与之破裂，故乃继续采取无理的纠缠。8月10日复会后，乔埃先是武断地声称：“我们在任何时候都愿意讨论以现在战线和现在军事实际为根据的军事分界线与非军事区。贵方企图讨论以三八线为军事分界线的任何努力，我们都将不予理睬。”当朝中方面南日驳斥对方“海空军优势补偿论”“防御阵地和部队安全论”，继续坚持三八线的观点时，对方便不再发言，使会议自下午1时38分至3时50分，沉默132分钟，创造了谈判史上空前的奇闻。

在静默之中，乔埃有时两手托腮，有时摆弄铅笔，并不断地从口袋里掏出香烟点燃；他的助手们则或抽烟，或用笔在纸上乱涂乱画。朝中方面南日嘴里叼着象牙烟嘴，眼睛盯着乔埃；邓华和解方、张平山则静静地坐着；李相朝低头用红色铅笔画图。

据乔埃回忆说：“我那天发现坐在我右边的白善烨少将满脸怒不可遏的样子，会后他告诉我说，坐在他对面的北韩代表李相朝曾给南日递过一张字条去，用红色铅笔写的朝鲜文，字迹很大，隔着桌子也可清晰看见：‘帝国主义的奴才，比吃人的狗还卑劣！’”

无法确认乔埃的这种说法。朝中方面对美方的这种做法确实十分愤怒、鄙视，但

都很冷静沉着，你不说话，我也不说话，就这样“坐下去”。终于，乔埃坐不住了，他说：“贵方有什么意见想发表吗?”南日回答：“目前我没有话可讲。”乔埃则继续发言，双方进行了简短的对话，乔埃提议休会，朝中方面表示同意。美方企图以沉默向朝中方面施压的“表演”被迫结束。

但更为荒唐的是，8月11日，乔埃又提出一个与其海空军优势自相矛盾的理由，即联合国军地面部队弱，因此在军事分界线的确定上也应该得到补偿。在8月12日的谈判会上，美方显得更加蛮横无理，不但拒绝以三八线为军事分界线的基线，而且企图将谈判陷于僵局的责任强加给朝中方面。

自7月26日至8月中旬，耗时半个多月，谈判双方还在确定军事分界线问题上僵持着，激烈的争论占据了每天会议的时间。会场外，接踵而来的是一连串事件的处理和战场上的再次较量。

由于美方在会场外的不断挑衅，停战谈判于8月22日被迫中断。9月上旬，当杜鲁门最关心的《对日和约》和《美日安全条约》获得通过和签订后，美方在国际上要办的几件“大事”已告一段落，特别是李奇微所发动的夏季攻势损兵折将的现实，加之国内反战情绪的高涨，又迫使美方以“紧张”作为筹码的天平向“缓和”一端倾斜，做出了主动承担责任和希望重新谈判的姿态。

10月25日上午，双方代表团在协议的新会址——板门店恢复了停战谈判。

此间，谈判双方均进一步研究和准备了在军事分界线上所能采取的最后立场。会议从8月17日开始，也由大会改为小组会的形式进行。重新谈判后，朝中方面在小组会的讨论中，耐心摆事实，讲道理，试图寻求双方共认的“现有接触线”，用具体的数字比较双方方案的合理与否，并于10月31日下午提出就地停战，稍加调整地确定军事分界线的方案。

“稍加调整”，意在照顾对方经常强调的“要有可守的防御阵地”的主张，是朝中方面为和平做出的妥协。可美方又在调整上大做文章。于是朝中方面又于11月17日提出修正案，即以现有接触线为军事分界线，双方各退两公里为非军事区的建议。但对方却于第二天又毫无道理地提出要把开城划在非军事区的方案。对方的这种主张当然不会为朝中方面所接受。对方不得已才于11月17日接受了以现有接触线为军事分界线的建议，但又加上了存效期30天的限制，也就是说，如果30天内停战协议未能达成，军事分界线按届时的实际接触线加以修正。

21日，朝中方面在小组会上提出修正案。23日，小组委员会就军事分界线问题达成协议。其内容是，以双方现有实际接触线为军事分界线；双方各由此线后退两公里以建立军事停战期间的非军事区；如果军事停战协议在本协议批准后 30 天之后签字，则应按将来双方实际接触线的变化修正上述军事分界线与非军事区。

达成原则协议的当天，双方参谋人员即开始校对接触线。经三天半的逐点核对，于 27 日上午 9 时半，将标明双方认定的接触线的地图交由小组会讨论并通过。11 时，双方代表团召开第 28 次会议，批准了小组委员会关于第二项议程的协议和按照现有接触线所确定的军事分界线。12 月 10 日，双方参谋人员根据接触线划出了非军事区的南北缘。至此，双方在实质性问题上取得了第一个协议。

# 十八　引而不发的第六次战役

第五次战役结束后，朝中方面曾商定再打一次大的战役，即第六次战役，并为此进行了积极的准备。第六次战役的准备，对“联合国军”方面产生强大压力，不仅在军事上制约了“联合国军”的攻势行动，而且也有力地配合了谈判桌上的斗争。

这一军事指挥实践活动，充分体现了毛泽东、周恩来和彭德怀等人驾驭战争的高超指挥艺术，为后人学习研究兵书战策，理解古人“不战而屈人之兵”的思想，提供了一个生动的实例。

## 计划进行一次有把握的、稳打稳扎的反攻

第五次战役第二阶段进攻作战结束后，彭德怀派邓华等回国向毛泽东和中央军委汇报情况并请示战场方针。彭德怀要邓华一行经过平壤时，去听取金日成的意见，并让朴一禹和邓华带去他给金日成写的一封信，就有关军事战略方针问题交换看法。

1951 年 5 月 30 日，邓华一行到达平壤，听取金日成的意见。同日，金日成致信彭德怀，赞同彭德怀对军事政治形势和今后作战方针的分析，专门就如何能够争取较短期内战胜敌人的问题，提出在 6 月末或 7 月中旬进行一次大的反攻行动的建议。

金日成在信中说：“朝鲜战争由于美干涉者日增其武装力量，而使战争更加困难，增加残酷性和长期性是无容隐讳的事实。”“当然，在朝鲜延长军事行动，这一点无论在军事上、政治上均对我不利。”因此，“我之军事行动，我意不必延长。”金日成提议总攻击日期可预定为 6 月末或 7 月中旬。应充分利用雨季，在雨季开始前 10 日进行攻击；应以航空掩护；拟将朝鲜人民军 3 个机械化师编成一个独立机械化军团配属联合

司令部之下使用；应将必要的粮食弹药聚积于三八线一带；继续收集粮食，至少保障20日的供应；向毛泽东主席建议调动空军掩护运输路线；总攻击之确定日期可视气候条件而决定。

6月7日，彭德怀收到金日成这封信后即转报毛泽东。

此时，朝鲜战争双方已势均力敌，都在谋求新的战略。美国于5月底向苏联放出愿通过谈判沿三八线一带实现停火的气球，苏联将这一情况通报中国和朝鲜。

为适应战略转变的新形势，6月3日，金日成来到北京，与毛泽东就作战方针问题和和平解决朝鲜问题进行了讨论，并征询了斯大林的意见。6月11日，毛泽东致电彭德怀，告知关于作战问题与金日成会谈的结果。毛泽东在电报中说：

已和金日成同志谈好目前两个月不进行大的反攻战役，准备八月进行一次有把握的稳打稳扎的反攻。……六七两个月内如不发生意外变化（即登陆），我们必须完成下列各事：甲、以积极防御的方法坚持铁原、平康、伊川三道防线，不使敌人超过伊川线；乙、迅速补充三兵团及十九兵团至每军四万五千人，并有相当训练；丙、十三兵团各军休整完毕；丁、加强各军师火力，特别是反坦克反空军炮火；戊、迅速修通熙川至宁远至德川的公路至少一条，最好有两条，并于熙川、德川、孟山地区囤积相当数量的粮食，以备万一之用。

6月13日，毛泽东又致电彭德怀，询问“联合国军”占金化、铁原后之动态，并告知：“已令邓华同志及其他四位同志于15日动身回前方，中央各项重要决定由邓华面告。”

6月16日，彭德怀复电毛泽东，报告“联合国军”占金化、铁原后的情况和志愿军、人民军的军事部署。随后，6月25日至27日，彭德怀主持召开志愿军党委扩大会议，组织传达学习中央关于志愿军作战的方针和各项重要决定，讨论如何贯彻持久作战、积极防御的战略方针和打小歼灭战的问题。

在停战谈判即将开始的情况下，7月1日，彭德怀向毛泽东报告志愿军执行中央战略方针和为配合停战谈判进行第六次战役准备的初步打算。彭德怀在电文中说：

充分准备持久作战和争取和谈达到结束战争的方针是完全必须的。我能掌握和平旗帜，对朝鲜人民、中国人民均有利。坚持以三八线为界，双方均过得去，如美国坚持现在占领区，我即准备八月反击，在反击前还须放他前进数十里，使军事上、政治上于我更有利些。再争取一两个或三个军事上较大的胜利，将影响所谓联合国全部的可能分裂，美军战斗意志必然降低。

彭德怀并说明如“联合国军”北犯甚急，第3、第19兵团准备不及，即以担任一线防御的部队加二梯队4个军于8月中旬“进行中等性的战役”。

7月2日，毛泽东复电彭德怀并高岗、金日成，要求对谈判有关事宜做出部署，同时进一步指示志愿军在谈判时要“极力提高警惕”。“我第一线各军，必须准备对付在谈判前及谈判期内敌军可能对我来一次大的攻击，在后方，则举行大规模的空炸，以期迫我订立城下之盟。如遇敌军大举进攻时，我军必须大举反攻，将其打败。”

据此，志愿军司令部于7月8日，向各部首长下达战役准备工作指示：指示在分析五次战役后敌情特点的基础上，针对第六次战役将面临的阵地攻坚和连续纵深突破作战的新情况，强调要与过去攻坚作战经验相结合，在部队中展开对敌纵深攻坚突破学习的浪潮，求得第六次战役更多地歼灭敌人。7月底或8月初前教育准备完毕，随时待命出动作战。

毛泽东和彭德怀着眼配合停战谈判，争取战场上的主动所设想的反攻战役，即第六次战役，已摆到全体志愿军指战员面前。

## 彭德怀下达作战预令

停战谈判开始后，美方并没有放弃强权主义的政策，尽管双方战场上一度比较平静，可会场上却因美方拒绝以三八线为军事分界线，特别是顽固拒绝将撤离一切外国军队问题列入议程而出现僵持局面。

有鉴于此，彭德怀于7月16日10时致电李克农、邓华、解方，对谈判原则及作战方针问题做了进一步的分析和阐述，充分估计了朝中方面在坚持三八线和撤军问题上可能会遇到很多困难的前景，认为还需要经过严重的军事斗争，“再有两三次较大的军事胜利，才能使敌人知难而退”。强调“军事方针仍积极作持久战准备，在朝鲜境内没有实现撤离外国军队以前，决不应有丝毫松懈和动摇”。同时，通报了志愿军和人民军积极进行第六次战役战术演习教育和具体准备工作情况，进一步统一了以打促谈的思想。

在此基础上，彭德怀于7月24日就组织战役反击以配合谈判问题致电毛泽东。彭德怀通过分析后认为，美帝国主义是处在矛盾状态中，“我再有几次胜利战役，打至三八线以南，然后再撤回，以三八线为界进行和谈，按比例逐步撤出在朝外国军队，坚持有理有节，经过复杂斗争，争取和平的可能仍然是存在的”。继而提出“我（军）于8月中（旬）争取完成战役反击的准备，如敌不进攻，则至9月举行。最好是待敌进攻，我则依靠阵地出击为有利”。

7月26日，毛泽东复电同意彭德怀意见，指出：

敌人是否真想停战议和，待开城会议再进行若干次就可判明。在停战协定没有签订、战争没有真正停止以前，我军积极准备九月的攻势作战是完全必要的。

停战谈判进入军事分界线问题的具体讨论之后，美方代表更加傲慢，丝毫没有让步的表示。7月31日，志愿军谈判代表邓华、解方致电彭德怀，建议“谈判需要战斗胜利的配合，并须作破裂之军事准备……战役准备，争取8月15（日）以前完成，准备破裂后的反击以8月内动作为宜……如谈判仍在持续，最好是乘敌进攻时予以有力的打击……或者我举行地区性的主动攻击敌人。总之，谈判需要政治攻势，特别是战斗的胜利相配合才更为有利”。

8月1日，毛泽东致电彭德怀，对9月战役的兵力部署和粮弹储备问题作了原则指示并提出询问。彭德怀根据毛泽东的指示，结合对敌情的分析判断，以及志愿军和人民军进行战术演习教育及具体工作的准备情况，于8月8日向毛泽东报告第六次战役的作战意图和基本设想：

下一战役无论进攻或反击，准备连续激战20天至1个月。如我第一线伤亡严重，不能再继续作战时，将二梯队5个军及第20、第39军共7个军和人民军2个军团，适时投入战斗，再持续1个月的攻势。我能坚持2个月的连续攻击，打破我以往6至7天的短时攻击。每月消耗敌4万人左右，美帝似有可能屈服求和，以三八线为界，撤出在朝外国军队。同时仍作持久战打。战役的关键是物资和兵员的适时补充，不知后方能否满足要求？

8月17日，彭德怀以志司和联司的名义向部队下达作战预令，同时上报金日成、中央军委和东北军区。作战预令，即“第六次战役预定方案”，与8月8日的基本设想略有不同，其基本部署是：

战役第一梯队志愿军8个军，以第19兵团3个军牵制铁原至临津江西岸之敌，并切断铁原至议政府的公路，坚决阻击铁原以南之敌向北增援；集中第47、第42两军包围歼灭铁原地区的美第3师。

以第26军和第20兵团2个军，除各一部牵制当面之敌外，集中主力突破，然后视情况歼灭金化东西地区的美第25师（2个团）和南朝鲜军第2师。

第二梯队志愿军第3兵团3个军，第38、第40军共5个军，于战役开始后开进到指定地点，视情况投入作战，继续扩大战果。

人民军4个军团在北汉江以东至东海岸，分两番配合志愿军作战。

作战预令要求各攻击部队务于9月10日前完成连续纵深攻坚战斗的充分准备，兵团和军于8月25日前研究出具体的作战方案。担任战役第二梯队之各部根据距离远近不同，于28日前制定开进计划；并要求第9兵团（欠第26军）应有随时策应元山方面人民军第7军团和南线主力方面作战之准备；亦明确了特种兵的配属将以补充命令下达。

预备命令下达后，彭德怀征询各级领导的意见。彭德怀在8月20日和22日分别接到邓华和解方对作战预案的意见后，于8月24日复电邓华、解方，进一步阐明战役意图。

彭德怀在电文中说："17日预备命令，是要把全军动员起来，积极准备作战，而非具体部署。"

此前，志愿军司令部为加强对准备参加反击作战之各部队的战术演习教育工作，于7月29日，转发了第64军进行攻歼突破教育的情况，以促使各部队科学组织、正确实教，切实提高效果。次日，又以联司名义，将第3兵团成立战术研究会及其活动的做法，通报各部队"依照办理"。根据志司指示，志愿军炮兵下达机动炮兵调整方案，要求进行充分的准备和油弹粮食之囤积，积极配合部队作战役性质之侦察，认真了解掌握预定进攻方向之敌情及道路情况。为不使刚刚入朝的第20兵团重复过去各军教训，志司除令其各级主职干部到第26、第27军阵地先行研究外，并为使该兵团在防御战中取得初步经验，拟令其于8月中旬到达淮阳以南接替第27军防务。志司还就第9兵团参加第六次战役之兵力使用提出初步意见。

为把全军动员起来，积极准备作战，志愿军政治部于8月21日下发第六次战役的政治工作指示，指示针对第六次战役的特点和部队现实思想状况，对战役前的思想发动和政治工作要渗透到各项准备工作当中，以及为确保进攻战斗的不间断提出了具体要求：

首先，要把五次战役后部队整训、新的战役准备，特别是思想教育收获总结好。对努力学习、虚心检讨经验教训进步快的给予表扬，对存有和平幻想、敷衍塞责及各种不正确的思想与情绪给以彻底的批判。

在此基础上，进行一次普遍而深入的战役思想动员，务使大家懂得打好这一战役，无论在军事上还是政治上，都有伟大意义，并从而彻底揭破美帝在最近和平谈判中的阴谋诡计，激励全体指战员高度义愤与杀敌的决心，发动大家订立个人的、集体的立功计划，为争取这一战役的完满胜利而奋斗。

强调政治工作要协同有关业务部门，充分做好粮食、弹药、通讯器材的计划和准备；叫响“一切为了前线”的口号；发动大家克服困难、攻克难关，保证靠近最前线的一段、最艰苦的运输工作能顺利完成；研究电台、报话机、有线电话、徒步通讯在各种情况下的畅通；充分研究攻坚中之扫雷、破铁丝网等技术及各种战术动作，协助司令及后勤机关检查、督促，及时总结交流经验。

联司关于第六次战役的预备命令下达后，志愿军各部队结合各自的作战任务，进一步加强作战的物质和精神准备，强化战术、技术演练，部队的练兵积极性进一步提高。同时，各兵团、军按照预令要求，认真研究制定出作战行动方案和开进计划，并按时上报联司。人民军亦详细研究了上级意图和敌我情况，拟定出具体作战方案上报联司。

## 中央军委要求引而不发

第六次战役计划是建立在以打促谈思想基础之上，因而打的时机、打的规模，尤其是打的效果，必将影响到朝鲜问题的解决。

毛泽东在接到彭德怀 8 月 8 日的电报后，于 8 月 10 日批示：“请周、聂迅即集会研究，提出意见。”根据毛泽东的指示，10 日夜间，周恩来邀集代总参谋长聂荣臻、空军司令员刘亚楼、炮兵司令员陈锡联、总后勤部部长杨立三、总参谋部作战部部长李涛等，研究彭德怀来电，讨论下一步作战计划。

大家分析了时值朝鲜雨季，运输和粮、弹均较困难，以及空军尚未准备好，暂不能出动配合作战的情况，亦考虑到由于和谈不便发动大打的现实因素，一致认为，无论从军事或政治的角度考虑，9 月份都不宜大打，而“以加紧准备，推迟发动大打为有利”。

11 日，周恩来将讨论情况书面报毛泽东。由于空军参战的机场尚未准备好，中央军委决定空军参战时间推迟到 11 月份，征求斯大林的意见还未得到答复，因此上述研究意见未及时通报给彭德怀。

接到彭德怀 8 月 17 日下达的作战预案后，周恩来起草中央军委给彭德怀并告高岗的电报，经毛泽东阅改后，于 8 月 19 日发出。电文就目前的作战方针与第六次战役的备而不战的问题提出具体意见。

中央军委首先在电文中说，由于朝鲜境内缺乏我空军直接利用的机场，中央军委考虑空军 11 月份方能出动作战，因此对我军目前作战方针必须从各方面重加考虑。继而分析指出：

敌人对于朝鲜谈判，只打算实现军事休战而不妨碍他的世界紧张政策，故他反对以三八线为分界线，政治原因大过军事原因。其拖延谈判，一方面企图以此逼我让步，另方面也为能拖过旧金山会议及便利其国会通过预算和加税。敌人敢于这样拖延，自然是因为了解我们是在诚意谋和。但敌人也怕负起谈判破裂的责任，其原因由于他了解我们在朝鲜的力量已在加强，如果破裂后大打起来，问题依然不能解决，如因此而将战火扩张至中国大陆，可能又遇到英、法的反对。现在美国已取得英、法等国同意不以三八线而以他所拟的堪萨斯线为非军事区的南线，也就是他所谓的防守线，并准备做若干调整，因此，敌人也就敢于在这一点上与我们僵持起来。

中央军委指出：

为使休战谈判能得到公平合理的解决，并准备谈判不成，破裂的责任落到敌人身上，除对谈判的意见已见毛主席八月十七日致金日成同志的电报外，在作战上，我们也应与谈判的要求相配合、相适应。在九月份，如果我们预拟的战役计划，确实能做到歼灭美三师、伪二师及其他敌人一部或只歼敌一个师，同时，又能迅速推进至涟川、铁原、金化地区或只推进一个地方，而不致被敌人赶回原阵地甚至侵入我阵地，那么这个战役尚是有意义的。但从现在具体情况看来，不仅空军在九月份不能参战并也不能掩护清川江以南的运输，而且其他方面也不易使我们这次战役能达到预期的目的。首先，朝鲜雨季八月底才能结束，清川江、大同江、新成川、富城几座桥梁尚未修通，清川江以北堆积的粮车最快恐需至八月底才能倒装完毕，因之，连续作战一个月的粮食在九月份得不到完全保证。弹药从现在前方储量计算可供一个月作战消耗，但雨水浸蚀的程度不知检查结果如何，有些仓库距离前线较远，尚不能供应及时。且战役发起后，不论胜利大小，均有使战役继续发展可能，我们粮弹储备只有一月，而后方运输又未修畅，设敌人窥破此点，我将陷入被动。次之，从战术上看，在九月份谈判中，敌人向我进攻的可能是较少的，因此，我军出击必须攻坚，而作战正面不宽，敌人纵深较强，其彼此策应亦便。我第一线又只能使用八个军突入，敌人除麟蹄以东外有十六个师旅可供呼应，即使我在战役开始时，歼敌一部，但突入后迂回渗透，扩张战果及推进阵地，则须经过反复激战，时间拖长的可能极大，结果对谈判可能起不利作用。现在我们握有重兵在手，空军、炮兵逐步加强，敌人在谈判中对此不能不有顾虑。设若战而不胜，反易暴露弱点。如谈判在分界线及非军事区问题上，在九月份尚有妥协可能，亦以不发起战役为能掌握主动。据此种种，望你对九月战役计划再行考虑，可否改为加紧准备而不发动，如此，既可预防敌人挑衅和破裂，又可加强前线训练和后勤准备。

随后，中央军委于8月21日，将有关部队调动、机场修建、兵员补充、物资供应及运输等问题电告彭德怀。

中央军委就计划中的第六次战役问题给志愿军的指示，正确分析了“联合国军”对待谈判的目的和敢于拖延谈判的原因，客观阐述了进行第六次战役的有利条件和不利因素，明确了停战谈判期间志愿军作战与谈判相配合、相适应的关系，确立了重要的作战指导方针。这一方针对于规范我方的作战行动，为争得在谈判中的主动，奠定了重要的思想基础。8月21日和22日，彭德怀两次致电中央军委，同意军委对情况的分析和提出的方针。21日，彭德怀在回复军委19日电报指示的意见时，肯定了部队作战情绪、战力元气恢复和战术等准备工作的情况，认为“击破敌现在的设防和取得一定程度胜利的条件是有的”，但相对于一月以上的激战来说，在粮、弹、炸药、运输器材准备上又显得不足，“现空军9月不能参战，被冲塌之铁路桥梁8月难以全部修复，战役扩大，物资无保障”，因此，他同意“9月战役改为积极备战，防敌进攻，准备适当时机反击，如敌暂不进攻，待10月再决”。22日，彭德怀又说：“同意将9月战役进攻改为积极准备。”

8月21日，毛泽东电示彭德怀，让彭德怀考虑邓华8月18日的建议。邓华曾就对是否提出就地停战问题在经彭德怀转毛泽东的报告中建议：

在军事上我应有所准备，纵目前不进行战役反击，也应当尽可能作战术反击，收复些地方，推前接触线，更好地了解敌人阵地及其坚固程度。

毛泽东令彭德怀予以认真考虑：“9月份能否进行此种战术反击，如何进行法，需用多少兵力，胜利把握如何，敌人的反应将会如何？”彭德怀在接到毛泽东的指示电后，于8月23日复电同意，说：“9月不举行大的战役进攻时，可选择伪军突出部举行局部进攻。”8月26日，毛泽东致电彭德怀：“我军已决定9月不作大规模反攻战斗。”

尔后，志愿军便转入配合朝鲜人民军，粉碎“联合国军”夏季攻势的作战。

后来的夏、秋季防御作战表明，举行战术性的反击作战更有利于歼敌，更有利于战线的稳定，对坚持持久作战更有利。因此，到了10月下旬，彭德怀决定“大战役反击在无空军配合下暂不进行”“11月甚至今年底（除特别有利情况在外），拟不准备进行全线大反击战役，根据9、10月经验，采取积极防御方针，敌人消耗很大，敌对我亦甚恐惧”，至此，第六次战役计划遂告撤销。

第六次战役作战的目的是着眼配合停战谈判，战役两步计划使用志愿军 13 个军，另有人民军 4 个军团配合，还准备动用 10 个空军团及在朝的全部坦克炮兵部队支援配合步兵作战，但歼敌目标并不大，只计划歼敌两个师左右。战役计划已吸取了以往张口过大的教训，尤其是战争指导者和战场统帅在作战时机的选择上，最后确定重兵在握，备而不发，以确保主动的方针，这在战争指导艺术上颇具深意且也取得了效果。据战后美国公布的“联合国军”总司令李奇微每半月向安理会送的《联合国军作战报告》中透露，“联合国军”得知志愿军和人民军的备战活动后，其内部颇为不安。李奇微在报告中屡屡提醒安理会，中朝军队要发动攻势。美国专栏作家艾伦写的一篇“内幕报道”说，李奇微已向美国决策当局呈交了一份停战谈判进行以来“最暗淡的报告”。

第六次战役准备，有效地束缚了“联合国军”的手脚。“联合国军”方面百般阻挠、拖延停战谈判，却不敢使谈判破裂；想对朝中方面施加军事压力，迫使其屈服，也只能实施局部进攻，而不敢放手实施全面进攻，其决策可以说一直处于矛盾中。古人有“不战而屈人之兵”一说，第六次战役准备活动，正是此种举动。

# 十九　“铁堡垒”的坟墓

在第二次世界大战中，坦克已成为陆军中的主要突击兵器，装甲坦克兵也发展成为一个独立的兵种。进入 20 世纪 50 年代，美军在朝鲜战场上大量地使用坦克。“联合国军”装甲部队的战术是，在防御中，把坦克作为固定火炮；进攻时，则以坦克营、连配合其步兵逼近志愿军前沿或迂回翼侧抵近射击，以摧毁志愿军的工事，掩护其步兵攻击；撤退时，以坦克于步兵后组成活动抵抗线，节节抗退，以保障步兵安全。反坦克作战在抗美援朝战争中具有非常重要的意义。第五次战役后，志愿军转入防御作战，阵地不断得到巩固，反坦克武器数量增加，反坦克作战经验日益增多。在粉碎“联合国军”1951 年秋季攻势中，志愿军予“联合国军”坦克以沉重打击，此后其坦克再不敢像以前那样肆无忌惮。

## 第 67 军一天即击毁“联合国军”坦克 17 辆

1951 年 9 月 12 日，“联合国军”以美第 7 师 1 个营和南朝鲜第 2 师 2 个营另 2 个连的兵力，在 70 余辆坦克及 10 余架飞机配合下，向志愿军第 67 军第 200 师前沿几个阵地进行强攻，被第 200 师部队顽强击退。21 日，“联合国军”又以美第 25、第 7 师，南朝鲜第 2、第 6 师各一部，共 8 个营的兵力，在 75 辆坦克、100 余门火炮及大量飞机的支援下，向志愿军第 67 军防御正面甘凤里（金化东）—北汉江一线发起猛烈进攻。

“联合国军”发动此次进攻的目的，是为了吸引志愿军和人民军的注意力，隐蔽其在西线发动进攻的企图，试探志愿军新接防的第 67 军战斗力，以及进行其所谓的“特种混合支队的作战试验”。

第600团一机连无坐力炮11班和3连6班合组反坦克排，在3连阵地424.2高地山脚下担任反坦克任务。6班隐蔽在公路两侧，该班班长阎杰率两名新战士在公路东侧。

上午5时许，“联合国军”3辆坦克呈三角形沿金城、金化段公路前进。当行进距志愿军阵地500米时，志愿军迫击炮开始射击，造成烟幕后，即发射3发五七破甲弹，其中第二发命中第一辆坦克的瞭望孔，当即使坦克失去方向，无法行动，驾驶员只好弃车南逃。

第二辆距阎杰小组约40米，阎即挺身跃出，向坦克扑去，距坦克20米左右，从其侧后对准油箱投出一枚苏式手雷，继而连投3枚。坦克被击中，燃起大火。驾驶员见势不妙，跳车欲逃，被击毙。见此情况，第三辆坦克开始射击，阎杰和另一名新战士被击伤。紧接着，远处4辆坦克渐渐逼近，阎杰小组立即疏散隐蔽。

第599团第3连反坦克班奉命在回隅、桥田里间的公路反坦克壕附近阻击坦克。该班18日到达阵地后，即根据地形具体组织研究打坦克的方法，营并派第2连3排副排长赵连俊加强对该班的领导。21日早晨，“联合国军”坦克于金化、甘凤里公路上往返数次，至11时许，先头4辆坦克呈菱形队形前进，当前进到距该班20米时，该班即以一个4人小组射击坦克后之伴随步兵，一个3人小组投手榴弹制造烟幕，班长周清泉投苏式手雷击中先头坦克下侧，其余坦克和步兵即向后退却，该班返回阵地。

7时30分，“联合国军”以一个营的兵力并配合坦克22辆，沿公路左侧山脚向上、下九井方向前进。待其5辆坦克进至距第401团战防5连下九井阵地约700米处时，志愿军突然开火，将5辆敌坦克全部击毁。

“联合国军”马上予以报复。他们以大炮、坦克炮向战防第5连阵地发射炮弹2000余发，并配合飞机实施轮番轰炸，致该连3门战防炮被毁。接着，“联合国军”又以7辆坦克继续向该阵地冲进。距阵地300米处，该连以仅存的一门炮又击毁坦克一辆。

8时许，“联合国军”攻占后洞里南山。第596团第2营及时将山脚下的一门九〇火箭筒撤出，隐蔽于阵地内。1时，“联合国军”3辆坦克进至阵地前230米处，火箭筒手射出仅有的两发炮弹，其中第一发命中一辆坦克腹部，贯穿爆炸，车上伴随之工兵坠车震死。

激战竟日，志愿军第67军反坦克作战取得重要成果，共击毁坦克17辆，其中战防炮击毁6辆，火箭筒、无坐力炮及苏式手雷击毁6辆，其他炮火击毁5辆。“联合国军”以损失坦克 17 辆、死伤 1140 人的代价，仅攻占该军阵地前沿 3 个支撑点。

## 第 68 军第 204 师反坦克大队创造打美军集群坦克的范例

10 月 1 日，美第 8 集团军司令范佛里特下达秋季攻势作战命令。从 10 月 3 日至 10 月 13 日，西线的美第 1 军、东线的美第 10 军、中线的美第 9 军相继开始进攻。

在东线（北汉江以东），是以夺取人民军防守的阵地，即文登里东西阵地及以东 1211 高地—851 高地一线为目标。其进攻行动有两大特点：一是使用集群坦克集中向文登里谷地突击，即所谓“坦克劈入战”；二是不惜向攻击的目标倾泻炮弹。范佛里特授权美第 2 师师长“只要夺取阵地需要，可以使用所有的弹药”。

此前，为稳定东线防御，彭德怀于 9 月 27 日决定，以志愿军第 68 军接替久战疲劳的人民军第 5 军团的防务。第 68 军即决定以第 204 师及第 202 师一个团共 4 个团，接替人民军第 5 军团西起北汉江东至文登里以东 635. 8 高地一线、正面 20 公里的全部防务。

10 月 7 日，上述部队进至人民军第 5 军团第二线阵地，抢修工事，作为依托，拟 10 日接防。然而，此时美第 10 军已进占位于文登里以东及以南各 4 公里的公路两侧 930. 6 高地和 665. 5 高地。第 68 军遂提前投入战斗，与人民军共同抗敌，边战斗边接防。

经过三天的激战，美军和南朝鲜军已在文登公路以西突入 6 公里。加强文登里方向的防御，粉碎“联合国军”的“坦克劈入战”，是稳定全线的关键。第 204 师奉命加强一个步兵团、一个炮兵团坚守文登里地区。

文登里地区，东依加七峰，西靠鱼隐山，谷地宽达 600 余米，中有未辉里至杨口公路，直贯战场纵深，便于“联合国军”机械化部队纵向机动。谷地两侧多系高山峻岭，限制了其横向的机动。谷地纵贯志愿军防御阵地中央，便利用两侧绵亘不断的山地有利地形，进行兵力、兵器的机动和隐蔽地配置防坦克火器，组织层层的防坦克火网，开展反坦克作战。

为增强防御阵地的稳定性，抗击“联合国军”集群坦克的进攻，第 204 师集中全师的反坦克兵器，以 12 门 76. 2 毫米口径加农炮、4 门山炮和 49 门（具）无坐力炮、火箭筒，以及一个工兵连，组成以第 610 团副团长姚希同任队长的反坦克大队，下辖 2 个反坦克中队和 6 个打坦克歼击组，专门打击美军坦克。同时在公路两侧利用山脚棱坎、沟梁等自然地形，构筑堑壕、交通壕和火器发射点；在川谷构筑数道斜切反坦克壕和陷坑；在便于坦克通行的道路、河床、稻田地、山坡处，大量布设反坦克雷障，形成纵深梯次的反坦克阵地。

10 月 11 日，美军第 2 师以 10 余辆坦克在飞机、火炮支援下，引导步兵向志愿军第 610 团阵地发起进攻。

由于前沿反坦克分队缺乏反坦克实战经验，致使美军坦克突入防御纵深上深浦地区，对两侧高地防御工事实施破坏射击。反坦克大队立即组织 76.2 加农炮及山炮的火力，以直接瞄准射击阻止美军坦克继续前进，并令第 1、第 2 中队配置在纵深的防坦克火器发射阵地，与抵近射击和反坦克歼击小组结合，坚决击毁突入防御纵深的坦克。

第 2 中队反坦克歼击组，在排长阎相子率领下，沿水清里沟隐蔽地迅速向敌坦克接近。当距敌坦克侧后约 10 米时，以手雷将其炸毁，然后迅速转移阵地，以同样方法将第二辆坦克炸伤，同时，无后坐力炮、火箭筒分队分别在 50 至 150 米的距离内，又击伤敌坦克 3 辆，敌人狼狈逃窜。

当日，志愿军总部发电嘉勉第 68 军：

你军接替五军团阵地，初出马，即阻击了进犯之敌，甚好。望细心加强工事，组织火力，架通电话，破坏和封锁敌方之公路大道，师团机关干部多帮助连队，鼓励士气，发扬顽强抗击精神，杀伤敌人，继续争取胜利。

12 日，美军先以航空兵、炮兵火力攻击第 610 团防御前沿和纵深阵地，然后用 30 余辆坦克向该团前沿阵地进行约 1 小时的破坏射击。接着，又以 48 辆坦克在炮火掩护下，成梯次队形沿公路引导步兵冲击，企图一举突破第 610 团防御纵深。

第 204 师首先以纵深炮兵实施拦阻射击。10 时 25 分，美军先头坦克进至下深浦地区。反坦克第 2 中队迅速隐蔽进入发射阵地，在美军先头坦克距反坦克中队阵地约 150 米时，立即实施直接瞄准射击。只发射了 6 发炮弹，即击毁坦克 2 辆、击伤 1 辆。

美军先头坦克被击毁后，后续坦克前进速度渐慢、队形密集。反坦克大队抓住这个有利时机，集中各种反坦克火器，又击毁坦克 3 辆、击伤 1 辆。

美军遭打击后，以数辆坦克火力压制志愿军反坦克兵器，掩护抢修被击伤的坦克，集中 30 辆坦克继续向纵深冲击。第 610 团以步兵火力阻止美军修复被击伤坦克，反坦克分队迅速机动至前方发射阵地，加农炮、山炮实施直接瞄准射击，无坐力炮、火箭筒实施游动射击，又击毁击伤坦克 7 辆。

战至 16 时，美军坦克无力再行攻击，施放烟幕撤退。志愿军打坦克歼击组乘机前伸，拦头截击，以手雷、爆破筒炸毁、炸伤坦克各 2 辆。17 时，美军丢弃 18 辆被毁伤的坦克撤出战斗。

14 日 7 时 50 分，美军再次发动进攻，8 辆坦克交替掩护攻击前进，进至志愿军阵地前 200 米处。反坦克大队战士胡连先以 4 发炮弹击毁其中的一辆，接着机智地转移阵地，大胆接近美军坦克，以沉着准确的抵近射击，连射 3 发，击毁 3 辆，余下 4 辆在回窜中途又被志愿军以火箭筒、手雷、爆破筒和地雷全部击毁、击伤。胡连创造了一天击毁美军坦克 4 辆的战绩，荣立特等功，获“二级英雄”称号。

反坦克大队在 4 天的战斗中，击毁美军坦克 19 辆、击伤 12 辆。

此后，美军改变战法，采取逐段破坏、逐段前进的战术继续进攻。志愿军反坦克大队遂调整部署，把反坦克火器前推到防御前沿，同时在美军坦克可能运动的地方大量设置梅花形、三角形雷区。至 20 日，又炸毁坦克多辆，有效遏制了美军坦克的进攻，粉碎了“联合国军”对文登里地区实施的“坦克劈入战”。

## 粉碎美军以坦克迂回切断月峰山阵地的企图

10 月 13 日，美第 9 军在北汉江以西对志愿军第 67 军防守的阵地，即西起金化东北 1.5 公里之芳通里东至北汉江 24 公里的正面，发动猛烈进攻。其进攻特点与美第 10 军在北汉江以东的进攻基本相同，一是大量使用集群坦克，二是大量使用炮火。

第 67 军依托一线阵地和每连部署的主阵地、支撑点和触角三层配备，在全线每个山坡、山脚与敌进行反复的争夺。作战过程中，组织伴随炮火和发挥配属之东西两炮群的作用，并利用预筑阵地跟进部队，保持两线阵地的不间断发射，以配合步兵大量杀伤密集队形敌人。同时，特别注意对美军坦克的作战，第一梯队师、团均组织了反坦克部队，预设了反坦克区，并在美军坦克通过的道路上设置了大量的防坦克障碍物，从而有效地抗击了美军的进攻，迫使其坦克不敢大胆楔入。

第 67 军左翼第 598 团，以临时组成的反坦克连，在美军坦克通过的要道北亭岭地区担任阻敌的任务。14 日 17 时，美军 20 余辆坦克由黎石洞公路向北亭岭志愿军反坦克阵地前进。反坦克连监视哨见美军先头坦克向他冲来，即机警地跳向河边，让过了前边两辆坦克，待后续坦克进至身边 5 米左右时，对准坦克的油箱投了一枚手雷，当即命中起火，监视哨随后安全地转移到连的预备阵地。

16 日 8 时，美军 30 余辆坦克进至下榛岘地区，向志愿军月峰山以南阵地炮击，其中两辆进入志愿军炮击区，5 辆进入志愿军手雷区。

志愿军无坐力炮 6 门，集中火力将美军指挥坦克击伤。手雷排排长张治勇猛迅速地跳出工事，仅用 1 枚手雷就击毁敌中型坦克 1 辆。在排长身先示范的鼓舞下，新战士董林才持 3 枚手雷，也迅速跳出交通壕向美军坦克扑去。待坦克接近，约有 5 米距离时，他连续投出 2 枚手雷。不知什么原因，手雷并未爆炸。他又投出第 3 枚手雷，终于击中坦克，炸开一个 20 厘米宽的黑孔，随即坦克起火燃烧。美军其余坦克见状，迅速回撤。由于董林才距美军坦克过近，手雷投出后亦未卧倒，自己被炸伤。战斗间隙，连里及时组织各班总结打坦克经验，手雷排在讨论时找出了手雷没有爆炸的原因。

15 时，美军 10 辆坦克又向反坦克阵地冲来。反坦克连沉着待机，待其距炮阵地 500 米左右时，连长令各炮突然开火，5 班长赵光山及炮手杨东和以 6 发炮弹击毁坦克 2 辆，1 班长周明亮以 9 发炮弹亦命中 2 辆坦克。此时，美军坦克已进至手雷排地区。该排战士张宝寿待敌坦克接近后，以一枚手雷击毁一辆，其余坦克开始回窜。见状，手雷排长张治持手雷向坦克追去，以一枚手雷又击毁一辆。但后边坦克瞄准张治射击，张治躲避不及，中弹牺牲。

第 598 团将全团反坦克火器进行集中战斗编组，配备在美军坦克威胁最大的方向上，集中指挥，对敌坦克实施进攻，对保证防御阵地稳固有重要意义。

14 日至 16 日的作战，粉碎了美军以坦克迂回切断志愿军月峰山阵地的企图。

志愿军第 67 军及第 68 军一个多师，在金城以南地区与美第 9 军激战 10 个昼夜，共歼敌 2.3 万余人，击毁坦克 39 辆、击伤 8 辆。美第 9 军突入阵地 6 至 9 公里，占去阵地 132 平方公里。第 67、第 68 军共伤亡 10300 余人。

志愿军在近一个月的秋季防御作战中，连同北汉江以东人民军的作战，共歼敌 7.9 万人，仅被“联合国军”占去阵地 467 平方公里。

## 邓华总结反坦克经验

1954 年 1 月，志愿军代司令员邓华在谈到反坦克问题时说：

我们入朝时，反坦克火炮很少，只有六〇火箭筒、爆破筒、地雷、手雷等，打敌少数坦克还可以，当敌大批坦克冲入或突围时，便很难阻止。而敌坦克却可以大胆逼近我前沿和翼侧，抵近射击，掩护其步兵冲锋或拦阻我之攻击。第五次战役后，我们坦克出动了，尤其是增加了九〇火箭筒、战防炮、无坐力炮等，加上构筑了反坦克阵地，曾给了敌坦克几次严重的打击。如前年第 68 军在文登公路一个时期击毁了敌坦克六十多辆，第 47 军在五里亭一天击毁了敌坦克七辆，第 63 军在智陵洞一天击毁了敌坦克十二辆。从此以后，敌坦克再也不敢像过去那样横冲直撞了。

邓华进一步总结反坦克经验。第一，在战术思想上，对于美军坦克不仅要打走而要求得歼灭。大批的坦克应在阵地以外打，少数几辆可以放进来，先打头，后打尾，让它回不去，并尽量从后侧面打。第二，在反坦克阵地设置上，不论是在公路，还是在平坦地区，都应设置反坦克阵地。反坦克武器、步兵、炮兵、战车与工事障碍，各种力量很好地结合起来，构成有纵深的反坦克阵地：第一道为障碍区，第二道为反坦克小组阵地，第三道为步兵阵地，第四道为炮兵阵地。反坦克小组及无坐力炮、火箭筒等都要有许多预备工事，尤其要有广泛而错综的交通壕连贯起来，以发挥我之机动。野炮、榴炮、战防炮都要有穴洞或重掩盖工事。在阵地前沿要设置多层的人工障碍，根据具体地形挖反坦克壕、三角坑、陷阱、削壁以及埋设反坦克地雷等。第三，在兵力、火力运用上，如发现大批坦克发起冲击时，野炮、榴炮在有效射程内即可开火，力求击毁之，并隔离其步兵。当敌坦克进入防御前沿障碍区时，各种反坦克炮火要即行集中射击。当敌坦克再逼近第二道阵地时，反坦克小组应以自己的武器进行爆破或在炮火支援下予以击毁，步兵亦应协同动作打击敌之步兵。

邓华根据部队反坦克作战经验进行的上述总结，实在而管用。

# 二十　开辟“米格走廊”

中国人民志愿军在苏联空军不能如期提供空中支援的情况下，毅然先行赴朝对抗以美国为首的“联合国军”。由于没有空中掩护，志愿军地面部队受到了严重的空中威胁，部队行动受到了严重的限制。中国军队遇到了过去战争中从来没有遇到过的严重情况，面对的是一场全新的战争。志愿军首长和地面部队广大指战员迫切希望自己的空军能够飞翔在朝鲜战场上空。中共中央决定组织志愿军空军。

## 形势要求志愿军空军尽快出动

为了保卫祖国领空和支援朝鲜作战，中国人民解放军空军加速航空兵建设的步伐，并着手组建志愿军空军。鉴于敌我力量对比的异常悬殊，空军司令部向中央军委递交关于志愿军空军兵力使用问题的报告，提出在实战中锻炼，在战斗中成长和以保障地面部队的战斗活动，满足地面部队的需要为前提的指导思想，确立了“积蓄力量，选择时机，集中使用”的作战方针。1950 年 12 月 4 日，毛泽东赞成空军提出的意见，批示：“采取稳当的办法为好。”

志愿军将“联合国军”从鸭绿江边赶到三八线后，美国急忙增调两个空军联队，以“空中封锁交通线”和“密切支援”等方式，加强封锁攻击，使志愿军的战役行动和后勤支援受到更加严重的干扰和破坏。

而此时志愿军空军尚不具备参战的条件，在战争初期，苏联空军给志愿军提供了有限但却是非常宝贵的支援。在志愿军发起第一次战役后不久，苏联空军投入朝鲜空战。

1950 年 11 月 1 日，苏联朝鲜飞行团的 6 架雅克-9 型飞机在安州地区执行任务，将美军两架 B-29 轰炸机和一架野马式战斗机击落。从沈阳和鞍山机场起飞的米格-15 战斗机（共起飞 16 架次），在安东、新义州地区上空投入战斗，击落美军两架 F-82 型飞机，苏联高射炮兵同时击落两架美军飞机。

第一次空战后，苏军以驻扎在沈阳地区的第 151、第 324 歼击师（装备米格-15 型飞机）为基础组建第 64 独立歼击机航空军。该航空军由别洛夫少将指挥，后由洛博夫接任。

1951 年 1 月，苏联空军的这两个米格-15 型歼击机师转场至安东机场，协助掩护清川江以北辑安至江界和安东至安州两条铁路运输线。

苏联空军的参战，使美国空军的行动有所顾虑，轰炸效能受到影响。但由于苏联空军投入力量有限（最多时苏联投入 3 个航空师、2 个高射炮兵师、1 个航空供应师、2 个独立探照灯航空团等部队，飞机数量少，在安东部署的新型米格飞机只有 190 架，处于战备状态的米格飞机的数量更少），只负责掩护后方交通，不担负直接支援志愿军地面作战部队任务，且最远只到清川江一线，特别是随着战线向南推进，志愿军后方交通线的延长，这种力量的局限更暴露出来。形势要求志愿军空军迅速出征。

1951 年 3 月 15 日，中国人民志愿军空军司令部在安东成立，刘震任司令员。志愿军空军受志愿军总部和军委空军双重领导。成立中朝空军联合司令部（简称“空联司”），协调两国空军的作战行动。志愿军空军司令员刘震任空联司司令员，朝中双方各派一人出任副司令员。

志愿军空军司令部成立后，空军参战的准备工作加快进行。

为争取在短期内达到能够参战水平，志愿军空军部队展开突击训练，组织数次演习。1950 年 12 月，中国东北地区 31 个机场的修补任务完成。至 1951 年 10 月，在朝鲜北部的 17 个机场抢修完毕（后由于美军的反复轰炸，这 17 个机场未能投入使用），为志愿军空军参战创造了基本条件。

## 解开空战之谜

志愿军空军刚刚组建时，只有 12 个米格-15 型喷气驱逐机（歼击机）团。米格-15 型歼击机与美空军装备的 F-86 型战斗机性能相当，但志愿军飞行员出身陆军，只有几十小时的飞行经历。比较而言，第 4 师和第 3 师共 4 个团的飞行员技术熟练些。

美军飞行员半数参加过第二次世界大战，飞行时间都有几百小时，最多的达 3000

余小时，空战经验丰富。

陆上和空中是两个不同的战场，空战有其自身的奥秘与规律。如何面对强大的对手，志愿军空军没有经验，空战就像一个谜等待着他们去破解。好在有苏联空军的帮助。在老大哥的带领下进行实战锻炼，志愿军以自己的勇敢和智慧很快解开了空战之谜。

12 月 21 日，志愿军空军第 4 师第 10 团第 28 大队，在师长方子翼的率领下进驻安东浪头机场，开始实战锻炼。

第 28 大队的飞行员在米格-15 型飞机上平均只有 22 小时的飞行时间，飞行技术很不熟练，但他们都是经过陆上战斗锻炼的优秀战士，有股初生牛犊不怕虎的劲头。

1951 年 1 月 21 日，第 28 大队首次与美空军交战。大队长李汉击伤 F-84 型战斗轰炸机一架。几天以后，志愿军空军前方雷达站发现美机在朝鲜定州、安州一带上空活动，第 4 师指挥所命令李汉率 8 架飞机迎战。志愿军机群飞至定州以西时，发现 16 架美机分上下两层配置，李汉果断集中兵力攻击上层的 8 架美机，将一架美机击落。这是志愿军空军首次击落美军飞机。在追击中，李汉又击伤另一架美机。

志愿军空军初战就取得如此战果，对提高年轻的志愿军空军飞行员敢打必胜的信心非常关键。

## 以师为单位轮番参战

1951 年夏，美军发起“空中封锁铁路线”的“绞杀战”。美空军增至 19 个联队和大队，作战飞机达 1400 余架。

8 月 26 日志愿军空军奉命与苏军航空兵一部担负保护平壤以北主要交通线和掩护安州地区机场修建的任务。9 月，志愿军空军以师为单位，在苏联空军带领下，轮番进入一线机场参战。

9 月 12 日，第 4 师 2 个团共 55 架米格-15 型飞机，在师长方子翼和政治委员谢锡玉的率领下，再次进驻浪头机场。

25 日，第 4 师出动 32 架飞机，配合苏联空军，与企图袭击清川江桥的美军百余架飞机混合机群交战。

在战斗中，第一大队大队长李永泰在美 F-86 型战斗机的围攻下，飞机受伤 56 处，但他沉着应战，驾驶飞机返回基地，被誉为“空中坦克”。飞行员刘涌新单机与 6 架F-86 交战，击落其中一架后壮烈牺牲。刘涌新开创击落美国最新式的“佩刀”式飞机的纪录。

在接下来5天的空战中，第4师与苏联空军飞行员密切配合，共击落美机26架、击伤8架。

10月2日，毛泽东对空军第4师的战绩非常满意，他在空军关于第4师作战情况的报告上批示：“空四师奋勇作战，甚好甚慰，你们予以鼓励是正确的，对壮烈牺牲者的家属应予以安慰。”

10月，在高射炮兵和苏联空军的配合下，第4师和美军连续进行了6次大规模的空战。其中在5日，第4师共起飞20架飞机到清川江上空打击美战斗轰炸机，掩护地面部队过江，击落美F-80型战斗轰炸机3架、击伤2架，自身损失飞机1架。

志愿军空军第4师一个月作战，共战斗出动508架次，其中敌我双方战斗机达200余架的空战就有7次，共击落美机17架、击伤7架，自身损失17架。10月20日，第4师转到二线休整，总结作战经验。

同一天，第3师在代师长袁彬、政治委员高厚良率领下到一线参战。该师装备米格-15型飞机50架、飞行员50名。11月4日和16日，第2师（师长张庆和、政委张百春）、第14师（师长王毓淮、政委谢继友）分别转到第一线参战，由第3师带领作战。1951年12月和1952年1月，志愿军空军第6师（政治委员张志勇、副师长北沙）、第15师（师长黄玉庭、政治委员崔文斌）分别进入一线参战。

志愿军空军大批部队陆续投入战斗，大大削弱了美军在鸭绿江至清川江之间的空中优势。志愿军空军在战斗中成长壮大起来，与苏联空军一道，掌握了清川江以北一定时间的制空权。

1951年9月，美国情报部门发现在朝鲜西北部距中国边境90英里处有3个特大的飞机场正在迅速建设。美军担心一旦这些机场建成并投入使用，将会大大加强中朝军队的空中力量，使“联合国军”的空中和地面活动受到严重威胁。为此，美军迅速采取行动，从10月18日开始对3个建设中的机场展开一系列的攻击行动。

10月23日，美军动用8架B-29轰炸机和大约100架战斗机护航队对朝鲜北部一个正在建设中的喷气式战斗机基地——南市简易机场进行空袭，遭到150架米格飞机的截击。

志愿军空军第3师，在学习第4师作战经验的基础上，先打小机群，待积累实战经验后，再打大机群。从11月2日至10日，与美空军分散活动的小机群交战5次，击落美机8架。从11月16日起，第3师开始与美大机群较量。

18日下午，志愿军空军第3师第9团起飞16架飞机迎战美军大机群。第1大队6架飞机到达清川江上空时，发现左前方低空有60余架F-84型战斗轰炸机活动，有的正在轰炸清川江江桥。

大队长王海勇敢地率队冲入美机群。王海和僚机战术得当，各击落两架美机。飞行员孙生禄敢于空中拼刺刀，在300米的近距离上开炮击落美机一架。在这次战斗中，第9团共击落6架美机，其中有5架是1大队击落的。在整个战争期间，第1大队空战80余次，击落击伤美机29架，被誉为“英勇的王海大队”。

23日，志愿军空军第3师第7团副团长孟进率20架飞机与20余架F-84型飞机交战，创造了一次空战击落击伤美机8架、自己仅轻伤1架的成功战例。在此次战斗中，大队长刘玉堤创造了一次空战击落美机4架的纪录。

12月2日、5日、8日，每天都有300架飞机在空中鏖战，每天美军航空兵都受到新的打击。志愿军空军第3师第一次轮战（1951年10月21日至1952年1月14日），击落击伤美机64架，其中刘玉堤、赵宝桐各击落击伤美机8架，王海、范万章各击落击伤美机5架。第3师被击落击伤23架。

在志愿军空军和苏联空军的联合打击下，1951年10月底，美国远东空军司令威兰被迫取消B-29型战略轰炸机昼间的轰炸行动。

11月，美国空军参谋长霍伊特·范登堡在一次记者招待会上承认：“我们遭到了自朝鲜战争以来最惨重的损失……鉴于朝鲜空中发生了一种重要的、从某种程度上讲可以说是险恶的变化……几乎在一夜之间中国便成了世界上空军力量最强大的国家之一……我们过去所一直依赖的空中优势，现在已面临着严重的挑战。”

美国空军战史写道：

共军米格由于占有数量上的优势，所以11月份在平壤以北他们到处取得了主动地位，而联合国军所有的飞行员则只能对共军飞行员发动的进攻进行抵抗而已。

12月16日，威兰在记者招待会上承认，对交通线进行空中封锁越来越困难了。

经过实战的初步锻炼，从1952年1月开始，志愿军空军已能够独立作战。志愿军空军采取以老带新的方式，继续以师为单位进行轮番作战。根据第一线机场的情况，每轮作战部队保持3至4个师。1月16日，志愿军空军第4师又一次到达一线。

2月，毛泽东指示空军：“必须抓紧时机进行实战锻炼，要十分重视实战锻炼对空军部队的意义，哪怕求得只打几次空战也是好的。”根据毛泽东的这一指示，志愿军空军第12、第17、第18师又陆续到一线参战。

2月10日上午，美军飞机到平壤、沙里院和价川地区上空活动，其中F-84、F-80型战斗轰炸机两批16架在18架F-86的掩护下，轰炸军隅里附近的铁路线。志愿军空军司令部命令第4师起飞34架米格-15型飞机迎敌。

美机利用云层的遮蔽，悄悄地向志愿军机群接近。第12团第三大队大队长张积慧发现美机，立即向带队机长报告，带队机长果断下达战斗命令。张积慧和僚机单志玉扔掉副油箱爬高，争取高度优势，准备攻击。在这一过程当中，他们却发现自己脱离了编队。于是他们一边追赶编队，一边搜寻敌机。

突然，张积慧发现8架美机从右后方云层中向自己扑来。张积慧提醒单志玉保持队形，然后做了个右转上升，美机扑了个空。张积慧和单志玉顺势咬住美机长机。美机企图逃脱，又是俯冲又是拉升，但都无法摆脱。在第一次开炮未中目标的情况下，张积慧在距美机600米的距离上三炮齐发，几十发炮弹喂给这架美机，将其击落在博川郡的一个山坡上。接着，张积慧在单志玉的配合下又将另一架美机击落。

当然，当时张积慧并不可能知道与他进行空中格斗的美机长机由何人驾驶。空战结束后，从美机残骸中找到一枚驾驶员证章，上面刻着“第4联队第334中队中队长乔治·戴维斯少校”，这才知道，张积慧是在与鼎鼎大名的戴维斯较量。戴维斯在第二次世界大战中参加过266次战斗飞行，飞行总时间超过3000小时，是被美国空军高度推崇的所谓“百战不倦”的“特别勇敢善战”的“空中英雄”，著名的王牌飞行员。

美国远东空军司令威兰中将在2月13日的一项特别声明中证实，戴维斯被击毙。他说，这“是对远东空军的一大打击”，“是一个悲惨的损失”。

1951年9月至1952年5月，志愿军已有9个师18个团的歼击机部队和两个轰炸机师部队轮番参战，参战飞行员447名，战斗出动680批，空战1602架次，击落美机123架、击伤43架，为击破美军的“绞杀战”做出了重要贡献。

## 保卫重要目标

“绞杀战”失败后，从1952年夏天开始，美军采取“通过有选择地摧毁重要目标来达到从空中施加压力”的方针。6月19日，杜鲁门批准轰炸朝鲜北部水力发电系统的计划。6月23日，美国空军和海军航空兵出动飞机300余架次，袭击了中朝边境最大的拉古哨发电站（即水丰发电站），同时轰炸了赴战、长津、虚川等地区的发电系统。以后每日出动飞机300至600架次，对清川江以北重要目标进行重点轰炸，并封锁志愿军空军一线机场，袭击志愿军空军起飞和着陆的飞机，同时派小股战斗轰炸机攻击清川江以南的中朝地面部队。

敌变我变。根据敌情的变化，志愿军空军的作战方针改为“以保卫目标为主”，确定和苏联空军共同掩护拉古哨发电站、鸭绿江桥、一线空军基地，以及平壤、元山以北交通要地的作战任务，提出积极寻找战机，出敌不意地深入到平壤、镇南浦、元山一带，打美战斗轰炸机小机群，钳制和削弱其兵力的作战指导思想。

志愿军空军结束以实战锻炼、培养提高部队战斗力为主阶段，进入协同苏联空军保卫重要目标的独立作战阶段。

从 8 月份开始，志愿军空军集中力量到清川江上空作战。他们克服适逢雨季的不利气象条件，积极打击美军飞机。9 月，志愿军空军第 3、第 12、第 17 师挫败美军 6 次大机群轰炸拉古哨发电站和鸭绿江桥的企图。

在打美大机群的同时，志愿军空军采取 4 至 8 机小编队连续出动的办法，深入平壤以南打击分散活动的美战斗轰炸机，先后击落 30 架、击伤 6 架。

志愿军空军的积极战斗行动迫使美军减少向清川江以北地区的进犯，基本保证了新义州至新安州、满浦至价川这两条主要铁路线的畅通。

1952 年秋，美国将最新装备的 F-86 型战斗机投入朝鲜战场。“联合国军”发动“金化攻势”后，美国空军的战斗活动以支援地面作战、破坏交通运输和加强对清川江一线的控制封锁为主。这一攻势失败后，美军又将轰炸的重点转向朝鲜北部的重要目标。

经过一段时间的实战，志愿军空军总结出一套“一域多层四四制”（即四机编队、多层配置、集中一域）的作战方法，以小编队、多层次、多批多路连续出动，运用引诱、迂回、夹击、打大机群和打小机群穿插进行等战术，灵活机动地打击美军飞机。第 3 师和第 12 师已装备性能更为先进的米格-15 比斯型歼击机，能担负打美大机群中的 F-86 型战斗机的任务，第 17、第 18 师也已能单独执行打美战斗轰炸机的任务。

在志愿军空军装备改善、技术战术都有新提高的情况下，中央军委发出“继续发挥勇往直前，大胆攻击精神，打击来袭之敌，一定完成保卫北朝鲜主要交通干线及中国东北行政、工业中心目标的任务”的指示，志愿军空军采取积极进攻的作战指导原则，组织一、二线部队密切协同，坚决打击美机，乘胜向南推进。

1952 年 11 月 2 日，美军出动 60 余架 F-86 型飞机掩护 150 余架战斗轰炸机，准备轰炸拉古哨发电站。志愿军空军第 3、第 12 师起飞 28 架飞机，到龟城、安州地区上空打美钳制机群。

第 3 师第 9 团成功地将 40 余架 F-86 战斗机阻击于宜川、安州地区，保证攻击部队作战。志愿空军击落美战斗轰炸机 14 架，并将美战斗轰炸机群拦阻于熙川—云山一线，使美军轰炸拉古哨发电站的计划再次落空。15 日，志愿军空军第 3 师第 9 团和第 12 师第 36 团各起飞 16 架飞机，对美空军机群南北夹击，击落 3 架美机，使美战斗轰炸机不敢北犯。12 月初的几天内，志愿军空军又连续与美 F-86 战斗机作战，击落、击伤美机 8 架。

美国空军战史承认，在 1952 年冬季的几个月里，志愿军空军的“战斗力显然有了提高”，使美空军的“战斗活动越来越困难了”。

1953 年春，志愿军开展大规模的反登陆准备。为阻止志愿军地面部队的调动部署和物资运输，美国空军 1953 年初制订了“对铁路目标进行一系列短促猛烈的突击”的计划，加紧进行空中封锁和对清川江以北的重要桥梁和西海岸防御地带的侦察和轰炸。

毛泽东指示空军，要加强战斗锻炼，加紧反登陆作战准备工作，多培养有一定战斗经验的飞行员，注意保存有战斗经验的部队的战斗实力，多派新人员到实战中去锻炼。志愿军空军调整部署：第 3 师完成第二次轮战后于 1 月 25 日转到二线；第 16 师、第 6 师于 1 月底转到一线，分别进行第一次和第二次轮战；第 12 师完成第一次轮战后于 3 月 31 日转到二线；第 4 师进行第四次轮战；第 15 师继续在第一线作战。

1 月至 3 月，志愿军空军出动飞机 399 批 4093 架次，击落美机 50 架、击伤 16 架，将美军 123 个机群中的 97 个机群阻止于清川江以南。

1953 年 4 月，志愿军和人民军完成规模浩大的反登陆作战准备。此时，空中斗争的形势也有所变化。美国空军在轰炸清川江南北铁路干线和西海岸志愿军阵地的同时，又开始轰炸朝鲜北部的水库，想借此冲毁交通线，给中朝军队后勤供应造成更大的困难。美军加强了轰炸的掩护力量，并加强了在鸭绿江口、安东、昌城、北镇一带的游猎活动，偷袭志愿军起飞、着陆的飞机。开始时，志愿军吃了一些亏，后来通过加强指挥引导和情报保障，改变了一时被动的局面。

4 月 7 日下午，志愿军空军第 15 师第 43 团 12 架米格-15 比斯飞机返航，张牛科和韩德彩在空中掩护战友安全着陆后也准备着陆。韩德彩飞机的油量警告灯亮起了红灯，韩德彩立即着陆，但当飞机下滑到 1000 米时，因发现美机，地面指挥员发出拉起飞机的命令。韩德彩拉起飞机后，发现两架 F-86 正在跟踪一架返航的志愿军飞机。接着，其中一架美机调转机头，追袭张牛科的飞机。张牛科的飞机尾部中弹，韩德彩不顾油料即将耗尽，加大油门，冲向美机，并在 300 米处开炮将其击落。中弹的这架 F-86 的飞行员跳伞逃生，最后被机场附近的中国民兵捕获。

俘虏名叫哈罗德·爱德华·费席尔，是美国空军第51联队上尉小队长。他15岁学飞行，参加过第二次世界大战，在朝鲜战争中战斗出动175次，因击落10架飞机的战绩被称为“双料王牌”飞行员、“空中英雄”。

有不少作品描写，费席尔被抓住后很不服气，想会一会击落他的飞行员。当年仅20岁的韩德彩站在他面前时，他以为是跟他开玩笑。韩德彩只有100小时的飞行经历，但在实战中他的战术提高很快，在击落费席尔之前，他已击落了4架美机。据韩德彩本人说，费席尔的技术比他高得多，被击落后可能心里会不服气，但当他见到费席尔时，这位“双料王牌”飞行员没有半点神气劲儿，而是连连求饶。

美军除白天出动大机群进行轰炸袭扰外，夜间的活动也很频繁。为打击夜间活动的美机，1953年1月和3月，志愿军空军第2师第4团拉-11型驱逐机夜航大队和第4师第10团米格-15比斯型驱逐机夜航大队准备参战。5月30日2时许，第10团副团长侯书军击落美机1架，这是志愿军空军第一次在夜间击落美机。

在朝鲜停战即将实现的情况下，美国空军加紧破坏朝鲜北部机场。7月19日，美军出动168架飞机袭击新义州和义州机场。志愿军空军第6、第4师击落美机1架、击伤2架。此后，志愿军空军虽有战斗出动，但无有利战机。7月19日这次空战，成为志愿军空军在朝鲜的最后一次空战。

抗美援朝战争期间，志愿军空军共有10个歼击航空兵师21个团672名飞行员、2个轰炸航空兵师的3个大队28个机组和近6万名地面人员得到实战锻炼，为掩护交通运输线和保卫重要目标的安全做出了重要贡献。在整个战争中，志愿军空军共击落“联合国军”飞机330架、击伤95架；自身飞机231架被击落、151架被击伤、116名空勤人员牺牲。

# 二十一　首次陆空协同作战

1951 年夏、秋，“联合国军”发动攻势作战，企图以军事压力迫使朝中方面在军事分界线问题的谈判中让步。朝中方面针锋相对，为解除美方在谈判中企图以其所占若干岛屿换取开城的借口，清除美方在西海岸沿海岛屿的情报基地，遂决定由志愿军第 50 军在空军配合下在西朝鲜湾进行渡海登岛作战。

## 打响第二次入朝作战胜利第一炮

1950 年 11 月，志愿军及朝鲜人民军南下反攻以后，“白马部队”及“平北联队”等武装匪特，便乘机由铁山、定州一带，退踞椴岛、艾岛、炭岛、大小和岛、水运岛、大小加次岛等海上岛屿，并在美国和南朝鲜军指使和支援下，抢掠渔民，扰乱沿海地区。同时，南朝鲜国防部及美国远东空军司令部所属情报机关，与该匪特勾结，在大小和岛、水运岛、艾岛等处设立海空情报站，大量派遣特务，刺探我方军情，进行破坏活动。美国海军浅水炮舰经常出没于这些岛屿海面附近，炮击铁山半岛沿岸和郭山车站地区。

美方在谈判中，还以此为筹码，提出要以其所占这些零星岛屿换取开城的相当土地的无理主张，并置朝中方面耐心摆事实讲道理于不顾，纠缠不休。

为解除美方拖延谈判的种种借口，确保开城和后方安全，1951 年 9 月 27 日，彭德怀提出请东北军区研究攻取这一带岛屿的方案。10 月 6 日，东北军区致电彭德怀并中央军委，提出由第 50 军在空军配合下攻岛作战的方案，并着手进行船只和后勤保障等的准备工作。

10月中旬，西海岸指挥所司令员韩先楚决定，由第50军副军长蔡正国统一指挥攻岛作战。

此时，于1951年6月下旬再次入朝的第50军，正奉命调整部署，将军主力转移到清川江以北地区，以第148师、第150师两个师担任清川江口—鸭绿江口一线海防任务。第50军在受领攻岛任务后即着手进行准备，侦察沿海敌情，制定作战方案，进行渡海登陆训练，决心打响第二次入朝作战胜利的第一炮。

东北军区协助为第50军渡海登陆部队准备渡海工具。渡海登陆作战，陆空协同是制胜的关键。志愿军空军司令员刘震和第50军副军长蔡正国等共同商定协同作战计划。确定志愿军空军部队的主要任务是，保障攻岛部队在集结地域不受空袭，对椴岛、大和岛、小和岛进行照相侦察，摧毁大和岛、小和岛“联合国军”的情报指挥设施，轰炸大和岛、小和岛附近海面的“联合国军”舰船，配合地面部队夺取这两个岛屿。志愿军司令部为第50军确定“由近而远，逐岛作战”的作战方针。

## 由近而远首取椴岛

椴岛位于铁山半岛正南两公里，全岛面积约18平方公里，东西狭长约20里。岛上全部是山，中部以烟召山、西部以208.9高地较大。原有居民80多家，已迁至铁山半岛。北部森林较多，渡口有朴达金、小达金等三处，余皆为陡壁不便登陆，涨潮时沿岸水深3至4米，退潮后突出部有200米远的浅滩，海湾部约有四五百米远的浅滩。东南面有通往炭岛的渡口。守军设防情况：白马部队第1联队共约120人，有重机枪2挺、轻机枪8挺、六〇炮1门、各种步枪70多支，其兵力分布于朴达金、旧岑、扭浦三个突出部，并构有散兵坑和交通沟等简单工事。指挥所位于曳沙。

大和岛、小和岛是位于铁山半岛正南约20公里的深海岛屿，小和岛在大和岛正北，面积约1.5平方公里，四周多礁石，有居民10余户。大和岛面积5平方公里，有居民30余户，西部220高地的突出部有一灯塔，岸边满潮时水深8米，西北部龙尾附近满潮时水深5米，多暗礁，东南部大和涧一线满潮时水深5至6米，来往船只多停于此，周围多沙滩。守军设防情况：大和岛、小和岛是南朝鲜军情报机关所在地，加上“白马部队”第2、第3联队，共计430余人，有重机枪6挺、轻机枪22挺，战防炮、无坐力炮、六〇迫击炮各1门，长短枪约500支。岛上突出部构筑有简单工事。

按照志愿军司令部确定的“由近而远，逐岛作战”的作战方针，志愿军第50军决定于11月5日首攻椴岛。志愿军空军则严格按照协同作战计划的要求，于11月1日，向各参战部队下达作战命令。2 日，志愿军空军出动飞机，经车辇馆至椴岛、小和岛、大和岛进行两次航空侦察，查明岛上的部署和工事情况，为第 50 军登岛作战提供了可靠情报。

11 月 5 日夜，第 50 军第 148 师两个步兵营，首攻位于铁山半岛南两公里的椴岛。拂晓前，乘折叠舟的 4 个突击连和乘汽船的第二梯队，即分别进入出发地。18 时 25 分，第二梯队所乘 17 只小汽船，在副团长方建中率领下，由登串洞起航，经 1 小时 35 分航行，进抵月隐岛。之后，两营突击队乘 49 只折叠舟，由各营营长率领，并在猛烈炮火掩护下，于 22 时零 8 分开始航进，向敌发起攻击。22 时 54 分，突击队第 7 连首先登陆，其余各连相继于 23 时零 9 分全部登陆，第二梯队亦于 24 时登陆。部队登陆后即向纵深穿插，守敌溃散逃窜。登岛部队除夺取小葛金、烟台峰等要点外，一部于 1 时 23 分插至曳沙大物周渡口，断敌逃路并击毙抱木跳水南逃之敌 10 余人。至 6 日 3 时占领全岛，共毙伤俘武装匪特 75 人，志愿军伤亡 14 人。

8 时 30 分，美军 8 架战斗机临空袭击椴岛，击毁志愿军汽船 1 艘、折叠舟 2 艘、伤船工 2 人、战士 1 人。

为巩固椴岛守备，志愿军空军轰炸机部队在歼击机部队掩护下，于 6 日下午轰炸大和岛。这是志愿军空军轰炸机部队首次执行战斗任务，由第 8 师第 22 团 2 大队大队长韩明阳率领。

按照协同计划规定，担任掩护任务的第 3 师第 7 团 24 架米格-15 型歼击机，于 15 时 21 分，从浪头机场起飞，编成团楔队，沿关家堡子、义州向战区疾飞猛进。15 时 38 分，掩护机群按时到达宣川、身弥岛上空，在 7000 米高度巡逻，严密监视周围空域的动静。

由于这次作战行动突然、隐蔽，各机种配合默契，机群联合编队，在未遭美机拦阻的情况下，迅速向目标挺进。在距大和岛 30 公里远的地方，大队长就发现了目标，他兴奋地叫了起来："瞄准，准备轰炸！"

这时，大和岛的守军才如梦初醒，慌乱中用高射机枪向志愿军机群开火。

"压制敌人火力，冲过去！"射击主任杨震天信心十足地组织全体射击员用航炮还击。领航主任柳元功沉着地定向、定距、瞄准，命令各机组准备突击、投弹。守敌的高射火力被压制住了。混合编队无一损伤，怒吼着冲向大和岛。

15 时 39 分，第 22 团第 2 大队 9 架图-2 型轰炸机飞临大和岛上空，把全部炸弹投向大和岛上的目标。顿时，岛上大火弥漫。美国人没有料到这一手，当他们的几十架

“佩刀”式战斗机匆匆赶来增援时，志愿军空军的轰炸机群已胜利返航了。

志愿军空军轰炸机群投弹 81 枚，命中 71 枚，命中率为 90%。在整个战斗过程中，志愿军空军飞机无一损伤。

位于铁山半岛东南 20 余公里的大加次岛、小加次岛及蝶岛的匪特武装，鉴于椴岛已失，遂于 7 日和 8 日，纷纷闻风而逃，第 50 军第 148 师以一部占领上述各岛。

11 月 16 日 23 时 15 分和 23 时零 5 分，第 50 军以第 150 师两个团，从两个不同方向，向位于定州南浅水海面之艾岛发起进攻，至 17 日 5 时 20 分结束战斗，计歼敌 240 余人。

## 陆空协同一举拿下大、小和岛

志愿军攻占椴岛、艾岛后，残余匪特均集中于铁山半岛正南 20 公里之大、小和岛，每晚并有两艘军舰从白翎岛到大和岛东南停泊，并向椴岛射击，然后离去。

经过紧张的战斗准备，第 50 军决定于 11 月 30 日晚攻占大、小和岛。

为扫清外围，11 月 29 日 23 时 15 分，空军第 10 师首次在夜间出动 10 架图-2 型轰炸机，采用单机连续跟进的队形，前机投照明弹为后机照明的方法，对大、小和岛附近海面的美国和南朝鲜军舰进行轰炸。但由于缺乏对海攻击经验，没有炸中目标，但把在那里活动的几艘美国和南朝鲜的舰艇吓跑了。

至 30 日下午，第 50 军已做好渡海登陆作战的各项准备，只待空军采取行动即发起攻击。

当日 14 时 19 分 30 秒，第 8 师第 24 团 1 大队大队长高月明率 9 架图-2 型轰炸机起飞，经奉集堡出航。由于比预定时间提前了 30 秒，加上编队集合过程中带队长机转弯过早等原因，结果比预定时间提前 5 分钟到达预定会合地点，直至凤城以南才与担任直接护航的第 2 师第 4 团 16 架拉-11 型歼击机会合。15 时零 7 分，混合机群比原计划提前 4 分钟到达指定空域。但此时，第 3 师米格-15 型歼击机，仍在按原计划向身弥岛上空飞行，不能起到支援掩护作用，形势对志愿军不利。

果然，不愿意看到的事情发生了。联合机群通过龙岩浦刚刚飞入海面上空时，突然遭到美空军 30 多架 F-86 型战斗机的偷袭，轰炸机编队的 3 中队左右僚机宋凤声机组、梁志坚机组当即被击落。

“坚决前进，完成任务！”紧急关头，传来了地面指挥员第 8 师师长吴恺的命令。

两军相遇勇者胜。联合机群在带队长机高月明的率领下，一面组织火力反击美机，一面冲破拦阻奋勇飞向目标。

美机从前后、左右构成强烈的火网向志愿军轰炸机群袭来。志愿军轰炸机机组也不示弱，每架飞机的射击员、通信员都向美机开了炮，用机上航炮构成火力网，大力反击。激战中，第 2 中队右僚机两台发动机先后被击中起火，烈火和浓烟钻进了座舱，张浮琰机组顽强地驾驶飞机跟上编队，终因飞机失去操纵坠入海中，壮烈牺牲。

美机编队集中攻击志愿军轰炸机群尾后的第 3 中队。中队长邢高科为了吸引对手的注意力以支援前面机组完成任务，他驾驶飞机忽而上升，忽而下滑，忽而右侧，忽而左转，与美机周旋。忽然，邢高科的飞机后舱盖被美机打得粉碎。射击长吴良功身负重伤，舱盖碎片击中通信长刘绍基的面部，鲜血直流，寒风呼呼地冲进后舱，撕扯着他流血的伤口。但刘绍基不顾一切地接过吴良功手中的航炮，继续对着美机射击。他稳住神，套住前方一架美机，迅速转动航炮，在距美机 450 米时，一个连射，打得美机连翻了几个跟斗，扭头想逃。刘绍基紧追不舍，抓住时机，又是一个连射，“轰”的一声，一架 F-86 战斗机凌空爆炸。

刘绍基创造了空战史上用活塞式轰炸机击落喷气式战斗机的先例！

在轰炸机顽强抗击美机一次又一次凶猛攻击的同时，直接护航的拉-11 型歼击机也进行了激烈的空战。位于轰炸机编队后方的攻击队和位于轰炸机编队两侧的直接掩护队，在轰炸机编队周围 1000 米的范围内，一面与美机格斗，一面掩护轰炸机前进，直至轰炸机到达目标上空。他们利用活塞式歼击机转弯灵活的性能及三门炮的强火力，勇敢地与在性能上占有很大优势的美空军喷气式战斗机对抗。

经过一场激烈的空战，30 日 18 时 30 分，担任攻占大、小和岛任务的第 50 军第 422 团第 3 营和第 1 营两个连，分别由团长赵玉温和副团长陈屏率领，乘登陆船 30 只、炮兵火力船 7 只、救护船 3 只，同时从登串洞港口起航，分别向大、小和岛实施攻击。22 时零 5 分，副团长陈屏率领的第 1 营两个连，在岸上野榴炮营和椴岛野炮连炮火的掩护下，首先于小和岛西北登陆，边搜索边前进。该岛守敌已逃去。

22 时 10 分，团长赵玉温率领的第 3 营，在伴随火力船的炮火掩护下，于大和岛北端龙尾及西南灯塔一线强行登陆，随即与敌展开纵深战斗。第 8 连由龙尾直插大和洞，截住敌人逃路渡口，当即俘获上船企图逃跑的敌人，其余各连相继夺取 220、264.4 及其西南高地，敌大部溃乱隐藏山中。22 时 50 分，登岛部队全部占领大和岛，共歼敌 249 人。

自 11 月 5 日开始至 12 月 1 日，志愿军第 50 军对鸭绿江口至清川江口之间的沿海岛屿，连续进行了 4 次渡海攻岛作战。在空军的配合下，先后攻占椴岛、艾岛、炭岛、大和岛、小和岛、大加次岛、小加次岛、牛里岛、云雾岛等 14 个岛屿，共歼灭武装匪特 570 人。

这次攻岛作战，是抗美援朝战争中唯一的一次陆空联合作战，也是中国人民解放军历史上第一次陆空联合作战、人民空军第一次多机种协同作战，其经验教训对人民解放军后来的联合作战具有重要的借鉴意义。

# 二十二　打不烂炸不断的钢铁运输线

千条万条，运输第一条。建立畅通的运输线，对于确保战争顺利进行至关重要。

## 美军实施“绞杀战”

1951 年 8 月，“联合国军”总司令李奇微为了配合停战谈判，对志愿军和人民军施加压力，在命令地面部队发动夏季攻势的同时，命令远东空军立即行动起来，发动大规模空中攻势，切断我方交通线，阻滞我前后方联系，妄图窒息我作战力量。这次空中攻势被称为“空中封锁交通线战役”。

接到李奇微的命令后，美国远东空军新任司令奥托・威兰组织司令部人员制订了这次行动的计划。计划以 90 天左右的时间摧毁朝鲜北方铁路系统，尽可能做到使其铁路运输陷于完全停顿的地步，同时攻击中朝军队的运输卡车，炸断铁路桥梁，摧毁铁路车辆或破坏铁轨和路基。

空中封锁交通线战役的任务分为，海军飞机负责对三德里与高原之间横贯朝鲜的铁路线，以及从吉州经兴南、元山到平康的沿东海岸而下的铁路线进行空中封锁。第 5 航空队对朝鲜西北部主要的双轨铁路线进行空中封锁，第 5 航空队的轻轰炸机将主要力量放在攻击朝中军队的运输卡车上，远东空军轰炸机指挥部负责轰炸位于平壤、宣川、顺川、新安州等地的主要铁路桥梁。

为了阻止朝中军民运送重型铁路设备来修理铁轨被炸断处，美国远东空军还制订了炸毁北朝鲜几座主要铁路桥梁的计划。

第 5 航空队的军官们在一次向美国空军参谋长范登堡汇报时，把空中封锁交通线的战役称作“绞杀战”。后来，范登堡在华盛顿的一次记者招待会上也用了这个代号。

此时的美第5航空队，共指挥2个大队又3个中队，含海军陆战队1个航空联队，各型飞机900架，全部以南朝鲜为基地。其中6个战斗轰炸机大队，装备有F-84、F-80和F-51等型飞机450架；2个战斗截击机大队，装备F-86和F-80型飞机160架；2个轻轰炸机大队，装备B-26型飞机96架；还有战术侦察大队和战术控制大队等。远东轰炸机指挥部有3个轰炸机大队和1个侦察中队，装备B-29型轰炸机和侦察机115架，以日本本土和冲绳岛为基地。美国远东海军舰载航空兵，经常保持3艘航空母舰支援作战，各型飞机300余架。

8月18日，“联合国军”开始实施“绞杀战”。

第5航空队在每天的战斗命令中，给每个战斗轰炸机联队规定炸毁一段长度为15至30英里的铁路线。各战斗轰炸机联队在F-86的掩护下，每天通常出动两次对所规定的铁路线进行轰炸。大多数的联队长都使用32机到64机的“大队编队”方式，并根据对方的还击情况和天气情况改变他们的活动方法。他们采用下滑和俯冲等轰炸方法，下滑轰炸的命中率较高。第5航空队主要对宣川和沙里院之间的双轨线进行攻击，同时还攻击了熙川和军隅里到顺川之间的单轨铁路线。

与此同时，远东空军轰炸机指挥部的B-29也对北朝鲜的机场进行了持续轰炸，并轰炸了平壤、新安州、顺川和宣川等地的重要铁路桥梁。轰炸结束后通过空中侦察机侦察，一旦知道这些桥梁还能够使用，轰炸机指挥部的B-29就再去进行轰炸。

在每次执行切断铁路线任务时，通常派出两个四机小队轰炸两座桥梁。每个小队均使其轰炸航路和桥的轴线尽可能垂直，这样就能使轰炸员用桥梁的长轴线作为瞄准点。

在朝鲜的东北海岸，第77特混舰队的2艘航空母舰上的舰载机部队持续不断地轰炸10座铁路桥梁和17座公路桥梁。

此时，朝鲜北部地区连降暴雨，清川江、大同江、临津江等主要河流洪涛滚滚，河水暴涨7至9米。朝鲜发生40年来罕见的特大洪水，并持续到8月底，造成严重灾害，主要江河上的铁路桥梁毁坏94座，中断运输最久的竟达一个半月，公路桥梁也被冲毁50%。

特大洪水和美国空军的“绞杀战”给志愿军物资运输造成严重威胁。本来志愿军必须每月向清川江以南运送2500车厢的物资，才能维持志愿军作战最低限度的需要。

然而 8 月份，志愿军即使采取以工兵部队在江河桥梁被毁坏地区组织漕渡、以汽车在铁路被破坏地区组织倒运、以火车充分利用未被破坏的铁路抢运物资的紧急措施，也才抢运过清川江以南物资 1134 车厢，这远不能满足需要。因此，8 月底至 9 月初，志愿军前方出现粮荒。

## 志愿军空军和高炮部队打掉了美国空军的气焰

面对美军大规模的空中攻势，志愿军后方部队展开反“绞杀战”的全面斗争。这是志愿军的后方铁道部队、工程部队、运输部队、公安部队、高射炮兵部队、航空兵部队和兵站仓库、医院诸兵种联合作战，与美军打的一场大规模的后方反“空中封锁”战役。

到 1952 年 5 月底，志愿军空军共有 9 个师 18 个团的歼击机部队参战，并有两个轰炸机师的部分部队参加轰炸大、小和岛，配合地面部队攻占这些岛屿的作战。反“绞杀战”期间，志愿军空军参战飞行员 447 名，其中有空勤组 28 个。战斗出动 680 批、空战 85 批、1602 架次，击落美机 123 架、击伤 43 架。志愿军空军飞机被击落 82 架、击伤 27 架。志愿军空军与美空军损失之比为 1∶1.46。志愿军空军经受住了空战的考验。

志愿军空军的积极作战，削弱了美国空军的空中优势，减缓了地面交通运输的压力。美军称中国空军“严重地阻碍着联合国军空中封锁铁路线的活动”，美空军“战斗轰炸机除了扔掉炸弹四散逃命外，别无他法”，被迫决定“战斗轰炸机以后不在‘米格走廊’内进行封锁交通线的活动，此后只能对清川江与平壤之间地区的铁路线实施攻击”。

在志愿军空军参战的同时，志愿军司令部将在朝鲜的高射炮兵主要力量投入反“绞杀战”斗争。

志愿军高射炮兵部队由三部分组成：一是野战高射炮兵，二是城防高射炮兵，三是队属高射炮兵。

在反“绞杀战”期间，野战高射炮兵共有个 4 师（第 61、第 62、第 63、第 64 师）和若干个独立营参加作战。野战高射炮师各装备 85 毫米口径高炮和 37 毫米口径小高炮 48 门、12.7 毫米口径高射机枪 36 挺。城防高射炮兵保持在 5 个团左右和 6 个独立营，团装备 85 或 76.2 毫米口径和 37 毫米口径中、小高炮共 36 门，高射机枪 3 挺。在第四次战役以后，每个兵团配有 6 至 9 个独立营，营装备 37 毫米口径小高炮和高射机枪各 12 门（挺）。

自1951年9月下旬至11月底，中央军委和志愿军总部根据美国空军全面轰炸朝鲜北方铁路的情况，将朝鲜北方铁路划分为4个防空区（平壤、安州、定州、价川、顺川区；殷山、新仓里区；阳德、龙池院里区；平壤、物开里区），并指定志愿军驻各区高射炮兵为防空作战部队。

志愿军各高炮部队均于10月上旬前到达上述位置担负防空任务，只留少部分兵力掩护重要仓库。同时，各兵团和军派出大部分高射炮营担负驻地周围重要的桥梁和线路的防空任务，仅留6个高射炮营掩护一线部队和炮兵作战。

在此期间，中央军委在致彭德怀的电报中特别强调指出：

必须说明，担任上述防空任务的部队首长，充分认识这个任务的重要性，不得从局部观点出发（如舍不得拿部队、舍不得打炮弹，不督促、不检查或不给解决掩护中的困难等），且要有长期准备，没有命令不得撤收部队。

根据上述指示，志愿军掩护铁路运输的高炮部队积极作战，予美国空军以严厉打击。

志愿军加强铁路高射炮兵力量以后，美机为了躲避高射炮火的射击而变换战术，美机袭击的航线、侵入方向批次、间隔时间都极不规律。攻击时，有的以小角度俯冲，大角度上升，或以大角度俯冲，低空逃脱，有的直接攻击目标阵地，有的伪装俯冲以逃避火力。此外并常以一个梯队伪装过航，待第二梯队来临时再突然返回进行合击。

志愿军高射炮兵也相应改变战术。例如以少数火力打击佯攻的美机，集中大部分火力打击其攻击机群，并指定专门火器打击迂回俯冲的美机。这一战术的运用取得了很好的效果，有力地打击了美机。

1952年初，美国空军对志愿军三角铁路地区较集中的高射炮兵火力已感到恐惧。于是，下令改变轰炸地区，采取经常改变轰炸目标的办法来躲避志愿军的高射炮兵。

美国空军战史承认：

敌人地面的炮火也使第5航空队的战斗轰炸机遭到了很大损失。……9月，被击落32架、击伤23架；10月被击落33架、击伤238架；11月，被击落24架、击伤255架。

美海军舰载航空兵十分惧怕新城川至高原段铁路沿线上志愿军准确、猛烈的高炮火力，将此地区称为“死亡之谷”，而不愿去攻击。

美国空军战史称：

1952年1月初，第5航空队的作战官们鉴于清川江以南的共军高射炮火越来越集中了，便下令改变实施空中封锁铁路线的地区。……在2月里，各个战斗轰炸机大队继续对清川江以北的铁路目标进行攻击，但是他们用经常改变攻击目标——用从一条铁路改到另一条铁路的方法来躲避日益增多的敌人的高射炮。

3月初，美军采取“饱和轰炸”法，即避开志愿军高射炮兵的火力，选择攻击目标，“24小时昼夜不停地集中所有能够用来执行封锁铁路线任务的飞机。对铁路上的几个小段实施攻击，以彻底破坏这几段铁路线”。

志愿军高射炮兵针对美机轰炸特点，依靠有限的对空火力，采取“重点保卫、高度机动”的作战方针，以一部兵力重点保卫主要铁路桥梁和物资囤积地，而以主要兵力在铁路沿线以师为单位配属若干城防团和独立营，划分几个作战区，实施广泛的机动作战。这样，志愿军高射炮兵在铁路沿线减少了对空作战火力的空白区，有力地打击了美机。

4月下旬至5月中旬，高射炮兵第62师第605团5次昼间游动作战，击落、击伤敌机各11架，自身人员武器均无损伤、创造了昼间游动作战歼敌的范例。

1952年上半年，志愿军掩护铁路桥梁运输的高射炮兵共击落美机198架、击伤779架。

在反“绞杀战”斗争中，志愿军高炮部队共击落美机260余架、击伤1070余架，对粉碎美国空军的“绞杀战”起了重要作用。

## 志愿军抢修部队填补弹坑的速度可与美空军轰炸的速度匹敌

由于美国空军的狂轰滥炸，朝鲜北方的铁路、桥梁损失严重。担任朝鲜北方铁路抢修任务的部队，主要是由副司令员李寿轩和副政治委员崔田民率领的志愿军铁道兵团。志愿军铁道兵团下辖4个师和1个直属桥梁团，另配属铁路公安装甲团、铁路援朝工程总队、铁路援朝工务大队、测量队等单位。此外，还有朝鲜人民军的1个铁道工程旅。全部抢修力量共约70000余人。管区铁路为1200公里，平均每6个人负责1公里的抢修。

在铁路抢修方面，志愿军抢修部队采取“以集中对集中，以机动对机动”的方针。为重点保证平壤以北三角铁路的抢修，铁道兵团把一半的兵力投入这一地区。1951年11至12月，在美机轰炸最严重的三角铁路地区，最多时平均每公里集中244人抢修。

1951年12月，在一次抢修被美空军炸坏的大桥中，铁道兵第1师第2团5连副班长史阜民冒着生命危险，用螺丝扳子连接异型钢轨的办法，保障了18列军用列车顺利通过，避免了可能发生的损失。史阜民荣立一等功，被授予“二级英雄”称号，荣获朝鲜民主主义人民共和国一级国旗勋章。

为减少桥梁被炸，桥梁部队采取许多迷惑敌机的办法，有的将桥面建在水面以下，使敌机无法发现目标，夜间火车照样通行；有的架设活动桥梁，拂晓时拆除几个孔，黄昏后再架好，使敌机误认为不必轰炸。

铁道兵抢修任务重、困难大，而且冒着生命危险。除防美机空袭外，还必须排除美机投下但未爆炸的炸弹，其中大量的是定时炸弹。仅1951年10月，在三角铁路地区就排除定时炸弹108枚。铁道兵战士不怕牺牲，排除万难，勇敢加科学，排除定时炸弹，涌现出许多功臣和英雄。

全国著名的“登高英雄”铁道兵第1师第1桥梁团1连副连长杨连第，创造了“钢轨架设浮桥”法，在抢修铁路桥梁中屡建功勋。一天，他正指挥抢修清川江大桥时，被美机投掷的定时炸弹弹片击中头部，英勇牺牲。杨连第牺牲后，志愿军总部追授其为“一级英雄”，命名他生前所在连为“杨连第连”。朝鲜最高人民会议常任委员会授予杨连第“朝鲜民主主义人民共和国英雄”称号和一级国旗勋章、金星奖章。

在志愿军空军和高射炮兵的掩护下，铁道兵奋力抢修，从1951年12月初起，即保证了三角铁路的连续通车。美国空军对志愿军抢修铁路的能力无可奈何地表示叹服。美国空军战史写道：“共军的修路部队填补弹坑之快可以和……F-80飞行员轰炸的速度相匹敌。共军从‘绞杀战’一开始就已能迅速地修复炸断的铁路。”美国第5航空队的情报部门称：“共军的修路人员和修桥人员，已经粉碎了我们对平壤铁路的封锁……并赢得了使用所有铁路主要干线的权力。”

为了改善公路运输状况，在反“绞杀战”期间，志愿军抽调了几乎入朝的所有工兵团和在后方休整的各步兵军等部队，全面加宽加固了公路，新修公路数百公里，在公路沿线修筑了大量汽车掩蔽部。以一个步兵师、一个公安师及志愿军后勤各分部的警卫团等部队，在公路沿线设置防空哨，为行驶的车辆防空报警和指挥交通。汽车司机在遇美军飞机轰炸扫射而不及隐蔽时，一般会立即停车，并点燃早已准备好的擦车布或废油桶，假示汽车被击中，迷惑敌机，保护车辆。

采取这些措施后，汽车损失大大减少，损失率由入朝初期的近50%，降至1952年第一季度的2.2%。与此同时，运输能力大为提高，据志愿军后勤第一分部统计，1951年9至12月比4至8月提高95.6%，1952年1至4月又比1951年9至12月提高19.8%。

到 1952 年春，“联合国军”发动的“绞杀战”的效果已越来越不理想，因此，美国远东空军的军官们也就越来越忌讳“绞杀战”这个字眼了。后来美国空军战史称：“到 1952 年春，远东空军的军官们认为，如果早将‘绞杀战’这个不太妙的代号从文件中删掉就好了。”

1952 年 4 月 12 日，当美第 5 航空队司令埃佛勒斯特将军向新闻记者作解释时，他尽力避免使用“绞杀战”这个名词。他说：“‘绞杀战’这个名字是为了过去为期很短的空中封锁公路计划而起的，对北朝鲜铁路进行空中封锁战役的正当的名称应该是‘空中封锁铁路计划’。”

到 6 月份，美国空军不得不停止实施“绞杀战”，并承认“绞杀战”没有达到预期目标，美国空军战史写道：

事实很明显，对铁路线进行的历时 10 个月的空中封锁，并没有将共军挫伤到足以迫使其接受联合国军方面的停战条件的地步。

1952 年 5 月 31 日，美第 8 集团军司令官范佛里特在汉城记者招待会上说：“虽然联军的空军和海军尽了一切力量企图阻断共产党的供应，然而共产党仍然以难以令人置信的顽强毅力，把物资送到前线，创造了惊人的奇迹。”

志愿军经过反“绞杀战”斗争，建成了由防空、抢修、抢运相结合，铁路运输及公路运输相结合，从后方物资基地到第一线各军的前后贯通、纵横交错的交通运输网，即打不烂、炸不断的钢铁运输线，从而解决了运输补给困难这一战略上的重大问题，解决了“有没有吃”的问题。

# 二十三　反细菌战始末

1952 年 1 月 28 日，志愿军在铁原郡的外远地、龙沼洞等地区首次发现美军飞机布撒带菌昆虫。随后又连续在伊川、铁原、市边里、朔宁、平康、金化等地多次发现美军飞机布撒的苍蝇、跳蚤等带菌昆虫和其他小动物。2 月底以后，在中国东北等区也发现了美军飞机布撒的带有病菌病毒的昆虫等。志愿军防疫人员接到朝鲜居民的疫情报告后，立即前去检验。

经检验查实，美军布撒的昆虫所带病菌病毒，主要有鼠疫杆菌、霍乱弧菌、炭疽杆菌、伤寒杆菌、副伤寒杆菌、痢疾杆菌、脑膜炎双球菌、脑炎滤过性病毒、家禽和猪霍乱菌、植物炭疽菌等十余种。这些病菌病毒经过了人工变异培养，一般具有高度的感染性、毒性和抵抗力，有广泛的宿主。美国将其制成细菌弹或细菌粉剂，有的附在苍蝇、蚊子、跳蚤等昆虫和小蜘蛛等媒介物上，利用飞机进行投掷和布撒。其布撒的范围包括整个朝鲜北方，主要是平壤以北几条铁路干线的沿线及城镇。在中国东北地区也投撒了细菌。

美军实施的细菌战，给志愿军和朝鲜军民造成了一定的危害。美国海军部印发的朝鲜流行病报告承认，鼠疫在朝鲜历史上已绝迹多年，1946 年由美国船舶传来霍乱，1947 年以后朝鲜再未发生霍乱。这些在朝鲜已绝迹的烈性传染病，在美军实施细菌战后重又发生。

## 中共中央和中央军委决策反细菌战

中共中央和中央军委接到志愿军的报告后，极为关注，处理也非常慎重，指示志愿军继续收集有关情况，采集标本培养化验，以做出判断，同时采取有力措施扑灭这些昆虫，以防扩散。总参谋部和总后勤部派出有关专家前往了解情况。直至20天以后，根据派遣专家现地了解及对发现的昆虫化验的结果，中共中央和中央军委判定，美国在朝鲜投撒各种昆虫，系进行细菌战的行动。2月19日，毛泽东在代总参谋长聂荣臻就美军投撒带菌昆虫及处理意见的报告上批示："请周总理注意此事，并予处理。"

接到毛泽东的批示后，当晚，周恩来即拟出了反细菌战工作要办的事情，并呈报毛泽东：

主席批示已悉，现在计划要办的事情为：一、加紧试验前方业已送回的昆虫细菌，据初步化验含有鼠疫、霍乱及其他病菌，一二日内当可全部判明；二、前送防疫队和疫苗、粉剂及其他器材；三、先请朴宪永发表声明（即电告），中国外长继起向全世界控告，以新闻舆论配合，并要美国对后果负责；四、由和大①向世界和大②建议，发动世界反对美国进行细菌战罪行的运动；五、电前方进行防疫动员，东北亦加戒备；六、将此事电告苏联政府，请其予以帮助。

此六项措施得到毛泽东的批准。此后，即按此展开揭露、控诉美国细菌战罪行和进行战场防疫的反细菌战工作。

20日上午，代总参谋长聂荣臻、副总参谋长粟裕、总后勤部卫生部长贺诚与苏联驻华军事总顾问克拉索夫斯基、卫生顾问阿萨杜良举行紧急会议。中方人员向苏联顾问通报了有关情况，苏联顾问表示同意中方的判断和处置。苏联顾问建议中方必须大力进行此次防疫工作。聂荣臻、粟裕决定，总后勤部卫生部集中力量领导此次防疫工作，与苏联顾问一起办公，形成指挥所性质的机关。

21日，中共中央向各中央局发出反对美帝细菌战的宣传工作指示，指出：

朝鲜前线我军阵地及后方，自一月二十八日起，连续发现美帝侵略者用空军大量施放和传布细菌。这是美帝国主义者所加于中朝两国人民的新的灭绝人性的罪行。对于美帝国主义这一新的罪行，必须加以揭露和打击，动员全国人民加强抗美援朝工作，支援中国人民志愿军。中央已决定由新华社于二十二日起，发布新闻和《人民日报》社论；我国外交部和朝鲜外交部均将就此事发表声明，向全世界提出控告；中国人民保卫世界和平反对美国侵略委员会亦将就此事向世界和平大会提出控诉，并建议世界和大发起反对美帝进行细菌战罪行的运动。各地党委在新华社发布这一新闻之后，即

① "和大"，指中国人民保卫世界和平反对美国侵略委员会。
② "世界和大"，指世界和平大会理事会。

应发动一个控告和反对美帝这一新罪行的宣传运动。

中央在指示中，对各地开展这一运动也规定了若干办法。

同一天，中央军委发出由周恩来起草的给志愿军和东北军区的指示，指出：

据许多征候看来，敌人最近在朝鲜散放的各种昆虫显然系进行细菌战的行动，应引起我们各级领导的高度注意。现在虽然还不能最后确定敌人所散放者为何种病菌（因需经过培养和反复检验，故时间上需两日），但事不容迟。为争取时间，除已令贺诚与苏联顾问和其他专家务于今日（廿一）提出防疫计划外，并自昨日（廿）起已将现有鼠疫疫苗三百四十万份、消毒粉剂九千磅及喷雾器、防疫衣物等，分三日用飞机运到安东，由志愿军留守处速转前方。此外，在国内再赶制一千万份鼠疫疫苗，分批送入朝鲜。防疫人员除部队的防疫队和卫生人员应进行紧急动员外，已令东北防疫队待命出动，并已电请苏方派遣专家指导。现在的重要问题是必须抓紧每一分每一秒钟的时间，进行细菌散布区的消毒和隔离，克服麻痹大意和侥幸心理。但在部队中则亦应特别注意不要造成惊慌和恐怖。为便于掌握敌人继续散放细菌和我们防疫的情况，请志司务应每日作一简报。至于前方尚需何种药品和用具，亦望随时电告，以便筹送。

同日，将这一电报有关内容，以毛泽东名义发给金日成和李克农。

23日，周恩来审阅总后卫生部拟制的反细菌战防疫计划大纲，认为“原则可用”，同时呈报毛泽东，建议反细菌战工作可分两阶段实施：第一阶段为准备和预防阶段，即在目前病菌尚未发展的情况下，中央先在中央军委机构内部组织总防疫办公室，领导后方进行防疫准备和在前线采取防疫措施（战区先由联司组织防疫指挥处，东北军区组织防疫办公室，各大军区由军区卫生部负责此项工作），目前尚不忙在国内做大规模动员和边境检查。如果美国在我公开控诉后仍继续进行细菌战，则我将立即进入全面采取紧急措施的第二阶段。当日得到毛泽东的批准。

25日，中央军委再次给志愿军发出防疫指示，指出：

根据许多事实（许多部队看到敌人用飞机撒下昆虫；很多昆虫朝鲜人民过去从未见过，且季节上亦过早。朝鲜专家的化验报告，敌人所撒昆虫和投掷方法都与敌人以前准备细菌战时所研究的一样。敌军内在一月中旬集训军医进行瓦斯、细菌、原子力等训练），都肯定地证明了敌人是在进行细菌战。……因此，目前在朝鲜的防疫工作，首先应是统一对敌人进行细菌战的认识，克服各种右倾思想（大意麻痹、侥幸和不相信敌人会撒放细菌等）。各级领导干部和机关，必须把防疫工作当作目前部队和居民工作中的首要任务。为此，除在外交上、宣传上中央另有布置外，现将有关前方防疫工作的具体措施规定如下：

（一）防疫工作分两个步骤进行。第一阶段即在目前前线病菌不发展的情况下，中央先在军委机构内部由总参、总政、公安部、卫生部等派代表组成中央防疫办公室，战区则由联司组织防疫指挥处，东北先由军区组织防疫办公室，以便分别掌握防疫的情况，交换疫情，研究和指导前方的防疫工作和后方的支援工作。如果敌人在我公开控诉它的罪行后，仍继续散下细菌昆虫，而前方化验中又更加证实为传染病菌，并不断发现病员和死亡，且数目又日益增多，则我们便应宣布进入第二阶段紧急措施阶段。那时战区和国内都必须组织包括各方面的防疫委员会，以加强对防疫工作的全面领导。

（二）立即动员前方的防疫队和卫生人员速将已送到前方的三百四十万份鼠疫苗在部队和防疫区居民中进行强迫接种，并进行疫区的消毒和隔离工作，此事应毫不犹豫地进行。五联疫苗（霍乱，伤寒，副伤寒 A、B 及破伤风混合疫苗）现正开始包装，约于三月中旬可送去二百五十万份（供党、政、军工作人员用）及霍乱疫苗五百万份（疫区和交通要道居民用）。鼠疫苗仍在按计划赶制中，防毒口罩亦在布置赶做。

（三）应加强防疫的情报工作，除各级防疫组织和卫生机关必须随时将防疫情况报告外，在战区的适当地点必须组织若干化验室与检疫站，并由志卫[①]组成若干机动的化验组和防疫队。为此中央正在组织京、津及其他大城市的化验专家成立若干化验组前往志司。东北防疫队已抽一百五十人分赴安东、长甸河口、辑安、临江、图们设站外，另三百五十人已集中长春训练待命入朝。

（四）指定几个专门医院作为防传染的预备医院准备收容和隔离病人。

（五）部队中和居民中的防疫教育极为重要，必须认真地进行，但同时应特别注意不要造成惊慌和混乱。

总之，我们不管敌人的细菌战进行到何种程度，也不管有无病员发生，都必须迅速而坚决地进行防疫工作，不容有任何的犹疑和动摇，否则极易发生损失，陷于被动。至于具体措施，则请彭酌情处理并告。

根据上述决定和指示，在国内和在志愿军中全面展开了反细菌战斗争。2 月底 3 月初，美国将细菌战的范围扩大到中国东北地区后，3 月 14 日，成立了以周恩来为主任，郭沫若、聂荣臻为副主任和以贺诚为办公室主任的中央防疫委员会，统一领导反细菌战的全面工作。

---

① 志卫，指志愿军卫生部。

## 中朝两国政府和人民揭露、控诉美国细菌战罪行

2月22日，朝鲜民主主义人民共和国政府外相朴宪永代表朝鲜政府发表声明。声明指出：

朝鲜民主主义人民共和国政府在1951年5月8日曾就美帝国主义干涉者在侵略朝鲜的战争中使用细菌武器一事，向联合国提出过严重抗议。但是美帝国主义侵略军在今年年初再度使用了大量屠杀人民的细菌武器，制造了人类史上最严重的罪恶行为，凶暴地违反了有关战争的一切国际法规。

声明历数了1952年1月28日以来，美军飞机在朝鲜大量布撒带有传染病菌昆虫的罪恶和美国与日本细菌战犯合作研究的细菌武器，并派他们到朝鲜进行细菌试验的事实，表示“我们坚决抗议干涉者在朝鲜制造的传布有毒细菌的新的罪恶行为，并号召全世界人民制止干涉者的暴行，追究使用细菌武器的组织者的国际责任”。

2月24日，中国外交部长周恩来代表中国政府发表声明，支持朝鲜民主主义人民共和国政府的正义主张，声明呼吁世界爱好和平的人民共同制止美国进行的细菌战的罪行，并进一步指出，美国进行细菌战的目的，在于“不甘心其在朝鲜战争中的失败，于是一方面使用各种无耻的拖延战术，来阻挠谈判的进行。另一方面又进行灭绝人性的细菌战，来希图延长并扩大朝鲜战争，以实现其破坏中华人民共和国和远东的和平安全的侵略阴谋。对于美帝国主义这一无耻阴谋和罪恶行为，中国人民是有决心也必然要将其粉碎的，美帝国主义将不仅不能达到它的罪恶目的，并且必然将要在全世界和平人民正义愤怒下，自食其可耻的恶果”。声明表示，“中国人民将和全世界人民一道，为制止美国政府这一疯狂罪行而坚决斗争到底”。

与此同时，全国的新闻舆论工具密切配合，揭露控诉美国细菌战的罪行。中国人民保卫世界和平反对美国侵略委员会主席郭沫若致电世界和平理事会主席约里奥·居里，各民主党派、各人民团体、著名民主人士纷纷发表声明和讲话等，揭露控诉美国细菌战的罪行。世界各民主组织和各民主国家的人民，也纷纷发表声明或举行集会，抗议美国细菌战的暴行。

对此，美国当局开始时表示沉默，直到3月4日，美国国务卿艾奇逊才发表声明，予以抵赖和否认。他说：“这些指责是完全不真实的。联合国军过去没有进行过现在也没有进行任何种类的细菌战。”并反诬说：“共产党无力照顾他们控制下的人民的健康，其结果似乎已造成了严重的鼠疫流行病。共产党不愿承认和承担其应负的责任，正在

企图归咎于某种想入非非的联合国军的阴谋。”东京的“联合国军”总部和美国驻联合国代表也纷纷否认美军细菌战的行为，并说这是“共产党的宣传”。6 月 18 日，当苏联代表在联合国安理会提出“号召各国参加批准 1925 年签订的禁止使用细菌武器的日内瓦议定书”这一提案时，美国代表又无理予以否决。

中朝两国政府和人民对美国细菌战罪行的揭露和抗议活动，在国际社会引起了极大反响，国际性各民主组织都发表声明，抗议美国违反人道主义和国际公法的暴行。世界许多国家的群众举行集会、游行、示威等活动，要求制止美国的细菌战。

加拿大和平大会主席、曾在中国当过 22 年传教士的文幼章（中文名字）博士，在沈阳附近进行现地调查了解后，用他亲眼所见事实，于 4 月 25 日在伦敦记者招待会上说，美国不但在朝鲜，而且在中国进行了细菌战。40 多年后，在他过世之前，嘱托他的儿子加拿大约克大学历史系退休教授史蒂芬·艾迪科特（中文名字：文忠志），写一本有关美国在朝鲜战争中进行细菌战的书。史蒂芬·艾迪科特自费到美国和中国收集有关资料和访问当事人。他说他到美国去收集这方面的资料，“虽然没有抓住老虎，但已抓住了老虎尾巴”，得知美国官方的档案部门有十几箱与美军在朝鲜进行细菌战有关的档案没有解密。他遵从父亲的嘱托，根据收集到的有关材料和访问，撰写完成《美国与细菌战：来自冷战早期和朝鲜的秘密》一书，1998 年 11 月由加拿大印第安纳大学出版社出版。

1952 年夏，英国坎特伯雷教长修勒特·约翰逊到中国访问，奉坎特伯雷大主教的意旨，与中国教会领袖接触，并向英国侨民布道。他在北京和沈阳参观了美国的细菌战罪行展览，并在中国东北亲自调查了受到美国细菌战侵害的 70 个地点中的 3 个地点，听了两名被击落的美国飞行员关于执行细菌战情况的录音证词。回到英国后，写了《我的呼吁》一书，表示“我确信美国飞机在中国东北曾投掷过细菌弹”。他呼吁“再也不能把这些关于细菌战的叙述仅仅当作是来自莫斯科的共产党的宣传”。

## 调查美国细菌战事实和公布美国飞行员供词

为进一步向全世界揭露和公布美国细菌战的罪行，3 月中旬，由中国人民保卫世界和平反对美国侵略委员会决议发起，中国红十字总会、各人民团体、各民主党派、基督教界、新闻艺术界的代表和有关方面的专家、学者组成“美帝国主义细菌战罪行调查团”，于 3 月下旬至 4 月上旬，到朝鲜和中国东北地区进行了现地调查。

3 月上旬至 8 月中旬，中朝两国政府还先后接受“国际民主法律工作者协会调查团”“调查在朝鲜和中国的细菌战事实的国际科学委员会”，到朝鲜和中国东北地区调查美国细菌战罪行。这三个调查团先后公布调查报告，经过法律和科学的步骤，调查了大量事实，分别得出美国在朝鲜和中国东北地区实施细菌战的结论。

中国“美帝国主义细菌战罪行调查团”的调查报告说：“美国飞机散下来的昆虫、动物及带毒物品，经检验后发现鼠疫杆菌、伤寒杆菌、痢疾杆菌、霍乱弧菌、炭疽杆菌，及某种病毒等。”“朝鲜在很多年来并没有发生过鼠疫。从 1947 年以来，也没有发生过霍乱，现在鼠疫和霍乱又突然在冷天发生。这可以肯定，都是美国政府进行细菌战的直接结果。”

“国际民主法律工作者协会调查团”的报告认为，“朝鲜美军蓄意向朝鲜人民军并在北朝鲜平民中撒布苍蝇及其他人工感染细菌的昆虫，意图散布死亡和疾病，是违反 1907 年关于陆战法规和惯例的海牙公约的规定，和违反普遍承认的、1925 年日内瓦议定书重申的禁止细菌战法律的极严重的可怖的罪行”，同时犯有纽伦堡国际军事法庭所规定的反人类的罪行。在中国东北地区发现的带菌昆虫等“只能是美国飞机运入这些地区的，而美机既无权利，亦无任何理由飞入中国东北领土”。

“调查在朝鲜和中国的细菌战事实国际科学委员会”在调查报告中得出如下结论：“朝鲜及中国东北的人民，确已成为细菌武器的攻击目标；美国军队以许多不同的方法使用了这些细菌武器，其中有一些方法，看起来是把日军在第二次世界大战期间进行细菌战所使用的方法加以发展而成的。”“委员会是经过逻辑的步骤而后达到这些结论的。这种遭各国人民一致谴责的灭绝人性的手段，竟见诸施用，此为本委员会的委员们过去所不易置信；现在本委员会迫于事实，必须下这些结论。”

自 5 月上旬至 1953 年 11 月下旬，中国新华社又陆续公布执行过细菌战任务、被击落后被俘的美军飞行员关于他们执行细菌战任务情况的供词。这些飞行员有：凯尼斯·伊纳克、约翰·奎恩、弗兰克·许威布尔、小安德烈·杰·爱文斯、瓦克·马胡林等共 25 人。这些美军飞行员的供词都讲述了执行细菌战任务的详细情节及大体相同的官方有关保密规定。其中几名被俘的上校飞行员，由于他们职务较高和有在美国空军高层机关任职的经历，还分别供述了情节基本相同的美国参谋长联席会议关于在朝鲜进行细菌战的决策和计划情况。

为保密，美军飞机投放细菌，一般在夜间或夹杂在轰炸任务中同时进行。而对他们的飞行员诡称“宣传弹”或“不爆炸的炸弹”。据爱文斯和许威布尔以及其他一些执行过细菌战任务被击落俘虏的美国飞行员在供词中说，美国在远东的所有作战飞机，包括战斗截击机、战斗轰炸机、B-26 轻轰炸机、B-29 战略轰炸机以及海军陆战队的飞机都执行过细菌战任务。

尽管美国官方一直抵赖和否认，并直到战后的现在也未公布其有关在朝鲜战争中实施细菌战的档案，但事实胜于雄辩，美国实施细菌战的罪行呈现在世人面前，遭到了国际舆论的谴责。

在抗议、揭露和控诉美国细菌战罪行的同时，在国内和战场上进行了有效的反细菌战防疫工作。

根据中央军委的指示，首先在志愿军和东北行政区成立反细菌战防疫委员会，部署和指导志愿军的反细菌战防疫工作和在东北地区准备对志愿军防疫的支援工作。沈阳、北京、天津、青岛等地设立细菌中心研究机构。除志愿军组织防疫队外，国内也组织了 129 个防疫大队，国内先后有 3 批共 50 余人的检疫专家到朝鲜和东北现场检疫。苏联派来流行病学、细菌学、昆虫学、动物学等专家 9 人，在东北协助检疫工作。在东北地区国境线上、海港、交通要道设立检疫站 66 个，并在山海关设立防疫总指挥部，负责过往人员、车辆、物品的检疫和消毒；国内共为战场提供 1598. 3 万份鼠疫疫苗、651 万份四联疫苗、284. 5 万份五联疫苗、32. 3 万份斑疹伤寒疫苗、80 余万份痢疾疫苗以及 38 余万公斤滴滴涕和六六六粉，4. 29 万公斤其他消毒粉剂。为志愿军指战员和在美军布撒细菌的地区、主要交通线两侧地区的 450 万朝鲜居民注射鼠疫疫苗。到 1952 年 11 月底，大规模的反细菌战防疫工作告一段落。

美国实施的细菌战不但未能达到军事上的目的，而且在政治上和道义上也遭到了失败。

# 二十四　从防炮洞到地下长城

抗美援朝战争转入阵地战阶段后，志愿军和人民军依托山地有利地形和一般野战工事大量歼敌，粉碎了“联合国军”的进攻，但也付出了很大的代价。其主要原因在于阵地工事不坚固，不能满足现代条件下防御作战的要求。志愿军依靠山地有利地形和一般野战工事以及灵活的战术，虽然可以大量杀伤、消耗敌人，在一定时间内也可以守住阵地，但在具有现代化技术装备之敌的进攻下，却很难有效地保存有生力量，保证阵地防御的持久和稳定。

在 1951 年夏季防御作战期间，志愿军部队基层官兵创造性地构筑了防炮洞（俗称“猫耳洞”），并将相邻的防炮洞挖通发展成马蹄形的小坑道，从而出现了坑道工事的雏形。这种工事的出现，能较好地保存有生力量，有助于保持防御的稳定性。

## 开辟地下战场

志愿军领导充分地肯定了志愿军部队基层官兵的这一创造，并立即通报全军推广。1951 年 9 月 16 日，志愿军总部指示各部队，要求以后的重要阵地都必须是隧道式的据点，特别是核心阵地，工事强度要求能抵御榴弹炮的轰击。

在 1951 年秋季防御作战中，战斗十分频繁，作战部队没有机会在全线大规模地构筑坑道工事、建立完整的防御体系。秋季防御作战后，为了加强和巩固已占工事，志愿军和人民军开始在全线掀起大规模构筑坑道工事的热潮。

“联合国军”发现志愿军普遍构筑坑道工事以后，从 1952 年 1 月即开始有计划地以重炮和重磅炸弹进行破坏，并频繁地施放毒气。志愿军少数坑道由于厚度不够而遭致破坏，受到损失。

3月3日至4月9日，一个多月的时间，美军飞机炸毁志愿军坑道42处，志愿军伤亡236人。2月2日至4月9日，“联合国军”向志愿军第一线阵地施放毒气32次，造成志愿军216人中毒。有些坑道因地质选择不当，土质松软，春季冰雪融化，出现坍塌现象，也造成了一些人员的伤亡。

针对上述情况，志愿军司令部及时发出指示，提出坑道工事必须能防火、防寒。接着，4月26日至5月1日又召开军参谋长会议，总结构筑工事的经验，统一对构筑坑道工事的认识。会议明确指出，构筑坑道工事，不仅仅是为了保存有生力量，更重要的是为了更有效地打击敌人。因此，坑道工事必须有作战和生活设施，以使之更符合战术要求，成为能打、能防、能机动、能生活的完整体系。同时，会议还统一了坑道工事的标准，要求坑道一般厚度在30米以上，坑道口顶部一般厚度10至15米，每条坑道要有两个以上的出口，坑道内幅员宽1.2米，高1.7米。会后，坑道工事的构筑有了进一步的发展，无论在技术要求上或在战术要求上都更加完善。

至1952年5月，志愿军共挖掘坑道7789条，长198.7公里，修筑掩体75万个，露天及掩蔽式堑壕3420余公里；人民军挖掘坑道1730条，长88.3公里，完成各种掩体3万余个、堑壕260余公里。经过志愿军和人民军广大指战员的努力，到8月底，第一防御地带的工事得以进一步加强，第二防御地带的工事已经基本完成，第三防御地带重点地区的核心工事也已开始构筑，对东西海岸及正面地形平坦不便构筑坑道工事的重点地区，开始构筑永久性工事。这时，在横贯朝鲜半岛250公里的整个防线上，形成了坚固的“地下长城”。这是世界战争史上的伟大创举。

这样，志愿军实行坚守防御就有了比较可靠的阵地依托，标志着阵地战进入到一个新阶段。

据统计，1952年4月间，“联合国军”向志愿军阵地攻击60余次，志愿军无一丢失阵地。在1951年夏秋防御作战时，“联合国军”平均发射40至60发炮弹即杀伤志愿军一人，而1952年1至8月，“联合国军”平均发射660余发炮弹，才能杀伤志愿军一人。

毛泽东高兴地说：能不能守的问题解决了，“办法是钻洞子。我们挖两层工事，敌人攻上来，我们就进地道。有时敌人占领了上面，但下面还是我们的。等敌人进入阵地，我们就反攻，给他极大的杀伤。我们就是用这种土办法捡洋炮。敌人对我们很没有办法”，“现在是方针明确，阵地巩固，供给有保证，每个战士都懂得要坚持到底”。

## 美军发起“回击行动”

1952年3月，志愿军的坑道工事已初具规模，同时美国方面在板门店谈判中仍提出各种无理要求，以进行拖延。在这种情况下，志愿军司令部于3月19日指示各军，在3月底至4月间，每军组织一两次有准备、有计划、有节制的主动攻歼敌人的小战斗，以配合板门店的谈判。

3月26日，彭德怀明确指示：“我们目前作战方针，应采取积极手段，巩固现阵地，不放过任何有利战机，歼击运动的、暴露的敌人，相机挤地方。”

根据这些指示，从4月初起，志愿军即开始有组织、有计划地进行挤占敌我中间地带和攻取敌突出的个别的连、排支撑点的作战活动。到5月份，随着志愿军第一线阵地的日益巩固，这种作战活动在全线普遍展开。5月至8月，第一线各军共挤占中间地带和敌突出的连排阵地20余处，扩展阵地面积30余平方公里，将斗争的焦点推向“联合国军”阵地前沿。

1952年6月，“联合国军”开始对志愿军挤占阵地活动实施报复。从6月6日开始，以美第45师和南朝鲜军第6师为主，前线其他各师配合，向志愿军前沿阵地发动了名为“回击行动”的进攻。

美第45师攻击的重点是志愿军第39军5月份挤占的位于铁原以西的上浦防东山（即第10号目标，南朝鲜军称“不毛”高地）和石砚洞北山（即第11号目标，美军称“猪排山”）以及190.8高地（即第8号高地）。

6月6日，美第45师在第5航空队战斗轰炸机的配合下，首先向上浦防东山和石砚洞北山发起进攻。上浦防东山在美军飞机和火炮的轰击下，变成一片光秃秃的山岭。该高地因此得名为“老秃山”。

当日9时30分，在石砚洞北山附近，志愿军用步枪、机关枪和迫击炮对进至前沿的美第180团搜索队进行射击，迫使该搜索队后退。

20时，夜幕徐徐降临。美左、右翼第180团和第279团各自组成以班到连规模的攻击队，向目标攻进。志愿军阵地工事大部遭到毁坏。为保存实力，志愿军部队在与美军展开激烈战斗之后主动放弃部分阵地。

美第45师占领了第一阶段的所有作战目标后，随即开始进行阵地编成，以加强防御。美军运来各种器材构筑工事。

美第180团和第219团彻夜不停地构筑工事，直到第二天早晨才基本完工，构筑了

3 条坑道，便于炮兵对接近阵地的志愿军实施射击；在阵地周围拉设了铁丝网，构筑了包括能支援阵地接合部的火力网；设置了纵横交错的通信网；在志愿军进攻路线上埋设了地雷；储备弹药等。

美军在石砚洞北山—上浦防东山一带的工事还没修完，志愿军就开始反攻，激战 30 分钟后又主动后退。志愿军边撤退边炮击，几百发炮弹在上浦防东山上爆炸。

此时，天已亮了。头一天参加攻击的美第 180 和第 279 这两个团的主力，已经撤到主阵地，在前沿阵地上各自留下两个班至两个排的兵力，以应付志愿军的再次攻击。在主阵地的步兵坦克和炮兵制订了集中火力对前沿阵地进行掩护射击的火力计划，同时做好对前沿阵地随时增援兵力的一切准备。

志愿军部队撤离阵地后，白天按兵不动，但天一黑下来就前进到美军阵地前进行反击，炮兵不停地将炮弹射向美军阵地。

6 月 8 日，志愿军两次攻击美第 180 团 A 连防守的高地。志愿军一个排于 2 时左右在炮火支援下发起进攻。一小时之后，志愿军再次进行探索性的攻击。天亮以后，志愿军停止了反击。但一到半夜，志愿军又开始进攻。

23 时许，志愿军一个连的兵力在炮火支援下，开始攻击上浦防东山。激战一直持续到第二天凌晨。到 2 时 30 分，喊叫声和炮声仍然响彻山谷。志愿军于 2 时 45 分主动撤离战场。

当晚 23 时 53 分，志愿军一个营的兵力对美军阵地发起进攻。志愿军用机枪和迫击炮进行射击，配置在 265 高地上的自行火炮也参加射击。

当前线战斗进入白热化时，美第 45 师令驻古文里准备参加第二阶段战斗的预备队第 179 团第 2 营开赴前方，受美第 180 团指挥。

6 月 10 日，美军右翼前哨第 279 团除搜索队继续进行活动外，战场比较平静。然而，美军左翼前线第 180 团的前哨阵地上战斗却异常激烈。

当日午夜，志愿军向上浦防东山发射炮弹约 4000 发。美军师炮兵和主阵地的重火器也进行了还击。整个高地的上空仿佛劈雷闪电，一瞬间就变成了石块和木片迸飞的战场。接着，志愿军地面发起攻击，美军阵地的一角被突破。志愿军与美军展开白刃格斗，战斗一直到拂晓才结束。

6 月 11 日 2 时 10 分，志愿军以一个连的兵力再次进攻。志愿军首先向高地进行炮击，然后在迫击炮、机枪、自动步枪密集射击下冲过来，美军前沿阵地的一角又被突破。志愿军在大量杀伤美军后主动撤离高地。

## 志愿军坚守坑道作战

6月12日，美军开始实施“还击作战”第二阶段计划。这天凌晨，美第45师第180团在大量飞机、坦克和火炮的支援下，以一个营的兵力向志愿军第39军防守的190.8高地发动进攻。

在190.8高地，10余架美军飞机向阵地俯冲、投弹、扫射。志愿军阵地的高射武器也连发排放，火球直朝天上窜。接着，美军成群的步兵在8辆坦克的配合下，从四面八方向阵地涌了上来。一场激战开始了。

志愿军第39军守卫该阵地的3连，在炮火的配合下，用猛烈的火力打退美军数次冲锋。阵前，美军的尸体越堆越多，美军后续部队也越密。

山顶上5班的坑道口，被美军的飞机炸塌了，他们失去了工事的依托，多数战士牺牲了，剩余的人开始向守在山腰的6班阵地转移。

到中午时分，残酷的战斗仍然持续进行。美军很快攻占了山顶，并且投入的兵力由一个营增加到了两个营，向6班的阵地逼近。

6班班长高云和在外边担任掩护，由副班长芮朝寿指挥大家进入坑道。就在他们刚进入坑道的同时，美军已经窜到坑道口。只听坑道口重重地震动了一下，美军把右边的坑道口炸塌了半边。

美军在外面嗷嗷乱叫，不断地往坑道里面开枪、扔手榴弹，战士们也从里面向外射击。战斗一直在持续着。

晚上10点钟左右，3连连长李汉友带着一个班和一部步话机，突破美军的严密封锁，反击上来，与6班会合了。

天亮后，高云和和芮朝寿各带一个小组，分两路摸到附近的交通沟跟前，美军士兵正在睡觉，他们就用手榴弹炸死了多名敌人。

中午时分，坑道口忽然响起两声沉闷的爆炸声，两道黄烟涌进洞来，呛得大家直咳嗽。原来，美军向坑道内施放毒气弹，战士们急忙戴上防毒面具，并且使劲地往外扇风，黄烟慢慢地散了。

这天晚上，美军又企图破坏坑道。为了粉碎美军这一阴谋，他们又组织了一次出击。

他们分两个战斗小组，悄悄地爬了出去。高云和在右边开枪迷惑敌人，趁美军士兵发愣的时候，芮朝寿就带着几名战士呼啦一下冲到敌人面前，手榴弹、冲锋枪一阵投射，打死了六七人。接着他们沿交通沟分两路向外冲击，一齐扔手榴弹，把美军弄得晕头转向。

14 日下午，坑道口附近一连落了数发炮弹。这不是美军发射的炮弹，而是上级根据他们通过步话机提出的要求，开始用炮火来保护他们的坑道口。此后，每 5 分钟就有一发炮弹落在坑道口附近，美军士兵再也不敢毫无顾忌地在坑道口附近活动了。

6 月 15 日，志愿军第 39 军组织 8 个连在 112 门火炮的支援下，反击 190. 8 高地。

当日晚，成千上万发炮弹排山倒海般地飞来，到处是震耳欲聋的轰鸣声，到处是火光闪耀，190. 8 高地被包围在一片浓烟烈火中。

炮火一停，漫山遍野就响起了密集的枪声。坑道里的每一个人都把枪握得紧紧的，枪声越来越近了。连长刚喊出：“冲啊！”大家就迅速从坑道里冲出，用手榴弹和冲锋枪开路，与反击部队胜利会师。8 个昼夜的坑道作战终于结束了。

在美第 45 师向 190. 8 高地进攻的同一天，南朝鲜军第 6 师又向志愿军第 12 军 5 月挤占的金城南官岱里西山发起进攻。第 12 军在防御战斗中，依托坑道与之反复争夺 10 个昼夜，巩固了阵地。

志愿军 190. 8 高地和官岱里西山的坚守坑道作战，使坑道工事经受了作战的考验，并积累了坚守坑道作战的重要经验。除该两阵地作战外，“联合国军”还以一个营至一个团的兵力向其他阵地进攻 7 次，均被志愿军击退。“联合国军”的“回击行动”被粉碎。整个 6 月份，志愿军共歼敌 2 万余人。

## 志愿军依托坚固阵地实施战术反击

1952 年秋，朝鲜战场形势仍处于相对稳定状态。

此时，中国人民志愿军和朝鲜人民军经过春夏一系列巩固阵地的斗争，以坑道为骨干的防御体系已经形成，正面战线阵地更加巩固，并取得依托坑道工事进行攻防作战的经验，东西海岸防御阵地也得到了加强。志愿军在边打边建中，各技术兵种尤其是炮兵得到进一步加强。

“联合国军”虽然在武器装备方面仍然占据着绝对优势，并且也构筑了相当坚固的支撑点式的防御阵地，但其兵力不足的弱点日益突出。在志愿军和人民军坚固的坑道阵地面前，“联合国军”占据优势的航空兵、炮兵火力，作用已大为降低，进攻作战屡屡受挫。“联合国军”在整个战线上已处于愈来愈不利的境地。

为了配合停战谈判，粉碎“联合国军”可能的局部进攻，并锻炼部队，取得经验，中朝联合司令部于9月14日决定举行全线性战术反击作战，对“联合国军”班、排、连支撑点及个别营的防御阵地实施进攻。

志愿军和人民军于9月18日至10月5日实施第一阶段反击作战。参加这一阶段作战的部队，志愿军有第65、第40、第39、第38、第12、第68军等6个军，人民军有第1、第3军团，共对“联合国军”的18个目标反击19次，其中有美军防守的7处、南朝鲜军防守的11处。

志愿军第39军于9月18日，同时向上浦防东山和高阳岱西山两个阵地发起攻击，拉开全线性战术反击作战的帷幕。

上浦防东山原是敌我缓冲区的一个重要制高点，6月份为美军控制。6月份以来，志愿军第39军曾先后4次攻击该点，经过反复争夺，歼灭美军一部，但该高地仍为美军控制。阵地守军为美第2师一个步兵连另一个火器排，配有坦克3辆、无坐力炮两门。

攻击上浦防东山之前，志愿军第115师炮兵团第6连执行破坏射击任务。炮兵阵地前出至离美军阵地仅有1500米处，16日至18日，摧毁8个地堡。9月18日，志愿军第39军以第115师两个连另两个排，在迫击炮以上各种火炮56门、坦克6辆的配合下，强攻上浦防东山第一无名高地，并相机攻击第二无名高地。

17时50分，炮火开始准备。无数发炮弹集中在美军阵地上轰鸣。18时整，步兵发起冲锋。第7、第9连的10个突击班像一把把尖刀，直向美军阵地的腹心插去。至18时30分，先后占领第一、第二无名高地，全歼守敌一个加强连。

美军为了夺回上浦防东山，从19日2时至21日2时，以一个连至两个营的兵力，在坦克和炮火掩护下，多次进行反扑。志愿军第115师步兵、炮兵密切协同，均将敌击退。美军恼羞成怒，从20日23时至21日1时以猛烈的炮火和夜航轰炸机，向该阵地倾泻炮弹、炸弹1万余发，工事大部被毁。志愿军在不利继续坚守的情况下主动撤离该高地。

此次战斗，志愿军第39军共歼敌1300余人、击毁坦克4辆、击落飞机1架，缴获轻重机枪16挺、自动步枪和卡宾枪35支。

高阳堡西山（即194高地，美军称之为“克利山”）位于马良山东侧、朔宁东南10公里，是敌我缓冲区的要点。7月下旬美第3师占领该地。敌人控制这个要点后，与高阳堡山构成其南侧主阵地（199.4高地）的有力屏障。志愿军第39军曾一度占领该地，并与美军反复争夺5天，在大量歼敌后主动撤离。据守此高地的是美第3师一个步兵连，共 135 人。

9 月 18 日 7 时 55 分，志愿军第 39 军以第 116 师第 348 团共 5 个排的兵力，在 35 门野炮、榴弹炮支援下，分 4 路在高阳垈西山的东南、西南、正西和正东南 4 个方向展开攻击。此前，16 日至 18 日，即以炮兵对高阳垈西山美军阵地进行破坏射击，摧毁地堡 40 余个。经过 20 分钟的激烈战斗，占领阵地，全歼守敌。尔后以第 348 团 8 连担任固守阵地的任务。

美军丢失该阵地后，从 20 日至 24 日以两个连至一个营的兵力，在炮兵和坦克支援下连续组织反扑。24 日，美军以榴弹炮向该高地炮击达半个小时之久，接着步兵发起冲锋。第 39 军步兵、炮兵密切配合，均将美军的反扑击退。至 24 日下午，美军停止反扑。

这次战斗第 39 军共歼敌 600 余名，击毁坦克 3 辆、击伤 2 辆，缴获轻重机枪 25 挺、步枪 60 余支，巩固地占领了阵地。

9 月 20 日，志愿军总部向各兵团、各军和人民军，通报了第 39 军 18 日晚攻击上浦防东山和高阳垈西无名高地的战斗情况，并赞扬第 39 军“打得很好”。

9 月 18 日晚，志愿军第 38 军为配合第 39 军反击上浦防东山，先后以第 113 师各两个排，向美军第 2 师两个排防守的石砚洞北山进行袭扰性攻击，只用了 14 分钟，即全歼该阵地守敌两个排。后美军以一个连兵力进行反扑，连续冲锋 6 次，都被击退。20 时 10 分，志愿军第 38 军反击部队主动撤离该地。这次战斗共歼敌 181 名、缴获各种枪 140 支（挺）。

9 月 28 日黄昏，志愿军第 12 军第 34 师以第 100 团的 7 个班，在火炮 60 余门、坦克 6 辆的直接支援下，向官垈里西侧无名高地南朝鲜军第 6 师第 2 团约两个连的兵力进攻。

官垈里西无名高地，是志愿军第 39 军 5 月间挤占的阵地，后经敌我双方多次争夺，被南朝鲜军占领。志愿军采取多路出击、重点突破、突击与爆破相结合的战法，向南朝鲜军阵地勇猛进攻，迅速攻占了阵地。

志愿军第 68 军选择南朝鲜军第 3、第 7 师所属部队防守的杨口以北方形山、572. 4 高地等处作为反击目标。第 68 军先以第 203 师第 609 团 4 个连的兵力在 85 门火炮的支援下，反击 572. 4 高地之敌。在炮火急袭后，步兵立即发起冲击，迅速占领阵地。南朝鲜军以一个排以上的兵力向主峰和西南山脚反扑多次，都被击退。第 68 军以第 203 师第 608 团两个连，在 40 余门火炮支援下反击方形山。经 3 小时激战，将守敌全部歼灭。

9月30日，邓华、杨得志、朴一禹联名致电第68军并各兵团、各军和人民军总部，通报表扬第68军攻击上述两个阵地的战斗“均打得很好，望在与敌反复争夺中，大量杀伤敌人，争取将阵地守住”。

第68军攻占572.4高地和方形山后，南朝鲜军在4天内先后纠集6个营的兵力在飞机88架次、坦克18辆及大量炮火配合下，连续反扑65次，均未得逞。

志愿军和人民军顽强战斗，奋勇杀敌，都按预定作战计划，攻克了敌军阵地，共打退“联合国军”团级规模的反扑160余次。至10月5日，巩固占领6处阵地，其余主动撤离，共歼敌8300余人（其中美军2000余人）。

“联合国军”再次遭到重创，令总司令马克·克拉克沉不住气了。9月24日，他急忙飞抵前线，与范佛里特及各军军长商讨对策，并将预备队美第45师前调，接替南朝鲜军第8师防务，将预备队南朝鲜军第1师前调，接替美第3师。

10月6日，志愿军和人民军乘势发起第二阶段反击作战。志愿军第一线7个军组织力量，在760门火炮支援下，在180公里的正面上，同时向“联合国军”防守的23处阵地发起攻击。各突击部队在炮兵部队和坦克部队的配合下，迅速勇猛地突入阵地，先后占领阵地21处，其中除两处阵地之敌因为惧怕被歼而先逃窜外，有16处阵地的守敌全部被歼，有3处阵地的守敌大部被歼。接着，在志愿军攻占的6座重要山头阵地上展开激烈的争夺战，其中铁原西北和金城东南地区争夺战尤为激烈。

铁原西北的白马山，是南朝鲜军第9师防守的一个重要阵地，该师在此构筑了许多大小地堡，各地堡之间均以交通沟、堑壕相连接，山上还有许多地雷和陷阱。南朝鲜军吹嘘这座山是“钢铁阵地”。南朝鲜军第9师派遣两个步兵营防守该高地的第一线区域，一个步兵团加强一个营的力量为预备队。在白马山的两侧，配备了坦克和高射炮，准备夹击通向山谷的道路。

10月6日晚，志愿军第38军的突击部队在猛烈炮火支援下，向白马山发起攻击，于当夜突破了南朝鲜军前沿阵地，并占领白马山主峰394.8高地以北的几个山头，守敌大部被歼。

这时，南朝鲜军第9师派出一个团前来增援，企图守住主峰阵地。第38军突击部队又在猛烈炮火配合下强攻主峰，战至8日1时27分攻占主峰，歼灭南朝鲜军第9师第30团大部。

南朝鲜第9师丢失主峰阵地后，先后将其3个团全部投入战斗。“联合国军”空军和强大炮火给南朝鲜军第 9 师提供支援，用 100 多门火炮、10 余架飞机向主峰狂轰滥炸。

为了巩固阵地，第 38 军又陆续投入 4 个团的兵力，在 394.8 高地及其附近山岭上与南朝鲜军进行激烈的争夺战，主峰阵地多次易手。战至 14 日，志愿军第 38 军为了避免增大伤亡，将部队撤出战斗返回原阵地。第 38 军在这次反击战斗中，共歼敌 9600 余人。

金城东南的栗洞东山，是南朝鲜军首都师机甲团的一个重要阵地。志愿军第 12 军第 35 师第 103 团以两个连组成一支精干的突击分队，向栗洞东山发起猛烈的攻击。经一夜激战，于 10 月 7 日晨将守敌 3 个排和 1 个营全部歼灭，占领了阵地。然后，在 3 天之内打退敌人一个排到一个营兵力的反扑 21 次，歼敌 900 余人。

10 月 21 日，志愿军司令部致电各兵团各军：

本部九月十四日发布自九月二十日至十月二十日的战术反击令，经一月来第一线各军积极作战，已给美伪军以重大打击，我军已在反击中取得很多经验。目前预定秋季接防各军均已开进，敌人经此次打击后，也可能举行报复，为按预定步骤交接防务，迅速完成秋季防寒准备工作，并准备打击敌人可能的报复，即自十月二十二日起，转入正常积极防御作战。

原本第二阶段战术反击已结束，但由于 10 月 14 日“联合国军”向上甘岭地区发起“金化攻势”，争夺日趋激烈。为配合上甘岭地区的防御作战，志愿军首长决定战术反击延续到 10 月底。

志愿军全线战术反击作战从 9 月 18 日开始，至 10 月 31 日结束，历时 44 天，先后对“联合国军”营以下兵力防守的 60 个阵地攻击 77 次，共歼敌 27000 余人，几乎是攻则必克，攻则必歼。“联合国军”全线处于被动挨打的状态。

在 10 月中旬至 11 月下旬的上甘岭战役中，志愿军利用以坑道为骨干的坚固阵地，坚强地抗击“联合国军”优势的炮兵和航空兵的突击。志愿军在表面阵地丢失的情况下，坚守坑道斗争。经过与敌争夺 43 天，歼敌 25000 余人，全部恢复阵地，创造了世界战争史上坚守防御的典范，进一步取得了依托坑道阵地对具有现代化技术装备之敌实施阵地进攻和进行坚守防御的作战经验。

# 二十五　血战上甘岭

上甘岭本是朝鲜中部五圣山南的一个小山头，但却由于1952年秋的上甘岭战役而名闻天下。

## “联合国军”“检验”志愿军防线的稳固性

1952年七八月间，仍然看不出在短期内停战谈判会取得什么突破。美国当局和远东“联合国军”总部的决策者、情报部门的专家一致认为，军事压力对共产党没起作用，板门店谈判不可指望。在他们看来，“敌人已经牢牢地站稳了脚跟，他们已经扩充了空中和地面力量，没有任何迹象表明他们准备接受联合国军司令部的有关停战条件”。“除非联合国军司令部发动大规模的进攻，扩大这场战争的范围，否则，即使使用足够的军事压力，也不能使敌人迅速结束这场战争。鉴于联合国军司令部并没有扩充军备力量的可能，在未来的时间里发动大规模进攻是不可能的，战斗仍只能限制在一些小范围内，由此可见，要想使这场战争的局势发生一个戏剧性的变化，前景仍是渺茫的。”

为了政治上的需要，同时也为鼓舞一下部队的士气，并对志愿军的战术反击进行报复，“联合国军”地面部队指挥官、美第8集团军司令范佛里特，建议采取行动，在第9军前线发动一场有限目的的进攻。

10月5日，范佛里特在给克拉克的信中说：

为了扭转局势，我们必须首先采取小规模的进攻行动，使敌人陷于被动的防守地位；目前我们都是为应付敌人的进攻而采取防守行动，致使我们遭到了1951年10月和

11月以来所有战斗中最惨重的伤亡。

为扭转战局，范佛里特建议采纳第9军名为“摊牌”的行动计划。范佛里特说，在金化以北不到3英里的地方，第9军和敌人的军队都设有工事，双方间隔只有200米。在598高地[①]和该高地东北面大约1英里多的地方有一条从西北伸向东南的狙击兵岭山脉[②]。那里的敌人正好卡住了我方的咽喉，故此死伤就相应要大得多。假如能把敌人驱逐出这些山头，他们将不得不后撤到1250码（合1143米）以远的另一个防守阵地。考虑到目前弹药库存所能提供的最大火力以及空中力量的最大近战支援，第8集团军司令对“摊牌”计划的实现是乐观的。

10月8日，朝鲜停战谈判的美方代表单方面中断谈判会议，宣布无限期休会。同一天，克拉克批准了“摊牌”计划。

“摊牌”计划的攻击目标，是志愿军在上甘岭地区防守的597.9高地和537.7高地北山。

上甘岭是志愿军中部战线战略要点五圣山的前沿阵地，位于五圣山主峰南4公里处。五圣山处于金城、金化、平康这一三角地区的中央，主峰海拔1061.7米，是战线中部地区的最高峰。它西临平康平原，东扼金化经金城到东海岸的公路，南距“联合国军”占据的金化只有7公里。

597.9高地和537.7高地北山，均位于上甘岭以南，537.7高地北山在东，597.9高地在西。这两个高地互为犄角，是五圣山的屏障，可直接瞰制金化东北“联合国军”防守的鸡雄山阵地和金化以南开阔地带，总面积3.7平方公里，由志愿军第15军第45师第135团各一个连防守。

10月2日，南朝鲜第2师一个参谋投诚，供称将向这一地区发动攻势，志愿军第45师遂将防守该两高地的兵力分别增加到一个营。

志愿军占据五圣山及前沿上甘岭597.9高地和537.7高地北山，使“联合国军”备感难受。志愿军上甘岭地区的这两个阵地因向“联合国军”战线突出约12公里，受到“联合国军”西面阵地、南面鸡雄山、东北面注字洞南山三面火力夹击，防守起来也不是很容易。上甘岭有失，五圣山就会直接受到威胁。五圣山背后3公里的平川无险可守，如果“联合国军”夺去五圣山，则志愿军在平康平原就很难立足。

范佛里特决定由美第9军指挥的美第7师和南朝鲜第2师担负“金化攻势”的任

---

① 即志愿军所称的597.9高地，美军也称之为“三角山”。

② 即志愿军所称的537.7高地北山。

务。在进攻开始前调整了部署：由美第7师第31团接替鸡雄山南朝鲜第2师一个连的阵地，作为其进攻集结地区；将美第9军预备队美第40师从加平调至金化西南芝浦里、云川里地区；将原属美第1军指挥的美第3师调至铁原西南归美第9军指挥。为隐蔽进攻上甘岭的企图，他们利用夜间增兵，白天用汽车载少量兵员后运，在坦克上插上旗子沿金化、铁原公路向西开，给人以将要进攻西方山的假象。

比较而言，范佛里特如果选择西方山作为进攻方向倒是顺理成章的。因为五圣山方向地势险峻，西方山方向则比较平坦，美军机械化部队可以从西方山谷地直趋平康地区。但是，范佛里特舍易求难也有他的道理，因为西方山西侧是走廊式的平康谷地，始终是志愿军中部战线上的一块心病，不管谁驻防都要派重兵防守。

此时，东面第15军的拳头师——向守志任师长的第44师并配属第29师第87团，西面是第38军第114师，两个主力师严密地守卫着这一方向。进攻五圣山可以收出其不意、攻其不备之效。而且事实上，虽然第15军也把五圣山作为防敌进攻的一个重点方向，但对“联合国军”集中那么大的力量进攻这一方向还是估计不足的。

上甘岭战役结束后，第15军军长秦基伟在军战役汇报会上说：“我们准备工作上有漏洞。对敌人用这样多的兵力攻击五圣山，我们未估计到。我们准备应付敌人三至四个师的进攻是在西方山方向，结果出乎意料。因此，开始有些被动，二梯队投入仓促，第一天炮火未能支援战斗，如果我们预料到敌人的进攻方向，那么敌人第一天就爬不上来……”

秦基伟虽然如此剖析了，但在他内心中还有另一个声音。这个声音在40年后终于吐露了出来：

几十年来我一直心存疑窦，我总认为范佛里特还备有另一种不为人知的阴谋，即在上甘岭战斗登峰造极之时，他的一只眼睛盯着五圣山，另一只眼睛一定瞪得老大窥探我的西方山。只是由于我们在西方山死死按兵不动，范佛里特才悻悻作罢。如果我们因为上甘岭战事吃紧而动用西方山部队，范佛里特极有可能回马一枪，打我们个声东击西。他毕竟是机械化部队，撤出战斗快，重新投入战斗也快。那样一来，上甘岭战役就成了西方山战役，战役的最后结局是什么样子，那就很难想象。

当然，这是对作战可能性的一种分析与判断，未有材料证明当时范佛里特有这种考虑。

## “联合国军”发动金化攻势，志愿军寸土必争

10月12日、13日，“联合国军”以大量空军和炮兵，对志愿军五圣山主阵地、上

甘岭和597.9高地、537.7高地北山，猛烈地轰炸和炮击。上甘岭上硝烟滚滚，乱石横飞，一人多深的交通壕被炸得不见了踪影。

10月14日，在进行了两个小时的直接炮火准备后，从5时开始，美第7师第31团全部、南朝鲜军第2师第32团全部、第17团一个营，共7个营的兵力（美军战史和南朝鲜军战史说，美军和南朝鲜军各使用2个营的兵力。就是按他们的说法，也已大大超过克拉克预先的用兵计划），在300余门大炮、27辆坦克、40余架飞机的支援下，分6路向志愿军第45师135团守卫的两个高地，发起猛烈进攻。美第7师攻击597.9高地，南朝鲜第2师攻击537.7高地北山。

"联合国军"来势异常凶猛，第一天就向志愿军的两个阵地及其周围发射了30余万发炮弹，投掷500余枚炸弹，并分别以一个排至一个营的兵力多路多梯次地发起冲击，企图一举拿下两个高地。每一次冲击，都用强大炮火对阵地进行压制和破坏，并以航空兵集中封锁压制志愿军纵深指挥所、观察所和炮兵发射阵地。高地上的野战工事全部被摧毁，阵地的石土被炸松，变成了一片焦土。这是朝鲜战争中单位面积火力密度的最高纪录。

为配合上甘岭的进攻，分散志愿军的注意力，美军第7师和南朝鲜军第9师共4个营的兵力，分别向上甘岭附近志愿军第15军第44、第29师正面的几个高地发起进攻。

第二天，"联合国军"的6艘航空母舰、4艘巡洋舰、30余艘驱逐舰和驻日美军骑兵第1师一部，在朝鲜东海岸高城以东海面举行近于实战性质的"敌后实战演习"。美军舰炮和航空兵对东海岸阵地进行猛烈轰击，还有30余架运输机从正面战线飞过，配合演习，但是志愿军没有上当。

根据志愿军总部和第3兵团关于战术反击的指示，第15军参加秋季战术反击作战。从10月6日开始，该军对佳山西北山、391高地等"联合国军"阵地进行了反击，并准备以第45师于10月18日向注字洞南山南朝鲜军第2师一个加强营的阵地实施反击。准备参加反击的炮兵，计有榴弹炮24门、野炮11门、山炮8门、火箭炮24门、高炮7门，已于8日进入阵地。

14日，"联合国军"向上甘岭发起进攻的当天，志愿军第45师准备反击注字洞南山的炮兵来不及变换阵地，能够支援步兵作战的只有榴弹炮3门、山炮6门、野炮6门。第135团担任防守的2个营，主要依靠步兵火器，依托各个暗火力点，抗击密集冲锋之敌，击退敌军多次冲锋，予敌严重杀伤。到中午时，两个阵地的地面工事已全部被毁，激战至17时，表面阵地大部被敌占领，守备的志愿军伤亡较大，遂全部退守坑道作战。下午，第 45 师及时调整炮兵部署，于当晚全部投入战斗。

当晚 7 时，第 15 军首长和第 45 师师长崔建功，以第 135 团 3 个连另两个排，在炮兵的支援下分 4 路展开反击。经 3 个小时的战斗，在转入坑道部队的有力配合下，全部恢复阵地。

在这次反击中，第 135 团第 7 连 2 排排长孙占元率领突击排反击 597.9 高地 2 号阵地。他亲自带领一个班冲在前面，开辟反击道路。他沉着组织爆破，很快拿下两个火力点，歼敌 80 余人。战斗中，孙占元的两条腿被炸断，但他仍然顽强坚持战斗。当美军冲到他身边时，他勇敢地拉响手榴弹，将冲上阵地的美军士兵炸死，自己也壮烈牺牲。第 15 军党委追认孙占元为“中国共产党模范党员”。志愿军领导机关为孙占元追记特等功并追授“一级英雄”称号。朝鲜最高人民会议常任委员会授予孙占元“朝鲜民主主义人民共和国英雄”称号和一级国旗勋章、金星奖章。

为迎击“联合国军”对上甘岭地区更大的进攻，14 日晚，第 15 军和第 45 师，除将准备反击注字洞南山的炮兵支援上甘岭作战外，并调第 134 团和第 133 团各一营，作为 597.9 高地和 537.7 高地北山的预备队，增加两个阵地的防御力量。

当日晚，第 15 军后勤部对后勤部署进行调整，将主要保障力量用于五圣山方向。后勤第 2 分部根据志愿军总部的指示，决定除第 9 大站继续供应第 15 军外，第 6 大站、第 17 大站、第 28 兵站医院、第 13 兵站医院均有保障第 15 军作战的任务。为缩短运输距离，由后勤第 2 分部将供应第 15 军的弹药物资送至该军第 2 兵站。同时为保障运输安全，对防空哨部署进行调整。

15 日 14 时 30 分，志愿军总部电示第 15 军并第 3 兵团：

目前敌经我连续反击后，均已加倍准备，且敌正在向你军正面发动局部进犯，因此你军应集中力量，准备粉碎敌人的任何进犯，并组织不断的小反击作战，求得大量毙伤敌人，多取得经验。反击注字洞南山暂不进行为宜。

克拉克和范佛里特战前大大高估了自己部队的作战能力，也大大低估了志愿军的防守能力。“摊牌”作战“一开始就挨了中国军队当头一棒”。第一天的进攻，什么也没有捞到，可伤亡已达 2000 多人。但范佛里特不甘心第一天进攻的受挫，继续投入力量进行争夺。

从 15 日起，范佛里特又先后投入 2 个团又 4 个营的兵力，在大炮、坦克和飞机的支援下，轮番进攻。志愿军第 15 军也不断投入兵力火力，以顽强抗击和适时反击相结合，与“联合国军”展开激烈争夺。

双方激战至 17 日，两个高地的表面阵地多次被“联合国军”占领，志愿军第 15 军又多次组织反击夺回。至 18 日晚，两个高地的表面阵地再次被“联合国军”夺占。志愿军第 15 军则秘密向两个高地的坑道内输送了兵力，准备 19 日反击，恢复表面阵地。

19 日晚，志愿军第 45 师组织第 134 和第 135 团共 3 个连，在火箭炮第 209 团一次齐放和其他炮火的支援下，对占领 597.9 高地的美军发起反击。在坚守坑道部队的配合下，至 20 日 1 时，志愿军全歼占据 597.9 高地表面阵地的美第 7 师共 5 个连，全部恢复表面阵地。与此同时，3 个连在炮火的支援下，于 19 日晚，全部恢复 537.7 高地北山阵地。

在反击 597.9 高地的战斗中，反击部队在夺回该高地西北山脚后，被美军占领的“零号”阵地火力所阻。志愿军第 135 团第 2 营副参谋长几次组织爆破手爆破，但都没有成功。不歼灭“零号”阵地的美军火力点，就不能全部夺回失去的阵地。

离上级要求攻上高地的时间只剩下 40 分钟了。该营通信员黄继光挺身而出，要求去炸掉这个火力点。营副参谋长同意了他的请求，命他带领吴三羊和萧登良去执行爆破火力点的任务。

当前进到离该火力点三四十米时，两名战友一人牺牲、一人负重伤，黄继光也多处负伤，但他继续向美军火力点爬去。在距离美军火力点 5 米时，他挣扎着用左臂支撑起身体，用力将最后一颗手雷向美军火力点扔去。

随着轰隆一声巨响，狂吼的机枪顿时成了哑巴，突击队立即发起冲锋。突然，“零号”阵地美军残存下来的两挺机枪又响了起来，突击队员被压制在山坡上，抬不起头来。此时，黄继光手里已经没有武器了。他瞄了一眼还在吼叫的火力点，以顽强的毅力爬到机枪口，突然站起身来，义无反顾地用自己的身躯堵住狂喷的火舌。黄继光用年轻的生命谱写了一曲革命英雄主义的壮歌。

为表彰黄继光烈士的英雄业绩，根据他生前的志愿，第 15 军党委追认黄继光为中国共产党党员，授予“模范团员”称号。志愿军领导机关给他追记特等功，并追授他“特级英雄”称号。朝鲜最高人民会议常任委员会授予黄继光“朝鲜民主主义人民共和国英雄”称号和一级国旗勋章、金星奖章。黄继光的名字和光荣事迹，被刻在上甘岭背后五圣山的石壁上。

志愿军首长邓华、杨得志、朴一禹、张文舟、王政柱（志愿军副参谋长）、杜平联名致电第 15 军并转第 45 师全体同志，嘉奖第 15 军上甘岭作战。

从10月14日到20日，“联合国军”先后投入17个步兵营的兵力（美军9个营、南朝鲜军8个营）。志愿军第45师也先后投入21个步兵连兵力。志愿军有组织、有计划的夜间反击7次，其中3次全部恢复阵地，4次部分恢复阵地，共歼敌7000余人，自身也伤亡3200余人。

## 异常艰苦的坑道争夺战

本来“联合国军”发动金化攻势，是为了扭转被动局面。但是，结果却是付出如此重大的伤亡。无论作战时间、使用部队的数量和人员的伤亡，都大大超出了克拉克和范佛里特的预先设想。后来，克拉克也承认：“这个开始为有限目标的攻击，发展成为一场残忍的、挽救面子的恶性赌博。”

21日以后，“联合国军”一面以各种手段围攻坚守坑道的志愿军部队，一面为继续实施进攻而调整部署。10月25日，遭受严重打击的美第7师被撤出战斗[①]，将夺取上甘岭两个高地的任务全部交给南朝鲜第2师，并调南朝鲜第9师作为预备队。

时任南朝鲜第2师师长丁一权回忆说：

美第7师尽管受到重大损失，都始终未能坚守住三角高地群。美军感到束手无策，请求我师担任此项任务，我师下属第17、第31、第32、第37等四个团，就答应下了。

接替丁一权任师长的姜文奉说：

那本来是预定由美第7师担任的进攻任务。可是它每天付出200多人的伤亡也夺不回来，受到报纸的抨击。因此，把此项任务交给了我师。换句话说，是叫我们当美国兵的替身。所以在接受换班命令时，我就感到，美国人、南朝鲜人同样都是人，这不是叫我们替他们牺牲吗？

面对“联合国军”的“赌博”，志愿军也决心打下去，决心全部恢复上甘岭地区的两个阵地。志愿军首长决定将原定于10月20日结束的战术反击作战延续到10月底，以配合上甘岭地区的防御作战。

10月27日，第3兵团首长王近山、杜义德、王蕴瑞发出关于准备长期打下去、争取全部恢复阵地的指示。该指示对上甘岭地区作战进行了全面分析后指出：

朝鲜战场上敌二线目前仅有美四十师可机动使用，如果我们能把美七师打残，迫

---

① 根据美军战史，该师死伤达2000人。

使美四十师接替其防务，这样敌人在朝鲜战场上的二线机动部队只有三个遭受我严重打击进行整补的师。如果我们同时也给伪二师以惨重打击，那就再没有部队来接替它了。这样就会使敌人逐步转入被动，因此这一战斗对朝鲜战局意义很大。……这次战斗最后的结果，估计有两个可能：

一、经过再给敌人以大量杀伤将敌击退，阵地全部恢复，但还需要经过一段艰苦困难的斗争；二、敌将我……阵地占去……使我五圣山主阵地暴露，这样对我极为不利，尔后则困难更多。因此，我们决心坚决打下去，力争第一个前途。……根据目前情况看来，这个战斗是要持续下去，我们首先必须树立长期打下去的思想，绝不可操之过急，应准备与敌进行多次的反复争夺，逐渐地消耗杀伤敌人，达到大量杀伤敌人。一个坑道、一个山头地争夺，达到恢复阵地，有机会则大反击，无机会则小反击，以小反击创造大反击的条件。总之，要持续地打下去。

第 3 兵团的这个指示，还对在敌优势火力下第 15 军兵力的使用、炮火的组织以及坑道战术问题提出具体要求。

在进行上述各种决定性反击准备的同时，第 15 军令第 45 师重点转入坚守坑道作战，以争取时间，为决定性反击创造条件。

这期间，敌我双方在两个高地上的战斗主要是坑道争夺战。

“联合国军”采取了种种残酷的手段破坏坑道，围困坑道内的志愿军部队：用飞机、大炮对主要坑道进行狂轰滥炸；在坑道口上面挖掘深沟，用炸药爆破；向坑道口内投掷炸弹、炸药包、爆破筒、手榴弹、汽油弹、硫磺弹、毒气弹，或用火焰喷射器喷射；用石土、麻袋、成捆铁丝、铁丝网封堵坑道口；组织兵力、火力封锁坑道口，或在坑道口建碉堡、设障碍，断绝坑道内外交通等等。真可谓无所不用其极。

志愿军坚守坑道作战极其艰苦，常人难以想象。有的坑道被炸塌，坑道口被堵，坑道空间缩小，令志愿军指战员的行动极为困难。坑道内的空气经常极度污浊，硝烟、毒气及硫磺、血腥、粪便、汗臭味充斥着坑道，导致有的指战员窒息。坑道外气温在零下 20 摄氏度左右，而坑道内闷热得连穿单衣都难以忍受。

困难实在太多了。由于“联合国军”的火力封锁，坑道内粮弹缺乏，而最大的困难莫过于没有水喝。没有水，指战员们口干舌燥，嗓子眼直冒烟。他们开始吃牙膏、喝尿，后来牙膏吃完了，尿也没有了，就用嘴贴着有些潮气的坑道壁，或含着有些凉意的石头，算是解解渴。

能否保证坑道内有维持指战员生命所需的水，就成为能否坚持坑道斗争的重大问题。为了得到一壶水，也要和敌人进行艰苦的斗争。有一个战士名叫胡万春，他冒着生命危险，一人就抢背回140多壶水，还带领其他战士背来200多壶水，成为著名的抢水英雄，被志愿军总部记特等功一次。

在坑道内坚持，最苦的是伤员。他们不仅要忍受缺粮少水的困难，而且要受到伤痛的煎熬。留在坑道内的卫生员，想方设法照顾好伤员，以减轻他们的痛苦。第135团卫生员任祥带领另两名卫生员，坚持坑道斗争9个昼夜，抢救护理伤员210人。

志愿军忍受着常人无法忍受的苦难，克服着常人无法克服的困难，顽强地坚守坑道。在坑道内，党组织发挥了坚强的战斗堡垒作用，通过强有力的思想政治工作，生活战斗在坑道中的指战员们保持着高昂的士气，不仅在坑道中坚持了下来，而且还频频出击，不断给表面阵地上的“联合国军”以杀伤。

为减轻“联合国军”对两个阵地坑道的封锁和破坏，支援坚守坑道部队的斗争，第15军和第45师专门部署炮兵负责保护两个阵地的各主要坑道口，指定炮兵群分别支援两个阵地坑道部队的反击。与此同时，组织坑道外的部队在坑道内部队的配合下进行反击，并利用反击的机会，部分轮换坚守坑道部队，向坑道内送水、送水果、弹药和祖国慰问团带来的慰问品、慰问信，将上级作战计划和外面的情况报告给坑道内的战友，鼓励他们顽强坚守到胜利时刻。

上甘岭战役期间，适逢第二届赴朝慰问团到达朝鲜。祖国人民的慰问品送进了坑道，给坚守坑道的志愿军战士们以莫大的鼓舞。他们激动地站在慰问品前宣誓，要坚决为和平战斗到底，报答祖国人民的关怀！他们既用手中的枪创造骄人的战绩向祖国亲人汇报，也拿起手中的笔告诉祖国亲人他们在坑道中的生活，表达自己的决心。有一封信这样写道：

我们处在距敌50米、上下相持的情况下，也遭受了不少的困难，但是，我们想了办法，发扬了艰苦的精神。为了保卫光荣阵地、为了保卫祖国、为了保卫世界和平，我们忍受和战胜了困难。十天的战斗生活，是紧张而愉快的，我们不分昼夜地警戒敌人和出击敌人，前仆后继地战斗……

我们除了战斗以外，就是说笑和娱乐，谈着我们的胜利，谈着祖国的伟大，还唱着歌曲。我们的心情永远都是愉快的。丝毫没有因被敌人封锁和破坏坑道口而感到恐惧，因为我们知道任务的重大，明确战斗的意义，坚信我们一定胜利。

慰问团员们看到这封信后激动万分，他们感慨地说，只有中国共产党培养出来的英雄儿女才能具有这种伟大的英雄气概。

坑道内外部队密切配合，有效地坚持了两个阵地的坑道斗争，为决定性反击的准备赢得了宝贵的时间，创造了有利条件。

## 决定性的大反击

从10月30日至11月25日，为上甘岭战役的第三阶段，即决定性反击和巩固阵地阶段。

志愿军第15军在完成决定性反击准备后，决定首先反击597.9高地。10月28日和29日，志愿军集中野炮、榴弹炮对597.9高地进行预先炮火准备，猛烈轰击“联合国军”在表面阵地上构筑的地堡和副防御设施，并以迫击炮进行监视射击，阻止“联合国军”恢复工事。

10月30日晚9时，志愿军104门火炮突然发出怒吼，炮弹飞向597.9高地和“联合国军”炮兵阵地，开始了决定性反击的直接炮火射击。

先是由野榴炮开始急袭，10分钟后炮火实行假延伸，诱敌进入战斗位置。当阵地上的南朝鲜兵跳出工事，隐蔽在山背后的预备队也冲上阵地，准备对付志愿军步兵的冲击时，志愿军火箭炮一个团实行全团的一次齐放。野榴炮也转回原目标，给以5分钟的火力急袭，接着火箭炮全团又一次齐放，最后又是急袭5分钟。志愿军炮火射击摧毁了阵地上南朝鲜军的大部工事，杀伤其大部人员。“联合国军”炮兵被压制两个小时没有做出反应。

火力攻击过后，志愿军突击队又在迫击炮火力的支援下，数路数波依次发起冲锋，后梯队源源投入。经5个小时激战，将守敌南朝鲜军第2师第31团一个营又一个连全部歼灭，并击退南朝鲜军一个营多次的反扑，歼其一部，恢复了除该高地东北山腿（第2、第8、第11号阵地）外的全部阵地。

为配合597.9高地的反击战斗，第15军以第85团同时对275高地进行反击，歼美7师一个连部和两个排，吸引“联合国军”3个榴弹炮群和一个化学炮群，有力地配合了597.9高地的反击作战。

31日4时，南朝鲜军第31团残部和第32团一部，趁志愿军恢复阵地不久，发起猛烈反扑。在无工事依托的情况下，志愿军指战员利用山缝石坎和弹坑隐蔽，击退南朝鲜军的连续进攻。

中午，南朝鲜军曾一度占领第9、第10号两个阵地，但经志愿军两个班的反冲锋即夺回阵地。第86团第2排坚守第7号阵地，战斗打得相当惨烈，在13个小时之内打退了南朝鲜军40余次冲锋，最后只剩下一个人，守住了阵地。全天共歼敌1500余名。当晚，又恢复了高地东北山腿上的第2、第8号阵地，全歼南朝鲜军一个连，歼敌300余人。至此，597.9高地只剩下一个前哨班阵地尚未恢复（后在反击537.7高地北山时，将该阵地收回）。第15军以第86、第134、第135团各一个连坚守阵地。

11月1日，“联合国军”以100架次飞机，连续轰炸志愿军炮兵阵地，以300余门大炮向志愿军阵地进行猛烈的轰击，当日“联合国军”发射炮弹12万发。9时半，南朝鲜军第9师第30团、第2师一个营和埃塞俄比亚营共5个营的兵力，在炸弹、炮火烟幕的掩护下发起攻击。志愿军炮兵部队不怕敌机威胁，准确及时地支援步兵作战。南朝鲜军虽曾一度突入志愿军阵地，但在志愿军的反冲锋下，很快又败下阵去。

入夜，志愿军调整部署，将苦战了19天的第45师第135、第134团撤出战斗整补，以第12军第91团投入战斗坚守主峰及其以南（第9、第10号）、以北（第4、第5、第6号）阵地，以第86团两个连坚守东北山腿（第2、第8号）阵地和东南山腿（第7号）阵地。

2日，志愿军炮兵第2师主动提出加强上甘岭地区炮兵力量，支援步兵作战。经志愿军首长批准，于4日调6个榴弹炮连参战。

2日晨，“联合国军”以持续4个小时的猛烈炮火，企图压制志愿军纵深炮火和摧毁597.9高地防御工事，打炮15万发以上，并出动飞机100余架次轰炸、扫射阵地前沿。接着，南朝鲜军第9师第30团、美军第7师两个营和空降第187团一部共5个营的兵力，对597.9高地攻击40余次。志愿军第91团和第86团一个连，采取灵活的战斗动作，并与炮兵密切协同，顽强抗击，将一度突入阵地的敌人击退，以伤亡190余人的较小代价，歼敌1500余人。

在战斗中，坚守在最前沿东侧第9号阵地的第91团2个班，打得既英勇顽强又灵活机智。他们巧妙地利用弹坑、岩石和残存的工事，分两个战斗小组，轮流作战。他们在纵深炮火的有力支援下，激战一天，打退了“联合国军”一个排至两个多连的7次攻击，歼敌400余人，自己仅有3人受轻伤，创造了小兵群作战的范例。

此后几天“联合国军”又进行反扑，但同样以失败告终。597.9高地岿然不动。在5日的战斗中，第91团第5连新战士胡修道，在战友都伤亡，只剩下他一人的情况下，顽强作战，机动灵活。从上午一直打到黄昏，连续打退了敌41次冲锋，歼敌280余人。在后续力量的增援下，奇迹般地守住阵地。战役结束后，胡修道荣立特等功，获“一级英雄”称号。

5 日夜，志愿军第 93 团第一营接替第 86 团的防务，与第 91 团一道，抢修工事，准备迎接“联合国军”新的进攻。

“联合国军”在 597.9 高地吃尽了苦头，从 11 月 5 日以后，就停止了对这一阵地的进攻。《韩国战争史》这样写道：

停止进攻“三角”高地，是军团长决定的。自从“摊牌作战”开始以来，美第 7 师打了十二天，韩第 2 师打了十一天，只是增加伤亡，加上“狙击”棱线连日不断的血战，继续进攻也无所作为。因此，决定从即日起结束“三角”高地战斗。

6 日，美军无可奈何地宣布：“到现在为止，联军在‘三角山’是打败了。”

美军战史说：

至此，六个星期的艰苦奋战过去了，联合国军司令部所属部队控制了狙击岭的一部分，但失去了整个“三角山”。在“三角山”五天的战斗中，他们由最初的两个营的兵力发展到两个师以上的兵力，死伤人数由 200 人增加到 9000 人。……“三角山”之战，中国军队以他们不屈不挠的斗争扭转了白马山之战的败局，挽回了面子，并且迫使联合国军停止进攻。

11 月 4 日，中央军委总参谋部根据对朝鲜战场敌情的分析，认为上甘岭地区“敌虽然攻势受挫，但仍有可能抽调力量继续向我攻击，特别是集中炮火、坦克及飞机向我轰击”，因此，指示志愿军总部“注意火炮的调配，加强该方面的作战”。

根据军委、志司的指示精神，为取得战役全胜，第 3 兵团于 11 月 5 日对上甘岭地区部队部署进行调整，由第 12 军接替第 15 军上甘岭地区的防务。

为便于指挥，决定组织五圣山战斗指挥所（第 15 军前指），由第 12 军副军长李德生负责统一指挥第 31、第 34 师的反击作战和第 29 师的配合动作，该指挥所归第 15 军秦基伟军长直接指挥。

为统一炮兵的指挥，决定组成炮兵指挥所，由炮 7 师师长颜伏负责统一指挥支援五圣山前沿作战的各配属炮兵。

第 3 兵团首长在部署调整命令中提出，要争取战术上的主动。“我有坑道作为基点，在战术上我可以争取主动”，“在该两个连的阵地上我反击成功之后，除主峰基点必守之外，应该是不可不守，不可全守，有利则守，无利则收，敌占去之后我准备好了再反，我准备不好则不勉强反，有时机则反，无机会则创造条件。总之，打与不打，打的时机和地点，把它掌握在我们手里，为此就要发挥各级指挥员的机动性”。必须明确“坑道以内保存自己，坑道以外（地面上）杀伤敌人”。“完全退入坑道，时间长了不行，完全脱离坑道，同样支持的时间长不了，使两者相结合，各取其长。这就是坑道内屯兵休息，坑道外与敌战斗，非万不得已时不全部退守坑道，这就达到了杀伤敌人，守住了阵地的目的。”“我之一切战术手段均不要形成规律，造成敌人紧张慌乱，我之战机就越多。”

11月6日，志愿军副司令员杨得志、参谋长张文舟向中央军委报告坚决与“联合国军”争夺下去的决心和第3兵团的上述部署。7日，毛泽东拟稿以中央军委名义回电，指出：

你们对加强十五军作战地区之决心和部署是正确的。此次五圣山附近的作战已发展成为战役的规模，并已取得巨大的胜利。望你们鼓励该军，坚决作战，为争取全胜而奋斗。

随着597.9高地争夺战基本结束，敌我双方将争夺的焦点转到537.7高地北山。

根据中央军委和志愿军总部关于坚决作战、争取全胜的指示，11日9时，第15军做出对537.7高地北山进行决定性反击的计划，决定以第12军第31师第92团全部，于11日19时半起，在榴弹炮10个连（50门炮）、火箭炮一个团（24门炮）和迫击炮20门的支援下，实施反击。同时，以第15军第87团和第12军第91团各一个排，向注字洞南山方向和在597.9高地以南积极活动，以为配合。当日16时，杨得志、张文舟批准了这一计划。

11日16时，第12军第92团两个连又一个排，在榴弹炮52门、迫击炮20余门和火箭炮一个团的支援下，分两路反击537.7高地北山。至17时，全部恢复537.7高地北山表面阵地，歼灭据守阵地的南朝鲜第2师一个营大部。当晚，坚守597.9高地的第93团以一个排向东北山腿第11号阵地发起攻击，经5分钟战斗全歼守敌，恢复阵地。至此，597.9高地表面阵地全部恢复并得到巩固。

12日，南朝鲜军投入第17团和第32团残部反扑，占去该高地两山腿的第7、第8、第5、第6号阵地。尔后双方继续争夺。14日，第12军将第93团两个营接替第92团，投入该高地战斗。至17日晚，7天中，第92团和第93团，击退南朝鲜军百余次反扑，歼敌2000余人。但南朝鲜军仍占据着第7、第8号阵地。

18日，第12军以第106团接替第93团，投入537.7高地北山战斗。此时，南朝鲜军重点放在争夺主峰东北山腿（第4、第5、第6号阵地）。第106团连续打退南朝鲜军的进攻，至20日，南朝鲜军已经无力进行营以上规模的攻击，改以一个排至一个连的兵力进行连续的小型进攻，但“联合国军”空军和炮兵的火力丝毫未减。志愿军决定减少兵力，发挥迫击炮和步兵火力予敌杀伤，并尽一切力量构筑地面和坑道工事。

11 月 25 日，南朝鲜第 2 师南撤整补，其防务交南朝鲜军第 9 师接替，没有再向 537.7 高地北山进行反扑。

同一天，志愿军第 3 兵团首长决定，第 15 军第 29 师和第 45 师于 28 日至 12 月上旬，全部接替上甘岭地区的第 12 军防务，李德生的指挥所撤销。第 12 军部队交防后情况无大变化即行归建休整。至此，上甘岭战役宣告结束。

从 10 月 14 日至 11 月 25 日，“联合国军”发动的“金化攻势”在上甘岭这个不到 4 平方公里的阵地上，先后投入 3 个多师 6 万余人、300 余门火炮、近 200 辆坦克，出动 3000 余架次飞机，发射炮弹 190 多万发，投掷炸弹 5000 多枚。志愿军也陆续投入 3 个多师 40000 余人，参战各种炮计有山炮、野炮、榴弹炮 233 门，火箭炮 24 门，高射炮 47 门，迫击炮 292 门，共发射 35 万余发炮弹。兵力火力之密集，在世界战争史上是罕见的。“联合国军”方面称此役是“继 1951 年‘伤心岭’之后最大的一次攻势”，“以人与炮的比例来算，我们现在在这个战线上所用的大炮火力，与在德国胡特林根森林战斗中所有的火力相等，那一次是第二次世界大战中我军所进行的最猛烈的炮战”。他们还称“这是共军炮火最强大最猛烈的一次”。

参与策划这次进攻的美国军事专家悲叹道：“即使用原子弹也不能把狙击兵岭和爸爸山（指五圣山）上的共军部队全部消灭。”美联社从朝鲜报道说：“联军的军官们预算这是一次激烈的，但是典型的、有限的山头攻击。而这次战役实际上却变成了朝鲜战争中的凡尔登。”美国新闻舆论说：“美军的伤亡率达到一年来的最高点。”“金化攻势已经成了一个无底洞，它所吞食的联合国军军事资源要比任何一次中国军队的总攻势所吞食的都更多。”克拉克在其回忆录中得出的结论是：“我们死伤的人数 8000 以上，大部分为大韩民国之官兵，得不偿失。……我认为这次作战是失败的。”

志愿军在上甘岭中创造了世界战争史上坚守防御的范例。上甘岭战役的胜利，标志着志愿军和人民军在整个正面战场完全掌握了主动权。此后，“联合国军”对在正面战线夺取战斗胜利已完全失去了信心，再也没有发动较大规模的地面攻势。南朝鲜官方战史承认：“在整个冬季，无论防御或进攻，主动权均被以优势兵力为后盾的敌人所夺去。”

# 二十六　声势浩大的反登陆准备

上甘岭恶战的硝烟散尽后，朝鲜战场出现了暂时的平静。严冬降临，热血飞扬的战场冷却下来，血战后的人们得到了暂时的歇息。

对方会有什么新招法，下一步棋该怎么走？这是战争双方决策者和指挥官都感到头疼的问题。

## 艾森豪威尔："我要亲自去朝鲜"

1952 年秋，美国第 34 届总统大选。如何结束朝鲜战争，是这次大选活动中的突出话题，是否有能力解决这一棘手问题，对于候选人能否登上美国第 34 届总统宝座至关重要。因此，不论是民主党候选人阿拉德·史蒂文森，还是共和党候选人德怀特·艾森豪威尔，在大选中都信誓旦旦要结束朝鲜战争。

在第二次世界大战中曾经担任过盟国远征军最高司令、刚刚辞去"北大西洋公约组织"武装部队最高司令职务的艾森豪威尔，10 月 24 日在底特律的竞选演说中公开许诺，如果他当选总统，他要亲自去朝鲜努力赢得朝鲜战争。他告诉选民："新政府面临的首要任务之一就是，重新审查使朝鲜战争早日光荣地结束的可能的方针。""要完成这个工作，就需要亲自到朝鲜，我本人就愿意亲自去。只有这样，我才能够知道怎样为人民服务是最好的——是进行战争还是实现和平。我一定去朝鲜。"艾森豪威尔的这一许诺在选民心目中的分量很重，对他击败对手赢得大选，起了决定性的影响。

美国当选总统艾森豪威尔履行竞选时许下的诺言，于 11 月 29 日开始朝鲜之行。与艾森豪威尔同行的有未来新内阁国防部长查尔斯·E. 威尔逊、司法部长赫伯特·布劳内尔、参谋长联席会议主席奥马尔·布莱德雷。在硫磺岛停留时，美国太平洋舰队司令阿瑟·雷德福海军上将参加他们一行。12 月 2 日，艾森豪威尔一行抵达南朝鲜。

在朝鲜的三天之行当中，艾森豪威尔与克拉克、范佛里特等美军高级将领及李承晚进行了一系列的会谈，视察了美陆战队第 1 师、美第 2 师、英联邦师、南朝鲜首都师和第 1 师等部队。艾森豪威尔还跑到前线，用双筒望远镜观察一场炮战，观察志愿军阵地情况。

艾森豪威尔在回忆录中透露："战地指挥官们同意，如果在一定时间内谈判还不成功，我们唯一的办法最后只能是不顾一切危险全力发动一场进攻。""在我离开朝鲜时我的结论是，我们不能永远停留在一条固定的战线上，继续承受着看不到任何结果的伤亡。小山丘上的小规模进攻是不能结束这场战争的。""我们不能容忍朝鲜冲突无限期地继续下去。"

艾森豪威尔采纳了杜勒斯提出用三齿耙捕龙遏制中国的战略，给中国施加全方位的压力，迫使中国在谈判桌上让步。按照杜勒斯向马克斯韦尔·泰勒（1953 年 2 月接替退休的范佛里特，任美第 8 集团军司令官）讲述的这一战略是：一根齿从朝鲜出来，另一根从台湾出来，第三根从印度出来。从台湾出来这根齿，即利用逃到台湾的蒋介石的力量给新中国制造麻烦。在"海伦娜"号巡洋舰上，艾森豪威尔就决定，解除杜鲁门政府的所谓"台湾海峡中立化"的规定，鼓励蒋介石对中国大陆发动牵制性的进攻，即所谓"放蒋出笼"。艾森豪威尔 1953 年就职后宣布了这一决定。他说这一决定的目的，是"提醒中国共产党注意，僵持的日子不长了，朝鲜战争或结束，或者扩大到朝鲜以外"。所谓第三根齿，是通过印度方面警告中国，如果再不让步就要大打，甚至要使用原子弹了。

艾森豪威尔回到美国以后，在 12 月 14 日举行的记者招待会上声称："对我们所面对的一个敌人，我们不能期望用言语打动它，无论言语是怎样娓娓动听；而只能用行动——在我们自己选择的情况下实行的行动。"

进行大规模军事冒险行动，是美国当局试图以自己的条件解决朝鲜僵局的一个构想，是艾森豪威尔登台前后重点考虑的方案。

在美国有关当局筹划"联合国军"在朝鲜军事行动计划的同时，自 1952 年 10 月份以来，"联合国军"频繁进行登陆作战演习。据统计，10 月份进行了 4 次演习、11 月份进行了 3 次演习、12 月份则进行了 15 次演习。有的演习相当逼真，致使美军士兵以为真的在进行登陆作战。

此时，“联合国军”地面部队在第一线共有17个师，其中美军4个师、英联邦军1个师、南朝鲜军12个师；在第二线，有美军3个师、南朝鲜军2个师另3个团的机动兵力。在朝鲜战场，美军保有3个师作为机动后备部队，这是自朝鲜战争爆发以来的第一次。

## “他要干什么？”北京和志司都在反复琢磨、猜测

美国大选及当选总统艾森豪威尔的举动，始终在毛泽东、彭德怀、邓华等的掌握之中。他们一致认为，在停战谈判搁浅、美军在正面战线已没有什么大作为的情况下，美国要打破僵局，很有可能进行最后的军事冒险。而进行军事冒险，美国只剩下原子弹和侧后大规模登陆这两张王牌了。尽管美国军政要员中不时有人想通过使用原子弹改变战场被动局面，但是，原子弹会遭到全世界人民的反对，美国的盟国也极力反对。因此握在手里的原子弹成了摆设，可用的只剩下侧后大规模登陆这最后一手了。

军人出身、成功组织诺曼底登陆的艾森豪威尔出任新一届美国总统，强硬派杜勒斯出任新一届政府的国务卿，加大了毛泽东、彭德怀、邓华等的疑虑。

1952年11月初，军委副主席彭德怀到辽东视察海防。在此期间，他专门派军委工兵司令员陈士榘实地考察朝鲜西海岸龙岩浦地区的情况。23日，致电志愿军副司令员杨得志并贺晋年转邓华，就朝鲜战争发展趋势和志愿军防敌从翼侧登陆和布防问题提出意见。

彭德怀指出：“敌军秋季损失较大，冬寒逼临，美新旧总统正处交接时期，今冬大举进攻可能性较少，朝战长期拖延，美军事重点陷在东方，时间愈长美将愈不利。过去多次妄以军事压力，逼我就范企达停战，均遭失败。最近向五圣山前沿进攻遭我严重打击，仍系此种妄图，敌不会因此次损失而死心。必须预防来春从我翼侧登陆，配合正面进攻，根据敌方现有兵力，从朝鲜、日本抽集美军两个师、伪一个师，依托白翎岛、椒岛在梦金浦半岛登陆，向东进攻长渊沙里院，威胁我军翼侧可能性是存在的。”

彭德怀指示志愿军检查西海岸设防情况，“切不可稍有大意”。

志司接彭总电示后，立即电令西海指梁兴初副司令员、第64军军长唐子安等侦察西海岸地形，检查设防情况。

根据彭德怀的指示，中央军委作战部对艾森豪威尔对朝鲜的政策进行了研究。11月24日，军委作战部部长张震、副部长王尚荣上报研究结果：

美帝新旧总统于明年一月廿日交接，在未交接前及交接中，两党为互相推脱责任，且朝鲜正处于严冬不利作战的情况下，估计美帝对朝政策不会有大的变化。

明年一月艾森豪威尔上台后，为解决朝鲜问题，可能采取两种办法：一是在停战谈判上做某种妥协，使谈判成功；二是在军事上向我进行某种行动。从目前许多情况看来，敌似正准备后一种可能。根据目前敌军兵力情况亦是有可能的。敌要进行这种行动，估计需在明年三月下旬解冻以后。

张、王的报告对“联合国军”可能的登陆地点、威胁程度进行了预测，对志愿军应相应采取的部署提出了具体建议。

1952 年底，志愿军总部对朝鲜战局的前途、“联合国军”可能采取的行动也进行了分析。12 月 4 日，回国述职的代司令员邓华向毛泽东作了书面报告。12 月 7 日晚 10 时，在毛泽东单独约见他时，邓华对工作计划做了详细解释。邓华对美国对朝政策进行了比较透彻而详尽的分析：

朝鲜战争目前面临两种情况：一种是停下来，一种是拖延下来，继续打，而打又有小打、大打两种可能。小打基本是僵持局面，战争仅限于正面，仍像今年这种形势；大打则是敌人在我侧后登陆，战争更激烈地进行。而登陆又有两种可能，一为小登陆，在靠近正面的翼侧，是战役性的；一为大登陆，是在我后方，战略性的。

……当前敌人的考虑是或者小打，维持目前战线，而逐渐以李伪军担负更多的阵地，减少自己的损耗；或者是大打，从侧后大登陆把我们赶向鸭绿江西岸，迅速结束朝鲜战争。前者是稳健的办法，后者则比较冒险，但敌人可能想很快解决问题，因为他们对于一九五〇年仁川登陆的迷梦是未放弃的，这就要看敌人的方针如何？民主党、共和党的政策是一致的，但在做法上后者可能要来得生硬急进一些，华尔街用艾森豪威尔上台这就表明美帝更积极地准备战争，杜勒斯为国务卿也就象征着美帝远东政策会更积极一些，虽然敌人全球重点在欧洲不会改变，但亚洲比重更会提高一些是可以想得到的。……共和党登台想露两手，想来硬的，如麦克阿瑟之流，老早就想大干一下，而直接指挥作战的如克拉克、范佛里特等曾请求增兵，对于侧后登陆也是很感兴趣的，因为他们捡过便宜，而认为这是取得胜利、结束朝鲜战争的最好方法。……所以战争拖延下去，维持现状是肯定的，而登陆的可能性是存在的，因为他野心不死，迟早总要来一回，这一点，在思想上要有明确的认识。……大登、小登、什么时候登、在哪里登，则须看敌人决心大小、能抽出兵力多少及其准备的程度而定。……如果只能抽出两三个师，则在通川或海州登陆的可能性大，能取得正面配合，只能起战役作用，而通川又较海州的可能性大，因为那边人民军阵地比较突出，且敌人今秋已演习过了。如果能抽出四五个师，由在元山或镇南浦登陆就有可能了，而元山又较之镇南浦的可能性大。因为他还能取得平康方面的配合，当然也还有可能选我薄弱之处，以更多的兵力在咸兴、兴南方面登陆。如果小登，明春就有可能；如果大登，可能还要迟一些。也可能先小登而后大登，先通川而后元山，或者先海州而后镇南浦，前者又较后者可能大。不管小登、大登，都需要正面配合，也还需要一定的空降部队配合。现在朝鲜的兵力至多只能抽两个师，从日本和国内抽有困难，即使能抽几个师的兵力，能否解决问题也是值得考虑的。如果不动用蒋介石部队则明年维持战线，配合正面，进行小登陆的可能性大，但也要预见敌人的冒险，尤其是共和党军人上台想大干一下，大登陆是也有可能的……

邓华在报告中说，根据上述判断，志愿军党委对1953年的工作安排是，巩固正面阵地，加强东西海岸和纵深的工事，位于东西海岸的部队应更充分地准备力量，坚决粉碎敌军在我侧后的登陆和空降进攻。正面部队则不应顾虑侧后，在坚守阵地的基础上，积极进行作战准备，以小吃、狠打、逐点攻歼的办法，在1953年的春、夏、秋季各组织一次战术反击作战，整排、整连并争取整营地消灭敌人。

毛泽东完全同意邓华的分析，并指示对美军可能登陆，要做最坏的准备。他在报告上批示：

应肯定敌以五至七个师在汉川鸭绿江线大举登陆，并在我后方空降，时间应准备在春季，也可能更早些，我应十分加强地堡和坑道，部署五个军于这一线，其中要有四个有经验的军，划定防区，坚决阻敌登陆，不可有误。

第二个登陆危险区是通川元山线，第三个危险区是镇南浦汉川线。决不能许敌在西海岸登陆，尤其不能许其在汉川鸭绿江线登陆。

在接见邓华时，毛泽东强调指出，志愿军应从肯定敌人登陆，肯定敌人要从西海岸登陆，肯定敌人在清川江至汉川间登陆这一基点出发，来确定我之行动方针；并指出时间应准备在春季，也可能更早些。

12月8日下午和10日晚，毛泽东在颐年堂主持召开中央书记处会议，讨论朝鲜战争形势问题。代总参谋长聂荣臻、志愿军代司令员邓华列席了会议。东北军区司令员兼政治委员高岗列席了第二次会议。

毛泽东放心不下。12月9日，毛泽东给邓华写信再次强调：“应估计敌已决策在汉川至清川江线登陆，并在积极准备中。我方必须火急准备对敌，粉碎其登陆计划。”

此时，人民解放军总参谋部接到苏军通报的情况：“据美国驻日本军队的军官们最近传出的消息，美军将在一九五三年二月，在朝鲜发动大规模的攻势，准备占领全部北朝鲜，直抵鸭绿江。”通报中还列举了驻日本的美军总部索要北朝鲜东西海岸地图、11 月中旬以来“联合国军”在朝鲜的调动部署和范佛里特要求美国再增派 4 至 5 个师来朝的情况。

12 月 11 日，总参谋部将此情况发给志愿军代司令员邓华和副司令员杨得志，要求志愿军“提起严重注意，加紧准备打敌在我后方登陆，务必完成任务。……特别注意汉川江、清川江、鸭绿江一线”。

12 月 16 日，一份由周恩来起草、以毛泽东名义发给斯大林的电报中，将中国领导人对朝鲜战争局势的分析告知斯大林。电报指出：

朝鲜战局由于停战谈判已告停顿，而美军在朝鲜的损失还没有达到它非罢手不可的程度，估计今后一定时期内（假定为一年），会趋向于激烈化。艾森豪威尔正为其上台后的朝鲜军事行动做准备。

单就朝鲜战场的军事行动做估计，敌人从正面向我较坚固的纵深工事施行攻击的可能性不如向我后方两侧进行登陆作战的可能性大。各种迹象证明，目前敌人正在以大力加强和扩编李承晚伪军，敌海军不断在北朝鲜海面进行演习，敌特亦积极在北朝鲜东西海岸搜集情报。从兵力上计算，敌人在朝鲜现有兵力为十九个师、四个旅和七个独立团，其中美军七个师，英、土等军四个旅，李承晚伪军十二个师和七个独立团，在第一线有十四个师、四个旅和五个团。敌人如向北朝鲜两侧进行登陆作战，从南朝鲜后方至多只能抽出四五个师，从日本和美国需要再抽出四个美国师。如此，方能组织一次大的登陆战役，否则，兵力不足，只能在我战线的近后方，进行战术性的登陆牵制战。战术性的登陆地点，可能在东海岸的通川及西海岸的瓮津半岛和梦金浦里半岛。战略性的登陆地点，可能在东海岸的元山和咸兴及西海岸的镇南浦、新安州地区和铁山半岛。对我威胁最大的是西海岸的战略性登陆，因为我主要运输线是经过这个地区的。登陆作战的时间可能在明年春季，但也可能提早在明年二月开始。为配合这一登陆作战计划，敌人可能采取对中国大陆的牵制行动。例如，轰炸中国安东地区的机场，纵容台湾蒋介石匪军侵扰中国沿海地区，协助在缅甸的中国李弥匪军窜扰中国边境。但战争的关键仍在朝鲜，我如能坚守北朝鲜东西海岸，使敌人的登陆计划失败，并以正面战线的战术出击作配合，给敌人以更多更大的杀伤。那么，朝鲜战局能更加稳定，而向着更加有利于我们的方向发展。

## 中共中央、中央军委做出反登陆作战部署

12月20日，中共中央给志愿军党委发出了由毛泽东起草的指示，要求“准备一切必要条件，坚决粉碎敌人登陆冒险，争取战争更大胜利”。中共中央的指示说：

（一）根据种种情况（艾森豪威尔登台、谈判的中断、联合国通过印度提案），判断敌人有从我侧后海岸线特别是西海岸汉川江、清川江、鸭绿江一线以七个师左右兵力举行冒险登陆进攻的充分可能。

（二）我志愿军协同朝鲜人民军有坚决粉碎敌人登陆进攻、争取战争更大胜利的任务。

（三）为此目的，我军必须：

甲、尽一切可能的力量去极大地增强海岸及其纵深的坚固防御工事；同时增强三八线正面的纵深防御工事以为配合。

乙、在对我侧后威胁最大的海岸线及其纵深部署充分的兵力和火力，保证粉碎敌人从海上的进攻及其大量空降部队的进攻。在其他可能遭受敌人登陆进攻的地区（通川、元山地区，瓮津半岛地区，镇南浦、汉川江地区及咸兴以东地区）则部署可能有的兵力和火力，同样要用其全力争取粉碎敌人的进攻。

丙、坚决地迅速地采取加修新铁路线、改善旧铁路线（满浦球场间），加宽许多公路线，加设仓库站场以及预先运储大量粮弹物资等项措施，保证不论在何种情况下我正面侧面全军（包括人民军）的运输畅通，供应不缺。

丁、我正面各军过去作战战绩很大，在一九五三年应争取更大的成绩，消灭更多的敌人。

戊、政治工作保证全军指战员都具有粉碎敌人进攻争取更大胜利的坚强斗志和高昂士气。

已、特别注意从目前起到一九五三年四月这一段时间内的准备工作，这是战胜敌人的关键所在。

庚、以代理司令员和政治委员邓华同志兼任西海岸指挥部司令员和政治委员，以梁兴初同志为西海指副司令员，西海指的其他干部应予加强。

（四）两年多以来，我志愿军协同朝鲜人民军，在对美帝国主义及其帮凶军的英勇顽强的战斗中，取得了伟大的辉煌的胜利，已经摸清了敌人的底子，克服了很多的困难，积蓄了丰富的经验。美帝国主义采用了很多办法和我们斗争，没有一样不遭到失

败。现在剩下从我侧后冒险登陆的一手，它想用这一手来打击我们。只要我们能把它这一手打下去，使它的冒险归于失败，它的最后失败的局面就确定下来了。中央坚决相信我志愿军协同朝鲜人民军是能够粉碎敌人的冒险计划的。希望同志们小心谨慎，坚忍沉着，动员全力，争取时间，完成一切对敌登陆作战的准备工作，只要准备好了，胜利就是我们的了。

为赢得战争的胜利，中共中央把抗美援朝战争作为1953年国家三大任务的第一项任务，决定继续深入开展增产节约活动，调整国内经济建设项目，削减或缓建一批工程，集中财力、物力保障朝鲜前线作战需要，准备解决因战事扩大而引起军费增多的问题，并请求苏联提供各种火炮和不同型号的炮弹。

中央军委和总参谋部为志愿军的反登陆作战准备和国内防务，也做了必要的计划和部署。

遵照毛泽东对朝鲜今后战局发展的判断和决心，12月9日下午，代总参谋长聂荣臻召集副总参谋长黄克诚、志愿军代司令员邓华、铁道部长兼铁道兵团司令员滕代远、军委运输司令员吕正操、军委作战部副部长王尚荣及各特种兵司令员，研究讨论了防范美军于朝鲜实施侧后登陆的各项战备工作。第二天，聂荣臻将会议讨论的各项计划呈报彭德怀并报毛泽东、朱德、周恩来和林彪。这些计划主要是：

一、除志愿军已在朝鲜的部队外，从西北、中南、华东各抽调一个军开往东北，加上已在东北的一个军，共4个军作为志愿军预备队。

二、拟抽调36门122毫米口径榴弹炮装备一个炮团入朝；抽调2个坦克团入朝，部署在清川江南北两岸；空军正在加紧训练3个轰炸机师，训练完毕后可有90架轰炸机参战；海军组织干部赴安东和清川江两岸勘察地形，准备以一个鱼雷艇大队置于安东，两个海岸炮连置于清川江口两岸。

三、朝鲜铁道的修建与改善，拟先修龟城至球场段（87公里）和球场至德川段（27.5公里），同时改善辑安至球场原有线路。为尽速完成此一艰巨工程，拟由志司筹一个军力量（4万人）帮助及铁道部调3个铁道公安师（2.7万人）和干部技术员工3000人，合计7万人。另由志司抽调一个高射炮师掩护施工。

四、1953年动员50万名新兵，其中西南和华东各16万、中南10万、华北5万、西北2万、东北1万。

五、在辽东半岛的安东至庄河一线和山东半岛也选择重点地区修建国防工事。拟派一个师驻威海—烟台—蓬莱之线，并以一个团驻长山列岛。海军加紧布署长山列岛及山东半岛的海岸炮设备。

中央军委同意该计划。毛泽东12月11日批示："同意这个部署，抓紧检查，务必完成任务。"当天晚上10时，毛泽东约聂荣臻谈话。毛泽东还在第三项计划上批注：

铁路争取四月底完成龟城球场德川线，并于球场、德川间高山修汽车路及大量仓库，先行倒运通车。龟城球场间另需保持一条宽的公路。熙川德川间争取加修一条宽的公路。原有两条争取加宽。满浦球间线路争取大大改善。

12月15日，总参谋部还向各大军区发出指示。总参谋部指出：来自各方的情况以及敌方的公开舆论，均显示敌人似正在准备明年春季向朝鲜我军侧后进行冒险登陆。有消息说，台湾蒋介石集团已叫嚣定明年为"反攻年"，逃往缅甸的李弥残部也令其部队12月积极准备，明年1月开始行动等。据此，台湾蒋介石集团"有极大可能为配合美帝在朝鲜登陆之行动，于明年向我沿海某些地区实施突袭，各大军区应严密注意敌可能进犯之沿海及滇缅边境地区，以及内部潜伏匪特趁机活动，均应做一详细研究，做出预定的作战方案"。

各大军区根据总参谋部的这一指示，进行了相应部署。

28日，中共中央和中央军委发出由毛泽东起草的给华东局、华东军区、福建省委、福建军区的电报。中共中央和中央军委指示，福建军区必须准备以现有兵力，不要依赖任何外援，粉碎台湾、金门的国民党军可能以一个军，向福建沿海岛屿和福建大陆的进攻。在必守岛屿上，必须做永久的坚固的工事，预储粮弹饮水，准备长期坚守，并做好增援计划。抽出叶飞专管军事，全神贯注于对敌作战方面。从目前起两个月内是最关键的时机。

此外，毛泽东还指示加强上海的防空部署，确保上海一带的安全。

1953年1月17日，总参谋部发出《关于加强防空战备的指示》，要求各防空部队加强战备，进一步组织和发挥现有防空力量，使之更好地适应战争需要，给予可能向中国大陆进行空中轰炸或袭扰的美国和国民党军飞机以有力打击。

## 志愿军部署反登陆作战准备

按照中共中央、中央军委的决策和部署，从1952年12月下旬起到1953年4月，志愿军以打好"过关仗"的姿态进行了规模空前的反登陆作战准备。

邓华从北京回到志愿军总部后和杨得志共同主持，于12月17日至21日，连续召开志愿军党委会和军以上干部会议，传达中共中央、中央军委的决策和毛泽东的指示，部署反登陆作战准备。

17 日，志愿军召开党委会议，各兵团、志愿军后方勤务司令部、前方运输司令部首长以及人民军方面崔庸健、朴一禹、金光侠，苏军驻志愿军首席顾问西蒙诺夫中将参加了会议。会议一致赞同和拥护毛泽东关于肯定“联合国军”要登陆，而且肯定在西海岸登陆的判断和决心，并讨论确定了反登陆作战准备的初步方案，“决心不惜任何牺牲，克服任何困难，坚决贯彻主席指示，将敌人歼灭在海上或海滩，绝对不准敌人在侧后站住脚。不仅西海岸如此，而且东海岸元山、通川及海州方面均应做充分准备，正面则积极主动地打击敌人，不断地歼灭敌人，抓住敌人，破坏敌人的登陆计划，并在明年内达到能成营地歼灭敌人”。

会议以西海岸的部署准备为重点，对整个战场的兵力部署调整、指挥关系调整、东西海岸和正面战线的工事构筑等，做了初步决定，并确定一切准备工作务于 1953 年 3 月 15 日以前完成。

紧接着，于 18 日至 21 日，又召开志愿军军以上干部会议，传达毛泽东对邓华《关于朝鲜战局与志愿军一九五三年的方针任务》的报告所作的批示，传达中共中央 12 月 20 日给志愿军关于进行反登陆作战准备的指示，进一步研究和部署了反登陆作战准备工作。邓华在会议上做了报告。

会议指出：“今后的任务是在继续贯彻持久作战，在积极防御这个总的方针下，要以最大的决心和努力，来加强两翼海防，特别是西海岸的防御，要准备打击敌人的登陆、空降和丢原子弹。……要不惜任何牺牲，克服任何困难，坚决不准敌人登陆，敌人登上要坚决消灭它，绝对不准敌人在我们侧后建立一条战线。正面部队则必须准备打击敌人的进攻，并应积极主动地打击敌人，不断地歼灭敌人来抓住敌人，破坏敌人的登陆计划。”

会后，邓华、杨得志于 23 日向各部队下达反登陆作战准备的部署，根据毛泽东关于要把在朝鲜有作战经验的军部署于东西海岸特别是西海岸的指示，决定以第一期轮换入朝的第 23、第 24、第 46 军，分别接替正面第一线的第 38、第 15、第 40 军的防务，而将第 15、第 38、第 40 军部署于东海岸或西海岸；将西海岸大同江以南地区统由第 19 兵团指挥；以东海岸第 9 兵团司令部与正面第 3 兵团司令部对调，以第 3 兵团司令部兼东海岸指挥部。同时对构筑工事，对反坦克和反空降提出了要求。要求部队立即开始部署的调整，至 1953 年 1 月 20 日前，调整完毕；一切准备于 2 月底至迟 3 月 15 日以前完成。

同日，对西海岸反登陆作战准备下达部署令，对步兵部署、特种兵部署、反坦克和反空降部署、工事构筑部署做了具体指示。

当晚，邓华前往平壤，向金日成通报了中共中央、毛泽东对战局的分析和今后作战的指示，以及志愿军党委执行中央指示的具体措施，请示需要朝鲜政府解决的几个问题，包括人民军的反登陆部署问题。

12 月 24 日，金日成主持召开朝鲜劳动党中央政治局会议，邓华到会介绍了有关情况。朝鲜劳动党中央和金日成“完全同意中共中央对朝鲜形势的看法和决定，并同意志愿军党委的具体措施”。

朝鲜劳动党和政府还决定派金雄任东海岸指挥部副司令员、方虎山为西海岸指挥部副司令员；在全国动员大批工人参加构筑海岸工事，尽力满足反登陆作战准备的土木材料需要。

25 日，邓华将此情况电告毛泽东和中央军委。12 月 27 日，毛泽东复电邓华，同意与金日成商定的各事，同意志愿军的各项军事部署。

根据中共中央的指示和朝鲜劳动党中央政治局的决定，志愿军和人民军对东西海岸指挥机构进行了充实调整。

志愿军代司令员和政治委员邓华亲自兼任西海岸联合指挥部的司令员和政治委员，梁兴初、方虎山（人民军）、吴信泉任西海岸指挥部副司令员，杜平任副政治委员兼政治部主任，王政柱任参谋长。在西海岸指挥部下设立空军前方指挥所、海军作战办公室（海军指挥所）、装甲兵第二指挥所（主任罗杰）和炮兵主任办公室（后改为指挥所，司令员高存信、政治委员刘何）。

东海岸联合司令部（东海指）由志愿军第 3 兵团司令部兼任、兵团副司令员王近山兼任东海岸指挥部副司令员代司令员、兵团副政治委员杜义德兼任东海岸指挥部政治委员、人民军金雄任东海岸指挥部副司令员、志愿军第 3 兵团参谋长王蕴瑞兼任东海岸指挥部参谋长、第 3 兵团政治部主任刘有光兼任东海岸指挥部政治部主任。

根据志愿军党委的部署，从 1953 年 1 月开始，东西海岸两个指挥部对所指挥的部队，普遍进行了深入的政治动员。1 月 16 日，经毛泽东批准，中央军委总政治部给志愿军和全军各大单位政治部发出《关于积极准备坚决粉碎敌人登陆冒险的政治动员要点》。总政要求志愿军全体指战员“除继续加强三八线作战，积极歼灭敌人外，必须用一切力量加紧侧后准备，为彻底粉碎敌人的登陆进攻而斗争”。随后，志愿军政治部又发出指示，要求各部队以中央军委总政治部政治动员要点为依据，进一步广泛深入地做好思想政治动员工作。

艾森豪威尔上任后于2月2日发表国情咨文，极力鼓吹美国的全球侵略扩张政策，并正式宣布“放蒋出笼”政策。2月7日，毛泽东回应艾森豪威尔：

我们是要和平的，但是，只要美帝国主义一天不放弃它那种蛮横无理的要求和扩大侵略的阴谋，中国人民的决心就是只有同朝鲜人民一起，一直战斗下去。这不是因为我们好战，我们愿意立即停战，剩下来的问题待将来去解决。但美帝国主义不愿这样做，那么好罢，就打下去，美帝国主义愿意打多少年，我们也就准备跟它打多少年，一直打到美帝国主义愿意罢手的时候为止，一直打到中朝人民完全胜利的时候为止。

毛泽东的讲话，充分展现了站起来了的中国人民敢于和平、敢于胜利的民族自信。

## 调集精兵强将，布下天罗地网

经过1952年春夏巩固阵地的斗争、1952年秋季战术反击作战和上甘岭战役，志愿军和人民军的正面战场已经巩固，几乎是攻则必克，守则必固，完全掌握了正面战场作战的主动权。“联合国军”在正面战场已经无可奈何。因此，志愿军反登陆作战准备战场部署的总体原则是，在保证正面作战力量的同时，重点加强东西海岸的防御力量，而海岸防御又是以西海岸为重点。海岸防御部署与正面部队换防同时进行，将从国内新调入的4个军，先用于海岸防御的第二线部队，熟悉情况，将第一期入朝轮换的3个军，调至正面第一线经受作战锻炼，而将在朝鲜作战较有经验的军从正面第一线调出，加强东西海岸的防御。

根据上述原则和1952年12月志愿军党委会议、志愿军军以上干部会议确定的部署，从12月底即开始战场部署的调整，至1953年1月下旬基本完成，后又进行部分调整，至4月中旬全部调整部署完毕。

调整后正面战线共有志愿军10个军，地面炮兵14个团另28个营，高射炮兵24个营，坦克4个团；人民军3个军团和2个旅。第一线西起礼成江口，东至北汉江以东文登里，依次为第19兵团（司令员韩先楚、副政治委员陈先瑞）指挥的第65、第46、第1军（另第63、第64军为该兵团第二梯队，并与人民军两个旅担任大同江以南西海岸防御）；第9兵团（司令员兼政治委员王建安）指挥的第23、第24军；第20兵团（代司令员郑维山、政治委员张南生）指挥的第67、第60军（第68军为该兵团第二梯队）。文登里以东至东海岸为人民军第3、第7军团（第1军团为第二梯队）。

在西海指指挥下，担任西海岸防御的部队共有志愿军6个军，地面炮兵14个团又

9个营，高射炮兵2个团又13个营，坦克6个团，另人民军1个军团又1个旅。第一线部署志愿军2个军（第38、第50军）又1个师，人民军1个军团和1个旅。第二线部署志愿军4个军（第39、第16、第40、第54军）。

东海岸的防御部署：担任东海岸防御的部队共为志愿军2个军（第12、第15军）又1个师，地面炮兵2个团另3个营，高射炮兵5个营，坦克1个团；人民军2个军团和2个旅。

战场预备队为志愿军第47军（位于谷山地区）和地面炮兵4个团另2个营（位于成川地区）。担任筑路和修工事任务的第21军1个多师，也为战场预备队。

经过调整部署，海岸防御部队兵强马壮，兵力和火力密度大大提高，防御力量大大增强。特别是西海岸，其第一线平均每公里迫击炮以上火炮密度为7.6门、反坦克火炮为5.8门，高射炮火平均每18.5平方公里为一门，另共有坦克219辆。

此时，志愿军在战场上的兵力达到最高峰，共计20个军，连同各特种兵部队、铁道兵团和后方勤务部队等，达135万人。

志愿军空军和海军也参加了反登陆作战准备。

1月3日，彭德怀召集军委空军副政治委员吴法宪、副司令员常乾坤和王秉璋开会，专门研究空军反登陆作战准备问题，就思想准备、飞行员和飞机的准备、战术技术训练等提出要求。

同月，毛泽东在听取军委空军司令员刘亚楼关于志愿军空军作战情况的汇报后指示，加紧战斗锻炼，加紧抗登陆作战准备工作，多多培养有战斗经验的飞行员，注意保存有战斗经验部队的战斗实力。

据此，空军对参加反登陆作战进行了部署和准备。从1953年1月至4月，志愿军空军在第一线始终保持5个师作战。根据志愿军司令部的要求，1月15日，军委空军副司令员王秉璋和苏联空军顾问到安东，与志愿军西海岸指挥部参谋长王政柱共同拟制了陆空协同作战计划。

海军派出快艇基地勘察组、水上障碍设置组、岸防炮设置勘察组，前往安东和朝鲜西海岸进行勘察。海军一个布雷队在西朝鲜湾航道布设了4个雷区，并派出2个海岸炮兵连进入西海岸阵地，还有一个鱼雷艇大队和一个海上巡逻大队，参加了反登陆作战准备。

整个战场部署调整的完成，使志愿军和人民军无论东西海岸的防敌登陆，还是正面战线防御，都有了充足的作战力量。

在1月下旬部署调整基本就绪后，1月30日，志愿军司令部对反登陆作战训练发出指示，要求各部队根据担负任务的不同，利用构筑工事的间隙，以训练干部为主，有计划、有重点地进行训练。

据此，担任东西海岸防御的各部队，在构筑工事的间隙，重点进行反登陆（打军舰、岛屿要塞守备、海岸防御）、反空降、反坦克的基本战术和步、炮、坦协同战术训练。西海岸还进行了陆、空协同战术训练。正面部队进行了以阵地阻击、坚守坑道、连续反击、反空降、小部队活动为中心内容，贯穿步、炮、坦协同作战的训练。至4月20日止，西海岸各军共组织干部战术训练64期，火器使用训练10期，轮训班以上干部1.89万余名。

至4月底，志愿军全军共轮训排以上干部5.45万余名，排以上干部基本轮训了一遍，训练主要武器射手1.95万余名，先后训练两批新兵9.82万余名。各部队根据预定作战方案，进行了实兵战术演习。志愿军司令部还专门组织了合同作战组织指挥的参谋业务学习。经过训练，干部提高了组织指挥能力，军事素养有了显著提高，为后来的作战奠定了良好的基础。

## 以东西海岸为重点构筑铜墙铁壁

西海岸北起铁山半岛，南经镇南浦、沙里院、新里院、延（安）白（川）至礼成江口共约565公里，除镇南浦方向和汉川方向马耳山至黄甲山段地形较好外，其他地段均不利于防守，特别是石秀山以北至清川江口段地形开阔，无险可守；东海岸南起沛川里，北至赴战岭，共约286公里，第一、第二线几乎均没有工事，虽多为山地，有险可依，但元山港、兴南港便于“联合国军”登陆；正面西起礼成江口，东至高城，共约264公里，防御工事有了相当的基础，已经受实战的考验，但平康地区地形平坦、工事较弱，另有个别军的坚固阵地纵深不够大。因此，全面加强防御工事，特别是在东西海岸构筑坑道和永久性的工事，是反登陆作战准备的一项重大工程和艰巨任务。

据此，志愿军司令部确定，以西海岸为筑城第一重点方向，器材供应和运输保障上也以其为重点，要求西海岸在工事构筑上是反登陆、反坦克、反空降，以坑道工事、水泥工事为主，结合野战工事加副防御（水网区、地雷区、反坦克壕等），构成多线大纵深的强固阵地防御体系；以东海岸为第二重点方向，在工事构筑上，主要以坑道工事为骨干，结合野战工事和必要的反坦克水泥工事，构成反登陆、反坦克、反空降的纵深防御体系；以正面为较次要方向，对平康接合部工事进行加固，个别军阵地加大纵深。

按照志愿军司令部的部署，1月至4月，志愿军突击构筑坚固防御工事。各军根据总体作战意图，由军首长亲自组织师团和特种兵指挥员进行防御地带地形的战术勘察，确定师团指挥所位置及阵地编成、兵力布置、火力配制等诸原则。

西海岸于1月初、东海岸于2月初，先后开始动工筑城。为完成这一重大而艰巨的工程，志愿军动员了一切可能的力量，从前方到后方，从部队到机关，从步兵到特种兵，都参加了艰苦的构筑坚固防御工事作业。共有17个军另2个步兵师、9个炮兵师、2个坦克师、3个工兵团，平均每天有50万人参加构工作业。志愿军后方勤务司令部出动运输器材的汽车共9.92万台次，占其全部运输力的30%。

施工期间正是朝鲜最寒冷的时节，气温很低，一般都在零下30摄氏度至零下20摄氏度，冻土层厚达一米左右。参加筑城作业的广大指战员，不怕天寒地冻，不怕流血流汗，昼夜突击施工。他们只有一个念头，就是要赶在“联合国军”登陆前，构筑起一条坚固防线。

经过数月艰苦努力，至1953年4月底，东西海岸和正面战线，共挖掘坑道8090条，总长720余公里，等于开凿出中国境内从天水到成都或朝鲜境内从永兴到釜山的一条石质隧道；挖堑壕、交通壕3100余公里，相当于从新义州到汉城距离的六倍；构筑600余个永备工事和各种掩体10.9万个。加上在此之前构筑的工事，坑道总长达1250余公里，堑壕和交通壕总长6240公里，接近于中国的万里长城（6700公里）。在东西海岸均构筑了反空降和反坦克阵地。东西海岸和正面战线形成了绵亘1130公里、纵深20至30公里的以坑道和永备工事为骨干的完整防御体系，打造了“铜墙铁壁”。

## 改善交通运输网络和囤积作战物资

改善交通运输条件、储运作战物资，也是反登陆作战准备的一个重要任务，主要是由志愿军铁道工程部队、铁道抢修和运输部队、后方勤务部队等完成。

1952年12月上旬，中央军委即将改善朝鲜境内铁路交通状况，作为反登陆作战准备的一个重要任务，决定新建龟城—球场—德川线，同时改善辑安至球场原有线路，以防备万一靠近西海岸的京义线遭到破坏时，在朝鲜内陆仍保证运输畅通。

为完成此项任务，1952年12月中旬，在沈阳成立志愿军新建铁路指挥局，郭维城任局长，在前方铁道运输司令部领导下负责新建铁路的指挥。次年1月，又以志愿军新建铁路指挥局为基础成立中朝新建铁路指挥局，郭维城任局长、金相仁（朝方）任第一副局长。同时组成以朝鲜内阁铁道相朴义完为主席、中朝联合铁道运输司令部前方运输司令员刘居英为副主席的新建铁路理事会，负责监督新建铁路工作。

新建铁路龟城至德川段、价川至殷山段于4月中旬先后通车，并在原有铁路线上新建便桥35座，迂回线路4处。新建的铁路线，使朝鲜北方京义（汉城至新义州）、满浦（满浦至西浦）、平元（平壤至元山）三大铁路干线在纵深地区连为一体。这样，减轻了西海岸平壤以北新安州、价川、西浦三角铁路的运输压力，即使在西海岸京义线被切断时，仍能保证运输不间断。到3月底，新建和加宽公路566公里，架设公路桥梁47座。志愿军和人民军交通运输困难的局面有了很大的改善，形成了一个前后贯通、左右衔接、此断彼通、彼断此通的运输网络，有力地保证了运输畅通。

为保证反登陆作战准备的物资储运，志愿军铁路抢修、运输部队和志愿军后勤系统做了很大努力。

志愿军铁道前方运输司令部及铁路抢修指挥部，根据任务和铁路受损情况，多次调整部署，积极抢修铁路桥梁、车站和线路，保证铁路运输的畅通。

在抢修部队的保障下，在空军和高炮部队的掩护下，1953年第一季度的铁路运输创造了战时朝鲜铁路的最高纪录。这个季度共从国内接入37.7万余车，相当于1951年第一季度的三倍、1952年第4季度的两倍。第一季度部队调动输送，也达到了战时朝鲜境内人员运输的最高纪录。

由于进行反登陆作战准备，在朝志愿军部队增加了约三分之一，物资囤积量与需要量大为增加，尤其物资准备要按铁路运输线可能被切断最严重的情况进行。如此繁重的任务要求在短时间内完成，困难很大。为保证任务的完成，志愿军后方勤务司令部于1952年12月23日至25日召开党委扩大会议，要求既要保证供应，又要保证囤积任务的完成，在1953年2月底前，切实完成全军足够使用4个月的作战物资和粮食抢运囤积任务，在时间上只准提前不准推后，在任务上只准超过不准减少。为加强志愿军后方勤务司令部的领导力量，1953年1月，中央军委任命吴先恩为后方勤务司令部副司令员。

中央军委从国内的西北、华东、中南军区抽调4个汽车团入朝，另给志后增加9个汽车修理排。志后直属的汽车团达到17个，汽车运力有了明显增强。志后抽调1个汽车团、2个医院和4个分站，加强第5分部保障力量，以重点保障西海岸6个军的供应和物资囤积。中央军委还调3个医院和14个医疗队入朝，部署在西海岸地区。

在铁道工程部队、铁路抢修和运输部队、后勤系统的共同努力下，至3月底，弹药总囤积量已达12.38万余吨，超过1952年12月末弹药囤积量的65.2%，其中各军共储备4.36万余吨，每个炮师平均储备1074吨；粮食总囤积量达24.8万余吨，可供志愿军食用8个半月；马料囤积可供全军马匹食用5个半月；食油囤积可供全军食用6个半月、食盐8个半月、菜类5个半月、肉类3个多月；汽油储备了4个月的消耗量。各部队给养储备量均在2个月以上。反登陆作战物资准备工作的完成，为后来志愿军进行的夏季反击战役提供了充足的作战物资。

## “联合国军”知难而退

到1953年4月底，反登陆作战准备全面顺利完成，等待“联合国军”自投罗网。

中朝军队声势浩大的反登陆作战准备，引起美国当局的高度重视。美国情报部门分析说，目前布置在北朝鲜的部队大约有19个中国军和5个北朝鲜军团，这些部队中的每个步兵师均配备有炮兵、火箭炮兵和坦克部队。其中大约有30万人被布置在可能发生登陆作战的海岸地区，可以立即投入海岸地区的作战。

“自1951年以来，共产党已极大地加强了他们的海岸与前线防御，建立了一个组织严密、设施完备、纵深可能达20英里的防御体系。在此背后，可以肯定还有一个相对薄弱的第二防御地带。在横贯朝鲜蜂腰部地区还有第三防御地带。……沿目前的战线至东西海岸，一个大纵深的坚固的防御体系已经形成。在上述地区中，后勤储备状况已得到了极大改善。”

美国中央情报局认为，一旦“联合国军”按计划在朝鲜发动进攻，“共产党马上做出的反应必定是进行拼命的抵抗。中国军队将展开最大限度的地面防御来抗拒联合国军的进攻，并实施坚决的反击”。中国空军将全力以赴地保卫共产党的领空安全，并会对“联合国军”的登陆部队发动空中进攻，同时很有可能会在联合国军控制的地域展开大范围的空中作战。“我们相信，共产党人将忍受得住在反击或抵抗联合国军进攻作战中所蒙受的人员与装备损失。同时，我们无法断定，这种损失程度是否会迫使共产党去寻求停战”。

美国参谋长联席会议同意这种看法。如果要在朝鲜进行大规模军事行动，美国军方认为，即使立即开始进行准备最少也需要一年时间。美国国家安全委员会计划署起草的分析报告认为，如果打起来，则至少需要做打两年（即打到1955年）的准备，作战费用估计需要追加70至77亿美元。如果真是那样的话，那么艾森豪威尔尽快结束朝鲜战争和降低财政赤字这两项在竞选总统时许下的主要诺言就要落空。

在这种情况下，美国艾森豪威尔政府不得不知难而退，其大规模军事冒险计划只好胎死腹中，转而寻求谈判解决问题。4 月 20 日，战争双方开始交换病伤战俘。26 日，中断 6 个月之久的停战谈判重新恢复。

这次反登陆作战准备，规模之大，时间之长，超过了抗美援朝战争历次战役准备。它彻底解决了志愿军和人民军的后顾之忧，从而使志愿军从根本上掌握了整个战场的主动权。反登陆准备为抗美援朝战争的最后胜利铺平了道路。

# 二十七 碧潼战俘营

志愿军入朝时曾明令全军约法三章（并协同友军），要求对“联合国军”和南朝鲜军战俘实行人道主义的宽待政策，对战俘不杀、不辱、不搜腰包。第一次战役中，少数战士执行政策出现一点问题，如拿走俘虏的金笔、怀表等。这种现象被立即制止。拿取的战俘财物被勒令归还，并向战俘道歉。随后，志愿军又进行了严肃的战俘政策教育。金日成和彭德怀发布关于战俘待遇的命令，规定：1. 保证战俘生命安全；2. 保留战俘个人的财物不准动；3. 不得侮辱战俘人格、不准虐待战俘；4. 如有伤、有病应予治疗。这些规定，用志愿军战士的话说就是“眼不红（不杀俘虏），心不动（不拿俘虏财物），俘虏人格要尊重（不侮辱战俘）”。以后每次在做战役动员时，都要重申有关俘虏政策，并对执行情况进行检查。

## 建立碧潼战俘营

当第一次战役还在进行的时候，中共中央与中央军委着眼于敌军工作与战俘收容、管理工作的开展，开始在全国、全军征调军政干部与翻译人员入朝。在朝鲜，彭德怀派出志愿军总部保卫科长于忠智到前线了解俘虏的情况，又派保卫部长杨霖和于忠智一同前往朝鲜北方平安北道的碧潼郡选择营地，专门安置“联合国军”战俘。

1951 年 1 月 18 日，国内选调的 60 余名俘管干部与翻译人员在总政治部派出的干部徐元甫率领下到达碧潼，选址征房，筹建起俘虏管理机构，战俘营开始建立。之后，前线抓获的“联合国军”战俘都集中到这里。

后来几次战役，志愿军在战场上连连胜利，俘获了更多数量、更多国别的俘虏，战俘营规模需要扩大。1951 年 3 月 13 日，中央军委紧急做出由各大军区调组外俘管训团的决定。除在朝作战的志愿军第 9、第 13、第 19 兵团各组织一个外俘管训团外，由国内西北、西南、华东、中南等军区各组织一个外俘管训大队，到朝鲜参加外俘管训工作，并学习敌军工作经验。

3 月 18 日，志愿军政治部发出《关于组织俘管团事》的通知：

鉴于朝鲜人力、物力的困难，今后无论美俘、伪俘一律由我志愿军负责管理、训练，并请朝方派人参加。但美俘、伪俘必须分别收容，以便管理和教育。……在朝作战各兵团俘管团负责前方接受俘虏，并将俘虏送到后方俘管团。国内各区到朝鲜的外俘管训团，分布于鸭绿江南岸沿线。

三、四月间，各大军区组成的俘管团先后来到碧潼，同时从全国抽来的各类人员也纷纷到来。特别是由华东各省及上海等地组成的第 7 与第 10 医疗防疫队相继到达。这是一支规模可观的医疗队伍，共有医护人员 200 余名，而且医术精良，随队还带来大量药品与设备。两个医疗队到达后，迅速建立总医院，后来组成的各战俘营也建立了卫生所（或称分院）。总院与分院均设住院与门诊部，除收治所有的重病号外，还定期到各中队开展巡回医疗及卫生防疫工作。

以后，战俘营各级医疗机构不断完善，设备逐渐齐全，总医院床位达到 120 张，设立内科、外科、眼科、耳鼻喉科、口腔科、放射科、检验科、手术室、化验室、X 光室及药房等科室，还增设了万能手术台和无影灯等设备。

到 4 月中下旬，伤病战俘全部得到有效救治，阻止了疾病蔓延，实现了中央军委提出的降低发病率和死亡率的要求。

4 月 24 日，根据志愿军党委的决定，志愿军政治部向中央军委总政治部建议，组成志愿军战俘管理处，统管战俘工作，并得到批准。志愿军政治部战俘管理处，简称“俘管处”，东北军区敌工部长王央公任主任、徐元甫任副主任。王央公有长期管理俘虏的经验，曾经管理过伪满甲级战犯溥仪、国民党被俘高级将领郑洞国、廖耀湘等。

从全国抽调的志愿军俘管处干部，一部分是来自中央军委机关和各军区的军政干部，一部分是来自国家机关的干部和国内高等院校的外语师生。俘管处下设 4 个俘管团和 2 个俘管大队，也统称为各个战俘营。其中两个团负责收容管理南朝鲜军战俘，另 2 个团和 2 个大队负责收容和管理“联合国军”战俘。

每个战俘营包括数个中队，每个中队管理三四百名战俘不等。各战俘营地分布在沿鸭绿江南岸的碧潼郡境内及与碧潼邻近的昌城、渭原郡。处直机关设于碧潼城，因此，人们习惯上将战俘营称为“碧潼战俘营”或“鸭绿江战俘营”。

碧潼是朝鲜北部一座边境山城，山水环抱，北临鸭绿江水库，与中国辽宁省的宽甸县隔江相望。碧潼战俘营的物资补给来自中国，往来的物资运输要绕经新义州、丹东。尽管如此，这里的物资供给比战场上还是近便，而且离战场较远，环境比较安静，有利于安定战俘情绪及开展战俘管教工作。

## 一样的战俘，不一样的性情

志愿军先后共收容有美国、加拿大、英国、法国、荷兰、比利时、希腊、土耳其、菲律宾、日本、哥伦比亚、波多黎各、南非、澳大利亚、南朝鲜等遍及五大洲共 15 个国家的战俘。

各国战俘有不同的特点。美国战俘人数最多，约 3500 人，军衔最高的是美第 24 师少将师长迪安，以下有校、尉军官及军士、士兵等。美军受美国生活方式及教育方式的影响，尤其是军官对志愿军长时间怀有敌对、恐惧情绪，少数人还有某种民族优越感。美军军官与士兵之间界线分明，白人士兵对黑人士兵存在种族歧视。

美国战俘比较其他各国战俘最显著的特点就是娇生惯养，不能吃苦。美国军人参军的动机虽不完全相同，但比较普遍的是所谓“三个 W”，就是工薪待遇、酒和女人（Wage，Wine，Woman）以及周游世界（tour the world），为的是追求快乐和享受。美军战俘在艰难环境中缺乏顽强的生存能力，一遇艰苦就精神颓丧、情绪低落。一些年轻士兵往往整天想家，患了所谓“绝望症”，根本放弃生存希望，最后竟成不治之症。美国的军士是职业军人，年龄较大，生活能力也比较强，生病与死亡的少。美军战俘整体互助精神比较差，除两三朋友关系密切之外，一般彼此间都很淡漠，主动热情去照顾同室和同队病号的人极少。在困难的时候，有的战俘甚至把患病、体弱者的饭抢去吃掉，不顾病人死活。极个别的战俘甚至因嫌弃病号，怕病号传染疾病，竟在夜间将病号拖到室外雪地里冻死。美军战俘中种族矛盾也较突出。有的白人不愿与黑人同住一室，在围火盆烤火时，不让黑人同烤。在开始，志愿军战俘营条件尚处于艰苦阶段时，在黑白战俘同住的房间内，曾发生一黑人战俘因激愤在夜间掐死一白人战俘的事件，原因是这个白人对睡在旁边的黑人战俘表示嫌弃，骂他“黑鬼太脏”，引起别的黑人愤愤不平。在日常生活中，黑人战俘与白人战俘较少往来，互相交朋友的事更是少见。但美国战俘有一点值得称道，他们大都很尊重事实，服从真理，而且表里如一，比较诚实，富有感情。

英国战俘的数目仅次于美国，约有 1000 名，军衔最高的为格罗斯特团团长弗雷德·卡恩上校。英国战俘的素质与美俘有显著差异。英军战俘总的说来比较深沉、冷静，自律性比较强。战俘平均年龄比较大，其中一些人还经受过第二次世界大战的严酷考验，所以在被俘后的早期艰苦环境中，绝大部分英军战俘都能挺得住，保持良好的精神状态。平时很少见有萎靡不振、低沉、抑郁的表现。他们一般衣着整洁，内务有条理，经常在户外活动，几乎看不到有在室内躺卧者。他们都很讲究礼貌，对战俘营的各项规章制度能够服从，违纪现象不多见。不少人时时都保持皇家军人的仪态，生活态度严谨，有比较好的教养。英国军人看不起美国兵一副暴发户的轻浮样子。

澳大利亚和加拿大随同英国出兵朝鲜，加拿大被俘军人 32 名，澳大利亚有 26 名，均称英联邦军战俘。澳、加战俘在表现上与英军战俘有相似之处，也有与美军战俘相似处。

土耳其被俘官兵共 240 人，绝大部分是农牧民出身，淳厚、朴实，没有多少文化。他们在国内过惯了艰苦的生活，所以对战俘营早期艰难生活完全不以为然，适应得很好。最早被俘的一批土耳其战俘到碧潼时，还处在给养靠朝鲜人民军向朝鲜乡民征集阶段，每日供给的黄豆、玉米和部分小米，美国战俘吃不下去，也不会吃，而土耳其战俘却会想办法吃。他们在美机轰炸的废墟瓦砾中捡块破铁片，用几块砖支起来，点上火炒着吃，吃起炒熟的黄豆、玉米来津津有味。没有开水供应，他们就喝冷水，习以为常。土耳其战俘身体好，也不怕冷，在屋里坐不住，整天在这里扒，那里挖，忙个不停。据说是想挖出些财物来。有时他们把发下来的原粮或面粉做成小饼或炒熟，向美国兵兜售，换取美钞、手表、戒指一类东西，搞“黑市交易”。土耳其战俘整天乐呵呵的，憨态可掬。战俘之间很团结，有事能互相照料。一旦出现病号，他们个个都表示关心，问寒问暖，打病号饭，尽心照料。

菲律宾战俘大都出身贫民，文化素质普遍较低，同时其国内生活也苦，因此与土耳其战俘有相同之处。能够轻松地适应战场艰苦环境，情绪稳定，精神良好。

日本战俘只有 3 个人，是美军中的雇佣兵，做翻译或技术工作，平时表现得谦恭有礼，但比较圆滑，似乎并不真诚。日本战俘吃苦精神比较好，情绪稳定，身体健康。

其他国家的战俘，如荷兰、比利时、希腊、法国、哥伦比亚及波多黎各、南非战俘人数不多，无十分显著的特点。但各国战俘基本表现出反对战争、拥护和平的热情，对志愿军给予的良好待遇十分感谢。

## 弥合鸿沟的和平工程

在对战俘的管理教育上，开始时，俘管处存在宁左勿右的倾向，延续国内改造教育俘虏的旧模式，对“联合国军”战俘的特性认识深度不够。比如，对战俘进行思想教育时，简单生硬地给他们讲社会发展史，讲劳动创造世界、创造人类本身，人是由古猿变来的。

这些观念与“联合国军”战俘传统观念中“上帝创造宇宙万物，又创造了人类始祖亚当、夏娃”的宗教信仰截然不同，在战俘中引起了轩然大波。战俘听到俘管干部的这种说法时，个个伸长脖子摇着头，表示根本不相信，认为这样讲是对上帝的亵渎。还有些干部给战俘讲剥削制度，讲美国的腐朽、没落，资本主义已进入垂死阶段等，这也引起战俘的思想抵触、情绪波动。战俘普遍对教育感到厌倦。

不少战俘认为志愿军是进行“宣传”（西方与中国对宣传的看法不同，认为“宣传”就是撒谎、骗人），是“洗脑”“灌输”，要他们“背叛自己的国家和政府”等。战俘中存在着与管教干部相对立的情绪。

1951 年夏秋间，军委总政治部派出敌军工作部黄远部长来到志愿军碧潼战俘营，向俘管处传达周恩来的指示。周恩来指示的核心内容是：“消除敌对，缓和矛盾；拥护和平，反对战争。”

根据周恩来的这一指示，俘管处重新对战俘的管理教育工作进行调整，终止不切实际、不问对象的教育要求与方式。对战俘只进行与他们愿望相一致的和平工程教育，反复细致地对战俘讲述志愿军的政策，使战俘消除对志愿军敌对、恐惧、怀疑的情绪，打破美军对他们进行的蒙骗、敌视宣传。

对于“联合国军”战俘的称谓，开始时各战俘营、中队没有统一要求，有的称“俘虏们”“各位俘虏”，有的称“大伙”或“朋友们”，有的什么称呼也没有，只严厉地喊一声“安静”，便开始讲话或做报告。称谓看起来事小，却可以体现志愿军宽待俘虏的政策。俘管处主任王央公在报经军委总政治部批准后，统一把对战俘的称呼改为“学员们”。改称后，战俘反应热烈，认为不把他们当俘虏看待而当作学员，拉近了他们与俘管人员之间的距离。

志愿军进行的和平工程教育有以下一些内容：

最初，是对战俘进行志愿军宽待政策的教育。在这项教育中，俘管干部向战俘解释人民解放军的建军原则、军队的性质，以及中国军队为什么会入朝作战等。在此基础上进一步讲清志愿军宽待政策的内容，使战俘认识到志愿军是一支与其他军队迥然不同的文明之师、仁义之师；志愿军言行一致，纪律严明，说到一定做到。同时，还向战俘说明志愿军与美、英等资本主义国家普通人民并没有根本的利害冲突。在他们放下武器后，志愿军即不再把他们当作敌人对待。用事实说话，消除、化解战俘对志愿军的敌对、恐惧与怀疑态度，使战俘情绪尽快安定下来。经过这些教育，战俘根据自己被俘后的实际经历，普遍感到放心，有的战俘反映说："听了俘虏政策，我们松了一口气。""未听到政策报告前心里很紧张，心情一直很不平静。现在心里有了底，好多了。"

俘管干部还给战俘讲战争形势、介绍停战谈判情况。讲课时，会场秩序非常好，战俘都聚精会神地听讲。如果隔一段时间不集中起来讲讲形势与时事，战俘还很着急，见到俘管干部就围着问东问西。

志愿军进行的和平工程教育不仅受到战俘的欢迎，也得到国际民主和平著名人士的直接参与、支持与赞扬。英国、澳大利亚、捷克斯洛伐克等国的记者，法国和平理事会主席法奇，英国妇女领袖、曾获斯大林国际和平奖金的费尔顿夫人等到战俘营参观、访问，直接与各国战俘接触，了解志愿军宽待政策的全面情况，了解各国战俘的实际生活情况与反应。这些人把在战俘营的见闻写成文章，或回国进行演讲。由于这些事情都是他们耳闻目睹的，非常真实，因此获得了各国人民尤其战俘家属的热烈欢迎。

除上述人士外，受到战俘欢迎、给战俘印象最深刻的要算美籍华人陈志昆先生。陈先生是孙中山先生的亲戚，受宋庆龄的委托来到志愿军碧潼战俘营。他在战俘营停留了将近 3 个月，每天都和战俘生活在一起，彼此间无拘无束地畅谈各种话题。陈志昆先生对美军战俘讲美国国内的情况，从政治、经济、文化、社会、物价涨落、政党、社团及美国各阶层人民对朝鲜战争的态度，到好莱坞拍了什么新片，歌坛、体坛涌现什么新星，美国西部牛仔故事，夏威夷的土风舞等，无所不谈。他还广泛征集战俘对俘管人员的意见，以及他们对美国政府和对自己家乡亲友有些什么要求等。他还答应将录下的磁带和拍下的照片，设法转给他们的亲人。他被美军战俘称为"来自家乡的民间大使"。

和平工程在"联合国军"战俘中产生了热烈反响。他们中的许多人积极参与和平运动，要求停战，反对战争。战俘经过酝酿，建立了拥护和平委员会。由美军第 24 师第 52 野战炮兵营上尉安勃鲁斯・牛金特任主席、英军第 29 旅第 8 骠骑兵队的战俘罗纳德·柯克斯任副主席。

1951 年 12 月 14 日，朝鲜停战谈判关于战俘问题的第四项议程刚刚开始两天，美国第 8 集团军军法处长汉弗莱上校被授意抛出所谓朝中军队杀害战俘的造谣声明，企图为停战谈判制造障碍。汉弗莱的声明立即受到战俘的激烈反对。战俘和平委员会于 12 月 20 日发表《告全世界和平人民书》，用他们的亲身经历批驳汉弗莱的谣言。声明说："中国人民志愿军好极了，不仅让我们吃得很好，而且十分和善地照顾我们。""我们大家一直希望此刻正在进行的停战谈判能够尽早胜利结束。但'联合国军'曾使用种种拖延手段，美国最近的拖延战术实例就是第 8 集团军汉弗莱上校的声明，这是处心积虑地阻挠停战谈判。"许多战俘还通过广播、信件等形式，讲述亲身经历，揭露美军的不实宣传。

## 丰富多彩的战俘营生活

俘管处建立后，设立供给处、卫生处，并建立健全处直属机构及战俘营（团）的管理体制。军委总后勤部拨给充足的经费，保障俘管处各项工作的展开。供给部门经常派人到鸭绿江北岸中国境内的城乡大量采购油、盐、肉类、蔬菜等副食品和生活娱乐用品。

战俘的伙食标准高于志愿军战士和一般干部，相当于营、团干部的中灶水平。主食取消了粗粮，全部供给细粮，每人每天 875 克。副食除菜金标准外，每人每天增加 50 克肉、50 克鱼，病号灶再增加这个标准的一半，重伤病员的标准增加一倍还多。折合成人民币（1953 年改制前的旧币值）普通伙食每人每天 1545 元、病员伙食 2313 元、重伤病员伙食 3634 元。因此，战俘营肉类、蛋、鱼、各种蔬菜都有充足供应。战俘每日至少一餐可吃到荤菜。逢年过节，再加上补助费，战俘营常进行会餐，菜肴非常丰盛，猪、鸡、牛、羊、鱼肉都可吃到，平时也常吃到各种肉类罐头。由于伙食供应品种齐全，战俘对伙食从未有过不满情绪或意见。土耳其、菲律宾等国战俘对伙食更是赞不绝口，说比他们在本国及本国军队中的伙食强多了。

开始时，战俘的饭食由志愿军炊事员做，后来为使战俘按他们各自国家的生活习惯吃饭，俘管处发动战俘中的原炊事兵和会做饭的战俘自己做饭。战俘吃不惯中国的馒头，就为他们配备了面包炉。另外，根据西方人的生活习惯，每月还定量供给每人白糖 2 斤，并定期发放烟叶、肥皂、毛巾、牙刷等。

1951 年 5 月，朝鲜北部气候开始转入夏季，战俘与志愿军官兵同时换装。每个战俘发给两套全新的夏季外衣、两套全新的衬衣、内裤并且配有制式帽子、袜子及胶鞋。到10月初，朝鲜北部气候进入冬初时，又为战俘换发全套冬装被服，有棉衣一套、棉大衣一件、棉帽一顶、棉胶底高筒鞋一双、厚袜两双、棉手套一副及内衣，另有毛毯、棉被。穿上厚厚的冬服，冬季再冷也不用顾虑会冻伤。以后，每年的春秋季节，战俘都按规定换发着装。

为了与志愿军相区别，战俘的服装一律与中国老百姓普遍的衣着颜色相同，即冬夏外衣为蓝色，衬衣为白色，大衣为灰色，鞋子是黑色胶底鞋。

战俘营生活条件改善后，又组织开展卫生运动，灭虱、消毒、打预防针，并建了澡堂，配备了理发员，战俘都能正常理发、洗澡。生病、负伤住院的战俘，有志愿军的医务人员给他们治疗。对重病号用最好的药，尽最大的能力救治。病伤战俘对战俘医院有最深刻的感触。他们原以为无望的生命在战俘营医院复活了。遣返前，住院的战俘或被治愈出院的战俘留下许多反映医院生活的文字。

美军第2师第9团第3营坦克连一位中士（军号为19259991）写道：

我们是1951年10月14日进院的，来后受到了医院工作人员的热情接待。我们中有许多人濒临死亡，负伤又有病。当日晚上，医院工作人员就开始诊治，并为我们提供饭食和铺盖。

第二天为我们供应了类似美国饭的三餐热饭，还发给了我们草莓果酱、糖、面包、烟草及其他许多几个月来完全没有见过的东西。每天早晨我们醒来后，就有一位护士为我们端来一杯热奶。

我们每日的食谱中有牛肉、猪肉或鸡肉，同时还有各种不同的新鲜蔬菜。

对病情严重到濒危地步的人，除使用现有的最好药物治疗外，并对他们进行特别护理，每日吃四至六次饭食。

医护人员不分昼夜，隔几分钟就要查房一次，并且24小时随时发药诊治。现在我们都在康复中，有的人还发胖了，我现在就又胖又健壮。

美军第21师第19团第3营L连的狄克逊，军号为0-62650的美军少校莱伊·德奥伟、加拿大战俘贝勒蒂尔等人都是这样描述战俘营医院的。

澳大利亚《悉尼先锋报》报道，参加访问碧潼战俘营的“联合国军”代表团的英国医生，在对战俘进行健康检查后一致反映说：“这些人的健康状况非常良好，证明他们得到了充分的照顾和医药治疗。”

一则路透社报道说，8月5日在英俘营检查英联邦战俘的医生们说：“大多数人看上去都是良好的、健康的。”加拿大皇家陆军医疗队的高级顾问华尔特·麦康纳尔上校说：“一些战俘还安上了新的、非常合适的假牙。”

随着生活的提高，卫生、医疗条件的全面改善，文娱、体育活动也在各战俘营中蓬勃开展起来。

1951年末，设于碧潼的第5战俘营首先有了俱乐部，很受战俘欢迎。1952年春，各战俘营及下属中队都建立起了俱乐部。据统计，当时共建了30多个战俘营与中队两级俱乐部。

这是完全由战俘组成、为战俘服务的俱乐部。俱乐部委员由战俘无记名投票产生，俱乐部的活动范围覆盖战俘的伙食管理、文体娱乐、阅读写作、通信、宗教活动、节日安排、照料病号等各个方面。除了出公差和执行纪律两项外，俱乐部总管战俘生活的各个方面。同时，俱乐部也是俘管人员与战俘沟通的桥梁。战俘的意见、建议通过每月、每周召开的俱乐部会议向俘管处转达。战俘营管理机构的安排通过俱乐部向战俘传达解释。这种沟通形式使志愿军俘管人员与战俘间的关系更为融洽。后来，俘管处也建立了俱乐部，形成自下而上的三级组织体系。

每个俱乐部设主席、副主席各一人，六名委员。每个委员负责俱乐部内一个部门的工作。俱乐部主席、副主席及各个委员每周六要开会总结上周情况，安排下周工作计划。每月第一天要召开一次俱乐部全体大会，检讨上月各项工作开展情况，听取意见和建议，研究通过其他事项。

从俘管处到战俘营各团、队，还经常召集战俘开各种座谈会，听取他们对生活、管理、文体活动等方面的意见。每次召开座谈会，研究文体活动时，战俘发言最热烈，争先恐后地各抒己见。对战俘的看法，凡正确的、合理的都予以接受；不正确或办不到的意见和要求，则予以耐心疏导和解释。俘管人员经常与各国战俘谈心，广交朋友。各中队的俘管人员，都与战俘住在同一个营区内，随时相互往来，没有界限。平时还在一起打球、打牌，气氛融洽。

战俘营的文娱活动是丰富多样的。

俘管处从国内各大城市购置了大量文娱、体育器材，及许多报刊、书籍，包括美、英等国的古典与当代文艺作品，分发到各战俘营俱乐部。了解到美国战俘喜爱橄榄球运动，俘管处便通过有关方面，专门从国外购进一些橄榄球。这样，美军战俘每周都可以进行橄榄球赛。

娱乐活动主要集中在体育运动方面。篮球、足球、美式橄榄球、排球、拳击、摔跤、游泳、滑冰等运动项目都有大量爱好者。在战俘营区内，建立了固定或移动拳击场、篮球场等运动场所，甚至在鸭绿江边建了高出水面 19 米的跳水跳台。室内游艺活动包括国际象棋（棋盘与棋子均是战俘自己刻制的）、多米诺骨牌、乒乓球、掷飞镖游戏、宾果游戏、弹子游戏及各种扑克牌游戏等。每天都有很多人总是在忙于计划、安排这方面的活动。

1952 年 11 月 13 日至 26 日，战俘营举办的一次规模宏大，有十几个国家战俘参加的“奥林匹克”运动大会把战俘营体育运动推向高潮。

运动会从开幕到闭幕历时 14 天，参赛选手 500 多人，分别属于美、英、加、澳、韩、菲、土、法、荷、比、希、波多黎各等 12 个不同国家和地区。运动会开幕式模仿国际奥林匹克运动大会，既正式又庄严。先是运动员高擎五彩缤纷的旗帜，迈着雄健的步伐，一个方阵一个方阵地进行入场式。然后是美国战俘一等兵威利斯・斯通举着“奥运”火炬进场点燃熊熊燃烧的大火炬，接着升会旗，运动员庄严宣誓。

运动会的项目有球类（足球、篮球、排球、棒球、美式橄榄球）、田径、体操、拳击、摔跤及技巧运动等数十项。

运动员白天在运动场上竞技、比赛，晚上则欣赏各种文娱节目的演出。战俘排演的节目、志愿军宣传队的文艺节目以及电影晚会等，天天不断。

整个运动会自始至终，从主持大会、组织竞赛、运动裁判到大会新闻采编、摄影及其他各项服务工作，一律是战俘担任。各国战俘热情高涨，每一项工作都进行得非常顺利，与会者人人满意。

两周后，战俘营“奥林匹克”运动会在和谐、友好、愉快的气氛中举行了庄严的闭幕式。

对这次运动会，美国战俘克莱伦斯・康文顿军士说：“凡是头脑健全、具有理智者，都不会说这里的战俘，不论现在或过去，没有得到最好的照顾。……我还要指出，这次大会是争取和平与美好未来的一种真诚友谊的体现。”

美国战俘汤姆・戴维斯从这次运动会上认识到，“文化、种族、信仰都算不得什么。我们是聚居在一起的人类，都具有完全平等、互相尊重的感情……可以一道在友谊与和平中生活”。

在土耳其军任中校顾问的一个美国军官说：“从前我们满以为共产主义是没有自由的，可是在这个运动会上，我们所见到的却是充分的自由。不同肤色的人，不抱任何成见地在一起竞赛。由此，我确信中美两国是可以友好相处的。”

各战俘中队图书室藏书品种也比较多，小说、故事、剧本、诗歌等文艺类读物相当齐全。有美、英、法、西班牙等多国古典名家的作品，也有中国、苏联作家的作品。如德莱塞的《美国的悲剧》、杰克·伦敦的《马丁·伊登》《铁蹄》《海狼》、辛克莱的《屠场》《福特汽车大王》、斯特朗的《人类的明天》《中国的黎明》、约翰·里德的《震撼世界的十日》、史沫特莱的《中国的红军在前进》《中国人的命运》、海明威的《丧钟为谁而鸣》《老人与海》、斯坦倍克的《愤怒的葡萄》《人鼠之间》、斯诺的《西行漫记》、杜波依斯的《黑人的灵魂》《黑色的火焰》、拉尔夫·埃利森的《隐形人》、狄更斯的《双城记》《雾都孤儿》《大卫·科波菲尔》等，也有托尔斯泰、高尔基、鲁迅等作家的一些作品。另外还有一些名人传记，如富兰克林、爱迪生等人的，也有一些介绍中国、苏联情况的书，还有美、英等国的报纸。喜欢阅读和关心时事的战俘都可以找到自己要读的东西。

图书室安排专人管理，所有图书一律编了书目，人人都发给一张借书卡，一期可借 4 天，续借也可续 4 天。如有还书过期或将书损坏者，停止借书一周。各类书都像在书店一样，分类陈列在书架上，各种杂志可随时签名借阅。

对于早年因家境贫寒或交通不便没有受到正式教育的战俘，战俘营还组织了文化学习班，如南朝鲜军在战俘中选出文化较高者任教员进行系统上课。这种努力取得了明显成效。到 1953 年遣返时，战俘中的文盲一般都脱离了文盲状态，达到能读书看报的水平。

各国战俘都有各自的传统节日。俘管处调查后，对他们分别予以照顾，为他们准备丰盛的过节食品与饮料，让战俘都能过好自己的节日。西方人习惯过圣诞节与新年，美国人还有一个感恩节，英国人有加冕节与复活节，土耳其人有开斋节与古尔邦节，南朝鲜则过春节、中秋节等。

节日期间，战俘可以进行相应的活动项目，如宗教仪式、演唱等，气氛相当热闹，其中以圣诞节为最。

一位在第二次世界大战中当过德国战俘的美国军士长在圣诞晚会上说：“德国人信奉基督教，可是他们不但不让我们过圣诞节，而且还要虐待我们。你们不信宗教，但却为我们筹办了一个极为隆重的圣诞节，给我们这般好的待遇……”

志愿军的俘虏政策对战俘产生了影响。战争后期，各国战俘，不论军阶、人种，他们的思想情绪、对志愿军的态度、对中国的看法都有了明显的变化。

俘管人员对战俘平等相待，战俘也尊重俘管人员。1952 年，俘管处主任王央公到各战俘营检查工作，并深入到中队的战俘宿舍巡查。每到一处，战俘听到介绍“王司令官来看你们啦”，都肃然起敬，站立起来表示欢迎。

从碧潼战俘营走出去的“联合国军”战俘都对这个地方留下良好的印象。战俘说：“被中国人俘虏，在许多方面都是一种奇遇（a novel experience in many ways）。”“更像是在做客（more like being a guest）。”认为中国的战俘营是“世界历史上从没有见过的”。

英军战俘对志愿军从前线起一直到后方战俘营始终如一地关心战俘表示由衷感激。战俘或写文章，或向国内写信赞誉。英国陆军大臣赫德对此曾公开承认，他说：“从我们所知道的他们（指战俘）给亲戚的6000多封信里，几乎众口一词地说他们的待遇是相当好的。”

美国一名中校克莱克·康贝说：“我很明白，我们在这里所受的待遇是你们所能达到的最好待遇。我们和你们住同样的房子，吃同样的伙食，没有受过任何侮辱。这一切都是我在被俘前，所不能想象的。”

黑人战俘还有另一种感受：“他们（指志愿军）对黑人、白人及各国人都一视同仁。我有生以来，在战俘营中才第一次感受到被人平等看待。”

美军战俘费朗托说志愿军战俘营是“世界第一等战俘营”。另一位美军战俘戴维斯说：“自二次世界大战以来，我们是最幸运的战俘了。”英军战俘杜鲁思写道：“中国人民志愿军的宽待政策被证明是如此之好，可以说在历史上从来没有听到过对俘虏有这样好的待遇。”

“联合国军”战俘给战俘营一个称号：“碧潼世界大学。”

# 二十八　久拖不决的战俘谈判

朝鲜战争停战谈判确立了五项议程，其中有一项“关于战俘问题的谈判”，排在第四项。

## 没有料到的难题

1951 年 11 月中旬，当第二项议程“关于军事分界线问题的谈判”有希望达成协议时，中共中央有个分析，认为军事分界线的谈判是最困难的一项，经过近 4 个月的艰苦努力终于基本达成一致。这项议程达成后，剩下的几项应该不难解决，战争可能在 1951 年内停下来，因此要抓紧准备剩下各项议程的谈判工作。

11 月 19 日，周恩来起草了以毛泽东的名义发给李克农的电报，指示“三、四两项议程，如对方在代表团会中提议组成两个小组同时讨论，我方可以同意”。

11 月 27 日，停战谈判双方代表团大会批准了关于军事分界线的协议，随后就转入第三项议程的谈判。这项议程的全称是“关于在朝鲜境内实现停火与休战的具体安排，包括监察停火休战条款实施机构的组成、权力与职司”，简单地说，就是停战的善后工作。本来，这一项议题没有什么困难的。但是，美国打算让朝鲜一直这样不战不和地分裂下去，并且还要限制停战后朝鲜的发展，他们想在这项议程里面按其打算安排妥当。朝鲜和中国都认为，这项议程是为最终和平解决朝鲜问题打下基础的，即使暂时不能达到朝鲜的和平统一，也不能限制朝鲜的发展，如果这样做，就是“干涉内政”。朝鲜和中国对干涉内政的做法最反感，是坚决不同意的。谈判双方关于这项议程的出发点有很大的差异，谈判进行得不顺利。

第三项议程谈了一个星期以后，12 月 4 日，美方提议另开一个与第三项议程平行的小组委员会，讨论第四项——战俘问题。朝鲜和中国方面表示同意。又过了一个星期，12 月 11 日，第四项议程的谈判小组开始开会。参加这项谈判的朝中方面代表有朝鲜的李相朝少将和中国的柴成文上校；美方出席的代表是美国的海军少将李比和陆军上校希克曼。

战俘问题谈判一开始，美方避开确定遣返原则问题，而是坚持主张首先交换战俘名单。双方提交出来的俘虏数目如下：被中国人民志愿军和朝鲜人民军俘虏的南朝鲜军战俘有 7100 余人，美、英、法、土耳其等“联合国军”战俘 4400 余人；在美军和南朝鲜军手中的俘虏有志愿军战俘 2.07 万余人，朝鲜人民军战俘 11.17 万余人。双方俘虏的数目有较大差额。

在一场战争中，双方俘获不等是普遍情况，而且在战争期间中国人民志愿军按照以往国内战争的习惯做法，曾在战场上即时释放了大批俘虏。美国不打算全部归还朝中战俘，只想归还与朝中方面数量相当的俘虏。但因己方俘获多于对方而拒绝交换，这种做法是没有依据和先例的。于是，美方想出了种种借口拒不接受中朝方面全部遣返战俘的建议。

美方声称，如按朝中方面要求全部遣返战俘，则双方俘虏人数相抵以后，朝中方面净增 11 万余人，将显著增加朝中军队的军力。又以朝中方面收容的战俘数与美方所宣布的失踪人数不成比例为由，指责朝中方面未提交全部的战俘名单，称朝中方面提出的战俘数字尚差 5 万人。

美方还无中生有地指责中国曾将战俘送往中国的东北地区，将朝鲜籍战俘编入朝鲜人民军，企图以此拒不遣返全部战俘。

1952 年 1 月 2 日，第四项议程的谈判已进行了 22 天，美方才提出一个战俘遣返方案。美国以正式文本提出这样的战俘遣返方案，令世人惊讶。它表明美国决心不接受世界各国所公认的《关于战俘待遇之日内瓦公约》条款的约束，表明美国所关心的不是战俘的权利，而是能否在停战后壮大己方的力量，并抑制共产党方面力量的壮大。

在中朝方面战俘营中的部分美、英战俘听到美国的这个方案的内容时，也感到羞辱。他们发表公开信，指出：“美方的提案使渴望早日重返家园的美、英战俘陷于极大的失望，将使战俘亲属痛苦不安。”信中还说，“虽然现在已是 20 世纪，但在我们看来，我们却是被当作放在拍卖台上买卖的商品来进行物物交换。”

美国对停战的态度不仅使朝中两国怀疑，也令全世界不解。

美国是在朝鲜战场打不下去了才坐到谈判桌前讨论停战的，但却又不愿意让战争马上停下来。谈判中每一项议程都费尽周折，美国有意无意以优势者地位来压中国和朝鲜，并提出一些对朝鲜不平等的条件。如果按他们的提案达成停战协议，朝鲜和中国势必接受一个屈辱的条约。美方也看出中朝不会轻易接受压力，他们以这种态度对待谈判势必难以迅速停战。然而，这种结果正符合美国政府的需要，一定的紧张状态对美国有利。美国希望借朝鲜战争建立和巩固反共产主义国家的北大西洋公约组织，军火商也要借战争向国外输出武器牟利。有钱有势的利益阶层各有打算，只是苦了普通士兵，战争消耗时日，也在消耗他们的生命。

## 在波折中取得进展

由于美国政府的态度顽劣，谈判未能按中国和朝鲜的愿望进行，战争拖过了 1951 年。谈判代表们纠缠在几个分歧严重的条款中，试探、申辩、对峙，并互相攻讦，这也是一种不轻松的战斗。

围绕遣俘原则问题，小组委员会经过一个多月的会谈还没有进展。参与谈判的中国方面参谋人员反复研究后，提出一个扫清外围、孤立重点、最终迫使对方在遣俘原则上让步的方案。这个方案报经中央政府批准后，1952 年 2 月 3 日朝中代表在谈判会上提出。

朝中两国提出的这个提案考虑了美方提案的要求，对美方拿来作为拒绝全部遣返战俘的理由，如平民返乡及不再参加敌对行动等，都做了合理安排。这个提案公布后得到国际舆论的称赞，美国政府也不便直接反对。这样，2 月 7 日，第四项议程转入另一种形式的谈判会议——参谋会议，以朝中方面的上述提案为基础展开讨论。参谋会议开了 22 天，除遣返原则未达成一致外，对战俘遣返议程的各条款基本取得了一致意见。2 月 29 日，第四项议程小组委员会复会，集中讨论最关键的遣返原则问题。

3 月，朝中代表又接连两次提出遣返原则修正案。第一次，朝中宣布同意以双方提交的战俘名单为基础全部遣返战俘，对美方曾向红十字国际委员会提交的名单中的 4 万余名差额不要求立即遣返，可留到停战协议达成后协商解决。第二次，中朝提出原籍在收容一方地区的朝鲜籍战俘可不遣返，非朝鲜籍战俘及原籍不在收容一方地区的朝鲜籍战俘要全部遣返。美方拒绝接受这些建议。

这一阶段的谈判，朝中方面显得积极主动，而美方固守“一对一遣返”的条件，在谈判桌上较被动，世界舆论也指责他们无理拖延战争。

4月1日，美方在谈判进行110天以后才提出了一个修正条文。提出交战双方应释放并遣返停战协定签字生效时所收容的全部战俘，其实施则以停战协定签字前经双方校正并接受的名单为基础。同时，美方还提出两点“谅解”。

读过美方的修正案，让人感觉比原来的提案进步得多，也更有道理了。美国同意全部遣返战俘，似乎谈判双方的距离消失了。其实不然，问题出在它的“谅解”的第二条上。透过文绉绉的、难懂的条文，它真正的意思是“不愿被遣返的可以不回去”。

美国在一个提案中，上文说“要全部遣返战俘”，下文又说“可以不全部遣返战俘”。美国人这样“复杂”的思维让人无法理解。

为了证明有大量被俘人员不愿遣返，4月4日开始，美军对朝中被俘人员进行“甄别”。他们使用威胁利诱的手段，甚至用刺刀和刑具逼迫战俘表示不愿遣返。

4月19日，美国代表宣布经过甄别，有4.21万名朝鲜籍战俘和15599名志愿军战俘“拒绝遣返”，可遣返俘虏的数目约为7万人。舆论不相信美方宣布的数字，连美国自己也对这个数字表示怀疑。战后美国人编写的战史说：“提供给敌人的大概数字是根据既不全面又不准确的情报所估计的。”朝中方面理所当然地不接受美方实质是要扣留战俘的统计结果。美国方面坚持这个数字，战俘谈判又陷入了僵局。

## 台前僵持，台后斗争

就在停战谈判因战俘问题迟迟得不到进展之时，羁押在美军战俘营中的志愿军和朝鲜人民军俘虏对美方的假“甄别”、真强迫越来越不满，反抗越来越激烈，直至发生了战俘抓扣美军战俘营长官杜德准将的事件。

早在关于战俘问题的谈判刚开始时，美军就在战俘营暗中布置“甄别”。采取屠杀、毒打、刺字等残酷的法西斯手段，压迫表示要返乡的战俘。美军战史上记载，1951年12月18日，有14名战俘被打死、24名战俘被打伤；1952年2月18日，美军开枪镇压反抗“甄别”的战俘，当场打死战俘55人，送医院后死亡22人，另有140多人受伤。

1952年4月4日，美方进行第二轮“甄别”，继续更大规模地残害战俘。据朝鲜人民军总司令部1953年6月26日报告的调查：4月6日，巨济岛第96号战俘营朝鲜人民军被俘人员被强行“甄别”时，共有3000余人遭到殴打；4月8日，30余名战俘遭杀害；4月14日，有1500多人被打伤；同一天，第93号战俘营要求遣返的战俘共70多人，被召集到广场上列队后，遭美军枪杀。

美军战俘营中设有审讯室之类的场所，专门用来拷问朝鲜人民军和志愿军的被俘人员。美军称这些地方为“猴子房”（Monkey house），里面有囚笼、蒸气室（Steam chamber）以及皮鞭、木棍等刑具。只要被讯问的人员表示不接受“甄别”，或表态要求遣返，即被拉到这里毒打，往指甲里和手心上刺钉子或用蒸气蒸，一些人就在这个地方被折磨死了。设在巨济岛上的每个战俘营在反抗美国战俘管理当局的“甄别”时，都发生过类似的惨案。

美军折磨战俘的办法除上述之外，还有割去嘴、鼻，剪掉舌、耳，拔掉指甲、头发，用火烧、烙铁烙、开水煮、寒天冻、冰水冰，至于罚苦役、饿饭都算是轻处。女战俘更是受到非人的折磨，有的被拉出去强奸，有的被强奸后还生了孩子。

为了威吓战俘让他们不敢表示遣返，美军还在战俘营中鼓动假“甄别”。在正式“甄别”前，由美军指挥的叛徒和特务先“甄别”。只要有表态回国返乡的，就毒打或杀害，在战俘营中制造恐怖气氛，使大批战俘在正式“甄别”时，不敢表达回国、回家的愿望。

战俘中的共产党员还受到政治迫害。有的被强迫在身上刺上反共字样，被强迫写血书要求去台湾或留在南朝鲜，被强迫集体唱反共产党的歌曲、喊反共产党的口号，还强迫党团员集体写退党、退团声明，用这样的办法造成影响，使战俘无法回国。

有谁能够想象，美国政府在桌面上一本正经地要求不得强迫遣返的时候，在战俘营中天天却强迫战俘的意志。美国政府所说的“不使强迫遣返”，说穿了就是“强迫使不遣返”。

美方的残暴行径自始至终都遭到战俘的反抗。5月初，早已不堪忍受的战俘终于采取了激烈的行动。

第76号战俘营中的朝鲜人民军战俘举行示威游行，抗议美军的“自愿遣返”措施和无端残害战俘性命的行为，要求与美军战俘营长官杜德准将谈判。7日，杜德迫于战俘的压力，在全副武装的军警护卫下来到第76号战俘营。杜德虽来到战俘营，却对战俘提出的问题虚与应付，对其违反《日内瓦公约》的种种行为百般狡辩。战俘们为了维护自身的生命权利，被迫采取了极端措施。他们趁警卫不注意的时候，迅速将杜德抓进战俘营。

杜德成了“战俘的战俘”，这就是震惊世界的“杜德事件”。

杜德被抓后，朝中被俘人员没有像杜德指挥下的军人粗暴地对待战俘那样对待他。战俘只是扣留杜德当人质，要求美国方面重视朝中被俘人员的呼声，停止强制性的“甄别”，改善战俘待遇。

5 月 8 日，美军不得不同意战俘提出的由朝中被俘人员推举出各个战俘营的代表在第 76 号战俘营举行代表大会。

10 日，美方新任命的接替杜德职务的柯尔森准将代表美国战俘管理当局，同意了朝中战俘代表提出的 4 个条件，并与战俘代表达成协议，承诺今后按国际法原则给战俘人道的待遇，立即将战俘代表送归各战俘营，不进行任何报复。这样，朝中战俘将杜德释放了。

杜德被释放后，美方立即违反协议，开始策划对战俘的迫害。首先将战俘的代表，除妇女外，全部扣留在第 76 号战俘营。

随之对战俘大肆杀戮。6 月 10 日，美军调集坦克和武装士兵包围巨济岛第 76 号战俘营。美军命令全体战俘集合于广场上，之后即用坦克和枪、炮、火焰喷射器等一齐开火。据美军战史记载，这次屠杀当场打死战俘 31 人、打伤 139 人。另据亲历这场血腥屠杀的战俘回忆，被打死打伤的战俘数超过 300 人。

美军残害战俘的行为，受到全世界的谴责。在谈判会议上，朝中代表控诉美军的暴行，美方代表无法面对。

美军战史是这样评价其“自愿遣返”原则的：对于朝中方面的指责，“联合国军司令部是很难加以反驳的，在国际上，就其在对待遣返和庇护战俘的问题上，联合国军司令部的声誉受到严重的破坏”，“可能会使联合国军关于不使用武力遣返战俘的原则黯然失色”。

与此同时，美方还施展起另一种无赖式的手段处理战俘。

朝中方面不同意其“自愿遣返”的做法，他们就片面宣布释放战俘，造成既成事实。从 6 月下旬至 8 月中旬，他们单方面将朝鲜人民军被俘人员 2.7 万人宣布为平民释放，移交给南朝鲜当局。10 月初开始又释放了 1.1 万人。

7 月中旬，美军将再一次“甄别”的结果通报给朝中谈判代表团。这一次，美国提出的数字是 8.3 万人，比上一次“甄别”的数字多出 1.3 万人。但这 8.3 万人中，朝鲜人民军战俘 7.66 万人，约占应遣返人数的 80%；志愿军战俘 0.64 万人，占应遣返人数的 32%，二者比例很不相称。美国打算用这种办法，挑拨中朝两党两军的关系。

朝中方面为了尽快达成停战协议，甚至准备可以有条件地接受美方的提案。认为如果美方真愿意停战，那么在其承认的 11.6 万战俘中，至少应遣返 9 万人左右。“这个数目虽还不是全部遣返，但已经是绝大部分遣返”，“我们准备与其达成协议，而将其余两万多人保留到停战后继续解决”。而朝中方面决定将收容的对方 1.2 万余名战俘全部予以遣返。但美方不考虑朝中方面的让步，竟以其空军大规模轰炸朝鲜北方城镇和电力设施，想以武力压朝中两国接受其方案。朝中两国政府只能坚决拒绝美国的方案。

谈判的局面进一步僵持。谈判会场上双方都感到话已经说尽了。哈里逊休会几乎成了规律。从7月下旬至9月底，70多天里只开过8次代表团大会，谈判没有任何进展。

9月28日，双方代表再一次开会，哈里逊宣布了经杜鲁门批准的“自愿遣返”战俘的三种选择：一是停战生效后，将一切战俘带至非军事区交换地点，按名单验明，但任何战俘在验明时如声称愿回曾拘留他的一方，应立即准许，并给以平民身份；二是停战生效后，迅速交换愿遣返的战俘，将反对遣返的战俘分批送至非军事区，解除双方的军事控制，由中立国征询战俘选择愿意去的一方；三是停战生效后迅速交换愿遣返的战俘，将反对遣返的战俘分批送至非军事区，解除双方的军事控制，任其自由前往愿去的一方，不加征询等。哈里逊称这一方案是“最后的、坚定的、不可改变的”。

朝中方面根据美国的一贯表现认为，美国这一提案又是一项欺骗性方案，因为朝中战俘在美国指使的李承晚、蒋介石集团特务的控制下，根本不可能自由表达其要求遣返的意愿。朝中方面拒绝了美方方案，提议在停战后将所有战俘送到非军事区由对方接管，然后对战俘进行访问，按国籍、地区进行分类和遣返。美国代表对朝中方面的提议根本不予考虑，当即宣布无限期休会。

这一天是1952年10月8日。此后，谈判中断了6个多月。

## 艰难的结束

艾森豪威尔当选美国总统后，斯大林曾发出与美国合作以结束朝鲜战争的建议。1953年2月间，美国获悉即将召开的第七届联大下半期会议可能提出朝鲜战争双方交换伤病战俘问题。如果美国建议或支持这类方案，将会在政治上处于主动地位。而且国际红十字会于1952年12月13日已通过按《日内瓦公约》有关精神，在停战前先行交换病伤战俘的决议。“联合国军”总司令克拉克表示支持该项决议。

在此背景下，克拉克根据美国政府的指示，于1953年2月22日致函金日成和彭德怀，建议“立即遣返那些身体适于旅行的重病重伤被俘人员”。克拉克的建议表明，美国希望回到谈判桌上来。

此前，回到北京的乔冠华对停战谈判的前途进行了分析，并建议一动不如一静，让现状拖下去，拖到美国愿意妥协并由他采取行动为止。毛泽东、周恩来同意乔冠华的意见。克拉克新建议提出后，毛泽东的结论仍是一动不如一静，让现状拖下去，观察一段时间再说。

1953 年 3 月 5 日，斯大林患脑溢血突然病逝。苏联新领导人要致力于解决内部问题，希望朝鲜战争尽早结束，朝鲜方面也有这种意愿。在周恩来为首的中国政府代表团赴苏参加斯大林葬礼期间，中苏双方多次就朝鲜问题进行了磋商，并征求了朝鲜方面的意见，决定在战俘遣返方式上做一让步，以争取实现朝鲜停战。

3 月 28 日，朝中双方以金日成和彭德怀的名义向克拉克发出回复函，表示同意对方关于在战争期间先行交换双方病伤战俘的建议，同时提出这一步骤"应当使之引导到全部战俘问题的顺利解决，使世界人民所渴望的朝鲜停战得以实现"。

3 月 30 日，周恩来以政务院总理兼外长的身份发表关于朝鲜停战谈判问题的声明。声明对战俘问题的解决办法阐明了观点：

关于战俘问题，中华人民共和国政府和朝鲜民主主义人民共和国政府一向认为、现在仍然认为，只有根据一九四九年日内瓦公约的规定，特别是该公约第一百一十八条的规定，停战后战俘即予释放并遣返，不得迟延，才是合理的解决。但是鉴于双方在这个问题上的分歧是目前达成朝鲜停战的唯一障碍，并且为满足世界人民的和平愿望，中华人民共和国政府和朝鲜民主主义人民共和国政府本着一贯坚持的和平政策，本着一贯努力于迅速实现朝鲜停战，争取和平解决朝鲜问题，以维持和巩固世界和平的立场，准备采取步骤来消除在这个问题上的分歧，以促成朝鲜停战。为此目的，中华人民共和国政府和朝鲜民主主义人民共和国政府提议：谈判双方应保证在停战后立即遣返其所收容的一切坚持遣返的战俘，而将其余的战俘转交中立国，以保证对他们的遣返问题的公正解决。

必须指出，我们这一提议，并非放弃了日内瓦公约第一百一十八条关于停战后战俘即予释放并遣返、不得迟延的原则，也非承认了联合国军方面所说的战俘中有所谓拒绝遣返的人，只由于终止朝鲜流血战争及和平解决朝鲜问题是关系到远东及世界人民的和平与安全问题，所以我们才采取这一新的步骤，准备将在对方恐吓和压迫下心存疑惧、不敢回家的我方被俘人员，提议在停战后转交中立国，并经过有关方面的解释，以保证他们的遣返问题能得到公正解决，而不致因此阻碍朝鲜停战的实现。

周恩来曾在政务院会议上对中朝两国政府采取的这个办法作过说明。周恩来说：

“停战谈判进行快两年了，美方在谈判中采取拖延政策，凡是对他有利的就谈，不利的就拖，而我们在全部谈判中一贯坚持和平解决朝鲜问题的方针。因为美方蛮横无理地坚持其‘自愿遣返’的原则，所以我们不能与他妥协。当他虚张声势吓唬人的时候，我们必须坚决地顶回去。我们坚持原则是对的，但是不能老僵着，因此在时间上让了一步，分成两个步骤来实现。我们提出的这个遣俘方案，与美国方案和印度方案不同，我们这个方案是交中立国。在这种情况下恢复谈判是定了的，结束战争的可能性是大大增强了，但打的可能性还存在。我们还是两句话，争取和平，但是也不怕战争。”

朝中方面关于战俘遣返的新建议在坚持全部遣返战俘原则的前提下，在遣返方式上表现了灵活性。这一建议，得到包括英、法等国在内的世界舆论的普遍支持，它使停战谈判的最后一个障碍有希望得到排除。

4 月 26 日，双方谈判代表团大会在中断 200 多天后终于恢复。

谈判恢复后，双方在中立国提名问题上又有争议。美韩方面还企图停战后立即释放不直接遣返的朝鲜籍战俘，这仍然等于扣留战俘。朝中两国坚决反对一切直接扣留或变相扣留战俘的企图。为了打击美国和南朝鲜对停战谈判的阻挠，志愿军发动夏季进攻战役，以打促谈，争取谈判合理解决。

在志愿军战场攻势的配合下，6 月 8 日，谈判双方最终就战俘问题达成协议，美国在中立国提名和战俘交接办法上基本接受了朝中方面的方案。根据这一协议，一切不直接遣返的战俘，应于停战生效后 60 天内由拘留一方在军事控制下释放出来，在朝鲜境内交给由波兰、捷克斯洛伐克、瑞士、瑞典、印度五国代表组成的中立国遣返委员会看管。战俘所属国家应有自由与便利，自中立国遣返委员会接管战俘之日起派遣代表向一切依附于该国之战俘进行 90 天的解释。90 天之后如尚有未行使遣返权利的战俘，其处理问题应交由政治会议在 30 天之内解决。在此以后尚有未行使遣返权利的战俘，而政治会议又未为他们协议做出处理办法者，应由中立国遣返委员会在 30 天之内宣布解除其战俘身份，使之成为平民，并协助他们前往他们申请要去的地方。

至此，停战谈判的全部问题均已达成协议，随后转入停战签字的最后准备工作。签字的时间，双方不约而同地选择在 6 月 25 日——朝鲜战争爆发三周年的日子。

不料，这时南朝鲜李承晚当局因不满意美国与朝中方面达成的战俘协议，于 6 月 18 日凌晨有预谋地“释放”了 2.7 万名朝鲜人民军战俘，事实上是不经过正当程序而将这些战俘强行扣留在南朝鲜。

在这种情况下，毛泽东与彭德怀决定推迟签字，再打一仗惩罚南朝鲜当局。声势浩大的金城战役于 7 月 13 日打响，志愿军一举攻破南朝鲜军 4 个师防守的正面 25 公里的阵地，夺占土地 190 多平方公里。在志愿军凌厉攻势的打击下，美国和南朝鲜当局做出了严格遵守停战协议的保证，7 月 27 日，朝鲜停战协议最终签字了。

战俘问题的谈判曾被认为是比较简单、不会成为障碍的一项议程。可是事实上，它却成了谈判所有问题中最困难、耗时最久的一项。从开始到结束，一波三折，分歧迭起，僵局难破，历时 1 年 7 个多月，比战俘问题以外的其他四项议程所费时间的总和还多一倍。把谈判中简单问题复杂化的根本原因在于美国当局的实用主义。美国出于国内政治和全球战略的需要，不希望迅速停战，于是想出种种办法人为地设置一系列障碍，使简单问题变得不简单，顺利问题变得不顺利，致使谈判出乎所有人意料之外而大大拖长。

# 二十九　最后一战——金城战役

1953年4月26日，中断六个月之久的停战谈判重新复会，朝鲜战争停战曙光重现。毛泽东根据朝鲜战争交战双方的情况，为志愿军提出明确的指导方针，这就是：停战谈判“争取停，准备拖，而军队方面则应做拖的打算，只管打，不管谈，不要松劲，一切仍按原计划进行”。

## 以打促谈，决定发起夏季战

4月20日，邓华向中央军委建议发动夏季反击战役。邓华提出，志愿军应加强各种准备，不能麻痹松懈，继续完成东西海岸防御工事，随时粉碎敌人的任何登陆与进攻。同时采取针锋相对的方针，以积极行动来配合谈判。如果敌人在谈判中拖延讹诈，而5月又不登陆的情况下，建议志愿军6月初举行像1952年秋季那样的战役性的反击作战，以促进停战的实现。邓华对战役的实施提出具体方案。

4月23日，毛泽东将邓华建议的电报批转给彭德怀。毛泽东认为：“此件似可批准，使他们好做攻击准备。至于停战得早，或不要打以利谈判，可则于五月间适当时机再行决定。”

4月30日，彭德怀与杨得志通电话，指示志愿军5月份的作战，应“增加战术性的出击次数，在有利情况下相机扩大战果，一次歼灭敌一至两个连，使新到部队轮番取得经验和促进谈判，战役性的出击照邓华最近电准备。如5月谈判无结果时，6月按计划举行”。

4月30日至5月4日，中共志愿军委员会召开会议，根据4月20日邓华的建议电报，研究制定战役指导方针和具体部署。会后，志愿军首长于5月5日向各兵团、东西海岸指挥部、第47军下达战役补充指示。

整个反击作战在行动上采取统一与分散相结合的方法。战役分三个阶段实施，每一阶段作战时间为十天，休息准备5天。开始阶段，全线统一行动，第二、第三阶段，视情况再定。实施时间预定6月初开始，至7月上旬结束，一切准备工作于5月底完成。各军在战役开始前，仍要保持积极的作战行动，借以吸取经验，为战役创造条件，并掩护战役企图。

会后，志愿军第一线各兵团具体研究制定了详细的作战计划。第一线参加反击战役的6个军（第46、第1、第23、第24、第67、第60军），共计选定56个目标，其中营的目标7个、连的目标17个、排的目标32个。

至5月上旬，各参战部队除了对重点目标的攻击准备工作尚未全部完成以外，对较小目标的攻击准备工作基本完成。

## 为配合谈判，提前发起反击

停战谈判恢复后，5月7日，朝中方面提出了解决战俘问题的新方案，即将不直接遣返的战俘交由中立国遣返委员会在朝鲜境内看管。美方不但不接受这一方案，反而于5月13日提出将一切不直接遣返的朝鲜籍战俘"就地释放"，仍企图强行扣留朝鲜人民军被俘人员。

根据谈判进展情况，志愿军领导人估计，6月份以前停战签字的可能性不大。为了紧密配合谈判斗争，于5月11日决定，凡是对"联合国军"连以下目标已完成准备的，即可提前开始作战，不必等待统一时间。其他攻击目标仍按原计划于5月30日以前完成进攻准备，6月1日开始发起进攻。

5月13日晚，第20兵团第67军按照原定计划，对科湖里南山之敌发起攻击。夏季反击战役从此开始。

科湖里南山，是南朝鲜第8师前沿的一个主要阵地，面积1.9平方公里，阵地上有4条坑道和5个掩蔽部，全长约150米，有明暗地堡和火力点，并以交通沟相连接，工事较为坚固，由一个连另一个搜索排防守。

第67军决定以第201师两个连另一个排攻取该阵地。战斗发起前，第20兵团代司令员郑维山、第67军军长邱蔚亲临担任主攻的连队检查作战准备，鼓励部队坚决攻下阵地，打响夏季反击战役第一炮。

5月13日晚，第67军两个连另一个排，在120余门82毫米迫击炮以上火炮的支援下，向科湖里南山发起进攻。首先进行火力急袭，发射炮弹5400多发，有效地压制了南朝鲜军的炮火，破坏工事达30%至40%，为步兵冲击开辟了道路。步兵发起冲锋后，经25分钟激战，攻占全部表面阵地，随后展开激烈的坑道战。经过6个小时的战斗，全歼南朝鲜第8师防守阵地的一个连又一个排，全部占领阵地。此次战斗，共歼敌260余人。

为巩固阵地，打敌反扑，第201师迅速调整部署。14日至17日，南朝鲜第8师先后以一个排至两个营的兵力，在20余架飞机和大量炮火的支援下，实施反扑27次，企图夺回已失阵地。志愿军部队以阵地出击、反冲击和坑道战，在炮兵的支援下，英勇顽强地抗击敌人的反扑，歼敌1300余人，最后巩固地占领了科湖里南山。

为配合第201师方向的作战，第199师于13日至15日以两个连的兵力，连续两次反击直木洞南山之敌，全歼南朝鲜首都师两个连共293人。

与此同时，第60军先后以4个连又3个排和21个班的兵力，在炮兵火力的支援下，向南朝鲜第5、第20师前沿连以下兵力防守的7个阵地发起攻击。第9兵团指挥的第23、第24军分别对3个连以下兵力防守的3个目标发起进攻。

志愿军首长鉴于谈判正在进行，战役第一阶段作战已经开始，为赢得世界舆论，5月16日，决定将原定6月1日统一开始的战役，改为不统一开始，第20兵团和第9兵团已准备好攻击的各点，可继续打下去。

5月16日晚，志愿军第60军以第179师一个连，在82毫米迫击炮以上火炮44门的支援下，攻击南朝鲜第20师一个加强连防守的1089.6东南山脊。经过一个小时的战斗，攻占阵地，全歼守敌，共歼敌180余人，后击退南朝鲜第20师的多次反扑，巩固地占领了这一阵地。

至5月25日，第一阶段进攻作战结束。经过14天的激烈战斗，志愿军先后对“联合国军”21个目标攻击29次，巩固地占领了两个阵地。志愿军共歼敌4100余人，自身伤亡1608人。

志愿军此次进攻作战虽然动作不大，但对谈判起到了促进作用。5月25日，美方放弃原来的立场，在主要方面接受了朝中方面5月7日方案的建议。停战谈判有了较大的进展，可望很快达成全部协议。

## 以打击南朝鲜军为重点

随着停战谈判的不断进展，李承晚集团阻挠、破坏活动日益加剧。李承晚公开声明，不能接受“联合国军”的新方案，叫嚣“反对任何妥协”，要“进军鸭绿江”，“单独打下去”，并指使其谈判代表退出谈判，并在汉城、釜山等地导演了反对停战的所谓“群众游行”。

根据美方和李承晚集团在谈判中的表现，志愿军决定调整部署，改变打击的重点对象。6 月 1 日，志愿军首长发出关于调整部署的命令。命令指出，“据目前的形势和板门店的谈判，为使此次战役打得更策略一些和使我新入朝的部队迅速开赴一线得到锻炼”，确定“目前反击作战打击对象主要是李伪军，应坚决打击，求得大量歼灭其有生力量，对英国等仆从军队暂不攻击，对美军亦不作大的攻击。但原定之作战准备仍应进行，以便必要时再打，不管任何敌人，凡是向我们进攻，就应该坚决地彻底粉碎之”。志愿军首长命令新入朝的第 16、第 54、第 21 军开赴第一线，分别归第 9、第 20 兵团指挥，第 21 军作为志愿军总预备队。

根据志愿军首长的指示，各兵团、各军对作战计划做出适当调整。第 20 兵团于 6 月 4 日召开作战会议，制定了下一步作战方案，决定继续扩大作战规模，夺取南朝鲜军团的阵地，以第 60、第 67 军互相配合，集中力量进一步打击北汉江两侧的南朝鲜第 8、第 5 师，分别攻击其各一个团的阵地，并准备粉碎“联合国军”从纵深机动两个师以上兵力的反扑。会议决定第 60 军首先在北汉江东岸发起进攻，尔后视战况的发展，第 67 军再发起攻击。为保证该兵团扩大作战规模的需要，志愿军司令部先后抽调近 3 个炮兵团支援作战。

根据第 20 兵团的部署，第 60、第 67 军在原有准备的基础上，进一步做了准备。第 60 军决心以第 181、第 179 师夺取北汉江东侧 883.7 高地、973 高地、902.8 高地等南朝鲜第 5 师第 27 团主阵地，歼灭守敌并坚决固守阵地。

这是志愿军在进入阵地战以来，首次进攻“联合国军”一个团的阵地。志愿军从上到下均很重视，进行周密的部署和严密的组织，特别是步炮协同和潜伏部队的实施，而潜伏成功与否直接关系到战斗能否胜利。第 60 军在龙门山组成临时指挥所。第 20 兵团在靠近军指挥所的一条坑道开设前进指挥所。6 月 10 日第 60 军发起进攻时，第 20 兵团原代司令员郑维山、政治委员张南生和该兵团新任司令员杨勇、政治委员王平、副参谋长赵冠英，均亲临前线指挥作战。第 3 兵团司令员许世友和副政委杜义德也前来参观。志愿军司令部派作战科长等到第 60 军帮助指导。

6 月 10 日晚，第 60 军集中 82 毫米迫击炮以上火炮 259 门向南朝鲜军阵地实施了 20 分钟的火力急袭，将其阵地 70%的工事摧毁。接着，在阵地前潜伏的部队如离弦之箭，步兵分 13 路同时向预定目标发起进攻，很快突破了敌前沿阵地。在向纵深挺进的过程中，部队遇敌兵炮火拦阻和步兵的顽强抵抗，但进攻部队勇猛穿插，奋力攻击，势不可挡。经一小时零十分钟的激战，担任主攻任务的第一梯队 3 个团即全歼了 883.7 高地—973 高地—902.8 高地一线守敌，占领南朝鲜第 5 师第 27 团主阵地约 10 平方公里地区，首创志愿军进入阵地战以来一次进攻作战歼灭“联合国军”一个团大部的范例。

从 6 月 11 日起，南朝鲜军纠集第 5 师和预备队第 3 师各一部共 3 个团，在大量炮兵和航空兵的支援下，连续进行猛烈反扑。至 14 日，第 60 军共击退敌反扑 190 余次，巩固地占领了阵地。

第 60 军乘敌无力反扑之际，继续发展进攻。到 15 日 8 时，第 60 军全部占领南朝鲜第 5 师和第 3 师共两个多团防守的全部阵地，约 30 平方公里地区。在此次进攻作战中，第 60 军共歼敌 1.48 万余人。

继第 60 军之后，第 67 军于 6 月 12 日夜以 3 个团的兵力，在 82 毫米迫击炮以上火炮 308 门、坦克 8 辆的支援下，向南朝鲜第 8 师第 21 团据守的北汉江西侧座首洞南山（十字架山）发起进攻。该阵地工事坚固，被南朝鲜军称为“模范阵地”“京畿堡垒”。

第 67 军为保证战斗发起的突然性，参战各团在敌前沿前构筑了秘密屯兵洞 700 余个，炮兵和坦克发射阵地 100 余个。在进攻的前一天，将 9 个步兵连秘密开进潜伏区和屯兵洞内。

战斗发起后，仅用一个半小时，即占领了敌全部表面阵地。战至 13 日晨肃清坑道残敌，全歼守敌两个营又一个连另一个营大部。接着，又连续打退了敌人一个连至两个营兵力的 50 余次反扑。14 日，部队乘胜扩大战果，攻占南朝鲜第 8 师第 21 团防守的全部阵地，向敌纵深推进了 4 公里。第 67 军在此次进攻作战中共歼敌 1.35 万余人、缴获坦克 8 辆、击落击伤敌机 21 架。

与此同时，中线第 9 兵团指挥的第 23、第 24 军，于 6 月 10 日至 15 日，共对当面敌军营以下兵力防守的 21 个阵地进行了攻击，歼敌 6200 余人，巩固地占领了两个阵地。东线朝鲜人民军第 3、第 7 军团也先后向当面南朝鲜军营以下兵力防守的 11 个阵地进行了攻击，巩固占领两个阵地。

6 月 8 日，停战谈判双方关于战俘问题达成协议。至此，停战谈判所有议程全部达成协议。15 日，按照双方实际控制线划定军事分界线的工作即将完成，签署停战协定在即。

6月15日19时，志愿军司令部命令各部队，自6月16日起，一律停止主动的向敌攻击，但对敌人发动的任何进攻，则应坚决给以打击。第二阶段作战遂告结束。

在第二阶段作战中，中朝军队先后对“联合国军”团以下兵力防守的51个阵地攻击65次，共歼敌4.1万余人，扩大阵地面积58平方公里。其中在北汉江两侧给南朝鲜第5、第8师以歼灭性打击。

## 狠打南朝鲜军，促进停战实现

就在这时，李承晚集团单方面“释放”朝鲜人民军被俘人员。这是一次经过秘密策划和精心布置的行动。6月18日，李承晚下令“释放”不直接遣返的朝鲜人民军被俘人员。南朝鲜宪兵总司令元容德命令看守战俘营的南朝鲜保安部队打开战俘营大门，武装警察在战俘营外接应，通过汉城中央电台广播，号召当地居民收容战俘并加以掩护。从6月18日凌晨开始至6月19日，论山、马山、签山、尚武台等战俘营中的2.5万名朝鲜人民军被俘人员（其中有志愿军被俘人员50名），在南朝鲜保安部队、武装警察和特务的胁迫下陆续离开战俘营，至6月底，共“释放”人民军战俘2.7万余人。

李承晚集团的倒行逆施，使他陷于十分孤立的地位，也使美国处境十分尴尬。形势对朝中方面非常有利。为使朝鲜停战得以真正实现，朝中方面必须在政治上、军事上有重大表示，给美方、李承晚集团以压力。

6月19日，毛泽东致电志愿军代表团，指出：

帝国主义阵营内部的争吵和分歧正在扩大。鉴于这种形势，我们必须在行动上有重大表示方能配合形势，给敌方以充分压力，使类此事件不敢再度发生，并便于我方掌握主动。

6月19日，金日成、彭德怀致函克拉克，严正指出，这次事件的性质“是极端严重”的，是美方“有意纵容李承晚集团去实现其久已蓄意的破坏战俘协议、阻挠停战实现的预谋”。郑重要求美方“必须负起这次事件的责任”“必须负责立即追回”被释放和胁迫扣留的全部战俘，“保证以后绝对不再发生同类事件”。

美国方面表示尽力追回战俘。

为了加深美国和李承晚集团的矛盾，给以更大的压力，争取实现稳定可靠的停战，毛泽东决定在停战前再给南朝鲜以军事打击。到朝鲜准备参加停战协定签字的彭德怀，于6月19日致电毛泽东，建议推迟停战签字时间，以便“再给李承晚伪军以打击，再消灭伪军一万五千人”。6月21日，毛泽东复电同意这一建议，并明确指出“停战签字必须推迟，推迟至何时为宜，要看情况发展才能做决定。再歼灭伪军万余人，极为必要”。

志愿军总部遂决定立即组织金城战役，以狠狠打击南朝鲜军，促进朝鲜停战早日实现。为此，志愿军首长指示各兵团、各军，对原来预选的目标，如已准备就绪，应坚决立即攻歼之，如新选目标，抓紧时间准备。对美军及其他军队暂不做主动进攻，但对任何进犯之敌，均必须予以坚决打击。

此时，在志愿军第 20 兵团防守的战线正面，西起金化东至北汉江的金城以南地区，由美第 9 军指挥的南朝鲜军首都师和南朝鲜第 2 军团指挥的第 6、第 8、第 3 师共 4 个师防守，态势向北突出，并在志愿军夏季进攻战役第一、第二阶段的作战中分别受到不同程度的打击，其原有的防御体系被破坏，重新调整后的防御结构尚未稳固。志愿军第 20 兵团已掌握了南朝鲜军的防御特点，取得进攻其营、团坚固阵地的经验，查明了其纵深阵地的工事情况。而志愿军第 20 兵团指挥第 67、第 68、第 60、第 54 军共 4 个军另第 33 师，有 82 毫米迫击炮以上火炮约 1000 门，其中山炮、野炮、榴弹炮约 400 门，在兵力、火力上都占有优势，具备组织更大规模反击作战的有利条件。

6 月 23 日，志愿军第 20 兵团决定，以所指挥的 4 个军及志愿军司令部加强的第 21 军组成中、东、西三个集团，实施金城战役，继续给南朝鲜军首都师和第 6、第 8、第 3 师主力以歼灭性打击，力争拉直金城以南战线。预定战役于 7 月 10 日前后发起。6 月 25 日，志愿军首长批准该计划，并指示第 20 兵团放手作战，如反击成功，情况有利时，可继续向敌纵深做有限度的扩展；同时，指示正面其他各军，此时只做进攻准备，基本采取守势，如敌进攻则坚决歼灭之。

6 月 26 日至 7 月 6 日，第 20 兵团先后召开兵团党委会和师以上干部会议，强调认真贯彻“稳扎狠打”的精神，先小打后大打，做到“打必歼、攻必克、守必固”，在稳的基础上狠狠地打击敌人。要求坚决突破，连续突击，大胆实施穿插分割，迂回包围，各个歼灭敌人。7 月 10 日，第 20 兵团正式下达作战命令。

7 月 13 日夜，浓云密布，大雨欲来，志愿军第 20 兵团 3 个突击集团和第 9 兵团第 24 军，出敌意料，突然在 25 公里的正面上同时发起了进攻。

志愿军 1100 多门火炮，对金城以南敌军阵地进行猛烈轰击，仅 28 分钟的火力急袭，即将 1900 余吨炮弹倾泻到敌军阵地上。这是志愿军入朝以来，动用炮火数量最多、消耗弹药最多的一次。猛烈的炮火，摧毁当面南朝鲜军大部分工事，打得敌人抬不起头来。炮火打击结束后，步兵迅速发起攻击。在一个小时内即全部突破了南朝鲜军4个师的防御前沿阵地。南朝鲜军陷于一片混乱，纷纷要求增援。在报话机中不断发出“阵地失守”“准备撤退”的哀鸣。

突破南朝鲜军前沿阵地后，各集团迅速向南发展进攻。以第68军第203、第204师和第54军第130师组成的西集团分别向芳通里、月峰山方向进攻。为保证主攻部队的顺利发展，第一梯队各师组织了渗透迂回支队，向敌纵深穿插前进，打乱敌指挥所、炮兵阵地，断敌退路。

第203师渗透迂回支队，在副团长赵仁虎的率领下，沿公路猛插敌纵深。在穿插作战中，渗透迂回支队3个多小时穿插前进9公里，途中进行大小战斗11次，捣毁了南朝鲜军首都师第1团（白虎团）团部，歼灭机甲团大部以及美第555榴弹炮营大部，有力地配合了正面部队的进攻作战，其中“奇袭白虎团”的事迹最为著名。

14日2时，第203师副排长杨育才率穿插支队先头侦察班，化装成南朝鲜军，巧妙地通过南朝鲜军数道哨卡，进至二青洞地区南朝鲜首都师第1团（白虎团）团部附近，袭击正在开会的“白虎团”团部，打乱了该团的指挥体系，使部署于周围的南朝鲜军失去指挥，为志愿军第203师顺利完成战役第一步任务创造了条件。战后，该侦察班荣立集体特等功，杨育才被志愿军总部记特等功，授予“一级英雄”称号。朝鲜最高人民会议常任委员会授予他“朝鲜民主主义人民共和国英雄”称号和一级国旗勋章、金星奖章。

至14日下午，西集团完成第一步作战任务。

以第67军、第54军第135师、第68军第202师组成的中集团，突破前沿阵地后，集中火力、兵力强攻轿岩山。轿岩山由三个比邻的山峰组成，山势陡峻，易守难攻，瞰制金城川以北、北汉江以西的大片地方。如果轿岩山失守，金城川以北整个阵地即全部动摇。因此，南朝鲜军对轿岩山的防御十分重视，以两个团防守，构筑了大量工事，并加强了火力配置。

第67军第199师的进攻，遭到南朝鲜军的顽强抵抗，发展不顺利，至14日零时才攻占中峰、东峰。投入第二梯队后，于14日10时攻占主峰（西峰），占领轿岩山全部阵地。在攻占主峰的战斗中，身体负7处伤的李家发用身体堵住敌机枪工事射孔，成为又一名黄继光式的战斗英雄。战后，志愿军总部给李家发追记特等功，追授“一级英雄”称号。朝鲜最高人民会议常任委员会授予他“朝鲜民主主义人民共和国英雄”称号和一级国旗勋章、金星奖章。

第67军第200师进攻顺利，在官垈里西南歼敌一个营后，迅速向南猛插，将南朝鲜第 6 师的阵地东西分割。随后投入的第二梯队，渡过金城川，向梨船洞方向突进、追歼逃敌，迅速占领梨船洞以西及西北地区，并缴获满载物资的卡车 29 辆、飞机 1 架。

由第 60 军、第 21 军、第 68 军第 605 团组成的东集团，以第 21 军位于北汉江以东担任防御，钳制正面之敌，以第 181 师配属第 202 师第 605 团由东向西进攻金城川以北之敌。由于准备时间不足，加上正面狭窄又横越山脊，第 181 师和第 605 团突破后进展缓慢，当夜未能解决战斗。第二天，继续发展进攻，迅速占领金城川以北地区，并以一部兵力西渡金城川与中集团会合。

第 24 军突破南朝鲜军前沿阵地后，控制了金化之敌向东增援的交通要道，保障了第 20 兵团右翼的安全。

至 14 日下午，各进攻部队经一昼夜的连续作战，拉直了金城以南的战线，向南最远推进 9. 5 公里，歼敌 1. 4 万余人，给南朝鲜首都师、第 6 师以歼灭性打击，活捉首都师副师长林益淳。

在志愿军的强大攻势面前，南朝鲜军或被歼或丢弃武器装备狼狈溃逃。沿金城至华川的公路上，汽车压着尸体，坦克堵住汽车，乱成一团。美联社记者是这样描述那些溃逃的南朝鲜士兵的：

有的坐着卡车和吉普，有的攀在坦克上，有的骑在大炮的炮身上。但是还有成千的人用那穿着帆布胶底鞋而且起了水泡的一双脚向南步行。这些人一瘸一拐地向前走，到了精疲力竭的时候就在路旁的泥泞地里倒头就睡，顾不得倾盆大雨了。……如果共军有战斗轰炸机的话，他们就能把公路上的这个长达数英里的地段变成一条血河。

志愿军顺利地完成战役第一步任务。此时，大雨未停，道路泥泞，河水暴涨。随着南进，志愿军后勤跟进保障和炮火支援受到一定的限制。美第 8 集团军司令泰勒迅速调整部署，以加强金化以东地区的防御，准备向志愿军实施反扑。

在这种情况下，为贯彻“稳扎狠打”的指导方针，巩固既占阵地，7 月 14 日，志愿军首长电令第 20 兵团，以主力控制已占阵地，迅速构筑工事，修通道路，抢运弹药物资，准备打敌反扑；同时以若干个有力支队，乘敌混乱之际，积极向南发展，继续扩大战果，占领有利地形，掩护主力防御准备。

志愿军凌厉的攻势，打得“联合国军”慌了手脚。李承晚埋怨克拉克见死不救，克拉克则指责李承晚军队无能。7 月 16 日，克拉克和第 8 集团军司令泰勒，急忙飞抵前线，在南朝鲜第 2 集团军部召开高级军官会议，声言要发动最大的反攻，夺回金城以南失地。

从当天下午开始，“联合国军”先后纠集美第3师、南朝鲜第5、第7、第9、第11及第3、第6、第8师残部，全力向志愿军反扑。

17日，“联合国军”集中6个团的兵力，在100余架次飞机和200余门大口径火炮的支援下，向东集团第180师黑云吐岭—白岩山—949.5高地一线突出阵地猛烈进攻。第180师与敌激战数日，歼敌3000余人，除一个高地失守外，其余阵地屹立未动。

第20兵团首长考虑到金城川以南阵地过于突出，又处于背水作战，炮兵无法支援，运输供应困难等情况，决定东集团放弃黑云吐岭—白云山一线阵地。当晚，第180师除留一个营控制金城川与北汉江汇合处的461.9高地外，其主力撤至金城川以北组织防御。此后“联合国军”反扑的重点转向中集团。志愿军顽强抗击，击退敌数千次的进攻。“联合国军”付出巨大的代价，仅占去一个阵地。克拉克、李承晚所谓的“最大的反攻”只能以失败告终。

在金城战役期间，正面战线其他的志愿军各军和人民军各军团，也积极配合作战，共对“联合国军”连以下目标进攻27次，歼敌1.7万人，有力地配合了金城方向的作战。

7月27日，金城战役结束。志愿军共歼敌7.8万余人，缴获坦克45辆、汽车279辆、飞机1架、各种炮423门、各种枪7400余支，收复土地178平方公里，拉直了金城以南的战线，创造了停战后的有利态势。

1953年夏季进攻战役，作战规模由小到大，紧密配合谈判斗争，不断改变打击对象，狠狠地打击了南朝鲜军，以打促谈，有力地促进了停战的实现，对停战后朝鲜局势的稳定起了重要作用。

# 三十　人民战争的新形式

抗美援朝战争期间，中共中央、中央人民政府继续发扬革命战争年代动员人民群众支援前线的优良传统，利用政权的力量进行广泛动员，发挥全国各族人民的整体合力，一切为了前线、一切为了战争胜利，创造了人民战争的新形式。

## 抗美援朝运动组织领导机构的建立

1950年6月朝鲜内战爆发、美国进行武装干涉并侵略中国领土台湾后，为了应付可能的战争威胁，中共中央决定从1950年7月起，在全国范围开展反对美国侵略台湾、朝鲜的运动。7月10日，由全国总工会牵头，邀请各人民团体开会，成立中国人民反对美国侵略台湾、朝鲜运动委员会。随后，在全国发起“反对美国侵略台湾、朝鲜运动周”，展开广泛的宣传动员。

中共中央做出组成中国人民志愿军赴朝参战的战略决策后，为对全国人民进行普遍深入的抗美援朝教育，激发爱国热情，以各种方式和行动支援抗美援朝战争。10月26日，中共中央发出《关于在全国进行时事宣传的指示》。《指示》指出：

美军扩大侵朝并直接侵略台湾，严重威胁我国安全，我国不能置之不理。为了使全体人民正确地认识当前形势，确立胜利信心，消灭恐美心理，各地应即展开关于目前时事的宣传运动。

同日，中国保卫世界和平大会委员会在北京的委员，与中国人民反对美国侵略台湾、朝鲜运动委员会的各民主党派和人民团体的代表在北京举行联席会议，决定将这两个组织合并，组成中国人民保卫世界和平反对美国侵略委员会，以统一领导全国的抗美援朝运动。

该会由各民主党派、各人民团体和各界代表人士158人组成，其中常务委员31人，他们是：司徒美堂、李立三、李四光、吴耀宗、沈钧儒、沈雁冰、邢西萍、邵力子、郭沫若、胡乔木、乌兰夫、陈叔通、陈其尤、马叙伦、马寅初、张奚若、章乃器、许德珩、许宝驹、梁希、黄炎培、彭真、彭泽民、蒋南翔、廖承志、蔡畅、邓颖超、刘宁一、萧三、谢雪红、罗隆基。著名社会活动家郭沫若任主席，彭真、陈叔通任副主席。1951年3月中旬起，该会简称为中国人民抗美援朝总会（下称抗美援朝总会），后又增加一名副主席，由廖承志担任。

中国人民保卫世界和平反对美国侵略委员会成立后，于11月21日指示各地立即成立抗美援朝分会。各大行政区和各省、市，先后成立抗美援朝总分会、分会。

抗美援朝总会成立后，立即根据中共中央指示，组织领导全国人民开展声势浩大的抗美援朝运动。根据抗美援朝战争和国际国内形势的发展，适时地对全国抗美援朝运动工作做出指示、部署，把全国抗美援朝运动引向持久、深入。

## 开展“三视”教育

中共中央在10月26日《关于在全国进行时事宣传的指示》中指出：

（一）我国对美军扩大侵朝，不能置之不理；（二）我全国人民对美帝国主义应有一致的认识和立场，坚决消灭亲美的反动思想和恐美的错误心理，普遍养成对美帝国主义的仇视、鄙视、蔑视的态度。

中共中央要求通过宣传教育，使全国人民正确认识抗美援朝与保卫国家安全的关系，认清美帝国主义是中朝两国人民的共同敌人及纸老虎的虚弱本质，求得人人在思想上对抗美援朝表示积极和有胜利信心，对美帝国主义表示不共戴天，使亲美、恐美、崇美情绪不能容身。

抗美援朝总会根据中共中央这一指示，在全国开展以仇视、鄙视、蔑视（“三视”）美帝国主义为中心内容的抗美援朝爱国宣传教育活动。

1950年11月4日，中国共产党和各民主党派发表联合宣言，庄严宣告：

中国各民主党派誓以全力拥护全国人民的正义要求，拥护全国人民在志愿基础上为着抗美援朝保家卫国的神圣任务而奋斗。

《联合宣言》号召全国人民团结一致，积极行动起来，抵制暴行，制止侵略，支援朝鲜人民的抗美救国战争。

这一宣言发表后，“三视”教育即与拥护这一宣言教育紧密结合在一起进行。中央和地方的报刊、电台，大量刊登和播送“三视”教育的材料。

学校师生和文艺工作者，纷纷组成宣传队走上街头和下厂、下乡，以极大的政治热情投入抗美援朝的宣传活动。利用墙报、宣传画、声讨会、座谈会、报告会等形式，有针对性地进行宣传教育，力求做到家喻户晓，深入人心。各民主党派、人民团体普遍召开会议，对各自联系的单位、群众进行宣传教育，并提出了在抗美援朝运动中的具体奋斗目标。各地普遍召开抗美援朝代表会议，吸收各族各界人民的代表参加，统一思想认识，研究如何加强抗美援朝的工作。

毛泽东对抗美援朝运动高度重视，多次在有关报告上做出批示，并向全国转发北京和南京两市开展这一活动的好做法、好经验。11 月 12 日和 12 月 9 日，毛泽东先后在北京市委和南京市委关于开展抗美援朝运动情况的报告上批语，并转发各中央局、分局、大军区、省市委，指出：北京市的“报告是正确的，你们亦应照着这个方向去做，并随时纠正抗美援朝运动中所发生的偏向”“南京市反美帝控诉运动的经验很好，各大城市均可参照进行，请加研究运用为盼”。

11 月上旬，新华社公布了中国人民志愿军入朝参战的消息后，全国人民纷纷走上街头，声援中国人民志愿军。天津市著名的民族资本家、天津市工商联合会主任委员李烛尘，发起 4 万名工商业者写信给毛泽东，表示坚决拥护抗美援朝。李烛尘还走上街头，带领几万人进行大游行。

12 月 2 日，毛泽东复电李烛尘，赞赏他们的爱国主义立场。毛泽东写道：

我希望全中国一切爱国的工商业家，和人民大众一道，结成一条比过去更加巩固的反对帝国主义侵略的统一战线，这就预示着中国人民在反对帝国主义侵略的神圣斗争中一定要得到最后胜利。

从 1950 年 12 月 4 日起，《人民日报》设置抗美援朝专刊。毛泽东特地为该专刊题写了刊名。

1951 年 2 月 2 日，中共中央发出《关于进一步开展抗美援朝运动的指示》。2 月中旬，中共中央政治局会议决定“在全国范围内继续推行这个运动，已推行者深入之，未推行者普及之，务使全国每处每人都受到这种教育”。据此，抗美援朝总会于 3 月 14 日发出《在全国普及深入抗美援朝运动的通告》，要求务使全国每一处、每一人，都受到爱国主义和国际主义教育，都能积极参加抗美援朝保家卫国行动。

经过这一宣传教育活动，清除了百余年来西方列强侵略造成的部分中国人亲美、恐美、崇美的心理，使广大人民群众懂得了抗美援朝就是保家卫国的道理，普遍提高了爱国主义和国际主义觉悟，增强了民族自尊心和自信心，坚定了争取抗美援朝战争胜利的信念。

## 动员参军参战支前

为保证志愿军在前线作战和建设现代化国防军的需要，1950 年 12 月 1 日和 1951 年 6 月 24 日，中央军委和政务院两次发出招收青年学生、工人参加各种军事干部学校学习的决定。以这两次招收青年参加军事干部学校为契机，抗美援朝总会多次发出通知、指示，号召各地总分会、分会配合各当地人民政府，动员参军参战支前。1951 年 2 月 1 日，抗美援朝总会与中国红十字总会联合发出《关于组织医疗队的通知》，组织医务人员到朝鲜担负战地救护勤务。

中国人民解放军指战员纷纷请战，一批批志愿赴朝参战部队雄赳赳、气昂昂跨过鸭绿江。

全国各地掀起参军参战支前的热潮。各族青年踊跃参军参战，父母送儿子、妻子送丈夫、兄弟争相入伍的动人事迹屡见不鲜。成千上万的铁路员工、汽车司机、医务工作人员和大批农民，纷纷组成运输队、医疗队、担架队等，志愿开赴朝鲜前线，担任战地的各种勤务工作，为中国人民志愿军和朝鲜人民军服务，为抗美援朝战争做贡献。

据不完全统计，抗美援朝战争期间，全国先后参加志愿军赴朝参战达 290 余万人。仅东北地区即动员了 40 万人参加志愿军，70 余万人组成大车队、担架队，还有汽车司机、铁路员工、医务人员等 4.5 万人，前往担负战场勤务。人口只有 2000 万的浙江省，先后有 100 万人报名参军。全国铁道系统志愿报名赴朝的员工达铁路员工总数的 80% 以上。抗美援朝战争爆发一个月内，由模范医务工作者李兰丁率领的上海军医大学师生志愿手术队，就奔赴朝鲜前线。此后，北京、天津、沈阳、南京、武汉、广州、重庆、西安等地的医务工作者，组织志愿医疗队、手术队、公共卫生队、防疫队，到达朝鲜。1951 年 2 月后，在中国红十字总会的统一筹划下，分期分批组织医疗队赴朝服务。

## 组织慰问最可爱的人

1951年1月12日和22日，中共中央先后发出关于募集救济品、慰劳品和组织慰问中国人民志愿军和朝鲜人民军的指示。据此，抗美援朝总会于1月14日和22日先后发出《关于在全国发起慰劳中国人民志愿军和朝鲜人民军并救济朝鲜难民的通知》和《关于组织慰问团的通知》。

中国人民亲切地称志愿军为“最可爱的人”。全国各族人民积极响应抗美援朝总会的号召，掀起了向志愿军募集慰问品、慰问金和慰问信的热潮。人民发自内心支持和拥戴志愿军的慰问信、慰问袋等，纷纷寄送到战斗在朝鲜前线的英雄儿女手中。仅1951年1月，各地就寄慰问金人民币114万余元、慰问信45万封、慰问袋36万余个、慰问品61万余件。据不完全统计，从1950年11月20日至1952年1月21日，全国各族人民，包括海外华侨共募集慰问金2165万余元人民币，表达全国人民对志愿军的热爱之情，鼓励他们英勇杀敌，为抗美援朝战争的胜利奋斗。

为了更直接地向中国人民志愿军和朝鲜军民表达尊敬和爱戴之情，抗美援朝总会于1951年4月、1952年9月和1953年10月，先后组织三届大规模的中国人民赴朝慰问团，前往朝鲜慰问中国人民志愿军和朝鲜军民。慰问团带去祖国人民大量的慰问金、慰问品和慰问信。随团的文艺工作者不辞辛劳，不避艰险，在敌机的袭扰下，为指战员们进行了千百次精彩的表演。不少演员还深入前沿阵地为战士们进行演唱，把祖国人民的温暖送到每个战士的心坎上，有的还献出了宝贵的生命。这些极大地鼓舞了中国人民志愿军和朝鲜军民。

抗美援朝总会还多次邀请中国人民志愿军归国代表团和朝鲜人民军访华团，到全国各地做报告，以志愿军和朝鲜人民军在前线的英勇作战，激励全国人民的爱国之情。

在抗美援朝总会的组织下，中国人民还节衣缩食，运送大批粮食和物资，救济在美国侵略者蹂躏下的朝鲜人民。据不完全统计，全国先后救济粮食2130万斤、棉花40万斤、肉20车皮、毛毯11万条、布3.5万匹、棉衣36万套、鞋15万双、毛巾15万条、其他物资127万箱，还有大批医疗药品和器材等等。

## 开展订立爱国公约和增产节约运动

订立爱国公约，是人民群众在抗美援朝运动中的创造。为了把这一很有意义的运动在全国普及深入地开展起来，中共中央和中国人民抗美援朝总会在1951年6月1日发出推行爱国公约、优待烈军属的指示和号召。这一运动，是人民群众表达爱国决心和爱国行动的一种好形式，把抗美援朝保家卫国的爱国热情与实际行动结合起来，用公约的形式加以强化和巩固。把开展生产竞赛、优待烈军属、反对美日单独媾和、拥护世界和平理事会关于缔结和平公约签名等均列为爱国公约的内容。1951 年 10 月，中共中央发出增加生产、厉行节约的号召后，也把增产节约列为爱国公约的内容。人人按照订立的公约执行，在一定时期内完成爱国公约所订目标任务。订立爱国公约的群众性活动，在全国普遍推广，是深入持久地进行抗美援朝运动的一个重要步骤。在中国人民抗美援朝总会的号召下，全国 80%以上的人口订立了爱国公约，并以此作为行动的准绳，身体力行。这一运动，使抗美援朝运动更加推向了深入持久。

订立爱国公约运动，推动了全国工业、农业、商业、交通等各条战线的生产竞赛和增产节约活动，调动了全国人民的革命生产积极性，掀起人人为抗美援朝做贡献、人人为生产建设做贡献的热潮，大大提高了生产效率，促进了财政税收的增加，加速了生产建设的恢复和发展。

与此同时，广泛开展拥军优属活动。在“先军属，后自己”的口号下，尽一切努力帮助志愿军和解放军烈、军属，解决生产和生活上的困难，安排好他们的生活。对于特别困难的烈、军属，当地人民政府拨出优抚专款予以救济，并发动群众捐助实物、现金，保证他们的生活达到当地群众的平均水平。元旦、春节和“八一”等重大节日，普遍组织对烈、军属的慰问，解除志愿军和解放军广大指战员的后顾之忧。广大烈、军属不仅积极参加各项社会政治活动和做好本职工作，还写信鼓励前线的亲人英勇作战，杀敌立功。

在抗美援朝总会的组织下，1951 年“五一”国际劳动节前后，全国有 2. 299 亿多人参加了抗美援朝、反对武装日本、保卫世界和平的示威游行。从 1951 年 4 月到 7 月，全国 4. 75 亿人口中有 3. 399 亿余人参加投票反对美国武装日本，有 3. 44 亿多人参加支持世界和平理事会关于缔结和平公约的签名。反对美国侵略的爱国运动达到空前规模。

## 开展捐献飞机大炮运动

为改善志愿军的武器装备，增强作战能力，1951 年 6 月 1 日，中共中央和中国人民抗美援朝总会发出了开展捐献飞机、大炮运动的指示和号召。抗美援朝总会又于 6 月 7 日，就捐献的具体办法发出了通知，进一步强调了捐献运动必须有充分深入的宣传和细密的组织工作，必须与增加生产、增加收入相结合，必须贯彻自愿的原则。

在捐献武器运动中，很多地方、单位和个人，都把捐献武器列入爱国公约之内，作为参加抗美援朝运动的一项重要实际行动。广大干部、工人、农民、学生、教职员工、民主人士、文学艺术工作者、各少数民族以及海外华侨和驻外使领馆工作人员踊跃捐献，绝大多数地区提前、超额完成了原定的捐献计划，并且涌现出大批成绩显著的单位和个人，出现许多感人至深的事迹。

如著名京剧表演艺术家梅兰芳、著名豫剧表演艺术家常香玉，将组织义演后的全部所得用于捐献飞机。至今，人们还能够在北京航空博物馆目睹“香玉剧社号”战斗机的风采。民革中央主席李济深卖掉在香港的房产，所得钱款全部捐献出来。福建龙岩老区的一位妇女，将上山砍柴所得捐献给前线将士。

从 1951 年 6 月 1 日至 1952 年 5 月 31 日，全国各族各界男女爱国同胞共捐献了人民币 5. 56 亿元，相当于 3710 架战斗机的价款。捐献武器运动所取得的辉煌成就，购买的武器源源不断地运往朝鲜前线，使中国人民志愿军的武器装备有了明显的改善，战斗力得到提高，为赢得抗美援朝战争的胜利提供了重要物质保证。

1952 年 1 月，美国当局不顾国际公法，违反人道主义，在朝鲜战场和中国东北地区秘密实施细菌战。为配合中朝两国政府和军民的反细菌战斗争，抗美援朝总会组织由中国红十字总会，各人民团体和有关方面专家、学者组成的“美帝国主义细菌战调查团”，分赴朝鲜和中国东北地区进行实地调查，有力地揭露和控诉了美国实施细菌战的罪行。

抗美援朝运动，是中国共产党领导中国人民在建立了国家政权的条件下人民战争形式的伟大创造。周恩来指出，它“动员的深入、爱国主义的发扬，超过了过去任何反帝国主义运动，这是一个空前的、大规模的、全国性的、领导与群众结合的运动，它的力量将是不可打破的。中华民族的觉醒，这一次更加高扬起来了，更加深入化了”。

中国人民抗美援朝运动的开展，有力地支援了中国人民志愿军在朝鲜作战的胜利，在中国人民志愿军和朝鲜人民军的打击下，美国被迫于 1953 年 7 月 27 日在《朝鲜停战协定》上签字，历时两年零九个月的抗美援朝战争胜利结束。

1953 年 9 月 12 日，毛泽东在总结抗美援朝伟大胜利的经验时说：“领导是一个因素，没有正确的领导，事情是做不好的。但主要是因为我们的战争是人民战争，全国人民支援。”“我们的经验是，依靠人民，再加上一个比较正确的领导，就可以用我们的劣势装备战胜优势装备的敌人。”

# 三十一　慰问团三次赴朝

关怀慰问人民子弟兵是中国人民在长期革命战争中形成的优良传统，这一传统在抗美援朝战争中得到了进一步发扬。抗美援朝战争期间，中国人民开展了轰轰烈烈的抗美援朝运动。其中，中国人民抗美援朝总会三次组织慰问团，慰问在朝鲜前线英勇作战的中国人民志愿军和朝鲜人民军以及朝鲜人民，表达祖国人民对志愿军及朝鲜军民的热爱之情和抗美援朝的坚定决心。赴朝慰问活动产生了巨大的精神和物质力量，是抗美援朝运动的精彩之笔。

## 首届慰问团赴朝“鼓励士气，扩大抗美援朝宣传”

1950 年 11 月，抗美援朝运动陆续在全国展开，并取得明显成效。为在全国更加普及和深入开展抗美援朝运动，鼓励志愿军英勇作战，中共中央于 1951 年 1 月 22 日下达《中央关于组织赴朝慰问团的指示》，决定组织中国人民慰问团前往朝鲜慰问，要求中央组织慰问总团，各大行政区各组织一个慰问分团。参加慰问团的条件：必须身体健康，能吃苦耐劳，政治面貌清楚，主要应由党团员和进步分子组成，吸收部分有代表性的中间分子或中间偏右分子参加，以便向各方面进行广泛的宣传。同日，抗美援朝总会立即决定组织中国人民慰问团前往朝鲜慰问，并向全国发出组织慰问团的通知。

首届慰问团，由全国各民主党派、各人民团体、各阶层、各地区、各民族和人民解放军的代表以及文艺工作者及各界知名人士组成，设 1 个总团和 8 个分团，共 575 人。其中，正式代表 210 人、曲艺服务大队 85 人、文艺工作团 94 人、电影放映队 17 人、工作人员及记者 78 人，其他 91 人。

总团长由廖承志担任，副总团长由陈沂、田汉担任。直属分团团长李颉伯，副团长刘清扬、赵国有；第 1 分团团长李敷仁，副团长艾寒松、鲁世英、刘开荣；第 2 分团团长陈播，副团长刘野亮、廖亨禄；第 3 分团团长陈已生，副团长李澄之、李开轩；第 4 分团团长郑绍文，副团长李洁之；第 5 分团团长张明河，副团长曾震五、方纪；第 6 分团团长高崇民，副团长周鲸文、周范文；第 7 分团团长王文彬，副团长黄中。

1951 年 3 月底，首届慰问团肩负祖国人民的重托，带着全国人民献赠的一面面锦旗和数量可观的慰问金、慰问品，以及一封封充满深情的慰问信，离京赴朝。抗美援朝总会主席郭沫若和副主席彭真，为他们举行了盛大的欢送会。

4 月初，慰问团抵达朝鲜，受到了朝鲜军民和中国人民志愿军的热烈欢迎。朝鲜人民军总政治局副局长金日、朝鲜民主青年同盟委员长金顼镇、朝鲜民主妇女同盟副委员长李金顺为首的欢迎团到国境线迎接。志愿军总部机关也派代表迎接。慰问团总团及直属分团抵达平壤后，朝鲜民主主义人民共和国政府于 4 月 20 日举行了盛大的欢迎会。

4 月 19 日和 21 日，总团长廖承志，副总团长陈沂、田汉，分别晋见朝鲜民主主义人民共和国最高人民会议常任委员会委员长金枓奉和朝鲜民主主义人民共和国内阁首相金日成，并献了礼品。21 日，金日成设宴招待了慰问团全体代表。

4 月 17 日，慰问总团和直属分团向人民军总部献旗献礼，并于 4 月 30 日慰问志愿军总部，代表全国人民向志愿军首长致敬致谢，并献旗献礼。慰问团总团长廖承志还将其母何香凝老人亲手画的一幅《猛虎图》献给志愿军司令员兼政治委员彭德怀。

1951 年五一国际劳动节，志愿军领导机关特别举行千余人的文艺晚会，并向慰问团代表们报告志愿军英勇作战的光辉业绩，对祖国人民的抗美援朝运动及生产建设，表示深切的谢意与关怀。

在平壤期间，慰问团总团及直属分团，参加了朝鲜人民军战斗英雄、工人、农民、妇女、青年、文艺界、教育界、医务界和工商界的座谈会，并分 6 个小组赴平壤附近的工厂与农村，慰问战斗中的朝鲜人民。

慰问团的另 7 个分团，分别到前线和接近前线的志愿军和人民军的战斗部队、后勤部门、民工大队及后方伤兵医院的驻地，亲切慰问中朝军队的指挥员、战斗员、政治工作人员、后勤人员、民工和医务工作者。

慰问团将携带的祖国各地人民捐献的大批慰问信、慰劳品与慰劳金，赠送给志愿军指战员，并转达了祖国人民对他们的崇高敬意和深切关怀。随团的文艺工作者们不辞辛苦，在“联合国军”飞机经常袭扰的情况下，为指战员送上精彩的节目。

在慰问中，第 2 分团副团长、平原军区干部管理部部长廖亨禄，曲艺服务大队副大队长、天津市著名相声演员常宝堃，曲艺服务大队队员、天津市著名琴师程树棠，参加慰问团汽车运输工作的副连长王利高等 4 人，遭美军飞机轰炸扫射，光荣殉职。慰问团返回祖国后，首都各界 5000 多人，于 6 月 2 日为 4 位烈士举行隆重的追悼会。郭沫若在追悼会上讲话，并向 4 位烈士敬献了花圈。慰问总团团长廖承志，介绍了 4 位烈士的简历和烈士们在赴朝慰问中积极、英勇工作的事迹。

慰问团在朝慰问期间，正值中朝军队紧张进行第四次战役和第五次战役。祖国人民代表亲切的慰问，给了志愿军指战员们极大的鼓舞，他们像欢迎亲人一样欢迎和接待祖国人民的代表，并赠送战利品给代表们作为纪念。他们还纷纷写决心书，坚决表示要消灭更多的敌人，争取更大的胜利。慰问团所到之处，都会听到“为世界人民立功！为朝鲜人民报仇！为祖国人民争光！”“不把美国侵略者赶出朝鲜决不回国！”“用更大的胜利回答祖国人民的慰问！”等口号。朝鲜军民在接受慰问和接到慰问品后，也向慰问团表示，要与中国人民志愿军密切协同作战，争取更大的胜利，来回答中国人民的热情支援！

志愿军某连连部派人把从祖国送来的许多慰问品领回来，很快就分发给各班。1 班顿时轰动起来，每个人都得到了一份祖国人民的礼物。战士们边抽着祖国的香烟、吃着甜蜜的水果糖，边谈论着要多杀敌人，报答祖国人民的关怀。

平时不大讲话的朱永年也在大家面前表决心说：“我一定要为祖国争光！”平时爱说爱笑的班长姜永和却一声不响地低着头，两眼盯着手里的慰问袋。一个战友向姜班长打趣说：“班长怎么了？难道看到了祖国寄来的东西就想家了吗？”姜班长激动地抬起头来，把慰问袋举得高高的，对大家说：“你们看，这个慰问袋多漂亮啊！”这个红色的慰问袋，立即吸引了大家的注意。慰问袋上面缀着一个五角星，中央绣着金黄色的字：“献给我们最可爱的战斗英雄——黑龙江省绥化姜淑珍赠”。原来，这个慰问袋是姜永和的妹妹亲手缝制的，谁能想到，它竟然奇迹般地送到了哥哥手里。

第二天，连队墙报的挑战栏内贴出这样一张挑战书：

亲爱的本班全体同志：

我们要用胜利来回答祖国人民对我们的热爱。我提出下列几点向大家挑战：一、在这次练兵中，保证学会一元化的射击要领；二、确实学会新武器；三、争取在战斗中立功。

姜永和

不到半个小时，班里战士们的应战书就贴满了决心栏……

1951 年 5 月 29 日，慰问团圆满完成赴朝慰问任务回到北京。第二天，首都各界举行欢迎集会。慰问团带回志愿军许许多多可歌可泣的光辉事迹和朝鲜人民对中国人民深深的感激之情，也带回美国等国军队屠杀蹂躏朝鲜人民的滔天罪行的证据。

他们根据中国人民抗美援朝总会的安排，分别到全国 2050 个县进行了广泛的宣传，更加激励了全国人民支援前线的热情。

## 志愿军出国作战两周年前夕，再组慰问团慰问前方将士

1952 年 10 月 18 日，中国人民抗美援朝总会发出纪念志愿军出国作战两周年的通知。通知高度赞扬中朝军队两年来所取得的伟大胜利。要求在中国人民志愿军出国两周年的日子，应向中国人民志愿军和他们的家属及烈士家属表示敬意和慰问。同时通报：最近本会已组织了第二届赴朝慰问团到朝鲜前线进行慰劳。

第二届慰问团的人数约为首届慰问团的两倍，共 1091 人。其中，各方面的代表共 361 人，由歌舞、京剧、评剧、曲艺等优秀演员组成的各文艺工作团团员共 495 人，其余是记者及慰问团的工作人员。慰问团由 1 个总团 9 个分团组成。

慰问团总团长由刘景范担任，副总团长由陈沂、李明灏、胡厥文、周钦岳担任。第 1 分团团长吴觉农、第 2 分团团长辛树帜、第 3 分团团长王文彬、第 4 分团团长胡厥文（兼）、第 5 分团团长张轸、第 6 分团团长张明河、第 7 分团团长陈先舟、第 8 分团团长王向立、第 9 分团团长宁武。除担任慰问团总团和各分团领导的许多都是知名人士外，慰问团成员中也有许多知名人士，如马恒昌、叶盛兰、杜近芳、小白玉霜、常香玉、金焰、赵丹、高元钧、董存瑞烈士的父亲董全忠、志愿军空军英雄张积慧的父亲张本周等。

慰问团除第 9 分团留在后方慰问志愿军的伤病员外，总分团和其余 8 个分团于 9 月 18 日离开北京，10 月上旬先后到达朝鲜前线。

10 月 20 日，志愿军领导机关和赴朝慰问团在志愿军总部所在地联合举行大会，热烈欢迎赴朝慰问团的到达，慰问团亲切地向志愿军领导机关表示慰问。大会气氛热烈，会场的主席台上摆满了祖国人民献给志愿军的各种慰问品的样品，会场两旁悬挂的标语上写着“我们衷心地感激祖国人民全力支援和无微不至的关怀”“坚决以实际行动争取抗美援朝斗争的最后胜利，回答祖国人民的热望”。

志愿军副司令员邓华，政治部副主任杜平，慰问团总团长刘景范，副总团长陈沂、

胡厥文、李明灏、周钦岳及志愿军领导机关各直属单位干部和慰问团代表 500 多人参加了大会。双方领导及志愿军代表发表了热情洋溢的讲话。

21 日，志愿军代表团抵达平壤。朝鲜民主主义人民共和国政府和各界人士特组织迎接委员会，并派迎接委员会委员长、共和国政府人民检阅委员会副委员长朴泰俊亲往迎接。次日晚，平壤市各界人民举行盛大欢迎晚会。23 日上午，以总团长刘景范为首的 19 位代表晋见了朝鲜最高人民会议常任委员会金枓奉委员长，并献旗献礼。

26 日下午，刘景范总团长与 19 位代表晋见朝鲜内阁首相金日成。晋见会上，刘景范首先代表中国人民向金日成和他领导下的朝鲜军民致以崇高的敬意和亲切的慰问。接着，由慰问团向金日成献旗、献礼。长达 8 尺的紫红金边的湘绣锦旗上绣着“中国人民将永远坚定地与英勇的朝鲜人民在一起，为彻底战胜美国侵略者而奋斗”。礼品中有斯大林、毛泽东、金日成的湘绣像，彩色壁毯等贵重物品。壁毯上绣有中朝两国国旗，正中是“中朝两国人民团结万岁”10 个大字。

金日成在致辞中，对中国人民给予朝鲜人民无私的援助和巨大的鼓舞表示衷心的感谢。晋见毕，金日成举行盛大宴会亲切招待刘景范团长及各位代表。25 日上午，朝鲜人民军最高司令部亦举行大会，热烈欢迎刘景范团长及慰问团代表。

慰问团在朝鲜共进行了 40 多天的慰问活动。采取慰问大会、座谈会和访问等形式，共开大小会 3100 多次，比较普遍深入地慰问了中朝部队的指战员、伤病员和一部分朝鲜民众。慰问团员把祖国人民的关怀送到前线连队，送到前沿阵地，还分别到烈士杨根思、罗盛教、姚庆祥等坟前举行了扫墓仪式。文工团和电影队为中朝战士们和部分朝鲜人民演出了近 3000 场歌舞、曲艺、杂技、京剧和评剧。第 2、第 5 分团在开城期间，向朝中停战谈判代表团及当地政府、劳动党地方组织和各界人民进行了热烈的慰问，并向他们献上珍贵的礼品。

慰问期间，代表团转达全中国对中朝部队的关怀和中国 3 年来取得的建设成就，向中朝部队献旗和赠送各种礼品。同时，代表们广泛收集了中朝战士的英雄事迹。

各分团的代表们为完成全国人民所托付的神圣使命，不怕困难，不惧危险。有的带病涉过一尺多深的烂泥，去到海岛上慰问守卫海防的英雄战士；有的冒着大雨，步行 10 多里，到铁道部队进行慰问；有的穿过“联合国军”炮火封锁线，到白马山附近的高崖山、晓星山前沿阵地慰问志愿军英雄部队；有些代表还到上甘岭前线慰问顽强进行 6 昼夜坑道战、打退“联合国军”20 余次冲锋的机枪班长卢何等英雄们；有的代表深入文登公路一带前沿阵地慰问坚守 400 天的某部功臣团，写信向坚守鱼隐山阵地的英雄们致敬……

慰问团到达朝鲜前线的消息，通过无线电、电报和电话，通过人与人的交谈，飞快地在朝鲜前线、后方的朝中部队和朝鲜人民中传开。战斗在火线上的志愿军战士们，在坑道口上扎上松门，贴上“迎接亲人”“以战斗的胜利迎接祖国人民的使者”等标语。战士们敲打着用炮弹壳制作的锣、钹等乐器迎接祖国亲人。

中朝部队用强有力的反击战和坚强的阻击战，在 10 月份创造歼敌 6.3 万余人的光辉胜利，以此胜利作为对新中国国庆节、志愿军出国两周年和迎接慰问团的献礼。

短暂的慰问，加深了前后方之间的情感交流，激发起战士们更大的战斗热情和坚持到最后胜利的决心。

第二届赴朝慰问团总团及其各分团的代表们，怀着对前方将士无比崇敬的心情，满载着丰硕成果，于 11 月中旬先后回到沈阳，12 月 5 日回到北京。

## 第三届慰问团赴朝慰问，分享胜利的喜悦

1953 年 7 月 27 日，朝鲜停战实现了，抗美援朝战争宣告胜利结束。

同一天，中共中央发出关于朝鲜停战的宣传指示，对宣传的基本内容、宣传口号和宣传形式等做了明确规定。中央要求“停战协定签后，抗美援朝总会将会同军委总政治部，组织规模较过去为大的慰问团，前往朝鲜慰问志愿军、人民军和朝鲜人民。各地抗美援朝分会亦应同当地军区机关和政府民政部门，慰问回国的志愿军及其伤病员，慰问志愿军家属。政府民政部门并应检查一次优抚工作”。

按照中共中央关于朝鲜停战的各项宣传和庆祝活动的统一部署，中国人民抗美援朝总会于 9 月 23 日召开常委扩大会议，决定组织中国人民第三届赴朝慰问团，代表全国人民慰问在反抗侵略、保卫和平事业中建立伟大功勋的中国人民志愿军和朝鲜军民。会议推选贺龙担任第三届赴朝慰问团总团长。

经过筹备，中国人民第三届赴朝慰问团组成。慰问团除总团外，下设 8 个分团。总团副总团长是：邢西萍、章伯钧、蔡廷锴、章乃器、朱学范、陈沂、吴晗、刘芝明、康克清、梅兰芳、老舍、赵寿山、王维舟、吴克坚、邵式平、平杰三、张维桢、哈丰阿、周信芳等 19 人。8 个总分团，第 1 总分团团长邢西萍、第 2 总分团团长赵寿山、第 3 总分团团长王维舟、第 4 总分团团长吴克坚、第 5 总分团团长邵式平、第 6 总分团团长平杰三、第 7 总分团团长张维桢、第 8 总分团团长哈丰阿。

这届慰问团的规模最大，总人数达 5448 人。其中代表 1994 人，包括全国各民族、

各民主党派、各人民团体和人民解放军的代表，还有战斗英雄、工农业劳动模范、革命烈士家属、社会知名人士、科学工作者和文教工作者的代表。其中有罗盛教烈士的父亲罗迭开、杨连第烈士的父亲杨玉璞、邱少云烈士的弟弟邱少华等。慰问团还有由全国40个剧团组成的文艺工作团，约3100人，几乎包括了全国主要剧种中最负盛名的演员，其中有著名京剧演员梅兰芳、周信芳、程砚秋、谭富英、裘盛戎、马连良、言慧珠，著名评剧演员新凤霞，著名音乐家马思聪、时乐濛，歌唱家喻宜萱、周小燕、王昆、郎毓秀等。

慰问团与前两届一样，为志愿军和人民军携带了大量的慰问品，其中有金笔、搪瓷杯、手册、纪念章和彩色明信片等，还有中国最著名的土产和工艺品、近百万封慰问信、800多面锦旗，以及新中国建设图片。中国人民还特地为朝鲜人民选制了大批礼物，还有专门献给金日成和彭德怀的礼品。

1954年1月8日下午，抗美援朝总会举行常委扩大会议，听取贺龙关于第三届慰问团的工作报告。贺龙报告了慰问团在朝鲜对朝鲜人民军、朝鲜人民和中国人民志愿军的慰问工作，以及给予朝鲜人民和朝、中人民军队的鼓舞。慰问团在朝鲜的慰问，进一步巩固和加强了中、朝人民的友谊团结，鼓舞了志愿军保卫祖国、保卫和平的决心。

曾三次参加赴朝慰问团的山东快书演员高元钧记录了3次赴朝鲜慰问的情况。他说：

祖国人民组织了三次赴朝慰问团，三次我都参加了。我记得第一次到朝鲜来，敌人的飞机贴地飞，一切慰问活动都得放在晚上。白天大家就隐蔽在树林里或是在又暗又潮的防空洞里。那时，志愿军同志们的战斗和工作都非常艰苦、紧张。他们吃得很苦，有时就吃炒面、喝凉水。我们慰问团的同志，有时也吃不上饭。有一次，我们整天每人只吃了几块饼干。但这还是部队省给我们吃的……我第二次来朝鲜就好了一些。咱们的高射炮和空军部队把敌机的威风打下去了，有的地区白天也能坐汽车。咱们一天三餐都可以吃得很好了，防空洞里还砌了暖炕。我们见到志愿军同志们的脸上也都红润了。这次到朝鲜，情况就更不同了，我们可以安安稳稳地坐火车一直来到目的地。

志愿军同志把我们的吃饭睡觉安排得跟在祖国一样舒适，晚上一开电灯，舞台上雪亮，成千成万的观众可以坐在台下看戏，不必再把白天当黑夜、黑夜当白天过了。这些生活上的变化说明我们胜利了，我们迫使敌人不得不接受了停战。

我来了三次朝鲜，就像上了三堂大课。……我衷心地祝福志愿军同志们在严守阵地、保卫和平和争取和平解决朝鲜问题的新任务中，功上加功！

# 三十二　胜利实现停战

“朝鲜停战达成协议，双方代表于 27 日在板门店签字，协议于 7 月 27 日生效……”中央人民广播电台的电波将这一消息传至祖国大江南北，传到朝鲜前线的志愿军阵地上。三年零一个月的朝鲜战争、两年零九个月的抗美援朝战争终于结束了。

## “联合国军”的再三保证

1953 年 4 月下旬，朝鲜战争双方重新恢复停战谈判。到 6 月 8 日，最终就战俘问题达成协议。至此，持续一年多的唯一阻碍停战达成协议的战俘遣返问题终获解决，停战谈判各项议程全部达成协议。6 月 10 日后，谈判双方代表团大会休会，由双方参谋人员重新校订军事分界线和进行停战协定最后的文字修改。准备签订停战协定的其他各项工作加紧筹备。

朝鲜停战协定草案早在 1952 年 8 月已写成，现在只需对协定草案的一些具体细节和文字进行校正和补充。6 月 18 日，经过双方参谋人员逐段逐句逐字地校对、协商，停战协定文本条款和文字最后敲定，停战协定签字的时间和程序问题亦达成一致。至此，停战前的各项准备工作都已经完成，只待签字了。

但李承晚集团节外生枝，单方面释放朝鲜人民军被俘人员，公然破坏关于战俘遣返问题的协议。毛泽东认为，只有在政治上、军事上有重大表示，给美方以压力，才能使朝鲜停战得以真正实现。

6 月 19 日，毛泽东致电李克农并告金日成、彭德怀，指示具体对策，并告之拟以金日成、彭德怀名义致克拉克信的主要内容。

6月19日，朝中方面通知美方，取消原定的翻译人员会议。19日上午，又将修建签字场所的工人撤出会场区。20日，召开双方代表团大会，南日按事前计划在大会上宣读金日成、彭德怀6月19日致克拉克的信，对“联合国军”提出质问。

美国人在对此作评论时说：他们“提出了好几个真正击中要害的问题，即联合国军司令部能够控制南朝鲜政府及其军队吗？如果不能的话，朝鲜停战协定还包括李承晚集团吗？如果不包括李承晚集团，又怎样保证南朝鲜方面遵守停战协定呢？共产党方面有权要求对上述问题做出答复，但联合国军司令部方面根本回答不了这些问题”。①

为加深美国与李承晚集团之间的矛盾，争取实现稳定可靠的停战，经彭德怀建议，毛泽东于21日决定在停战前再给南朝鲜以军事打击。据此，志愿军发起金城战役。能战方能言和。金城战役狠狠教训了李承晚和南朝鲜军，有力促进朝鲜停战的到来。

在朝中方面的压力下，美国一方面对李承晚进行威胁利诱，迫使他在停战问题上做出配合；另一方面向朝中方面做出关于遵守停战协定的保证。

6月25日，美国政府指示克拉克，不管李承晚的态度如何，都要努力加速停战协定谈判的进程。6月29日，克拉克致函金日成、彭德怀，对金日成、彭德怀6月19日信中提出的质问一一作出回答和保证。

7月10日，停战谈判代表团大会休会20天后复会。

美方首席代表哈里逊在得知李承晚的保证后，从7月12日开始至16日，对朝中方面提出的问题逐条做出答复和保证。

朝中方面对美方从7月11日至16日所作的各项保证，综合归纳为10个问题。7月19日14时，双方代表团大会继续举行。朝中代表团首席代表南日在大会上宣读《关于美方保证朝鲜停战协定实施问题的声明》：

……朝中方面认为有必要向联合国军方面提出一系列问题要求澄清。现在，为使世界人民得以共见你方的保证，我们根据记录将你方对于我方所提各项问题的答复综述如下：

关于朝鲜停战究竟包不包括南朝鲜政府及其军队在内的问题，哈里逊将军在1953年7月11日答复说：“联合国军在提出执行停战协定时，已表示愿意受停战协定草案各项条款的约束。”在7月16日哈里逊将军说：“我在7月12日说过：‘你们被保证联合国军包括大韩民国军队在内准备实施停战协定的条款。’……我再次向你们保证，我

① ［美］沃尔特·G.赫姆斯：《朝鲜战争中的美国陆军——停战谈判的帐篷和战斗前线》，中译本，第507页，北京，国防大学出版社，1988。

们已从大韩民国政府获得必要的保证，即：它将不以任何方式阻挠停战协定草案条款的实施。”

关于南朝鲜军队是否将在停战协定签字十二小时内完全停火，并将在协定生效七十二小时内全线自军事分界线后撤二公里以成立非军事区，以实现在朝鲜真正的停火与停战的问题，哈里逊将军在7月12日和7月15日先后作了同样的回答：“大韩民国军将停火并后撤。”

关于联合国军方面如何保证南朝鲜军队能够遵守停战协定各有关条款的问题，哈里逊将军在7月11日回答说：“一旦停战协定的条款受到一方或另一方的破坏，停战协定中规定将事实向军事停战委员会提出……最后如果停战委员会为保证停战条款的遵守而作的努力结果无效，如果任何一方的安全因另一方不遵守停战的规定而受到威胁，则受害一方有正当和充分的理由可以取消停战协定的条款，并采取在该情况下为其所认为必要的军事行动。大韩民国进行任何破坏停战的侵略行为时，联合国军将不予以支持。”

关于如果南朝鲜军在停战后破坏停战协定、采取侵略行动，而朝中方面采取必要行动抵制侵略、保障停战时，联合国军是否仍保持停战状态的问题，哈里逊将军在7月13日说：“回答是是的。”

关于联合国军首席代表曾说在“敌对行为停止后的期间”，南朝鲜政府将与联合国军紧密合作实施停战协定草案各项规定的问题，朝中方面曾指出“敌对行为停止后的期间”的约束语显然与停战协定不合，因为停战协定的有效性并无时间限制，而联合国军方面这句约束语与李承晚所表示的他只不过在九十天内不阻挠停战的话有暗合之嫌。后来哈里逊将军在7月13日回答说：“停战没有时间限制。”7月16日哈里逊将军说：“你方曾要求保证大韩民国政府与军队将在整个停战有效期间，而不是到某一个期限为止的暂时期间遵守停战协定的所有规定。……联合国军已明白而不含糊地向你们说过，它准备缔结并遵守该停战协定的全部规定，包括第六十二款。”

关于联合国军方面是否保证按照停战协定前往南朝鲜地区工作的中立国人员和朝中方面人员的安全和他们工作上的便利的问题，哈里逊将军在7月12日回答说：“任何按照停战协定被准许进入大韩民国的人员将受到保护。”7月13日哈里逊将军进一步答复：“回答是是的。按照停战协定所派遣到我方地区的中立国监察委员会、中立国遣返委员会及你方人员将被保护和给予他们工作上的便利。”

关于如何保障按照协定进入南朝鲜地区执行任务的中立国人员及朝中方面人员的

安全，并使他们得到工作上的便利的问题，克拉克将军在1953年6月29日给金日成元帅、彭德怀将军的复信中称："遇有必要之处，联合国军将尽其所能建立军事上的防卫措施，以保证停战条款将被遵守。"哈里逊将军在7月10日也说："联合国军将对中立国监察委员会、中立国遣返委员会及联合红十字小组提供警察保护。"

……

美方对上述各项保证均表示确认。

## 停战协定签字准备工作就绪

7月19日，双方代表团大会商定：召开双方参谋会议，组成3个参谋小组，分别校订停战协议文本和校订军事分界线；讨论战俘遣返细节问题；讨论军事停战委员会筹备工作等。

7月20日，朝中方面朱然、浦山、李平一、王健和美方凯恩斯、默里、路易斯·费里德斯多夫、约翰逊·韦伯等参加，分成军事分界线和停战协定文本校订参谋小组、战俘遣返细节的讨论参谋小组、军事停战委员会筹备工作讨论参谋小组，展开工作。

至7月22日22时30分，第三次校订军事分界线和非军事区工作全部完成，次日1时45分双方首席参谋在协议上签字。7月24日，双方代表团予以核准。

1953年7月25日，关于停战协定文本的校订、关于军事停战委员会筹备工作的讨论、关于遣俘细节问题的讨论相继完成，并于7月25日下午由双方综合参谋会议达成《关于停战协定的临时补充协议》规定。

美方最初曾建议签字时间为7月24日，但由于双方在签字方式上未达成一致，同时考虑到根据双方代表团大会于7月24日批准的军事分界线，美方印刷签字用的军分线图需要一定的时间，签字大厅亦尚未修建完毕，被洪水冲坏的板门店至开城公路上的桥梁也需修复，所以朝中方面建议签字日期为26日下午或27日上午。

关于签字方式，朝中方面基于对李承晚集团可能会破坏签字仪式的分析，于7月20日提出送签建议，也就是说，协定文本准备就绪后，可由双方最高司令官先签字，然后送至板门店，由双方首席代表主持签字仪式，予以签署。考虑到安全问题，双方参加签字仪式的人员数量限制在150人。

经过讨论，双方联络官会议对签字方式问题达成协议。即，由双方首席代表于朝鲜时间7月27日上午10时在板门店签署停战协定文本，并以此作为停战协定签字时间，然后送双方司令官签字；双方首席代表在签字仪式上将不发言；双方首席代表在板门店签字时，每方进入会场区人数为350人，进入签字场所人数为150人（包括新闻记者）；会场区每方安全人员为75人，其中有10名军官将进入签字场所；双方于7月26日16时在板门店同时公布关于达成停战协定签字协议的消息。

7月26日晚，由朝中方面承建的、具有朝鲜民族风格的、1000多平方米的飞檐斗拱形的凸字形签字大厅按时建成。同时，从开城至板门店之间几条江河上的桥梁也全部完成修复。

## 板门店吸引世界目光

朝鲜战争是一场冷战中的热战，它把美、英、法、中、苏五大国卷入其中，实际上是两大阵营之间的一次全面对抗，是当时国际斗争的焦点。

1953年7月27日上午，朝鲜战争双方在板门店新建起的凸字形大厅内举行停战协定签字仪式。

上午9时起，签字大厅已按双方事先的商定布置完毕。在大厅正中，东西向并列摆放着两张长方形的会议桌，两张长方形桌中间的方桌上，摆放着用朝、中、英3种文字书写的《关于朝鲜军事停战的协定》及其附件《中立国遣返委员会的职权范围》和《关于停战协定的临时补充协议》3个准备签字的文本18份。其中朝中方面准备的9份文本用深棕色皮面装帧，美方准备的9份文本蓝色封面，并印着联合国的徽记。两张长方形会议桌为双方首席代表签字桌，上面分别立着朝鲜民主主义人民共和国国旗和联合国旗帜。在签字桌的两侧，西部为朝中方面人员的座席，东部为“联合国军”方面人员的座席，北面凸字形部分是与会新闻记者的活动区域。大厅四周由双方安全军官担任警卫。

9时30分，朝中方面和“联合国军”方面各有8名佩带袖章的军官分别步入大厅西侧和东侧的四周担任警卫。随后，双方出席签字仪式的人员分别由指定的东西两门进入大厅就座（南朝鲜未派代表或观察员出席）。

10时整，朝中代表团首席代表南日大将和“联合国军”代表团首席代表哈里逊中将从大厅南门进入大厅，在签字桌前就座。两位首席代表在本方助签人协助下，开始在本方《关于朝鲜军事停战的协定》及其附件《中立国遣返委员会的职权范围》和《关于停战协定的临时补充协议》文本上签字。然后，相互交换签字文本。

签字仪式于上午10时10分结束，一切均按预定计划顺利进行。按事先约定，仪式中，双方首席代表均未发言。

是日下午 1 时和晚 10 时，“联合国军”总司令马克·克拉克于汶山、朝鲜人民军最高司令官金日成于平壤，分别在《关于朝鲜军事停战的协定》和《关于停战协定的临时补充协议》上签字。

27 日下午，中国人民志愿军司令员兼政治委员彭德怀在朝鲜人民军副司令官崔庸健次帅的陪同下到达开城，下榻于来凤庄。28 日上午 9 时 30 分，彭德怀在中国人民志愿军代表团新修建的会议室里，在《关于朝鲜军事停战的协定》和《关于停战协定的临时补充协议》上签字。

7 月 29 日下午，朝鲜战争双方代表在板门店交换签字文本。

在停战协定签字的当天，朝鲜人民军最高司令官金日成和中国人民志愿军司令员彭德怀联名向朝鲜人民军和中国人民志愿军发布停战命令。同日，“联合国军”总司令马克·克拉克和美第 8 集团军司令官马克斯韦尔·泰勒，发表声明和发布停战令，命令所属部队“不再开枪”“除非得到停战委员会的许可，否则任何情况下都不得进入非军事区”。

朝鲜时间 1953 年 7 月 27 日 22 时，在朝鲜的一切战斗行动完全停止。全世界人民期盼已久的朝鲜停战终于实现了。

1950 年 10 月 25 日至 1953 年 7 月 27 日，在两年零九个月的抗美援朝战争中，中国人民志愿军共歼敌 71 万余人，击毁和缴获飞机 4268 架、坦克 1492 辆、装甲车 92 辆、汽车 7949 辆，缴获（不含击毁）各种炮 4037 门，自身作战减员 36. 6 万余人，损失飞机 231 架、坦克 9 辆、汽车 6060 辆，各种炮（含被击毁）4371 门。

中国人民志愿军在中共中央、中央军委的正确领导下，创造了弱国打败强国的奇迹，打出了新中国的国威和军威，书写了中国人民自鸦片战争以来最了不起的正气篇。

# 三十三　凯旋在一九五八

中国人民志愿军完成抗美援朝、保家卫国的使命后，为推动朝鲜问题的和平解决和进一步缓和远东的紧张局势，陆续撤离朝鲜回国，彰显了和平正义之师的形象。

## 志愿军部分撤军

中国人民志愿军在1954年9月至1955年10月一年多时间内，先后分3批公开主动从朝鲜撤出6个军和1个师：1954年9月16日至10月3日，撤出第47、第67军和第33师共7个师；1955年3月31日至4月20日，撤出第50、第68军共6个师；1955年10月10日至10月26日，撤出第24、第46军共6个师。中国人民志愿军的这一主动撤军行动，受到朝中人民的一致拥护和国际社会的普遍赞扬。

实际上，从朝鲜停战实现至1955年底，中国人民志愿军还先后从朝鲜秘密撤出了第60、第63、第64、第65、第12、第15军等6个军，炮兵第2、第3、第7、第21、第22师，高炮第61、第63、第64、第65师，公安第1师，铁道兵第1、第2、第3、第4、第5、第6、第7、第9、第10、第11师以及其他技术兵种部队。第3兵团领导机关和第9兵团领导机关分别于1955年1月、4月初撤离朝鲜回国。

至1955年底，在朝鲜的中国人民志愿军仅有第1、第16、第21、第23、第54军共5个军，另有炮兵、高射炮兵、装甲兵、工程兵、后勤等部队。

## 决定志愿军全部撤离朝鲜

1957年，鉴于国际国内和朝鲜的形势，中共中央准备从朝鲜撤出全部中国人民志愿军。1957 年 11 月，毛泽东率领中国代表团在访问苏联期间和金日成谈到从朝鲜撤出中国人民志愿军的问题。

毛泽东说：“鉴于朝鲜的局势已经稳定，中国人民志愿军的使命已经基本完成，可以全部撤出朝鲜了。朝鲜人民可以依据自己的力量来解决民族内部事务。”金日成表示完全同意毛泽东的意见。

金日成从苏联访问回国后，于 1957 年 12 月 16 日和 25 日，给毛泽东写信，先后对志愿军撤出朝鲜问题提出了两个方案：一是由朝鲜政府发表声明，提出从朝鲜撤出一切外国军队的主张，中国政府积极响应；一是由朝鲜最高人民会议写信给联合国，要苏联在联合国提出主张，以推动联合国采取行动。

中共中央对此建议十分重视。12 月 30 日，中共中央政治局常委和书记处对此事专门进行了研究，在讨论的基础上由张闻天拟订了关于《从朝鲜撤出中国人民志愿军的方案》。方案提出，中国政府发表声明，支持朝鲜政府关于“联合国军”和中国人民志愿军撤出朝鲜的主张，并正式表示准备就志愿军分批撤出朝鲜问题同朝鲜政府协商，要求“联合国军”方面有关各国政府也采取同样步骤。撤军办法是，志愿军在 1958 年年底以前分三批全部撤完。

当天，周恩来审阅了方案稿，并批送刘少奇、朱德、邓小平、彭德怀并转送毛泽东核阅。31 日，毛泽东在方案上批示：“同意。”

随后，中国政府将从朝鲜撤出志愿军的方案，通报给苏联政府并征求他们的意见。

在得到苏联政府的意见后，1958 年 1 月 24 日，毛泽东将中国方面关于中国人民志愿军撤出朝鲜的考虑电告金日成。电报指出：

我们觉得，由朝鲜民主主义人民共和国主动提出外国军队撤出朝鲜的要求，然后由中国政府响应朝鲜政府的要求，是比较适宜的。……对于这个方案，我们提出一些具体意见。这些意见，我们已经同苏联政府商量过，他们表示完全同意。

1958 年 1 月 13 日，中央军委举行例会，专门研究了中国人民志愿军撤军问题。根据中央军委的决定，总参谋部作战部和志愿军总部对志愿军撤军工作进行部署和安排。2 月上旬，总参作战部研究上报了志愿军领导机关和部队回国后的具体部署方案。

1 月 28 日，志愿军司令员杨勇在给国防部长彭德怀的信中指出：鉴于从朝鲜撤走志愿军的形势已定，行动时间近迫，在不放松战备而又节约经费开支的精神下，志愿军已初步采取了以下措施：停建营房、仓库和医院；压缩一线永备工事的构筑，但纵深永备工事则加速进行；结合动员家属还乡生产，决定今年上半年军官家属一律不准入朝；军需物资凡今年用不着的，不再运往朝鲜；交接防务的一切有关资料正在进行准备。

杨勇在信中对部队撤出的时间、方法及各军回国后的驻防位置，兵团、志愿军领导机关的处理等问题提出了意见和建议。

1958 年 2 月 5 日，朝鲜民主主义人民共和国政府就撤出一切外国军队与和平统一朝鲜问题发表声明。声明建议，为了缓和朝鲜的紧张局势以及和平解决朝鲜问题，美军和包括中国人民志愿军在内的一切外国军队应当同时撤出南北朝鲜。为此，在朝鲜派有军队的国家应当迅速采取相应措施，把本国的军队立刻撤出朝鲜。声明还建议，在一切外国军队全部撤出南北朝鲜以后，应当在一定时期内在中立国机构的监督下实行全朝鲜的自由选举；应当在对等的基础上早日实现南北朝鲜之间的协商，讨论经济、文化交流和全朝鲜的选举问题；应当在今后尽量短的时期内把南北朝鲜军队的人数缩减到最低限度，以实现朝鲜的和平统一。

2 月 7 日，中国政府发表声明，表示完全赞同并且全力支持朝鲜政府的和平倡议。认为一切外国军队，应该定期撤出朝鲜。为促进朝鲜问题的和平解决，缓和远东的紧张局势，中国政府准备就中国人民志愿军从朝鲜撤出的问题同朝鲜政府进行磋商。声明要求美国政府和参加联合国军的其他各国政府同样采取措施，从南朝鲜撤出美国军队和其他一切外国军队。这再一次表明了中国政府和中国人民谋求和平解决朝鲜问题的真诚愿望。

2 月 14 日，应朝鲜政府的邀请，中国政府代表团在总理周恩来的率领下抵达平壤，开始对朝鲜进行友好访问。代表团成员有副总理兼外交部长陈毅、外交部副部长张闻天、中国人民解放军总参谋长粟裕，以及总理办公室副主任张彦、外交部亚洲司司长章文晋和中国驻朝鲜大使乔晓光等。

在访问朝鲜期间，中国政府代表团同朝鲜政府代表团进行了亲切、友好的会谈，就中国人民志愿军撤出朝鲜的问题达成了完全一致的意见。

2 月 16 日晚，中国政府代表团到达中国人民志愿军总部所在地桧仓。周恩来在志愿军团以上干部大会上做重要讲话。他号召广大指战员发扬高度的国际主义精神，虚心学习勤劳的朝鲜人民和英勇的朝鲜人民军的优点。要求在撤军过程中，对朝鲜政府、朝鲜人民军、朝鲜人民应该交代好，各种事情都交待得一清二楚，除随身携带的武器外，凡是可以留的都应该留下，使中朝两国人民用鲜血凝成的友谊之花，在最后一年开得更好，结出丰硕之果。志愿军不仅在朝鲜是最可爱的人，回国后也要做最可爱的人。

2 月 19 日，中华人民共和国政府和朝鲜民主主义人民共和国政府发表《联合声明》，郑重向全世界宣布，中国人民志愿军完全同意中国政府的建议，并且决定在 1958 年年底以前分批全部撤出朝鲜，第一批将在 1958 年 4 月 30 日以前撤完。朝鲜民主主义人民共和国政府对于中国人民志愿军的这一决定表示同意，并且愿意对中国人民志愿军的全部撤出给予协助。

中国人民志愿军全部撤出朝鲜的决定，不仅获得了中朝两国人民的热烈拥护，而且受到国际舆论的重视和欢迎。

2 月 20 日，苏联政府发表声明，完全支持朝中两国政府关于中国人民志愿军全部撤出朝鲜的建议，认为这一倡议具有极其重大的意义，是旨在缓和国际紧张局势、加强国际信任和巩固和平的极其重要的措施之一。

其他各社会主义国家的报纸全文刊载中朝两国政府联合声明并给予高度评价，一致认为中国人民志愿军决定全部撤出朝鲜的主动措施，是对和平解决朝鲜问题、缓和远东紧张局势做出的重大贡献，同时敦促美国军队也应从南朝鲜全部撤走。就连美国在侵朝战争中的主要盟国的舆论，也不得不承认中国人民志愿军从朝鲜撤出的决定对于缓和远东局势具有积极意义。美国的一些媒体也认为，中国采取从朝鲜撤出中国人民志愿军的行动是“大胆地掌握了主动”“并且使美国陷于难堪的境地”。

## 志愿军单方面主动撤出朝鲜

为圆满完成撤军任务，中共志愿军委员会根据中央军委和周恩来的指示，对撤军工作做了具体部署，向全军发出“不骄不懈，善始善终；军队撤出，友谊长存”的号召。要求部队“交好、走好、到好”。交好，就是除了武器装备和个人随身携带的物品以外，其余东西一律移交给朝鲜人民军；走好，就是要圆满安全地撤出；到好，就是回到祖国后不居功、不骄傲，服从祖国需要。

2 月 13 日，中国人民志愿军司令员杨勇、政治委员王平颁发训令，颁布十二条规定，要求全军在撤军过程中严格遵守。2 月 21 日，中国人民志愿军政治部发出《关于志愿军撤出朝鲜的政治工作的指示》。第一批部队撤出朝鲜后，6 月，志愿军政治部又专门制定《撤军工作三十条》。强调必须做到交好、走好、到好，要求部队善始善终，军队撤出，友谊长存。

在撤军过程中，首先是交好。2 月 24 日，中国人民志愿军与朝鲜人民军经过充分协商，确定了交接的部署和交接的组织。25 日，志愿军司令员杨勇上将和人民军总参谋长李权武上将，在双方防务交接的联合命令上签字。

根据志愿军总部的指示，各部队对前沿的坑道、战壕、掩体和其他各种工事、道路，进行彻底的修整、清扫和加固，并组织力量将一切未完成的工事全部突击完成。战士们说："多挖一尺坑道，多加固一个工事，就是给中朝人民的对敌斗争多增添一分力量。这是给朝鲜人民军战友留下的最好礼物。"各级指挥员和指挥机关，对防御地区的敌情、地形进行反复侦察勘察，据此重新研究作战方案、修正战斗文书和各种图表，然后仔细地向朝鲜人民军接防部队办理移交，把敌情、地形、工事和作战方案交代得一清二楚。

2 月 27 日，中国人民志愿军发布命令，决定将志愿军情报、通信、军训、工程器材，以及营房、营具、仓库和各种弹药等移交给朝鲜人民军，并要求各部队切实遵照执行，凡按规定移交的弹药物资器材，均应查点清楚，完整无损地移交，如有破坏行为以纪律论处。

10 月 17 日，中国人民志愿军司令员杨勇上将和朝鲜民族保卫相金光侠大将在志愿军总部和朝鲜民族保卫省联合公报上签字。联合公报指出：

为了响应中朝两国政府关于一切外国军队从南北朝鲜撤出和促进朝鲜问题和平解决的建议，中国人民志愿军总部在 1958 年 2 月 20 日已经发表声明，决定于 1958 年年底以前，分批地全部撤出朝鲜。在即将从朝鲜全部撤出的时候，中国人民志愿军总部决定将自己的营房、营具、营房设备、物资、器材，全部无偿地移交给朝鲜人民军。交接工作已经在 1958 年 10 月 16 日顺利完成。双方对此表示满意，并且认为这一事实，是中朝两国人民之间的战斗友谊的又一次表现。

中国人民志愿军各部队按照计划分 3 批撤离朝鲜，返回祖国。对于部队的撤出顺序，中央军委确定"先前沿，再西海岸，后中间"的方针。首先撤出第一线部队能迅速扩大志愿军的撤军影响，同时可以观察敌人的动态，最后撤出中间的部队以便应对意外情况。

第一批撤出的部队是第 23 军、第 16 军共 6 个师及部分炮兵、坦克兵、工程兵、汽车兵部队，工程兵指挥所和第 19 兵团领导机关，共 8 万人，于 3 月 15 日开始至 4 月 25 日撤出朝鲜。另第 20 兵团领导机关先于 3 月 12 日撤出朝鲜。

第二批撤出的部队为第 54 军、第 21 军共 6 个师及部分坦克、炮兵、高炮、后勤、工程兵部队和坦克指挥所，共 10 万人，于 7 月 11 日开始至 8 月 14 日撤出朝鲜。

第三批撤出的部队为志愿军总部和第 1 军 3 个师、炮兵指挥所及志愿军后勤部、后勤保障部队，共 7 万人，于 9 月 25 日开始至 10 月 26 日撤出朝鲜回国。

## 朝鲜政府和人民盛情欢送志愿军

1958 年 2 月 27 日，朝鲜民主主义人民共和国内阁首相金日成签署《关于永远纪念中国人民志愿军的伟大业绩和欢送他们从共和国北半部撤出的决定》。该决定高度评价中国人民抗美援朝的行动和中国人民志愿军的光辉业绩，指出：

英雄的中国人民志愿军官兵在激烈的祖国解放战争中和战后在我国所建树的不朽功勋和光辉业绩，将永远铭刻在朝鲜人民心中，与我国的繁荣发展共放光辉。

为永远纪念志愿军的伟大业绩和欢送志愿军，朝鲜内阁决定：向中国人民和中国人民志愿军致由全体朝鲜人民签名的感谢信；于 1958 年 10 月 10 日以前在平壤市建成“中国人民志愿军友谊塔，整修各地的中国人民志愿军烈士墓，并采取永久的保护措施；将在战争中同中国人民志愿军结下深厚情谊的黄海北道的沙里院市中央大街命名为中国人民志愿军街；向参加朝鲜战争的中国人民志愿军全体官兵授予“祖国解放战争纪念章”；以中国人民志愿军在帮助朝鲜人民进行解放战争和经济恢复建设中的伟大功绩为内容，制作故事片和纪录片；将中国人民志愿军赴朝参战 8 周年的 1958 年 10 月定为朝中友好月，组织和举行各种盛大的纪念和庆祝活动，宣扬和赞颂中国人民志愿军的丰功伟绩，进一步加强朝中两国人民的友谊和团结。

3 月 15 日，中国人民志愿军开始分批撤出朝鲜。当志愿军部队分批撤出朝鲜时，金日成和朝鲜党政其他领导人，不顾国事的繁忙，到撤军部队驻地看望、慰问和欢送志愿军，出席欢送大会和欢送宴会。朝鲜领导人称赞志愿军“在朝鲜战争中所建立的丰功伟绩，将同朝鲜美丽的山河一起万古长存”，表示中国人民志愿军“同朝鲜人民之间结成的深厚友谊，将永远留在朝鲜人民子子孙孙的心中”。朝鲜领导人还向志愿军授予巨幅锦旗，亲自为志愿军官兵佩戴“朝鲜祖国解放战争纪念章”和“朝中友谊纪念章”。

当分批撤出的志愿军部队登程时，驻地朝鲜人民穿上节日的盛装，举着朝中两国的国旗，前来为志愿军送行。长期与志愿军并肩战斗的人民军部队，也依依不舍地送别战友。处处响起喧天的锣鼓声，处处是载歌载舞欢送的人群。一位朝鲜老人无限深情地唱道：

白头山呀白头山，

白头山再高，也没有中朝人民的友谊高；

鸭绿江呀鸭绿江，

鸭绿江再深，也没有中朝人民友谊深。

1958年10月，是朝鲜政府规定的“朝中友好月”，也是志愿军最后一批部队撤离朝鲜的日子。朝鲜政府、朝鲜人民欢送和志愿军告别活动达到高潮。

志愿军总部派出10个代表团，分别到朝鲜各地，向党政机关和当地人民告别，感谢他们8年来对中国人民志愿军的亲切关怀和热情支持。各代表团召开隆重的告别大会，随行的艺术团和电影放映队举办告别晚会。在告别期间，各代表团广泛地拜访著名的支前模范和为支援志愿军而光荣牺牲的烈士家属，转达志愿军全体官兵的怀念和谢意，并赠送礼品。各代表团还在朝鲜各地党政军领导的陪同下，向志愿军烈士陵园和人民军烈士墓敬献了花圈。志愿军总部在撤出朝鲜前夕，将从全军各部队搜集来的2477件抗美援朝珍贵历史文物，赠送给朝鲜人民军，作为永久纪念，其中有邱少云烈士的照片、黄继光烈士的遗物，彭德怀司令员和南日大将在停战签字时使用的文具，志愿军使用过的武器装备、沙盘模型、作战地图以及战场上缴获的战利品等。

10月24日上午，朝鲜最高人民会议常任委员会在平壤举行隆重的授勋仪式，授予中国人民志愿军司令员杨勇、政治委员王平以朝鲜民主主义人民共和国最高勋章——一级国旗勋章，并授予志愿军副政治委员梁必业、参谋长王蕴瑞以二级国旗勋章。

当天下午，平壤市各界人民在国立艺术剧场隆重集会，欢送即将离开朝鲜回国的中国人民志愿军总部官兵。金日成等朝鲜党和国家领导人出席大会。会上，朝鲜劳动党中央委员会副委员长朴正爱把《朝鲜人民给中国人民志愿军官兵和中国人民的感谢信》交给中国人民代表团团长郭沫若和志愿军司令员杨勇。同这封信一起交给中国人民和中国人民志愿军的是228册签名簿，共有684.7439万名朝鲜人民在上面签名。朝鲜人民的领袖金日成在第一册签名簿上第一个签名。会上，志愿军政治委员王平将由志愿军首任司令员兼政治委员彭德怀亲笔题名的《中国人民志愿军向朝鲜人民告别信》和志愿军全体官兵的签名册，交给朝鲜最高人民会议常任委员会委员长崔庸健。朝鲜人民的感谢信和中国人民志愿军的告别信，是中朝两国人民伟大战斗友谊的生动体现和象征。

晚上，金日成在平壤举行盛大国宴，欢送即将离朝返国的志愿军总部官兵。杨勇、王平和志愿军总部的将军们、士兵代表共450多人应邀出席宴会。

1958 年 10 月 25 日，是中国人民志愿军抗美援朝 8 周年纪念日，也是中国人民志愿军总部官兵乘坐最后一列撤军列车离开平壤回国的日子。金日成等党和政府的领导人亲自到车站送行。这天，平壤全城到处飘扬着朝中两国国旗。

上午 10 时，中国人民志愿军总部官兵从金日成广场整队出发前往车站，杨勇和王平走在队伍的最前面。在志愿军步行经过的约两公里长的街道两旁，站满热情欢送的平壤市民。他们手执鲜花和彩旗，把整个街道组成一条彩色的“河流”。志愿军的队伍整整用了一个小时才穿过热情无比的群众行列，到达车站广场。在车站广场上，杨勇向 30 万平壤人民致告别词。他首先感谢朝鲜人民 8 年来对志愿军的支援和无微不至的关怀，感谢朝鲜人民给予志愿军的崇高荣誉和如此热情的欢送。

登车的时间到了，车站上奏起《中国人民志愿军战歌》。杨勇、王平等人同前来欢送的金日成等人热情话别。12 时整，志愿军总部官兵乘坐的列车，驶离平壤火车站。

10 月 26 日，中国人民志愿军总部官兵满载着朝鲜人民的深厚情谊，越过鸭绿江大桥，穿过“凯旋门”，回到祖国的怀抱。

当天，中国人民志愿军总部发表撤军公报。至此，除留在朝鲜军事停战委员会内的中国人民志愿军代表，仍同朝鲜人民军代表一起，继续执行监督朝鲜停战协定实施的任务外，中国人民志愿军已按 1958 年 2 月 20 日发表的声明，全部撤出朝鲜。

斗转星移。20 世纪 90 年代初国际关系和朝鲜半岛形势发生了一系列变化。1994 年，朝鲜政府召回朝鲜军事停战委员会朝方代表团。同年 9 月 1 日，考虑到朝鲜方面的要求，根据朝鲜方面已召回军事停战委员会中的朝方代表团以及军事停战委员会实际上已停止运转的现状，中国政府决定调回军事停战委员会中的中国人民志愿军代表团，并希望有关方面为缓和朝鲜半岛局势继续做出建设性努力。12 月 15 日，志愿军代表团奉调离开平壤回国。

# 三十四　毛泽东运筹帷幄

美国侵略朝鲜和台湾的行动，引起了新中国领导人的高度关注和警觉。根据形势的变化，中共中央适时决定支援朝鲜人民，推迟解放台湾。1950 年 7 月上旬，以驻中原地区的国防机动部队第 13 兵团为主组建东北边防军，以备万一。从此时开始，中共中央领导人即酝酿必要时支援朝鲜人民反抗美国侵略的问题。中共中央有关抗美援朝的重大战略决策，都是毛泽东主持下做出的，抗美援朝战争的胜利是在毛泽东为主席的中共中央和中央军委的领导下取得的。

## “对朝鲜不能不帮”

1950 年 7 月 7 日，周恩来在主持中央军委讨论组建东北边防军的第一次国防会议上即确定，一旦东北边防军出动到朝鲜作战时，则“改穿志愿军服装，使用志愿军旗帜”。

虽然，朝鲜战争爆发以来，朝鲜人民军的发展较为顺利，但毛泽东等中共中央领导人认为，由于美国的直接武装干涉，使朝鲜的局势更加复杂化，朝鲜战争将可能长期化。

8 月 4 日，中央军委决定边防军师以上单位各抽一人（师以师长或参谋长、军以军长或参谋长），带翻译，统一组成考察团到朝鲜实地考察，熟悉美军装备和作战特点，熟悉朝鲜地形情况，以便边防军出动作战。

同日，在中共中央政治局会议上，毛泽东指出，如果美帝得胜，就会得意，就会威胁我。对朝鲜不能不帮，必须帮助，用志愿军形式，时机当然还要选择，我们不能不有所准备。周恩来在这次会议上指出，如果美帝将北朝鲜压下去，则对和平不利，其气焰就会高涨起来。要争取胜利，一定要加上中国的因素。中国的因素加上去后，可能引起国际上的变化。我们不能不有此远大设想。

这次会议后，8 月 5 日，毛泽东起草电报，以中央军委名义致电东北军区司令员兼政治委员高岗，“请高岗同志负主责，于八月中旬召集各军师干部开会一次，指示作战的目的意义和大略方向，叫各部于本月内完成一切准备工作，待命出动作战”。

根据中央军委的指示，8 月 13 日，高岗在沈阳主持召开东北边防军师以上干部大会，根据中央的意图明确了边防军的任务就是准备出动到朝鲜，援助朝鲜人民抗击美国侵略。高岗在动员报告中指出：“如果美国侵略者占领了朝鲜，毫无疑问，一定会准备力量，来进攻我们的东北与华北，进攻我们的祖国。那么我们究竟是让它打下朝鲜，让它准备力量，增长气焰，等它打到中国来的时候再去消灭它好呢？还是现在争取主动，配合朝鲜人民军，在国土以外，消灭敌人，保卫自己好呢？显然地，在国土以外消灭敌人，是有利于我们、有利于我们的朋友、有利于世界人民反对帝国主义争取和平民主的事业的。所以为着保卫祖国，巩固胜利，粉碎帝国主义的侵略计划，我们必须主动地、积极地援助朝鲜人民，帮助朝鲜人民解放，使朝鲜成为独立、民主、统一的国家。……支援朝鲜和保卫我们的祖国与保卫世界和平是一致的。”“到朝鲜去是以志愿军的名义出现，穿朝鲜服装，用朝鲜番号，打朝鲜人民军的旗帜，主要干部改用朝鲜名字。这样的处置，可以使朝鲜人民喜欢，又很策略。”毛泽东充分肯定高岗的动员报告，18 日致电高岗指出：“你在边防军干部会议上的报告……是正确的。”

8 月中旬以后，朝鲜的形势已经变得不容乐观，战争双方在洛东江一线形成僵持局面，朝鲜人民军的作战已经没有后劲。朝鲜战争长期化的趋势已经十分明显。

为使边防军的主要干部能够集中精力于部队整训和各项准备工作，8 月 24 日，毛泽东、周恩来以军委名义致电高岗、贺晋年，决定取消原计划去朝鲜考察之议，唯为便于及时了解朝方作战情况，吸收其经验，弥补参观团目前不去之缺陷，又避免张扬走漏机密，现决定由边防军中选派三四团级（副团长）或师级（参谋长）干部，以大使馆武官面目出现进行工作。

据此，边防军确定由第 13 兵团侦察科长崔醒农、第 40 军第 118 师参谋长汤景仲、第 39 军参谋处长何凌登、炮兵第 8 师副师长黄登保（后改为军委炮司情报处副处长黎非）和东北军区后勤部副部长张明远等 5 人，以大使馆武官名义前往朝鲜收集美军情况。经金日成同意后，9 月 19 日，张明远、崔醒农等 5 人以武官名义赴朝鲜。

8月26日，周恩来主持召开有军委各部门、各军兵种领导人参加的国防会议，专题检查和督促东北边防军的作战准备工作。周恩来在会议上指出，朝鲜战争长期化形势的出现，“加重了我们的责任，并且应该很快地积极准备”。尽管“朝鲜进行长期战争的基本条件是存在的，但最后将美军各个歼灭，看来这个任务势必落在我们肩上”。因此，“必须加紧和加强准备工作。一切都要准备好，不要成为‘临急应战’，而要有充分准备，出手就胜”。会议不仅对边防军的准备工作做了新的要求和部署，而且对空军和各特种兵部队准备也做了要求和部署。这次会议实际上是在全国高层领导人中进一步明确了援朝问题。

毛泽东向各中央局负责人打招呼，请他们考虑应付时局的问题，准备中央开会研究。8月27日，毛泽东致电中央军委副主席、西北军区司令员彭德怀，告知：“为了应付时局，现须集中十二个军以便机动（已集中了四个军），但此事可于九月底再做决定，那时请你来京面商。”同日，毛泽东还以中央名义致电东北、西北、西南、中南、华东各中央局负责人高岗、彭德怀、邓小平、邓子恢、饶漱石：“为了事先商量几个重要问题，以利应付时局及制定三年计划……请你们五位同志于九月二十五日来京开会。”

到9月初，关于对朝鲜要帮的问题，已不仅仅限于党内军内的高层领导中考虑。9月5日，毛泽东在中央人民政府委员会第九次会议上，把援助朝鲜问题在有各民主党派委员在内的政府委员中做了公开阐述，要求中央人民政府各部门的工作要考虑到这个因素。他指出，对于朝鲜人民，我们要给予帮助鼓励。朝鲜人民对于中国革命是有很大帮助的。现在美国已增加了部队，战争的持久性也就随之增加了。朝鲜战争持久了，不如速决的好。但持久了更有利于教育朝鲜人民和世界人民。美国是有许多困难的，内部争吵，外部也不一致。美国是不可怕的，但它可能乱来。对于这一点我们要充分估计到。它在朝鲜已经干起来了，它什么都可能干出来。我们不准备就不好。我们要准备战争打起来的时候，不是小打，而是大打；不是短打，而是长打；不是普通打，而是打原子弹。我们中国人民是打惯了仗的，准备你打原子弹。我们是不要你打的，你一定要打，就让你打。你打你的，我打我的，你打原子弹，我打手榴弹，抓住弱点，跟着你，最后打败你。

## 主持中共中央政治局会议决策出兵

1950年9月15日，美军仁川登陆后，朝鲜战争形势发生逆转，在洛东江一线的朝鲜人民军主力腹背受敌，于9月下旬被迫实施战略退却。9月28日，美陆战第1师攻占汉城，29日，美第8集团军指挥的美军和南朝鲜军，全线进抵三八线。在这种情况下，朝鲜劳动党中央政治局决定，请求中国给予直接的军事援助。

10月1日晚，金日成紧急召见中国驻朝鲜大使倪志亮和政务参赞柴军武，直接向中国方面提出关于中国出兵援助朝鲜的请求。同日，以金日成、朴宪永名义致函毛泽东，信中写道：

在目前敌人趁着我们严重的危急，不予我们时间，如要继续进攻三八线以北地区，则只靠我们自己的力量，是难以克服此危急的。因此我们不得不请求您给予我们以特别的援助，即在敌人进攻三八线以北地区的情况下，极盼中国人民解放军直接出动援助我军作战！

朝鲜劳动党中央政治局委托劳动党中央常务委员、朝鲜内务相朴一禹将这封信送达北京。10月3日，朴一禹当面向毛泽东呈交了这封求援信。

毛泽东接到朴一禹面交的金日成和朴宪永联名的求援信后，于10月4日和5日，主持召开中共中央政治局会议，讨论出兵援助朝鲜问题。会议对形势进行了全面分析。参加会议的政治局委员以对党和国家的高度责任感，坦陈己见，出现了两种意见。

一种意见主张暂不出兵，主要的顾虑并不是该不该打的问题，而是国内困难太多；另一种意见则积极主张出兵援助朝鲜，认为对帝国主义的侵略和战争挑衅如不给以坚决回击，就会使它更加猖狂。如果让美帝侵占朝鲜，对我们就是一个直接威胁，国内无法安心建设，如果准备三五年以后再打，那时还是要打，我们三五年辛辛苦苦建设起来的一点工业，到那时还要被打得稀烂。而且对三五年我们国防建设、工业建设也不可抱有过高的期望。那时美国可能把日本、西德都武装起来了，我们要制止侵略就更不容易。这样细算一下，目前就打也许更有利，所以迟打不如早打。

据彭德怀后来回忆，毛泽东在4日的政治局会议上针对暂不出兵的意见，说：你们说的都有理由，但是别人处于国家危急时刻，我们站在旁边看，不论怎么说，心里也难过。”

1951年1月23日，周恩来在东北局干部会议上作报告时也说过，毛泽东说，我们可以提出几十条、几百条甚至几千条顾虑，这些顾虑都是揣测可能发生的。另外一条就是我们应该在朝鲜争取反美胜利，应该给美帝国主义这个世界各帝国主义侵略阵营的头子一个打击，把它的气焰打下去。毛泽东认为，尽管遇到那样多条的顾虑，但那是可以克服的困难，或者应该忍受的困难，也是我们为着争取这个伟大的胜利应该付出的代价。

中央政治局会议经过全面分析权衡后，意见逐渐趋于一致。10月5日，中央政治局做出组成中国人民志愿军抗美援朝、保家卫国的战略决策。10月8日，毛泽东以中国人民革命军事委员会主席的名义签署组成中国人民志愿军的命令：

（一）为了援助朝鲜人民解放战争，反对美帝国主义及其走狗们的进攻，借以保卫朝鲜人民、中国人民及东方各国人民的利益，着将东北边防军改为中国人民志愿军，迅即向朝鲜境内出动，协同朝鲜同志向侵略者作战并争取光荣的胜利。

（二）中国人民志愿军辖十三兵团及所属之三十八军、三十九军、四十军、四十二军，及边防炮兵司令部与所属之炮兵一师、二师、八师。上述各部须立即准备完毕，待令出动。

（三）任命彭德怀同志为中国人民志愿军司令员兼政治委员。

（四）中国人民志愿军以东北行政区为总后方基地，所有一切后方工作供应事宜，以及有关援助朝鲜同志的事务，统由东北军区司令员兼政治委员高岗同志调度指挥并负责保证之。

（五）我中国人民志愿军进入朝鲜境内，必须对朝鲜人民、朝鲜人民军、朝鲜民主政府、朝鲜劳动党（即共产党）、其他民主党派及朝鲜人民的领袖金日成同志表示友爱和尊重，严格地遵守军事纪律和政治纪律，这是保证完成军事任务的一个极重要的政治基础。

（六）必须深刻地估计到各种可能遇到和必然会遇到的困难情况，并准备用高度的热情、勇气、细心和刻苦耐劳的精神去克服这些困难。目前总的国际形势和国内形势于我们有利，于侵略者不利，只要同志们坚决勇敢，善于团结当地人民，善于和侵略者作战，最后胜利就是我们的。

同一天，毛泽东致电倪志亮转金日成：

（一）根据目前形势我们决定派遣志愿军到朝鲜境内帮助你们反对侵略者；（二）彭德怀同志为中国人民志愿军的司令员兼政治委员；（三）中国人民志愿军的后方勤务工作及其他在满洲境内有关援助朝鲜的工作，由东北军区司令员兼政治委员高岗同志负责；（四）请你即派朴一禹同志到沈阳与彭德怀、高岗二同志会商与中国人民志愿军进入朝鲜境内作战有关的诸项问题。（彭高二同志本日由北京去沈阳）

中共中央在形势所迫的情况下决策组成中国人民志愿军抗美援朝、保家卫国，那么苏联根据《中苏友好同盟互助条约》将承担什么义务，特别是一旦美国将战争扩大到中国境内，甚至苏联也可能被拖入战争，苏联将采取何种立场，对此，中共中央必须得到苏联政府的明确表示，以便在中国人民志愿军出动参战后，更好地根据各方面情况把握战争。

10 月 2 日，毛泽东在给斯大林的电报中，表明中国“决定用志愿军名义派一部分军队至朝鲜境内和美国及其走狗李承晚的军队作战”。同日，毛泽东还通过苏联驻中国大使罗申转发了致斯大林的另一份电报，重点强调了中国志愿军出动后可能会出现的严重后果和中国的困难，以了解苏联对此的态度。毛泽东在这个电报中指出：

经过慎重考虑我们现在认为，这一举动会造成极为严重的后果。第一，靠几个师很难解决朝鲜问题（我军装备极差，同美军作战无胜利把握），敌人会迫使我们退却；第二，最大的可能是，这将引起美国和中国的公开对抗，结果苏联也可能被拖进战争中来，这样一来，问题就变得极其严重了。中共中央的许多同志认为，对此必须谨慎行事。……我们将召开党中央会议，中央各部门的负责同志都将出席。对此问题尚未做出最后决定，我们是想同您商量一下。……如果您同意，我们准备立刻让周恩来和林彪同志到您的休养地，同您讨论这件事，并报告中国和朝鲜的形势。

罗申和斯大林对毛泽东这个电报均产生了误解，认为中国不准备出兵援助朝鲜。莫斯科时间 10 月 5 日，斯大林主持苏共中央政治局会议对毛泽东通过罗申转给斯大林的电报进行研究。会后，斯大林致电毛泽东，明确表示：

美国尽管没有做好大战的准备，仍可能为了面子而被拖入大战，这样一来，自然中国将被拖入战争，苏联也将同时被拖入战争，因为它同中国签有互助条约。这需要害怕吗？我认为不需要，因为我们在一起将比美国和英国更有力量。德国现在不能给美国任何帮助，而欧洲其他资本主义国家更不会成为重要的军事力量。如果战争不可避免，那就让他现在就打，而不要过几年以后。

莫斯科时间比北京时间晚五个小时，10 月 5 日，在接到斯大林这封电报之前，毛泽东已主持中共中央政治局会议做出组成中国人民志愿军出动到朝鲜作战的决策。接到斯大林的电报后，毛泽东对苏联的态度有了底数。10 月 8 日，毛泽东派周恩来和林彪前往苏联，向斯大林等苏联领导人通报中共中央出兵援朝的决策情况，并请求苏联援助武器装备和出动空军掩护。在中国组建东北边防军时，斯大林曾经表示过，一旦中国军队以志愿军形式出动到朝鲜作战，苏联“将尽力为这些部队提供空中掩护”。但周恩来同斯大林会谈时，斯大林只同意为中国抗美援朝提供武器装备，对出动空军掩护问题则表示，苏联空军没有准备好，两个月至两个半月不能出动掩护志愿军作战

(后来又表示，两个半月以后也不准备出动到朝鲜作战，只在鸭绿江以北中国上空作战)。10月11日，斯大林与周恩来联名致电毛泽东，说明了会谈的情况。

中共中央没有料到苏联拒绝兑现已作过的提供空中掩护的承诺。毛泽东接到斯大林和周恩来的联名电报后，10月13日，再次召集中共中央政治局成员进行研究。政治局同志一致认为，即便苏联不能出动空军掩护，中国人民志愿军也还是出动到朝鲜为有利。同日，毛泽东致电周恩来并转告斯大林，表明，如果“我们不出兵让敌人压至鸭绿江边，国内国际反动气焰增高，则对各方都不利，首先是对东北更不利，整个东北边防军将被吸住，南满电力将被控制”。我们采取积极政策，“对中国，对朝鲜，对东方，对世界都极为有利”。总之，“我们认为应当参战，必须参战。参战利益极大，不参战损害极大”。

“抗美援朝，保家卫国”的战略决策，是中共中央政治局在美国侵略朝鲜与台湾并将战火烧向鸭绿江边，朝鲜形势危急，中国国家安全面临严重威胁的情况下，根据朝鲜党和政府的请求而被迫做出的，是基于支援朝鲜人民反抗美国侵略和保卫国家安全的共同需要做出的。这一决策，正确地把握了局部的当前的利益与根本的长远的利益的关系，是英雄胆略和科学态度相结合的产物，是爱国主义和国际主义相结合的产物，充分体现了中国人民不畏强暴、反抗侵略的决心，体现了中华民族保卫和平、维护正义的气概。

## 明确战争指导方针

志愿军入朝后，毛泽东针对敌我双方的作战条件，于10月23日进一步明确指出：

我们应当从稳当的基点出发，不做办不到的事。朝鲜战局，就军事方面来说决定于下列几点：第一是目前正在部署的战役是否能利用敌人完全没有料到的突然性全歼两个三个甚至四个伪军[①]师（伪三师[②]将随伪六师后跟进，伪一师亦可能增援)。此战如果是一个大胜仗，则敌人将做重新部署，新义州、宣川、定州等处至少在一个时期内不会来占，伪首[③]伪三两师将从咸兴一带退回元山地区，而长津可保，新安州、顺川两点是否保守也可能成问题，成川至阳德一段铁路无兵保守向我敞开一个大缺口，在现有兵力的条件下，敌人将立即处于被动地位。如果这次突然性的作战胜利不大，伪六、

① 伪军，指南朝鲜军。
② 此处伪3师有误，应为第7师。
③ 伪首，指南朝鲜军首都师。

七、八师主力未被迅速歼灭，或逃脱，或竟固守待援，伪一、伪首及美军一部增援到达，使我不得不于阵前撤退，则形势将改为于敌有利，熙川、长津两处的保守也将发生困难；第二是敌人飞机杀伤我之人员妨碍我之活动究竟有多大。如果我能利用夜间行军作战做到很熟练的程度，敌人虽有大量飞机仍不能给我太大的杀伤和妨碍，则我军可以继续进行野战及打许多孤立据点，即是说，除平壤、元山、汉城、大邱、釜山等大城市及其附近地区我无飞机无法进攻外，其余地方的敌人都可能被我各个歼灭，即使美国再增几个师来，我也可各个歼灭之。如此便有迫使美国和我进行外交谈判之可能，或者待我飞机大炮的条件具备之后把这些大城市逐一打开。如果敌人飞机对我的伤亡和妨碍大得使我无法进行有利的作战，则在我飞机条件尚未具备的半年至一年内，我军将处于很困难的地位；第三如果美国再调五个至十个师来朝鲜，而在这以前我军又未能在运动战中及打孤立据点的作战中歼灭几个美国师及几个伪军师，则形势也将于我不利，如果相反，则于我有利。以上这几点，均可于此次战役及尔后几个月内获得经验和证明。我认为我们应当力争此次战役的完满胜利，力争在敌机炸扰下仍能保持旺盛的士气进行有力的作战，力争在敌人从美国或他处增调兵力到朝鲜以前多歼灭几部分敌人兵力，使其增补赶不上损失。总之，我们应在稳当可靠的基础上争取一切可能的胜利。

这样，志愿军作战，就有了一个明确而灵活的战争指导方针，即从稳当的基点出发，根据现有的作战条件，既不做办不到的事，又必须力争一切可能的胜利。对于能不能打，要在几个月之内获得经验和证明。

## 适时进行战略调整

至1951年6月，志愿军连续进行五次战役，与朝鲜人民军共歼敌23.3万余人（志愿军和人民军作战减员18.9万余人），经过反复较量，将战线稳定在三八线南北地区。美国当局被迫调整了朝鲜战争政策，放弃了军事占领全朝鲜的目标，并且做出了愿意通过谈判，沿三八线一带实现朝鲜停战的表示。这说明，此时通过谈判解决朝鲜问题已经具备了现实基础和可能性。

中共中央考虑，先从结束朝鲜战争并保证能实现朝鲜境内的停火与休战入手。如果美国的停战谈判是骗局，或不接受我们提出的合理条件，那么美国的欺骗就会被揭穿，战争会继续，我们将仍给其以严重的打击与教训，而全世界爱好和平的人民将会更多地站在我们方面，美国将会处于狼狈的境地。如果战争真结束了，那么我们可进一步提出有关各方举行和平解决远东问题的谈判，当然，这将是一个长期的斗争，但和平的主动权将更加掌握在我们手中。

1951 年 6 月初，毛泽东经与金日成对形势进行分析研究后，确定了“充分准备持久作战和争取和谈达到结束战争”的指导方针。

此后，中国人民志愿军根据这一方针，与朝鲜人民军一起同美国为首的“联合国军”边打边谈。

由于敌我双方武器装备优劣异常悬殊，志愿军虽能够包围美军一个团左右的兵力，但不能将其歼灭。针对这种与国内革命战争年代不同的情况，毛泽东提出，对美英军只实行战术的小包围，打小歼灭战，经过一系列的小歼灭战，再进到打大歼灭战。毛泽东形象地称之为“零敲牛皮糖”。打小歼灭战思想提出于第五次战役临近尾声时，贯彻于整个阵地战阶段。

当双方在谈判中达成关于军事分界线的协议后，战争的军事、政治形势要求志愿军必须坚守战线时，毛泽东于 1951 年 11 月中旬为志愿军确定了坚守防御的作战方针，指示志愿军“节约兵力、物力和财力，采取持久的积极防御的作战方针，坚守现在战线，大量消耗敌人，以争取战争的胜利结束”。志愿军据此在正面战线构筑了以坑道为骨干的坚固防御阵地体系。

在正面战线已经巩固，部队越战越强，越战越主动，而侧后的海岸防御仍是薄弱环节时，1952 年 12 月 20 日，毛泽东亲自起草电报，以中共中央名义指示志愿军协同人民军，集中力量解决侧后海岸防御问题，志愿军和人民军于 1953 年春进行了规模巨大的反登陆作战准备，从而掌握了整个战场的主动权。1953 年夏季，志愿军又以打促谈，连续发动三次进攻作战，直至 1953 年 7 月 27 日，迫使美国为首的“联合国军”签署朝鲜停战协定，实现了朝鲜停战。

以毛泽东为主席的中共中央和中央军委根据战争的形势和特点，运筹帷幄，由于实施了正确的战略指导，抗美援朝战争取得了伟大胜利。这场战争，支援了朝鲜人民，打破了美国不可战胜的神话，鼓舞了世界人民反抗帝国主义和殖民主义的斗争，极大地提高了新中国的国际地位，保证了国家长期和平建设的环境，促进了经济的恢复和增长，促进了人民解放军的现代化建设。

# 三十五　周恩来醉酒的背后

1958 年 10 月，中国人民志愿军圆满完成中国共产党和中国人民赋予的抗美援朝保家卫国的伟大历史任务，全部撤出朝鲜回国。祖国人民隆重欢迎中国人民志愿军凯旋。

10 月 29 日下午，毛泽东、周恩来、朱德、彭真、陈毅、李富春、薄一波等党和国家领导人，在中南海怀仁堂接见了以杨勇、王平为首的中国人民志愿军代表团全体人员等，并合影留念，给了中国人民志愿军最高的荣誉和莫大的鼓励。同日晚上，全国人大常委会、政协全国委员会、中国人民抗美援朝总会和北京市人民委员会、市政协、市抗美援朝分会联合举行宴会，欢宴中国人民志愿军代表团全体人员。周恩来、朱德、陈毅、郭沫若以及首都工农兵学商各界代表欢聚一堂，畅饮胜利酒，畅谈抗美援朝的伟大胜利和祖国建设的伟大成就。

这一天，周恩来特别高兴，以致在宴会上醉了酒。

是啊！为取得抗美援朝战争的胜利，周恩来作为政务院总理兼外交部长、主持军委日常工作的军委副主席，协助毛泽东，日理万机，不仅在外交斗争方面做出了巨大贡献，而且在军事方面也做出了巨大贡献，从东北边防军的组建到抗美援朝的出兵决策、从战场作战指导到后勤保障以及朝鲜停战谈判指导，涉及方方面面，倾注了大量心血。

## 主持组建东北边防军

美国侵略朝鲜和台湾后，中共中央适时决策支援朝鲜人民，推迟解放台湾。1950 年 7 月 7 日和 10 日，周恩来根据毛泽东的指示两次主持召开中央军委会议，讨论国防问题。在此基础上，中央军委于7月13日做出《关于保卫东北边防的决定》，确定了东北边防军的组成、东北边防军的组织指挥机构、东北边防军的后勤准备、兵员补充、政治动员等问题。随即确定了东北边防军的供应办法。

在边防军向东北集中的过程中，已确定的东北边防军领导因病因事一时都难以到任，并且边防军25万大军的补给供应也是个大问题。为避免边防军的指挥脱节和保证供应，周恩来在与中央军委代总参谋长聂荣臻、空军司令员刘亚楼研究后，于7月22日与聂荣臻一道向毛泽东提出报告，建议边防军目前先归东北军区司令员兼政治委员高岗指挥并统一一切供应，原拟边防军后勤机构与东北军区后勤部合并。这一建议得到毛泽东的批准。稍后，又指定第13兵团部为边防军的军事训练组织领导机构，使东北边防军完成集结后能迅即展开整训和后勤保障有了组织上的保证。

8月中旬以后，朝鲜战局形成了相持局面。8月26日，周恩来再次主持召开国防会议，督促检查东北边防军的各种准备情况。周恩来在这次会议上指出，组建东北边防军是基于两种情况的考虑：一种情况是朝鲜人民军一鼓作气，很快解放全朝鲜，战争很快结束，至少是告一段落；另一种情况是战争持久化，要准备在长期化的战争中逐步消灭敌人。“在第一种设想情况下组织边防军，是备而不用；在第二种设想情况下，是加重了我们的责任”，现在看来第一种设想情况已经过去，第二种设想情况将成为现实，我们应很快地积极准备。同一次会议上，还确定了军兵种的参战准备。

此外，8月下旬，周恩来还多次召集中央军委有关部门开会，商谈加强东北边防军问题，主持制定了《关于加强边防军的计划》，为边防军计划了第二、第三批部队。

从7月上旬组建东北边防军到10月上旬东北边防军改为中国人民志愿军，整个东北边防军的准备工作，包括抽调部队、部队集中时的运输组织、训练工作、装备编制的调整、兵员补充、后勤保障等，都是在周恩来的直接关心和指导下进行的。由于东北边防军的及时组建和突击准备，使得东北边防军在改为中国人民志愿军后出动到朝鲜作战，一开始就连续取得胜利。

## 参与出兵决策并保证决策的顺利实施

1950年9月中旬，美军仁川登陆后朝鲜战局发生逆转，朝鲜人民军被迫实施战略退却。在这种情况下，周恩来站在朋友和同志的立场上，于9月20日通过中国驻朝鲜大使倪志亮致电金日成，对朝鲜人民军的作战指导提出了建议，指出：“请考虑在坚持自力更生长期奋斗的总方针下如何保存主力便于各个歼灭敌人的问题。”作战最忌平分兵力，而必须集中兵力打歼灭战。“在持久战的原则下，必须充分地估计到困难方面。一切人力、物力、财力的动员和使用，必须处处做长期打算，防止下级发生孤注一掷的情绪。”金日成对此十分欢迎和感谢。

当金日成和朴宪永代表朝鲜劳动党和朝鲜政府请求中国出兵援助后，在 10 月 4 日和 5 日毛泽东主持召开讨论出兵援朝的中共中央政治局会议上，周恩来分析了出兵和不出兵的利弊得失，认为出兵对于长远经济建设、对解决台湾问题、对国际影响均利大于弊，积极支持出兵援朝的主张。

在中共中央政治局做出组成中国人民志愿军抗美援朝、保家卫国的战略决策后，为使这一重大战略决策得以顺利实施，10 月 6 日，周恩来受毛泽东委托主持召开了党政军高级干部会议，具体研究部署了志愿军出国作战事宜。10 月 8 日，周恩来又受毛泽东和中共中央的委托，与林彪秘密前往苏联，向斯大林等苏联领导人通报中共中央出兵援朝的决策情况，争取苏联给予武器装备援助并出动空军掩护中国人民志愿军作战和协助中国防空。此后，从 10 月下旬至 1951 年 1 月，周恩来在多种场合对中共中央的出兵决策做了宣传、解释，阐述了抗美援朝战争的重要性、必要性和正义性，动员政府各有关部门、全国各行各业和全国各族人民支援抗美援朝战争。此外，还协助毛泽东进行各种战略筹划和部署，全力保证战争的胜利、保证国内防务万无一失和尽可能进行经济恢复。这些，有力地保证了“抗美援朝、保家卫国”战略决策的实施。

## 协调中、朝、苏三方部队的作战指挥

1950 年 10 月 19 日，中国人民志愿军入朝时，朝鲜人民军主力已遭到严重损失，正在从三八线以南向北后撤转移中，新组建的部队 18 个师，有 9 个师 9 万余人在朝鲜靠近中国的边界地区整训，另有 9 个师 9 万余人在中国境内整训。在志愿军入朝后的第一、二次战役中，朝鲜人民军也有个别部队参战，但由于与志愿军缺乏统一协调，曾发生人民军误击志愿军的事件。

11 月，苏联协助中国担负国土防空任务的空军部队出动到鸭绿江上空作战，朝鲜人民军新组建的部队也将陆续整训完毕准备投入作战，人民军空军尚有一部分部队可以参加作战，中国人民解放军空军也将有一部分部队参加实战练习，这样中、朝、苏三方部队的作战协调指挥，特别是志愿军和人民军的统一作战指挥问题成了必须解决的问题。

彭德怀请担任志愿军副司令员兼副政治委员的朝鲜内务相朴一禹，同金日成协商志愿军和人民军的统一指挥问题，但由于苏联驻朝鲜大使和驻朝鲜的军事顾问对此问题认识不一致，而影响了金日成的决心。11 月 11 日，彭德怀将有关情况电告毛泽东并高岗，提议由金日成、苏联驻朝鲜大使史蒂科夫、彭德怀组成三人小组，负责决定与作战有关的协调指挥、军事政策等问题。此事涉及苏联方面，并且苏联对朝鲜更具影响力。

11 月 13 日，周恩来起草以毛泽东名义致斯大林的电报，转去了彭德怀的建议，征求斯大林的意见。电报中说："如您认为可行，即请由您处向史蒂科夫同志和金日成同志提出为妥。"斯大林接电后，于 16 日回电，表示"完全赞成由中国同志来统一指挥"，并同时电告了金日成和史蒂科夫。苏联驻中国军事总顾问也赞成斯大林的意见。11 月 17 日，由周恩来起草毛泽东的电报，将此情况通报给彭德怀和高岗。

从此，凡与作战有关中、朝、苏三方需协调的事宜，均由周恩来出面与苏联政府或军方领导人、朝鲜的金日成协商，或由周恩来委托聂荣臻出面与苏联驻中国军事总顾问协商。

12 月 3 日，金日成来北京，就朝鲜战争有关问题与毛泽东、刘少奇、周恩来等进行讨论。此时，人民军有 5 个军团完成休整或整训，将与志愿军并肩作战。关于中朝两军的统一指挥问题，金日成说斯大林来电报同意中朝两军统一指挥，因中国同志有经验，由中国同志为正，朝鲜同志为副，朝鲜劳动党中央政治局已同意。讨论中商定，组成中国人民志愿军和朝鲜人民军联合司令部，凡属作战范围及前线一切活动均归其指挥，后方动员、训练、军政、警备等则由朝鲜政府直接管辖，但联合司令部应向后方提出要求和建议，铁路的运输和维护也归联合司令部指挥。联合司令部的命令，经人民军总司令部和志愿军司令部下达。推任彭德怀为联合司令部司令员兼政治委员，朝方金雄为副司令员、朴一禹为副政治委员。

12 月 8 日，周恩来代表中共中央起草中朝两方关于成立中朝联合司令部的协议，并征得金日成的同意，中朝联合司令部顺利成立。后来志愿军副司令员邓华也为联合司令部副司令员。

在中朝联合司令部之下，1951 年 3 月中旬，成立中朝空军联合司令部。8 月成立中朝联合铁道运输司令部，统一计划、管理维护战时朝鲜铁路运输和铁路的抢修；9 月成立朝鲜东海岸和西海岸两个联合指挥机构。

这些联合性质的指挥机构的成立，统一了中朝两军的作战指挥和战时朝鲜铁路的运输管理。

## 指导志愿军作战

志愿军参战后，在第一至第三次战役期间，毛泽东高度关注志愿军的作战，对志愿军的作战指导极为详细具体。在第三次战役胜利后，特别是第四次战役开始以后，对于志愿军的作战指导，毛泽东一般均委托周恩来、聂荣臻处理，直至 1952 年 7 月彭德怀接替周恩来主持中央军委日常工作。在此期间，志愿军进行了第四次战役、第五次战役、1951 年夏秋季防御作战、反"绞杀战"、反细菌战和 1952 年春夏巩固阵地的斗争。周恩来和周恩来主持的中央军委除对志愿军的作战给予许多具体指示和指导外，还对志愿军的作战指导做出了许多具有战略性意义的贡献。其中比较突出的有如下两点：

一是主持中央军委确定志愿军实施轮番作战的方针。

在志愿军组成之前，1950 年 8 月 26 日，周恩来在检查东北边防军作战准备时，就曾设想边防军出动参战后的补充问题，"一种是从各部队抽出十万人来补充，一种是用建制补充，后一种办法较好。另一种是采用换班的打法进行补充，即准备第二线部队作为后备，待第一线部队一个军或一个师作战后需要补充时，可以开第二线整补，而以第二线一个军或一个师调前线作战，用这种办法整补为最好"。中央军委同时为边防军出动作战，准备了第二、第三批部队，为后来志愿军在朝鲜实行轮番作战做了组织准备。

东北边防军改为中国人民志愿军参战后，特别是第三次战役后的战场情况表明，美国为首的"联合国军"依靠优势的现代化武器装备，在遭到志愿军的攻击时其组织撤退快，在志愿军停止进攻后其组织反扑也快，不容许志愿军有充裕的时间进行战场休整。志愿军已连打三个战役未得休整补充。如何解决休整补充的问题成了志愿军能否坚持长期作战的重大战略问题。

鉴于这种情况，毛泽东和周恩来确定志愿军"在朝鲜采取轮番作战的方针"。1951 年 2 月 8 日，周恩来主持制定以三番部队进行轮番作战的具体计划，经毛泽东批准后，以中央军委名义电告志愿军和各大军区。经对具体轮番的部队进行调整，于 2 月 18 日最后确定以 21 个军分三番作战，即以正在朝鲜作战的第 38、第 39、第 40、第 42、第 50、第 66 军和在朝鲜休整的第 9 兵团 3 个军为第一番作战部队；以第一番部队中的第 9 兵团 3 个军和准备入朝的第 19、第 3 兵团的各 3 个军共 9 个军为第二番作战部队，准备 4 月中旬前后接替第一番部队作战；以第一番部队中的第 38、第 39、第 40、第 42

军和国内尚未入朝的第 47 军、第 20 兵团两个军及西南军区第二批北调的 3 个军共 10 个军为第三番作战部队，准备 6 月中旬前后接替第二番部队作战。

2 月下旬，彭德怀从朝鲜前线回到北京，同毛泽东、周恩来等讨论战争形势问题，建议将战场情况和中央军委采取的轮番作战方针通报给斯大林，周恩来又起草了以毛泽东名义致斯大林的电报，3 月 1 日，将战场情况和上述轮番作战方针计划通报给斯大林。

1951 年 4 月 22 日开始的志愿军第五次战役，就是按此计划以第二番作战部队为主进行的。第五次战役结束后，朝鲜停战谈判开始，第三番作战计划未再执行，但第 47 军和第 20 兵团的两个军，于 4 月和 6 月先后入朝，第 47 军于 6 月接替第一线的防务，第 20 兵团的两个军也于 9 月接替第一线防务。

1952 年 5 月以后，朝鲜停战谈判五项议程中，只剩战俘遣返问题一项议程，由于美方违反《关于战俘待遇之日内瓦公约》，顽固坚持“自愿遣返”原则，企图强迫扣留志愿军和人民军被俘人员而未能达成协议，并且美方在谈判中蛮不讲理，故意拖延，致使战争继续延长。鉴于这种战争形势，同时为使长期在战场上的志愿军部队得到较好休整和按国内国防军的编制进行整编，使国内更多部队得到现代战争的锻炼，5 月 15 日，周恩来主持中央军委会议，确定了以国内完成整编的部队轮换战场部队的方针，责成总参谋部与在北京治病的彭德怀进行协商，制订第一期以国内 3 个军轮换战场上 3 个军的计划，并于当年 9 月开始实行。此后，还组织了第二期轮换以及兵团以上高级指挥员和高级指挥机关的轮换，炮兵、装甲兵、工兵部队和指挥员也进行了轮换。

轮番与轮换作战方针的确定和实施，既有效地解决了志愿军在战场上作战与休整的矛盾，保持了强大的作战力量，又使国内更多部队得到现代战争的锻炼。这是抗美援朝战争指导中的一个新创造，为毛泽东军事思想的理论宝库增添了一个新内容。

二是停战谈判开始以后，主持中央军委确定作战要“与谈判的要求相配合、相适应”的方针。

1951 年 7 月朝鲜停战谈判开始以后，战场上的打和谈就紧密地联系在一起。从战略的角度说，打是为了谈，打也促进谈，谈制约打，谈为打提出任务和目标。因此，这期间的打，从战略上都要根据谈判的需要进行，打的规模大小、打击目标的选择和打的时机的确定，都需考虑到谈判的形势。鉴于这种战争形势的出现，周恩来受毛泽东的委托，于 8 月 19 日就志愿军计划的第六次战役问题起草了中央军委给志愿军的指示。指示指出：“为使休战谈判能得到公平合理的解决，并准备谈判不成，破裂的责任落到敌人身上。……在作战上，我们也应与谈判的要求相配合、相适应。”从而明确了停战谈判期间志愿军作战与谈判的关系，明确了这期间志愿军作战的重要指导方针。志愿军贯彻这一方针，在整个停战谈判期间的作战，有力地适应和配合了停战谈判。

## 筹划新军兵种建设和参战

早在东北边防军整训期间，为准备同完全现代化武器装备的美军作战，周恩来即主持中央军委会议确定了制定空军、海军和各特种兵三年建设规划事宜。

8 月 26 日，周恩来在主持召开检查东北边防军准备工作的国防会议上指出，由于美国的武装干涉，朝鲜战争长期化的形势已经非常明显，“朝鲜进行长期战争的基本条件是存在的。但最后将美军各个歼灭，看来这个任务势必落在我们肩上”“我们这次作战是对付美帝国主义者，而不是单单对付李承晚伪军。美军是依靠大炮、飞机等火力，……我们的装备对付国内敌人是够了，但对付美帝国主义是不够的”“美帝国主义总是想将世界大战一步步地推动起来，但现在还不能发动，主要原因是还没有准备好。……但其总企图是不断地由一个一个的局部战争推动为世界大战。在我们方面，就要将它发动起的战争，一个一个地打下去，使它不能发展为大规模战争”“在这种情况下，我们的军事建设应该有一个较长远的计划。如果今天订不出长远计划，也必须先订出一个短期的至少三年的建军计划，作为准备阶段的计划”。

这次会议确定，海军、空军、炮兵、装甲兵等军兵种分别制订一个三年建设计划，1951 年开始实施。据此，空军、海军和各特种兵机关均制订了三年建设计划。

会议确定，空军在已有 7 个航空兵团的基础上，到 1951 年 1 月底，再增编 3 个轰炸团和 1 个海军飞机团，1951 年下半年再增大编制，具体计划责成空军司令部拟制，空军至迟到 1951 年 1 月底开始出动参战。

装甲兵在 1950 年编成 3 个旅共 9 个坦克团，共 360 辆坦克，9 月底前编成，年底前完成训练，准备 1951 年出动参战。3 个旅 9 个团的编成及所需坦克、汽车、汽油、器材、人员编制、干部配备、部队训练、聘请顾问等，责成装甲兵司令部制订计划。

炮兵，高射炮编成 18 个团，中小口径高炮 428 门，3 个月内分两批完成训练；榴弹炮、野炮、火箭炮、战防炮等以配足 10 个军的队属炮兵计算，所需火炮、汽车、器材、弹药等责成炮兵副司令员苏进在 3 天内做出详细计划，这些部队组编后，1950 年年底前完成训练，1951 年开始参战。

接着，周恩来与军委有关部门研究，于 8 月 31 日对炮兵和空军的建设计划做了进一步调整。

经过多方努力，计划基本得以实现，不仅有力地保证了抗美援朝战争的胜利，而且也是人民解放军现代化建设的重要起步。

抗美援朝战争开始后，空军和特种兵部队何时能参战，能出动多少参战，也都是由周恩来主持中央军委或责成总参谋部与有关军兵种机关协商做出具体计划，组织实施。由于空军和特种兵部队于1950年和1951年陆续参战，使志愿军的作战能力逐渐增强，到1952年秋季已经完全掌握了正面战场的主动权，直至取得战争的最后胜利。

## 统筹战争后勤保障

聂荣臻在回忆录中说，抗美援朝战争的“整个后勤工作，当时都是在周恩来同志的领导关怀下进行的”“恩来同志对志愿军的后勤保障费尽了心血，做出了宝贵贡献”。

早在周恩来主持研究组建东北边防军时，就决定任命李聚奎为边防军后勤司令员(后改任东北军区后勤部长)，专事负责边防军的后勤工作。周恩来主持起草的中央军委《关于保卫东北边防的决定》，就专门有一项是后勤准备，其中包括弹药基数准备、交通运输工具准备、粮草汽油准备、服装准备（改穿人民军式服装)、卫生医院准备、担架及担架队准备等，并责成有关部门具体落实。

东北边防军改为志愿军参战后，中共中央和中央军委决定以东北行政区为总后方基地，所有一切后方供应事宜统由东北军区司令员兼政治委员高岗调度指挥并负责保证之。周恩来对总后方基地的工作给予全力支持。1950年11月5日，周恩来致电高岗和李富春（时任中共东北局副书记、东北人民政府副主席、东北军区副政治委员，分工主管后勤保障工作)，指出：

对于东北全部支援部队工作，我们已想见其繁重。只要东北提出要求，我们愿全力以赴，帮助你们解决困难。凡为东北已决定者，我们定做你们后盾，支持你们贯彻下去。有些事情职权属于中央，但你们仍可便宜行事，只要通知一声，当由中央追认。凡能统一于东北者，我们无不赞成统一于东北。

事实上，抗美援朝战争中后勤保障所需干部、部队、车辆、司机、物资、经费、在国内的铁路运输等，都是由周恩来与政务院有关部门、全国各大行政区、各大军区、军委各总部协商解决的。还由周恩来起草电报以毛泽东名义致电斯大林或周恩来直接致电斯大林或布尔加宁，与苏联领导人协商从苏联订购中国不能生产的武器、汽车等，解决志愿军所需。

抗美援朝战争是中国人民解放军第一次以志愿军名义出国作战，并且是以劣势装备同最现代化装备的美军作战，这给志愿军的后勤保障提出了许多新问题。周恩来从一开始就直接关注志愿军在战场上的后勤保障问题，组织总参谋部、总后勤部和东北军区等研究解决的措施。

在志愿军入朝初期，周恩来亲自点将，由东北军区派出后勤机构负责战场保障，先后筹划组建了7个后勤分部（后缩编为5个）负责志愿军在朝鲜境内的后勤工作。

根据战场上保障作战的需要，周恩来与志愿军司令员彭德怀、东北军区司令员高岗、中央军委代总参谋长聂荣臻、军委总后方勤务部部长杨立三多次协商后，中央军委于1951年5月19日做出关于加强志愿军后方勤务工作的决定，确定在志愿军首长领导下，组建志愿军后方勤务司令部，取代东北军区派出的后勤指挥所，组织在朝鲜境内的后勤保障。根据这个决定，组成以志愿军副司令员洪学智兼任司令员、周纯全为政治委员的志愿军后方勤务司令部，同时从军到团各级均以一名能力强的副职兼任本级后勤部（处）的主官，加强了志愿军后勤保障的组织领导。

志愿军入朝作战的前期，后勤保障的最大问题是在朝鲜境内的运输补给不适应作战的需要。为了解决这个问题，1951年1月下旬，周恩来率中央军委代总参谋长聂荣臻、总后方勤务部部长杨立三、运输司令员吕正操等有关部门负责人，参加由东北军区组织召开的志愿军后勤工作会议。在周恩来的指导下，会议确定把运输工作作为志愿军后勤保障的中心工作来抓，强调“千条万条，运输第一条”。同时确定增调铁道兵和工兵部队入朝抢修铁路、公路，增加运输汽车以增强运输力，增调高炮部队入朝掩护交通运输。

为保证战时朝鲜境内铁路运输，周恩来主持与朝鲜政府协商，签订《关于朝鲜铁路战时军事管制的协议》，根据这一协议，建立中朝联合铁道运输司令部，在中朝联合司令部领导之下，统一计划和指挥战时朝鲜铁路运输、修复与保护事宜。

1951年8月18日，美国空军发动以摧毁朝鲜北方铁路系统为主要目标的“绞杀战”，给志愿军在朝鲜境内的铁路运输造成极为严重的困难。为解决这个问题，周恩来主持中央军委采取许多重大措施：命令志愿军空军出动掩护平壤以北铁路运输；指示志愿军将在朝鲜境内的高炮部队主要力量集中用于担负铁路系统防空作战；加强铁路抢修力量；将国内准备用于修建黄河大桥的钢材和即将从苏联购进的钢材运入朝鲜，以保证朝鲜境内的铁路抢修。周恩来还指示，为保证战场急需，重点运输粮食和被服，缓运正待入朝的特种兵部队，减少弹药和杂品运输，改善物品打包办法，车辆增载三分之一，保证完成9月下半月至10月底的运输任务。采取这些措施，加上志愿军后方各军兵种部队和机关的共同奋战，粉碎了美军的“绞杀战”，志愿军建成了打不烂、炸不断的钢铁运输线，从而解决了志愿军战场运输一直困难这一战略上的重大问题。

抗美援朝战争的后勤保障为人民解放军建立适应现代战争的后勤保障体系奠定了基础，提供了许多宝贵的经验。

## 停战谈判的主要指导者

朝鲜停战谈判虽然是战争双方司令官派出代表进行的关于实现朝鲜停战的军事谈判，但由于双方参战国众多，并且是在战争双方战场力量旗鼓相当的形势下进行的，加之朝中方面的谈判对手是推行强权政治、妄图称霸世界的美国军队的代表，因此，这场谈判本身就具有极强的政治性，具有特殊的艰巨性和复杂性。有鉴于此，朝中方面对这场谈判斗争极为重视。

为有力地进行谈判斗争，朝中方面建立了三线班子：第一线班子，是朝中方面谈判代表团，在谈判桌上与“联合国军”代表团进行面对面的唇枪舌战；第二线班子，是停战谈判的前方指挥部，由周恩来挑选有谈判斗争经验的中国外交部副部长兼中央军委情报部部长李克农直接坐镇指挥，并由中国外交部政策委员会副主任兼新闻局局长乔冠华协助。李克农直接与毛泽东和金日成、彭德怀联系，报告谈判情况，获得有关指示，并根据这些指示制定代表团在谈判桌上的谈判方案；第三线班子，是最高决策层，由毛泽东、周恩来与金日成协商，并征求斯大林、彭德怀的意见，确定谈判的总体方案、方针和原则，根据谈判具体进展情况及时发出指示。最高决策层的工作，毛泽东基本是委托周恩来进行具体操作的。有关停战谈判问题以毛泽东名义发给金日成、斯大林征求意见的电报，以毛泽东名义发给李克农和谈判代表团的指示，以金日成、彭德怀名义发表的声明及给“联合国军”总司令的信函，朝中方面谈判首席代表的声明及给美方首席代表的信函，甚至朝中方面谈判代表在谈判桌上的一些发言稿，基本上都是由周恩来起草或由周恩来主持起草的。

1952年7月，彭德怀接替周恩来主持中央军委日常工作，但最高决策层关于朝鲜停战谈判的指导工作一直由周恩来负责。据不完全统计，在2年17天的朝鲜停战谈判中，由周恩来亲自起草或由周恩来主持起草的有关朝鲜停战谈判的文件、指示等达300余件。这些文件和指示有力地指导了朝中方面的谈判斗争，既体现了谈判斗争原则的坚定性，又体现了谈判策略的灵活性，体现了高超的谈判斗争指导艺术，使朝中方面在谈判斗争中有理有利有节，取得了谈判斗争的胜利。

周恩来在抗美援朝战争中，主持外交斗争，主持中央军委的日常工作，具体负责停战谈判指导，协助毛泽东进行战争指导，为取得抗美援朝战争的胜利做出了巨大贡献。这是周恩来伟大一生中光辉的一页。他在抗美援朝战争中的巨大军事贡献，对毛泽东军事思想的丰富和发展，对人民解放军现代化建设和研究现代局部战争战略指导，都具有重要的意义。

# 三十六　横刀勒马彭大将军

中共七届三中全会后，满脑子想的都是如何贯彻会议精神、建设好大西北的彭德怀，在没有任何精神准备的情况下，于 1950 年 10 月临危受命出任中国人民志愿军统帅，率领志愿军开赴朝鲜战场，打败了以美国为首的“联合国军”，为取得抗美援朝战争的胜利，为维护朝鲜半岛和远东的和平做出了杰出的贡献。

## 积极主张出兵

1950 年 10 月 4 日，一架飞机将彭德怀从西安接到北京参加中共中央政治局会议。彭德怀来京前不知道会议的议题，待走进中南海颐年堂，才知道会议是在讨论出兵援朝的问题。由于事前没有准备，他在当天的会议上没有发言，但他听到会议的发言中，多数人对出兵援朝有顾虑，主要是中国的困难太多，主张不出兵或暂不出兵。别人告诉他，主持会议的毛泽东让大家摆了出兵的不利情况后，讲了这样一段话：“你们说的都有理由，但是别人处于国家危急时刻，我们站在旁边看，不论怎么说，心里也难过。”

当晚，彭德怀被安排在北京饭店，想着白天的会议，想着毛泽东讲的一段话，怎么也睡不着。

在 10 月 5 日下午的政治局会上，彭德怀发言坚决拥护出兵援朝。他说：“出兵援朝是必要的，打烂了，等于解放战争晚胜利几年。如美军摆在鸭绿江岸和台湾，它要发动侵略战争，随时都可以找到借口。”会议在出兵援朝问题上形成了共识，做出了组成中国人民志愿军抗美援朝、保家卫国的重大战略决策。

中共中央政治局决策出兵援朝后，派周恩来和林彪前往苏联，向斯大林等苏联领导人通报中共中央政治局会议的情况，并请求苏联援助武器装备和出动空军掩护。但斯大林对曾表示过的出动空军掩护问题有反复，说苏联空军没准备好，两个月至两个半月不能出动空军掩护。

得知这一情况后，10 月 13 日，毛泽东再次召集中共中央政治局成员进行研究。毛泽东问彭德怀："可不可以打，苏联是不是完全洗手？"彭德怀坚定地说这是半洗手，也可以打。最后毛主席讲："即令打不过也好，他（指美国——引者注。）总是欠我们一笔账，我什么时候想打，就可以再打。"政治局讨论一致认为，即使苏联两个月或两个半月不能出动空军掩护，中国人民志愿军也还是出动到朝鲜为有利。毛泽东将讨论结果于当日电告周恩来时说："与高岗、彭德怀二同志及其他政治局同志商量结果，一致认为我军还是出动到朝鲜为有利。""总之，我们认为应当参战，必须参战。参战利益极大，不参战损害极大。"

彭德怀根据朝鲜战场情况，从军事角度说明志愿军有能力在朝鲜战场站稳脚跟。彭德怀、高岗均认为，志愿军与南朝鲜军作战，是有把握取得胜利的。即使没有苏联空军掩护，在美军大举北进，企图占领全朝鲜，朝鲜民主主义人民共和国处于生死存亡的严重时刻，中国也要克服千难万险，出兵援助朝鲜，抗击美国侵略。14 日 3 时，毛泽东再电周恩来，指出："彭及高岗同志均认为打伪军有把握，他们和我一样，都认为参战为必需和有利。"

10 月 16 日，彭德怀在志愿军师以上干部出动动员大会上的讲话中说："我们如果不积极出兵支援朝鲜革命政府和人民，国内外的反动气焰就会高涨起来，亲美派就会更加活跃。如果让美帝侵占了朝鲜，对我们就是一个直接威胁，他就会把兵力转向越南、缅甸，到处搞鬼。我国就将陷于被动，国防边防都处于不利的地位。对国外的影响也不利于我们，有些国家就会更加倾向于美帝方面。""三五年以后再打，让我们松一口气，好不好？当然好。但是，三五年以后还是要打的。我们三五年辛辛苦苦建设起来一点工业，到那时还是要被打得稀烂。那时候美帝国主义者就把日本武装起来了，日本可能出较大的军队，我们要制止侵略就更不容易了。那时候美帝国主义者也可能把西德武装起来了，西德钢铁产量很大，是不可忽视的。到那时候西欧其他国家的革命也可能被镇压下去，革命的力量就会削弱。这样细算一下，目前就打，也许更有利些。因此，我们并不怕目前打。但我们目前并不希望大打，也不等于向美国宣战，只是以人民志愿军的名义支援朝鲜革命战争。我们要取得和平，必须要经过艰苦的严重的斗争。我们革命胜利后，世界革命力量已取得了优势，如果袖手旁观，不去积极帮助邻国反对侵略者，就会给世界革命泄气。另一方面我们要建设国防、建设重工业，三五年是办不好的，五年时间不能有过高的希望，短短的三五年，陆军、空军装备不可能特别改善，海军更谈不上，所以，迟打不如早打。”

## 临危受命

东北边防军基本上是由第四野战军组成的，毛泽东也曾考虑在边防军出动时，由林彪出任统帅，但林彪的身体有病。8 月 31 日，高岗就边防军出动后有关问题致函毛泽东，其中“建议指挥部队的统帅与专门人才早日来东北，以便做充分准备”。

毛泽东 9 月 3 日复函高岗，指出：“林粟均有病，两萧此间有工作，暂时均不能来，几个月后则有可能，估计时间是有的。”

事隔一个月，中共中央政治局决策组成中国人民志愿军出动到朝鲜境内作战时，林彪和粟裕均因身体有病而不能出任志愿军统帅。但大军出动，不能没有统帅。

10 月 5 日上午，邓小平受毛泽东的委托约彭德怀同到中南海。在毛泽东的办公室，毛泽东问彭德怀：“昨天你没来得及发言。我们确实存在严重困难，但是我们还有哪些有利条件呢？”彭德怀回答：“昨天晚上我反复考虑，赞成你出兵援朝的决策。”毛泽东又问：“你看，出兵援朝谁挂帅？”彭德怀有点不解，问：“中央不是已决定派林彪同志去吗？”毛泽东告诉他林彪身体有病，然后说：“我的意见，这担子，还得你来挑，你思想上没这个准备吧？”

对此，彭德怀确实没有思想准备，但他没有任何犹豫和推诿，坚决服从中央的决定。

聂荣臻后来说：“彭德怀同志历来勇敢果断，中央决定他去指挥志愿军，他表示坚决执行命令。”

10 月 8 日，毛泽东主席签署的关于组成中国人民志愿军的命令中任命彭德怀为中国人民志愿军司令员兼政治委员。同日，毛泽东将这一情况通报给了金日成。

当晚，彭德怀就走马上任了。10 月 8 日，他同高岗风风火火地飞赴沈阳。从 10 月 8 日到 18 日，他多次往返于北京、沈阳、安东之间，为志愿军的出动而奔忙。

9 日，他和高岗在沈阳主持召开志愿军军以上干部会议上，当即决定：“首以两个军于酉删（即 10 月 15 日）开始出动，集结北朝鲜熙川、德川线，以便东西机动。”并电告毛泽东。当晚，他与金日成派来的代表朴一禹会见，了解朝鲜战局形势，洽谈志愿军入朝事宜。听了朴一禹的介绍后，彭德怀感到朝鲜形势紧张，万一鸭绿江桥被炸，则后续部队被阻于江北，不易及时调用。因此决定改变 9 日所报先出动两个军的计划，而是 4 个军 3 个炮师全部出动。

10 日，彭德怀再电毛泽东："原拟先出动两个军两个炮师，恐鸭绿江桥被炸时不易集中优势兵力，失去战机，故决定全部集结江南，改变原定计划。" 11 日，毛泽东复电："十月九日十日各电均悉。……同意四个军及三个炮兵师全部出动集结于你所预定的位置，待机歼敌。" 尔后，彭德怀赴安东，具体研究部署志愿军向朝鲜境内出动事宜，并准备早日入朝同金日成接洽。

13 日，中央政治局再次研究出兵问题后，15 日，彭德怀自北京返回安东。16 日，在安东召开师以上干部会议，进一步做了战前动员，阐述中共中央决策出兵的必要性和正确性，说明中央的决策是"经过反复讨论和慎重考虑"的。彭德怀分析敌我双方的有利和不利条件后，提出志愿军入朝后的作战原则。他指出，根据敌情和地形的条件，过去我们在国内所采用的运动战、大踏步地前进和大踏步地后退，不一定适合于朝鲜战场。因为朝鲜地面狭小，敌人暂时还占某些优势，所以要采取阵地战与运动战相配合。敌人进攻，我们要把他顶住，不使他前进；发现敌人的弱点，即迅速出击，深入敌后，坚决消灭之。保守土地是我们的任务，但更重要的是消灭敌人的有生力量。只要有机会，哪怕一个营、一个团，也要坚决彻底予以歼灭。彭德怀还特别强调入朝后的纪律和注意的政策问题。

18 日，周恩来从苏联返京，彭德怀和高岗再次应召进京，听取周恩来与苏联领导人会谈情况汇报，中央政治局再次研究了志愿军出动后的有关问题。

10 月 19 日，上任仅仅 12 天的志愿军统帅彭德怀，就率领中国人民志愿军，肩负着祖国人民的重托，秘密开赴朝鲜战场，开始了中国人民伟大的抗美援朝战争。

## 打破美军神话

志愿军入朝时，朝鲜战场形势已十分严峻。西线美军已进占平壤，东线南朝鲜军于 10 月 10 日已经占领元山，麦克阿瑟命令"联合国军"东西两线部队继续迅速向中朝边界推进。

在毛泽东的指导下，彭德怀精心部署，于 1950 年 10 月 25 日，打响了抗美援朝战争第一次战役。根据"联合国军"以团或营为单位分兵冒进的态势，彭德怀决定志愿军边开进，边展开，边作战，以军或师为单位，分途歼灭敌一个团或两个团，求得第一战役中数个战斗歼灭敌军一两个师，阻止敌乱窜，稳定人心。

待志愿军全部完成战役展开后，彭德怀又采取了以一个军迂回进至清川江以北之敌的侧后，以 3 个军在正面抓住敌军各个歼灭的战法，取得了第一次战役的胜利，歼灭南朝鲜第 6 师大部，特别是重创美军“王牌”骑兵第 1 师，并歼其一个团大部。将“联合国军”从鸭绿江边打回到清川江一线以南。

“联合国军”在遭到志愿军第一次战役的打击后，虽然知道中国军队进入朝鲜参战，但从美国当局到战场上的美军指挥官，均搞不清中国志愿军在朝鲜究竟有多少部队，他们判断中国在朝鲜的军队最多只有 4 至 6 万人，麦克阿瑟认为中国军队不敢同美军作战，中国军队只是为了保护边界上的电力设施，或是只知有南朝鲜军队到了中朝边境，中国军队不是不可侮的力量。于是决定继续发动占领全朝鲜的进攻，并得到美国当局的批准。

针对这种情况，彭德怀决定将计就计，采取诱敌深入的方针，以志愿军主力休整待机，以一部同敌军保持接触，并且故意示弱，造成败退的假象，诱使“联合国军”放胆进至志愿军预定战场，再突然反击。麦克阿瑟真的被彭德怀制造的假象所迷惑，乖乖地上钩了。“联合国军”东西两线部队完全按彭德怀的意图被诱至预定战场。

11 月 25 日，彭德怀首先在西线“联合国军”部署的薄弱处实施翼侧突破，打开了战役缺口。然后以两个军大胆实施战役和战略性的迂回，以 4 个军在正面抓住进攻的敌军，在清川江南北地区对美第 9 军指挥的两个多师又一个旅形成三面包围，予美第 2 师和土耳其旅以歼灭性打击，并重创美第 25 师。在东线，以两个军对美军一个多师形成分割包围，予美陆战第 1 师和美第 7 师以歼灭性打击。此次战役，志愿军一举将完全现代化装备的美国为首的“联合国军”从鸭绿江边打回到三八线。志愿军东西两线共歼敌 3.6 万余人，其中美军 2.4 万余人。从而根本扭转了朝鲜战局，奠定了抗美援朝战争胜利的基础。

至此，志愿军最初担心的能不能打的问题，经过连续两次战役的胜利，自然消除了。连续两次战役的实践证明，虽然志愿军的武器装备与美军相比劣势悬殊，给作战造成很多困难，但仍然可以同美军作战，并且可以取得作战的胜利。毛泽东后来说，能不能打的问题，“两三个月就解决了。敌人大炮比我们多，但士气低，是铁多气少”。

经过这次战役的打击，沉浸在仁川登陆以来“胜利”巅峰的麦克阿瑟犹如一下跌进万丈深渊，从轻视中国军队转而惧怕中国军队。布莱德雷在其回忆录中写道：1950 年 11 月和 12 月“这六十天，是我们职业军人生涯经历最严峻的考验的时刻，……朝鲜战争出乎预料地一下子从胜利变成了丢脸的失败——我军历史上最可耻的一次失败”。麦克阿瑟被打蒙了，美国当局也被打蒙了。从华盛顿的美国最高当局到东京的麦克阿瑟总部，都搞不清出了什么问题，也不知道该怎么办。

中国如此贫穷落后，面临的困难那样多，竟然敢于出动如此大规模的军队同美军较量，志愿军仅仅依靠步兵作战和少量炮兵的支援，竟然打败了武器装备如此精良、陆海空军联合作战的美军，实在不可理解。中国人民志愿军和中华人民共和国从此威震全球。改变了美国人对中国的看法，改变了西方人对中国的看法，甚至也改变了当时社会主义阵营对中国的看法。站起来的中国人民是不好惹的，中国人民反抗侵略的决心和力量是不可小视的。

12 月 1 日，斯大林致电毛泽东，对中国人民志愿军在战场上抗击美军的重大胜利感到高兴，向毛泽东和中国领导同志，向中国人民志愿军和全体中国人民，“致以衷心的敬意”。美国人德鲁·米德尔顿在其所著的《用兵之道》一书中，评论这次战役时说：“无论就军事还是政治而言，中国人都是胜利者。中国军队达到了出奇制胜的目的。……在政治上，这次胜利确定了中国在亚洲大陆上的主要军事强国的地位，因而增强了北京在整个地区的影响。”

“联合国军”第三任司令官、美国陆军上将马克·克拉克，在他的回忆录中讲到彭德怀时说：“站在联合国部队统帅的地位，我必须承认彭德怀是一个资质很高的敌人。我们不是和一个容易打倒的对手在作战。”

## 斯大林说：彭德怀是正确的

在第二次战役过程中，朝鲜人民军已有一部分部队休整完毕，准备与中国人民志愿军并肩作战。为解决志愿军和人民军的统一作战指挥问题，经毛泽东、金日成、斯大林协商，于 1950 年 12 月上旬组成中朝联合司令部，彭德怀被推任为司令员兼政治委员。

由于连续取得两次战役的胜利，把美国为首的“联合国军”从鸭绿江边打回到三八线。在志愿军部队中，甚至高级指挥员中，不但刚入朝时能不能打的顾虑早已消失，而且开始产生了一种轻敌速胜的心理，认为美国人也不经打，朝鲜战争很快就能胜利结束，“从北到南，一推就完”，用完一管牙膏就可胜利回国。与此同时，苏联驻朝鲜的军事顾问和朝鲜劳动党内部，也产生了这种情绪，认为可以一鼓作气把美国人赶下海去。

在第一和第二次战役时，志愿军在进攻取得胜利后，彭德怀根据敌我双方的武器装备情况（特别是美军基本上是机械化和摩托化的装备，战场机动快速灵活，而志愿军没有机械化和摩托化的装备，战场机动全靠徒步行动，以志愿军的两条腿，大规模追击机械化和摩托化逃跑的美军，只能徒增疲劳），加上志愿军战场供给困难，部队又是在冰冷的季节里露营，体力消耗很大。因此，都未组织志愿军进行大规模的战役追击。苏联驻朝鲜的军事顾问，甚至当面指责彭德怀，打了胜仗为什么不追击？世界上哪有这种打法？

然而，彭德怀却头脑清醒。1950 年 12 月 19 日，他在给毛泽东的电报中，针对开始萌芽的速胜思想指出：

据我看，朝鲜战争仍是相当长期的、艰苦的。敌人由进攻转入防御，战线缩短，兵力集中，正面狭小，自然加强了纵深，对联合兵种作战有利。政治上，敌马上放弃朝鲜，对帝国主义阵营是很不利的，英法也不要求美国这样做。如果再吃一两个败仗，可能退守釜山、仁川、群山等桥头阵地，也不会马上撤出朝鲜。

对此，毛泽东表示赞成，他在 21 日给彭德怀的复电中指出：

“你对敌情的估计是正确的。必须做长期打算。”在 26 日给彭德怀和朴一禹的电报中进一步指出：“战争仍然要做长期打算，要估计到今后许多困难情况。要懂得不经过严重的斗争，不歼灭伪军全部至少是其大部，不再歼灭美英军至少四五万人，朝鲜问题是不能解决的，速胜的观点是有害的。”毛泽东还将有关情况通报给了斯大林。斯大林对彭德怀的指挥给予充分肯定。

毛泽东在 12 月 29 日给彭德怀的电报中还告知“菲里波夫同志（菲里波夫系斯大林的化名）对志愿军的领导认为是正确的，他批评了许多错误的议论，了解朝鲜作战中的困难，自动提议增加汽车二千辆，解决你们的困难”。

为进一步统一对战争形势的认识和统一作战思想，增强中朝两军的团结，在取得第三次战役胜利后，经毛泽东、彭德怀与金日成协商，于 1951 年 1 月 25 日至 29 日，在志愿军总部所在地朝鲜成川西南的君子里召开中朝两军高级干部联席会议。彭德怀在会议上发表重要讲话。

他在讲话中针对轻敌速胜思想，强调指出：“美帝国主义现在还没有退出朝鲜，美国侵略者因为要维持其在远东和世界的政治地位，因为要保护他们在朝鲜所掠夺的财富，并且也因为他们还相信装备上的优势可以帮助他们守住朝鲜南部的阵地，所以他们是不会自动退出朝鲜的。我们还必须在各方面充分准备，进行几次激烈的和大规模的作战，才能达到完全解放朝鲜的目的。”

在讲到战术问题时，针对前三次战役打法的不同认识，特别是针对未实行大规模战役追击的不同认识，彭德怀指出：“为什么没有实行追击？我们在第一个战役后，不但未追击，且将主力后撤30至50公里。这是因为敌人主力还未击破，敌人对我军力量还没有正确估计，敌人迷信其空军威力，还没有放弃进至鸭绿江边的野心，这些造成我军诱敌深入、以逸待劳的可能，而如果我军进行追击，则只能赶跑敌人，不能歼灭敌人。第二个战役在东线击败敌人后，曾进行相机追击，在西线亦曾以一部兵力分三路相机追击败敌，但主力则集结休整，准备再战。事实证明，以徒步追击现代化装备的敌人，不能取得大的结果。第三个战役后，志愿军和人民军都做了部分的追击，亦未取得大的结果。鉴于解决交通运输补给问题，恢复部队疲劳，巩固海岸防务和巩固后方安全的迫切需要，不作猛追和连续进攻的方针是正确的。”

彭德怀在报告中，针对有的部队不讲战术，不求消灭敌军力量，只求将敌军赶跑的做法，指出：“在装备悬殊的条件下，我军应力求夜战（但在渗入敌人纵深，或迂回敌后，或疏散地追击溃敌的条件下，白日作战仍是可能和必要的）。力求大胆地迂回包抄分割，勇敢渗入敌之纵深和后方，同时组织精锐勇敢的小部队，袭击敌炮兵阵地和指挥所，捣乱敌之部署，乘胜全面猛攻，使敌四顾不暇。实行这种战术，必须有重点地集中绝对优势的兵力和火力，求得逐股歼灭敌军。在防御方面，应尽可能采取积极的移动防御。对必须防御的要点，必须掌握主力，随时注意隐蔽于阵地侧后，灵活地进行阵地前的反击，力戒过早暴露。无论攻防，火器配备必须分散隐蔽，阵地必须多准备、多变换，火力必须集中。”

报告还强调了下一战役准备和中朝两军的团结问题。

彭德怀的报告对于统一中朝两军高级干部思想起到促进作用，为随后展开的第四次战役做了思想动员。

就志愿军部队连续作战未得补充休整的情况来说，第三次战役的作战即带有一定的勉强性，第四次战役的作战则更为勉强。第四次战役开始以后，部队中的速胜情绪已不复存在。

此时，在民主阵营内部，尽管对战争艰苦性有了认识，但对战争长期性的认识并不一致。彭德怀在第四次战役第一阶段作战结束后，利用志愿军和人民军全线转入运动防御的时机，于1951年2月21日返回北京，当月底离京，经沈阳于3月9日回到志愿军总部。回京期间，他向毛泽东着重汇报了志愿军在朝鲜作战所面临的各种困难，说明朝鲜战争不能速胜的理由，并与毛泽东、周恩来讨论了战争方针问题，与中央军委各部门和各军兵种讨论空军入朝作战、修建机场、朝鲜铁路的抢修、志愿军后方供应等问题。

关于战争方针问题，毛泽东明确指出，“战争准备长期，尽量争取短期”，要准备以几年时间，消耗美军几十万人，使其知难而退，至少我们应做两年的准备。他同时指出，1951 年全国军队准备补充 60 万人，全国以国防建设为主，经济建设也围绕国防建设进行。志愿军实行轮番作战，要改善志愿军武器装备，改善供应运输，加强后勤机构，努力准备空军、装甲兵参战。彭德怀后来回忆说：“这次主席给了抗美援朝战争一个明确的指示，即‘能速胜则速胜，不能速胜则缓胜’。这就有了一个机动而又明确的方针。”

彭德怀建议，将他这次回京讨论确定的问题通报给斯大林，使斯大林了解志愿军在朝鲜战场作战的困难，这有利于民主阵营内部统一对朝鲜战争长期性的认识，有利于战争的指导。3 月 1 日，以毛泽东名义将彭德怀回京研究的情况及对战争形势的判断向斯大林做了通报。

斯大林于 3 月 3 日复电，同意毛泽东在电报中对战争形势的分析和志愿军在朝鲜作战的方针，并同意派遣两个歼击机师进入朝鲜境内作战，以掩护志愿军和人民军的后方。3 月 15 日，斯大林再次致电毛泽东，表示将再增派一个歼击机师到中国安东。

3 月 15 日，周恩来将彭德怀回京商讨的有关问题、毛泽东给斯大林的电报及斯大林回电的有关内容向金日成做了通报。在对战争长期性的认识问题上与斯大林取得了一致，并通报给金日成，从而更有利于作战的指导和部署。

## 建议严厉惩罚李承晚

彭德怀指挥志愿军和人民军取得了连续五次战役的胜利。1951 年 7 月，朝鲜停战谈判开始以后，彭德怀又指挥志愿军和人民军取得了 1951 年夏季防御和秋季防御作战的胜利。根据这两次防御作战的经验，彭德怀又指挥志愿军和人民军构筑了以坑道为骨干的坚固防御阵地体系，使志愿军和人民军的攻防作战有了可靠的阵地依托。

这期间彭德怀前额上长了一个瘤子，在中共中央的一再催促下，于 1952 年 4 月 7 日回京治疗。7 月根据周恩来的请求和中共中央的决定，彭德怀接替周恩来主持中央军委日常工作，但仍兼志愿军司令员和政治委员，邓华为志愿军代司令员、代政治委员。彭德怀主持中央军委日常工作后，指导志愿军取得 1952 年秋季战术反击作战和上甘岭战役的胜利，进行了1953年春反登陆作战准备和1953年夏季进攻战役，有力地配合了朝中方面的谈判，促进了谈判的进程。1953年6月8日谈判双方就战俘遣返问题达成了协议。至此，朝鲜停战谈判的五项议程全部达成了协议。6月中旬，谈判双方根据已达成的军事分界线的协议，重新校定军事分界线的工作已经完成，战争双方司令官签订朝鲜停战协定的准备工作即将就绪。

就在这时，6月18日，南朝鲜李承晚集团破坏谈判双方刚刚达成的关于战俘遣返问题的协议，以“就地释放”为名强行扣留人民军被俘人员2.7万余人，使马上可以实现的朝鲜停战罩上了阴影。

针对这种情况，毛泽东于6月19日电示志愿军谈判代表团和志愿军首长：“我们必须在行动上有重大表示方能配合形势，给敌方以充分压力，使类似事件不敢再度发生，并便于我方掌握主动。”

同日，彭德怀根据毛泽东和周恩来的决定，按原定计划从北京起程前往朝鲜，准备办理朝鲜停战协定签字事宜。6月20日21时抵达平壤中国大使馆，与李克农、邓华分别通了电话后，22时致电毛泽东，建议：

根据目前情况，停战签字需推迟至月底似较有利，为加深敌人内部矛盾，拟再给李承晚伪军以打击，再消灭伪军一万五千人（六月上半月据邓华说消灭伪军一万五千人），此意已告邓华妥为布置，拟廿一日见金首相，二十二日去志司面商停战后各项布置。妥否盼示。

次日，毛泽东复电同意彭德怀的建议，指出：“停战签字必须推迟，推迟至何时为宜，要看情况发展才能做决定。再歼伪军万余人，极为必要。”同日，彭德怀也征得了金日成的同意。

据此，志愿军集中6个军在1000余门火炮的支援下，于7月13日晚开始，发起金城战役，歼敌7.8万余人，加深了敌人内部矛盾，迫使美国当局向南朝鲜李承晚集团施加压力，做出遵守停战协定的保证，有力促进了朝鲜停战协定的达成和停战的稳定性。

为表彰彭德怀在抗美援朝战争中为朝鲜人民做出的巨大贡献，1953年7月31日，朝鲜民主主义人民共和国最高人民会议常任委员会在平壤隆重举行授勋典礼，授予彭德怀朝鲜最高荣誉——“朝鲜民主主义人民共和国英雄”称号和一级国旗勋章、金星奖章。

# 三十七　战场副帅邓华

在中国人民解放军的高级将领中，邓华属于较少的一种类型。他是知识分子出身，家学渊源也深厚，投身军戎后，好学不倦，钻研兵书战法，醉心历史典籍。只要有机会，他就搜购有关军事和历史书籍，以历史为鉴。邓华是个京剧迷，酷爱看京戏，有空也喜欢来两段。

他特别肯动脑筋，跟随他多年的参谋人员都说：司令员的脑子特别灵，仿佛一天到晚 24 小时都在转。彭德怀在志愿军总部同邓华接触不长的时间后，便对他有深刻印象。彭德怀感到，“邓华这个人，知识丰富，很有头脑，考虑问题有眼光，也比较周到”。

## 临阵被点将

1950 年 7 月 13 日，中央军委正式做出保卫东北边防的决定，决定组建东北边防军，调第 13 兵团归边防军建制。邓华被任命为第 13 兵团司令员。

邓华原来是第 15 兵团的司令员，7 月 7 日，周恩来主持召开保卫国防会议。在讨论东北边防军的组成和领导人的选配问题时，决定调第 13 兵团等部队组成东北边防军。但中南军区暨第四野战军首长林彪、罗荣桓和刘亚楼均认为第 13 兵团司令员黄永胜综合能力不及邓华，他们提出调邓华任东北边防军第 13 兵团司令员，把黄永胜调去广东。

一般来说，临阵换将是要尽量避免的。军委同意林彪、罗荣桓等人的建议，从一个侧面说明对邓华军事才华的充分认可。土地革命战争时期，邓华历任党代表、组织干事、组织科科长、团政治委员、政治部主任、师政治委员等职。全国抗日战争时期，他历任独立团政治委员、支队司令员兼政治委员、纵队政治委员、分区司令员兼政治委员、旅政治委员。全国解放战争时期，他曾担任纵队司令员、军长、兵团司令员等职。从邓华在革命战争年代的履历看，他从事军队政治工作多年，后由政治工作干部转任军事指挥员。可谓能文能武，军政兼优。

1950 年，邓华刚刚 40 岁，正是英年锐气。他在接到罗荣桓的调任电话时，没有二话，回答说："服从组织的安排。"

7 月底，邓华率领第 38、第 39、第 40 军等，从广东、广西、湖南、河南等地北上，到达东北中朝边境地区，执行保卫边疆和必要时援助朝鲜人民抗击美国侵略者的作战任务。

## 预测美军登陆

邓华是一位十分精明的指挥员，他到达东北边境鸭绿江畔的安东市后，十分注重了解朝鲜的敌我情况，并找出对策。他在很短的时间里，即对朝鲜的作战问题提出了自己的见解。8 月 13 日，他在边防军干部会议上做报告，提出了一整套基本设想。

他在谈到与美军作战应采取的战术时说，实行大胆勇敢的渗透战术，选择敌人的弱点，从敌人的翼侧或侧后插至敌人的心脏，首先将敌后方联络切断，尔后分割和包围敌人并一一歼灭之。

在一般情况下，敌人防御正面布置是较严密的，尤其美军火力组织较好，从正面攻击，不易奏效。而美军最怕的是联络切断，被人包围。他特别强调，与美军作战必须"充分发扬近战""发扬夜战"。

邓华提出的上述这些战术见解，是在深入研究美军装备、战斗力和朝鲜人民军同美军作战情况，并联系人民解放军同国内外的敌人长期作战经验之后提出来的，而且被志愿军入朝后在运动战期间的作战实践所证明，是正确的和行之有效的。

作为战略预备队的司令员，邓华特别关注朝鲜战局的发展。

此时，朝鲜人民军推进到洛东江一线，解放了朝鲜南部广大地区，由于敌人依托洛东江负隅顽抗，战争进入胶着状态。他同兵团领导人反复研究后，做出了对朝鲜战争形势发展的估计，亲自执笔写出了报告，于 8 月 31 日上报中央军委和东北军区。他在报告中说，朝鲜半岛地形狭长，又为山地，故优势兵力的容纳是有限的。同时我为内线作战，在战役上虽是主动的、进攻的，但因三面环海，敌又有海空军优势，敌有可能选择我之弱点，从我侧后登陆，坐收外线作战之利。报告还非常有远见地预见说，敌人反攻时，可能以一部兵力在朝鲜沿海侧后登陆，主力沿交通线向北推进，或者以小部兵力与人民军周旋，其主力在侧后大举登陆，前后夹击，使人民军陷入困境。

果然不出邓华之所料。9月15日，“联合国军”总司令麦克阿瑟指挥7万余人在仁川登陆，并向汉城及其以南水原方向进攻。正面洛东江战线的美军和南朝鲜军亦于16日开始，沿釜山—汉城一线实行反攻。朝鲜人民军在敌军南北夹击下，转入战略退却。美军和南朝鲜军于28日占领汉城后，向三八线推进。10月初，敌人越过三八线，疯狂向中朝边境进犯。

10月8日，毛泽东主席发布命令，决定组织中国人民志愿军入朝，协同朝鲜人民军打击以美国为首的侵略军。10月9日，邓华参加了在沈阳召开的首批志愿军军以上干部会议，听取了彭德怀司令员传达的中共中央出兵参战的决定。为争取战机，邓华要求部队尽快做好出国作战的一切准备工作，一旦军委有令，能随时出动。

10月19日，北朝鲜首都平壤陷落。当晚，邓华奉命率部过江，开赴朝鲜战场。

邓华同兵团领导人研究了过江后的作战部署，指出，敌未发现我军行动前，可能继续冒进。在我开进过程中可能遇到三种情况：一是敌先我到达预定作战地区；二是我刚刚到达预定作战地区，立足未稳，敌人即来；三是我在开进途中同敌遭遇。要求部队在开进中始终保持战斗姿态，随时准备在运动中歼灭敌人。

战局的发展又不出邓华等人之所料。20日，彭德怀司令员同邓华等人签署了指示各军注意事项和待机歼敌的电报，要求部队确保行动秘密，争取歼敌战机。

## 彭德怀的好助手

10月24日，邓华与洪学智、韩先楚到大榆洞同彭德怀会合。25日，邓华被任命为中国人民志愿军副司令员兼副政治委员，中共志愿军党委副书记，协助彭德怀指挥志愿军进行伟大的抗美援朝战争。

本来，“联合国军”总司令麦克阿瑟根据美国军政当局的指示，于10月2日下达命令，规定在中朝、苏朝国境线至定州—宁远—兴南一线的作战任务，由南朝鲜军承担，而不使用美英军等非朝鲜部队。到了10月24日，麦克阿瑟干脆废除前出控制线，下达最后追击命令：“各级指挥官应全力以赴向韩国北端进击！”

10月25日上午，南朝鲜第6师一个营和一个炮兵中队，从温井出发，向北开进。他们认为朝鲜人民军有组织的抵抗已不复存在，因此，搜索和警戒部队都不派出，乘坐汽车直向鸭绿江开去。他们满不在乎达到了这种程度：有的在车上啃着苹果，有的在嬉闹，如入无人之境。

当他们进到丰下洞至两水洞之间时，在彭德怀、邓华等人指挥下的中国人民志愿军第40军一部，立即采取拦头、截尾和打腰战法，发起突然而猛烈的攻击，迅速将其全部歼灭。

从这一天开始，彭总、邓华等志愿军领导人，利用志愿军是秘密开进，掌握了战略、战役上的突然性的有利条件，"联合国军"和南朝鲜军没有料到中国出兵而分兵冒进的错误，指挥志愿军进行了第一次战役，到11月5日，歼敌1.5万余人，将窜至鸭绿江边的"联合国军"赶到清川江以南，使志愿军出手即胜，在朝鲜站稳了脚跟。

第一次战役"联合国军"虽遭到了迎头痛击，但对中国人民志愿军入朝参战估计不足。11月6日，"联合国军"以一部兵力开始向志愿军进攻，企图夺取清川江以北阵地，作为战役进攻的出发地。彭德怀与邓华等人决定，以逸待劳，采取诱敌深入、各个歼击的方针。在作战部署上，西线以一个师，沿清川江东岸节节抗击，将敌引至妙香山地区。把主力隐蔽集结于下杏洞、球场以东，德川以北地区，待机反击敌人。

11月13日，邓华参加了志愿军党委会，进一步研究作战方针和任务，确定将敌诱至大馆洞—温井—妙香山—平南镇一线，争取消灭敌人两三个师。邓华受彭德怀的委托，负责指挥西线右翼第39、第40、第50、第66军的作战行动。在"联合国军"向志愿军发起试探性的进攻后，志愿军执行故意示弱，纵敌、骄敌的诱敌深入方针，在节节抗击中主动放弃一些阵地，并在撤退的路上丢弃一些缴获的破旧枪支和器材等物，或不断减少撤退队伍，使敌判断志愿军已溃不成军。11月17日以后，志愿军各诱敌部队继续向预定歼敌之定州、南市、香积山、妙香山地区撤退。

美方认为"中国人似乎在全线撤退，这是一个令人费解的行动，但也许是充满希望的行动"。21日，彭德怀与邓华联名发出第二次战役作战部署预案的电报，志愿军张网以待。

然而，"联合国军"还一无所知。11月24日，美军发动总攻势的当天，麦克阿瑟还坐飞机飞临清川江前线"视察"，他得意扬扬地断言："战争将在两星期之内就会结束。"但是，如同美国记者所报道的，"在11月25日天黑后不久，灾难降临了"。25日进入志愿军预定战场后，邓华指挥西线右翼各军于黄昏开始反击。

当韩先楚指挥的西线左翼兵团围歼南朝鲜第7、第8师时，为不使清川江北岸之敌东援及南逃，邓华从战役全局利益出发，令右翼兵团各军组织精干的侦察队，迅速插至敌后，破坏敌人的交通线；令第 50、第 39、第 66 军围歼突围之敌。

为了迷惑和吸引军隅里之敌西援，邓华令第 66 军、第 50 军积极佯攻，有力地配合了左翼兵团作战。他还令第 40 军围歼院里、球场地区的美军第 2 师，令第 39 军向上九洞、上草洞、桂林洞敌人攻击，令第 66 军攻击泰川东北松川洞之敌，令第 50 军向定州之敌攻击。当东线我第 9 兵团反击开始后，邓华与彭德怀判断，西线敌人有极大可能向清川江南岸撤退，在安州、元山间狭小地带筑成防线，阻我南进。

为巩固我军占领的德川、宁远、孟山等要地，发展战役胜利，他们决心集中力量首先歼灭美第 9 军两个师，并以有力一部挺进顺川，切断敌人退路。尔后，在敌人撤退中，实施全线猛追、侧击，歼灭部分敌人。为此，于 27 日中午对西线各军作战行动提出新的要求。

西线我军在邓华、韩先楚分别指挥下，歼灭了南朝鲜第 7、第 8 师和土耳其旅大部，并予美第 2 师以歼灭性打击，重创美骑兵第 1、第 25 师，计歼敌 2.3 万余人，缴获与击毁大批武器装备。

志愿军在西线作战的胜利，对扭转朝鲜战局起了关键性的作用，震惊了美国当局。在胜利的形势下，邓华根据毛泽东和彭德怀的指示，令右翼兵团主力休整，以三个师分三路尾追敌人，收复平壤并逼近三八线。

西线作战结束后，邓华受彭德怀的委托，到第 38 军军部召开了西线各军经验总结现场会议。他肯定了各军的经验，分析了美军作战的特点和弱点，指出了我军作战中近战夜战、大胆的战役迂回等特长。特别对 38 军的经验和作用给予了充分肯定和高度评价。

## 治疗伤病期间总结与美军作战经验

在志愿军入朝的两个多月里，连续打了两次大的战役，在作战紧张频繁的间隙里，邓华于 1951 年 1 月 8 日写出了长约两万字的《对美敌作战的初步经验总结》一文。他论述了敌军的特点、我军的作战指导方针和战术上的几个问题。总结指出：（一）有强大的海空军，地面部队有高度现代化装备，是敌人的优点。1. 制空权：敌人在朝鲜作战的空军，为第 5（战斗）和第 20（战略轰炸）航空队，各辖三至五个大队，每大队三至八个中队。每个师有侦察机八至十架。估计参加朝鲜作战的包括战斗、轰炸、侦察、通信、运输各种飞机在千架以上（海军飞机除外）。据俘虏供称轰炸新义州即出动了 B-29 飞机八十六架、战斗机二三百架。每日出动最高纪录达千次以上。战斗机多装火箭炮，轰炸机多带汽油弹（高度燃烧），最大炸弹为一吨。因我缺乏高射武器，敌机敢于低空扫射投弹，故较准确。其轰炸目标主要为城市、工厂、仓库、交通线上的桥梁和部队集结的村庄、山沟与我之阵地，发现目标疯狂扫射，遇汽车则非打中不可。敌陆空配合非常密切，每次战斗均有几架、几十架飞机不等，分批轮番，一日不断，最多的百余架。进攻时先炸烧我阵地，待其步兵开始进攻，转而压制我纵深地区；防御时则扫炸我进攻部队集结的地区。敌被歼灭或退走时狂炸战场，当晚我军搬运不走的胜利品大部分皆被炸毁。敌之直升飞机降落于阵地之后的公路或广场，为部队侦察、通信。敌被围多赖运输机空投和搬运伤员，必要时则空降或撤退部队。2. 火力强：敌一个师有大小火炮 577 门。敌榴弹炮最大口径为 240 毫米。敌自动火器计有 50 重机枪 36 挺、30 机枪 162 挺、轻机枪 243 挺，共有机枪 855 挺。步兵则多配卡宾枪、步枪。敌炮弹多、火力调动快。其阵地常设在公路附近，进攻时多行排炮射击，由前沿而纵深；防御时则按射程远近筑成火墙，封锁我进攻方向之要道和集结山沟。以步、炮密切协同，空、炮亦互助指示目标。因此敌炮兵对我危害很大，有些战斗炮伤亡竟占 80%。3. 敌坦克：师辖坦克营有 70 辆、团辖坦克连有 20 辆。敌以坦克为活动堡垒，掩护步兵作战。4. 敌运动快：敌通信工具多，传递灵便。有通信机、通信车和电台、电话，排有无线电话、有线电话各一部。（二）敌虽然有高度现代化的技术装备，但是敌人新兵多，士气不高，缺乏战斗经验，攻击力弱，害怕近战、夜战和切断后路，具有难以克服的弱点和缺陷；我们采取集中优势兵力，以运动战为主和敌后游击战及部分阵地战相结合，各个歼灭敌人的方针，便可扬长避短，取得战役战斗的胜利。我们对运动之敌采取主动迅速的攻击，白天进行战斗准备，夜间发起攻击，先切断敌人的后路和联系，再进行包围，以优势兵力，猛打硬拼，速战速决，力求拂晓前结束战斗。在讲到运动战的战术时，他提出了三种情况三种打法，即对进攻之敌的反击战，对驻止之敌的进攻战，对撤退之敌的追击战。他提出对美军打运动战的基本特点是：敌情变化快，作战地点不固定，且敌情来源较少，因此，各部队如何迅速查明敌情十分重要。除上级通报情况外，自己要千方百计采取办法查明敌情。一种正面以小部队与敌接触，捕捉俘虏；一种派出侦察部队深入敌后获取情报。他对夜间战斗问题，对切断、包围、攻击问题，对防御战的组织和战术问题，对防空、反坦克作战问题，战时政治工作的几个问题，团结朝鲜人民问题，后勤保障中的几个问题均作了系统的分析阐述。这个经验总结，是从两次作战的实践中得来的，以具体生动的战例、准确的数据为依据，其严密的逻辑和深入浅出的分析具有很强的针对性和说服力。因此，对提高志愿军的战术思想、对指挥尔后的作战，具有重要的指导作用。

这篇有理论有作战实践的长篇总结，是邓华在伤病治疗期间写成的。1950 年 12 月中旬，第二次战役结束不久，他本来身体严重不适，乘坐的吉普车在途中遇美机扫射，在司机紧急处置时又碰伤了头部，不得不紧急治疗。他先在朝鲜大榆洞就医，后回国到沈阳治疗。

邓华伤病治愈回到志愿军总部，彭德怀读了文章后，连声称赞："好！好！"并要他在即将举行的中朝军队高级干部会议上作专题报告。

## 挥师横城

"联合国军"为了挽救败局，缓和内部矛盾，集中了五个军十六个师又三个旅，一个空降团，以及全部炮兵、坦克兵和航空兵，其中地面部队即达 23 万余人，于 1951 年 1 月 25 日开始对志愿军和人民军发起进攻。

中朝两军为了制止敌人进攻，争取时间，掩护战略预备队集结，实施积极防御作战，决定以一部兵力在西线组织坚守防御作战，顶住"联合国军"的进攻；在东线让敌深入，尔后实施反突击作战，歼敌一部，粉碎敌人的进攻。邓华负责指挥志愿军第 39、第 40、第 42、第 66 军编成的邓集团，在东线实施反突击作战，准备向原州、横城方向反击敌人。

东线，"联合国军"为了配合主要方向上的进攻，以美军第 2 师和南朝鲜第 8、第 5 师，于 1 月 31 日由南汉江以东原州、武陵里地段，分路向砥平里及横城方向进攻。美军第 7 师和南朝鲜第 7、第 9、第 3 师及首都师也分别由堤川、宁越、旌善、三陟等地向北推进。邓华即令第 42 军主力从加平地区南下，控制注邑山等地，令该军第 125 师在砥平里东南九屯一带阻击。令第 66 军第 198 师进至洪川以南五岳山地区，阻击美军第 2 师、南朝鲜第 8 师的进攻。令主力于 2 月 5 日开始秘密开进，由高阳、东豆川、金化地区向阳德院里及洪川以南秘密集结。指挥协同作战的朝鲜人民军第 3 军团亦迅速前调，准备反击。这样，志愿军和朝鲜人民军 10 余万部队的行动，神不知鬼不觉。

至 2 月 9 日，东线美军第 2 师一个团及法国营被阻于砥平里地区，南朝鲜第 8、第 5 师抵横城以北地区，第 7、第 9 师及首都师进占下珍富里、江陵等地。邓华鉴于横城之敌态势突出，钻到口袋里来了，决定集中第 42、第 66 军全部及第 40 军一部，首先围歼南朝鲜第 8 师及美军一个团，吸引美军第 2 师东援，尔后集中第 39 军和第 40 军主力，在运动中歼灭援敌。彭德怀将关于歼灭横城周围敌人的部署报告毛泽东，并得到批准。

11 日 17 时，邓华指挥所部采取从东、西穿插敌后断其退路，于正面进攻，严密包围的战法，以迅雷不及掩耳之势，向横城地区之敌展开猛烈的攻击，经两个夜晚和一个白天的激战，取得辉煌的战果，战至 13 日晨，全歼南朝鲜第 8 师三个团、美军第 2 师一个营，并予配属美军第 2 师的荷兰营以重大杀伤，第 8 师的第 10 团团长和荷兰营营长当场被击毙，共歼敌 1.2 万余人，其中生俘敌 7800 余人。这是抗美援朝战争中俘虏南朝鲜军人数最多的一次作战。

横城反击战后，为了扩大战果，邓华于 2 月 13 日晚转兵指挥围攻砥平里之美军，由于对敌情判断失误，准备不足，部署未形成重点，部队协同不好，缺乏有力的炮火支援，虽经两天多激战，予敌一定杀伤，但未达目的。鉴于继续强攻于我不利，遂撤出战斗。此战未打好，邓华主动承担责任，进行了自我批评。

## 紧要关头替彭总指挥

"西顶东反"未能制止"联合国军"的进攻，志愿军和朝鲜人民军不得不转入运动防御。2 月 20 日，邓华正在东线指挥作战之时，忽然收到彭德怀发来的急电，要求他立即返回志愿军总部。

鉴于朝鲜战局变化，彭德怀要马上动身回北京，向毛泽东等领导人汇报、请示、调兵等。彭德怀回国期间，由邓华等负责指挥朝鲜作战。

此时，前线志愿军部队的困难局面，超过入朝以来的任何时期。粮食供应极为困难，已经出现了战士饿死的情况，有些前沿阵地因守备部队断粮、缺弹，被迫放弃。前线部队指战员的各种装备也破烂，赤脚露体已成普遍现象，因生活困苦而病倒者有增无减，因弹药不足和炮损严重，炮兵部队大多先撤往三八线以北休整。有的部队战斗减员已到过半的情况了。而志愿军战略预备队除第 19 兵团已于 2 月 15 日开始入朝外，第 3 兵团和在咸兴休整的第 9 兵团，要到 4 月初才能到达三八线及其以北地区。

"联合国军"于 2 月 14 日首先在东线发动了进攻，并在西线加紧进行强渡汉江的作战准备。中朝部队从 2 月 17 日起，全线转入运动防御（又称机动防御），准备争取两个月时间，以集结兵力，改善交通运输，囤积作战物资，进行逐山逐水的节节阻击作战。

在这个紧要关头，作为志愿军统帅、中朝联军司令员的彭德怀将要回国，虽然时间不长，十天半个月，指挥中朝大军的责任落在邓华等人的身上了。邓华深感肩上担子的重大。

“联合国军”在东线发起了大规模进攻，志愿军和朝鲜人民军英勇奋战。第四次战役历时近三个月，共歼敌 7.8 万余人，将敌人阻于三八线附近地区，为进行下次战役创造了条件。

1951 年 6 月，邓华在《论朝鲜战场之持久战》一文中，谈及第四次战役的经验和教训时指出，这次，敌人接受了前三次战役失败的教训，采取了集中兵力稳扎稳打的方针，尽量发挥其技术装备的优势，杀伤和消耗我军。我军由于第一、二、三次战役的胜利，部队普遍产生了轻敌速胜的情绪。我军在作战指导上没有大胆地北撤，背上了守城的包袱，坚守汉江南岸，增加了部队的伤亡，一时陷入被动。

这篇文章长达万字，阐述了朝鲜战场出现持久战的原因。他说，我方虽然兵力雄厚，步兵战斗力强，但是受地形限制，没有力量歼灭敌人、迅速结束朝鲜战争。敌人虽然装备精良，但步兵战斗力弱，且目前兵力不足，要想把我们赶回鸭绿江，也不可能。又由于地理狭窄与双方还有力量进攻与反击，这就可能出现朝鲜战争之拉锯形势，持久作战。他具体地论述了如何实行持久作战的方针问题：第一，持久作战对我军有利，可发挥我军人力上的优势，夺取胜利。第二，朝鲜战场狭窄，可构筑坚固阵地，组织坚守防御，打击消耗敌人。第三，在防御进攻和反击作战方面的几个战术问题：一定要充分准备好后再进行攻击；战役指挥必须照顾供应情况，战线不宜远伸，诱敌于我有利地区；作战除集中优势的兵力、火力外，还必须进行分割包围；要组织使用好第二梯队，进行轮番攻击；要争取战斗上的速决战等。最后，他还分析了坚持持久作战的各种有利条件。

## 谈判斗争出高招

志愿军在朝鲜与美国为首的“联合国军”经过五个战役的较量后，1951 年 6 月，经敌我双方商定，准备进行停战谈判。朝鲜方面提议彭德怀参加谈判。志愿军领导同志研究认为，彭德怀去不合适，提议邓华作为他的代表去谈判。因为除彭德怀外，邓华在志愿军中的地位最高，作为代表有权威性，同时参加了指挥第一至五次战役，最有发言权。邓华是一员战将，外交谈判非其所长，但从全局利益出发，他接受了这一任务。经过毛泽东批准，要求他务必于 7 月 4 日至 5 日到金日成同志那里。邓华担当起第一任谈判代表的重任，积极准备，按时赴任。

朝鲜停战谈判于7月10日在开城举行。

在关于军事分界线问题的谈判中，朝中方面建议以三八线为军事分界线停战。“联合国军”方面首席代表、美国远东海军司令乔埃却提出所谓的“海空优势补偿论”。朝中方面批驳了这一荒谬的主张，但是连续八次会议，在军事分界线问题上，敌我双方代表各持己见，使谈判陷于僵局。而且，美方在这一荒谬要求被我方拒绝和驳斥后，竟发出“让炸弹、大炮和机关枪去辩论吧”的狂妄叫嚣。

如何打破谈判的僵局？怎样使美方放弃上述主张？怎么才能使我方不亏？邓华在苦苦思索。他想，现有战线停战，可能是使谈判取得转机的办法。他进一步考虑，现有战线停战同以三八线为军事分界线相比，我方并不吃亏。东线对方在三八线以北占有的地方比西线我军在三八线南占的地方多一些，但我军占据的地方，有开城这样的重要城市。整个开城地区，加上瓮津半岛和延安半岛，人口比敌人多占的地方多三分之一，又是地处平原，交通发达、物产丰富，这里是朝鲜的粮仓，所产的盐可供朝鲜北半部食用还有余。开城还是著名的高丽参的产区。对比之下，敌占三八线以北地区，则是山高地瘠、气候寒冷、人口稀少。

8月18日，邓华以他个人名义，向彭德怀并毛泽东正式提出以现有战线作为停战线的建议，他在电文中说：

现地停战，我方亦不吃亏，因临津江以西三八线以南面积虽小，但人口财富较多，战略上，敌阵地离元山近，登陆易；但我阵地离汉城更近，亦易拊敌侧背。

与此同时，志愿军谈判代表团党委连日举行会议，集中讨论现有战线为军事分界线同以三八线为军事分界线的差别到底有多大，经过多方面多角度的认真分析研究，反复对比讨论，最后一致认为，以实际接触线亦即现有战线为军事分界线对我并无不利。

8月22日15时，志愿军谈判代表团提议以实际接触线为军事分界线专题向毛泽东请示。

毛泽东很快批准了这一提议，并商得金日成同意按照志愿军谈判代表团的提议，向对方提出划分军事分界线方案。11月27日联合国军方面同意了朝中方面的意见，即以双方现在的实际接触线为停战时的分界线。

邓华这一建议的提出并最后成为双方认可的协定，是朝中方面在这项谈判中的一大胜利，因为这意味着对方完全放弃了所谓“海空优势补偿论”。这一建议是从战场实际出发，又合乎国际战争中停战的惯例，一经提出便得到国际舆论的支持，对于打破谈判僵局做出了积极贡献。美军首席代表乔埃事后也说："这是谈判的一个转折点。"

## 代理志愿军统帅，不辱使命

1952年4月初，彭德怀因健康原因回国治病，他在志愿军的一切职务由陈赓副司令员代理。6月中旬，陈赓奉调回国后，邓华代理志愿军司令员和政治委员工作。

1952年7月，美国第三十四届总统竞选活动开始，联合国第七次大会即将召开，敌人在朝鲜战场上的军事活动亦随之活跃起来。

8月，邓华主持召开志愿军作战会议，他在讲话中指出，敌人为适应其国内政治斗争的需要和配合谈判，很可能发动重点进攻。也可能集中两个师左右的兵力，在海空军的配合下，实施登陆作战，迂回我军西部战线侧背。邓华决定采取坚守阵地，寸土必争，大量杀伤消耗敌人，粉碎其攻势的作战方针。

经过研究，对兵力配备也做了调整。令第19兵团和朝鲜人民军21旅调整部署，准备抗击敌人登陆和保卫开城。指示正面各军加强侦察，严阵以待，海岸防御部队，做好抗击敌登陆准备。原定各军轮换作战仍按计划进行。

9月，志愿军准备工作已经完成，"联合国军"尚未发动进攻，为了粉碎敌人的局部进攻和锻炼部队，邓华决定先敌下手，命令志愿军第一线部队和人民军一起发动秋季战术性反击作战。全线性战术反击从9月18日开始，至10月5日为第一阶段，在志愿军司令部统一计划下，一线各军根据准备情况，分别组织实施；从10月6日至31日为第二阶段，在邓华等志愿军首长的统一指挥下，一线各军同时发起进攻。在两个阶段的作战中，对敌连、排支撑点及个别营防御枢纽部，共60个目标进攻77次，经反复较量，最后夺取敌阵地17处，打退敌排以上反扑486次，歼灭敌2.5万余人，敌我伤亡比例为2.5：1。

毛泽东对这次全线性战术反击作战给予高度评价，在10月24日为中共中央和中央军委起草的给邓华等人的贺电中指出，此种作战方法，继续实行下去，必能制敌死命，必能迫使敌人采取妥协方法结束朝鲜战争。

上甘岭战役结束后的第四天，11月30日邓华撰写的《关于积极防御的若干战术问题》完稿。这篇长达3.3万余字的论文，对1951年夏以来志愿军一年零五个月，执行"坚久作战，积极防御"方针，所进行阵地的作战，包括上甘岭战役进行了全面的系统的总结。他运用中国革命战争的战略指导和战略战术思想，结合抗美援朝战争一年多来志愿军依托"地下长城"进行阵地作战的实际经验，对有关防御组织、防御作战以及对坚固阵地之敌的攻击等，进行了系统的、深入浅出的分析综合和总结。敢于立论，敢于创新，有许多新观点、新战术、新思想。它不仅对当时在朝鲜的我军进行阵地作战有重要指导意义，而且在未来反侵略战争中对付现代化装备之敌的作战亦有借鉴作用。

12 月上旬，有消息透露，“联合国军”将于 1953 年 2 月发动大规模攻势，以结束朝鲜战争。毛泽东对此高度重视，于是召见邓华，对反登陆作战准备工作进行了部署。毛泽东指出，根据种种迹象，敌人有从侧后海岸冒险登陆的可能，因而要求志愿军协同朝鲜人民军，做好充分准备，坚决粉碎敌人的登陆计划。

20 日，中共中央给志愿军下达《准备一切必要条件，坚决粉碎敌人登陆冒险，争取战争更大胜利》的指示。邓华主持志愿军党委于 18 日至 21 日在成川东南桧仓召开军以上干部会议，研究部署反登陆作战准备工作。

邓华搜集了第二次世界大战中诺曼底、西南太平洋和朝鲜战争的仁川登陆等作战中登陆与抗登陆的经验教训，联系朝鲜东、西海岸自然条件，以及敌我双方的兵力和物力情况，在会上详细部署了反登陆作战准备阶段的任务。在 1953 年 2 月志愿军师以上干部会议上，他又作了《关于反登陆作战的战术问题》的报告，提出了反登陆作战的指导方针和战术原则。他说，第一个原则，要有强大的纵深机动力量，才能保持自己的主动，粉碎敌人的登陆；第二个原则，要有坚固的坑道工事，才能抗住敌人连续的重磅袭击，保存自己的力量才能消灭敌人；第三个原则，阵地要作圆周配备，有充分物质的与精神的准备，才能打击敌人四面攻击与坚持独立持久作战。他还讲了反空降问题，坚持歼灭于滩头问题和连续反击问题等。至 4 月底志愿军胜利地完成了反登陆作战准备的各项工作，敌人未敢冒险登陆。

为表彰邓华在抗美援朝战争中的卓越功勋，朝鲜最高人民会议于 1953 年 10 月 27 日授予他共和国最高勋章——一级国旗勋章、一级自由独立勋章。

1953 年 12 月 2 日至次年 1 月 26 日，邓华回国参加了在北京召开的全国军事系统党的高级干部会议，并做了题为《抗美援朝战争经验介绍》的发言。他全面总结了抗美援朝中，我军以劣势装备打败优势装备之敌的军事斗争经验，着重指出，朝鲜战争实践证明，现代战争的胜利也决定于正确的作战指导——正确的战略决策、战役决心、战术指导，而这三者是密切结合的。

他深刻地分析了毛泽东在战略上采取持久作战、积极防御的方针的正确性，充分肯定了以劣势装备进行山地防御，依托以坑道为骨干结合野战工事，进行阵地作战的伟大作用，并且特别强调防坦克和防空问题。他指出，人力、物资、技术、干部，是现代战争的几个基本要素。战争性质、军队政治素质固然对现代战争仍起到重大的作用，但物质基础与技术条件对战争是极为重要的。

1954 年 9 月 5 日，邓华被任命为中国人民志愿军第二任司令员。

邓华参加了抗美援朝战争的全过程，在中央军委、毛泽东主席和彭德怀司令员的领导下，指挥志愿军，同朝鲜人民军一道，打败了以美国为首的“联合国军”，为保卫东方和世界和平，做出了卓越的贡献。在这场现代化战争中，他坚定沉着、多谋善断、英勇果敢、文武兼备、军政俱优，军事才能得到了充分发挥，达到他数十年军事生涯的高峰。

# 三十八　两位黄埔出身的志愿军副司令员

陈赓和宋时轮都是湖南人，都曾入黄埔军校学习，抗日战争时期同时在中央党校学习，解放战争时期都曾任兵团司令员兼政治委员，抗美援朝战争中又都曾任志愿军副司令员，从朝鲜回国后的第一项工作都是主办军事院校。具体来说，陈赓是湘乡人、黄埔第一期、志愿军第 3 兵团司令员兼政治委员、志愿军第二副司令员、哈尔滨军事工程学院院长兼政治委员；宋时轮是醴陵人、黄埔第五期、志愿军第 9 兵团司令员兼政治委员、志愿军第三副司令员、总步兵高级学校校长（后兼政治委员）。

东北边防军改为中国人民志愿军入朝参战时，志愿军总部的领导成员除彭德怀为司令员兼政治委员外，其他都是第 13 兵团的一班人。第二次战役时，人民解放军第三野战军以宋时轮为司令员兼政治委员的第 9 兵团改为志愿军入朝参战；第五次战役时，第一野战军以杨得志为司令员、李志民为政治委员的第 19 兵团和第二野战军以陈赓为司令员的第 3 兵团也改为志愿军入朝参战。国内各野战军在指挥和作战上各有特点，指挥术语不尽一致。为便于统一指挥志愿军作战，在第五次战役结束前，1951 年 5 月 27 日，彭德怀司令员致电毛泽东主席，请示“惟便于联系各野战军，志司似应增加陈赓为第二副司令员、宋时轮为第三副司令员”。6 月 1 日，中央军委任命陈赓为志愿军第二副司令员、宋时轮为志愿军第三副司令员，仍分别兼任第 3、第 9 兵团司令员。直至 1952 年 7 月 11 日，中央军委决定陈赓和宋时轮回国主持军事院校工作，陈、宋离开朝鲜回国。他们在抗美援朝战争中，在协助彭德怀的工作中，做出了重要贡献。

## 宋时轮指挥第 9 兵团在极困难情况下完成了重大战略任务

宋时轮为司令员兼政治委员的第 9 兵团，是人民解放军第三野战军的主力兵团之一。1949 年 5 月上海解放后，即奉命进行解放台湾的作战准备工作。1950 年 6 月美国侵略朝鲜、台湾后，8 月下旬，人民解放军第 9 兵团被中央军委指定为东北边防军的二线部队，9 月，解除了解放台湾的作战准备任务，10 月上旬开始，从上海、杭州地区北调山东，准备整训一段时间，待改为志愿军的东北边防军出动后，再到东北整训两个月，作为志愿军的第二批部队入朝参战。第 9 兵团于 11 月初奉命由山东北上东北。然而，由于志愿军在朝鲜战场上的作战需要，第 9 兵团在东北未作停留即直接开赴朝鲜东北部的长津湖地区作战。

第 9 兵团在宋时轮和副司令员陶勇的指挥下，秘密开进，昼伏夜行，直至 10 万大军同美军打响（这是此时到达长津湖地区的人数，整个兵团为 15 万人。），美军才知道中国的大部队到达长津湖地区。后来西方军事历史学家惊叹这是“当代战争史上的奇迹之一”。

第 9 兵团因仓促入朝，各种准备很不充分，寒区服装来不及发放，防寒准备严重不足，加之对战区气候特点了解甚少，缺乏高寒地区生活和作战的经验，同时，山路险峻，美军飞机猖獗，粮食、被服、弹药补给运不上去，就地筹借粮食十分困难。

在这种情况下，宋时轮、陶勇指挥第 9 兵团部队克服严寒、饥饿，甚至武器打不响等严重困难，在战役一开始，就将美军王牌部队之一的美陆战第 1 师全部和美步兵第 7 师一个团级战斗队（相当于加强团）分割包围在长津湖地区。尔后，宋时轮、陶勇采取集中兵力逐点歼灭被围之敌的战法，全歼美第 7 师一个多团，创造了抗美援朝战争中志愿军全歼美军一个建制团的范例。接着又在围追堵截中，使美陆战第 1 师损失过半。这是美军这个王牌师有史以来最惨的一次失败。

从 11 月 27 日至 12 月 24 日，志愿军第 9 兵团在宋时轮、陶勇的指挥下，共歼敌 13000 余人，美第 10 军指挥的 3 个美军师和两个南朝鲜师，在空军的掩护下，利用海上交通工具，从海上狼狈撤退至南朝鲜的大邱、釜山地区。经此一战，志愿军完全改变了朝鲜东线战局。

12 月 15 日，志愿军司令部、政治部联合向第 9 兵团司令员宋时轮、副司令员陶勇和该兵团全体指战员发出祝贺电，祝贺第 9 兵团歼击长津湖地区美军部队的胜利，对负伤的同志表示慰问，向牺牲的烈士致哀。12 月 17 日，毛泽东致电彭德怀、宋时轮、陶勇等，高度评价第 9 兵团的作战，认为是在极困难条件下完成了巨大的战略任务，这也是对宋时轮的充分肯定。

## 统一协调指挥志愿军和人民军取得县里作战胜利

志愿军第 9 兵团在长津湖地区的作战由于冻饿交加，加上作战伤亡，部队减员较大，必须休整。毛泽东对此极为关心，考虑到朝鲜战场环境恶劣，在 1951 年 2 月中央军委计划志愿军兵力轮番作战时，计划第 9 兵团调回国内休整补充，然后担任国内防务，以其他部队到朝鲜作战。

宋时轮得到这一消息后，致电彭德怀坚决要求第 9 兵团留在朝鲜境内休整，尔后继续担负作战任务。得到彭德怀的同意，并报告中央军委。中央军委同意了宋时轮的请求，对轮番作战的部队又做了调整，将第 9 兵团作为志愿军第二番作战部队使用，于 1951 年 4 月中旬前后接替第一番部队作战。

4 月 22 日，宋时轮、陶勇指挥的第 9 兵团 3 个军以志愿军第二番作战部队参加了第五次战役，同时，参加战役的第 39、第 40 军也归宋时轮、陶勇指挥。该 5 个军比较出色地完成担负的战役第一阶段的作战任务。

战役第一阶段作战结束后，彭德怀采取声东击西、瞒天过海的战术，以第 19 兵团在汉城以北及汉城东西的汉江以北地区积极佯动，造成攻击汉城的假象，吸引美军主力；以宋时轮指挥的第 9 兵团在第 3 兵团的掩护下隐蔽东进，准备在人民军 3 个军团的配合下歼灭县里地区的南朝鲜军。第 9 兵团于 5 月 9 日开始隐蔽东进，5 月 15 日到达战役开始地区，完成战役展开。

整个县里地区的作战由宋时轮统一协调指挥。宋时轮、陶勇与人民军前线总指挥金雄共同研究确定了作战部署，5 月 16 日晚，以志愿军 3 个军和人民军 2 个军团采取战役上多路突破、多层迂回、多钳合围的战法，突然发起攻击，一举将县里地区南朝鲜军 2 个多师包围，到 5 月 20 日，经 4 昼夜激战，将被围的南朝鲜军 2 个师大部歼灭，另 2 个南朝鲜师也土崩瓦解。“联合国军”总司令李奇微因南朝鲜军此次遭受惨重失败，一怒之下，将南朝鲜军第 3 军团建制撤销，并撤销了南朝鲜第 3 师师长的职务。

1951 年 9 月，经彭德怀与金日成协商，并经中央军委同意，组建志愿军和人民军在朝鲜东海岸和西海岸防御的两个联合指挥机构，宋时轮为东海岸联合司令部司令员兼政治委员，指挥志愿军 2 个军和人民军 2 个军团担任东海岸防御。

## 从援越抗法前线胜利返回的陈赓又来到抗美援朝战场

新中国成立后，1950 年 1 月，越南共产党中央委员会主席胡志明秘密访问中国，请求中国人民对越南人民的抗法救国斗争给予援助。3 月，胡志明以印度支那共产党名义再次向中国提出请求。中共中央迅速派出了罗贵波为联络代表，常驻越南。

同年 7 月上旬，陈赓领命作为中共中央代表，离开昆明赴越南，专程帮助越南共产党组织边界战役，以打开越北交通，并统一处理中国对越南军事援助各项问题。8 月上旬，又派出以韦国清为总顾问的军事顾问团，帮助越南人民军进行军队建设和作战指挥。

陈赓于 7 月 27 日到达越共中央所在地，8 月 14 日，到达越南人民军总部所在地，帮助越南人民军总部制定边界战役计划。在陈赓的帮助指挥下，越南人民军的边界战役从 9 月 16 日开始，至 10 月 22 日结束。这次战役，越南人民军总部原预定歼灭法军 5 个营，解放高平，而实际结果是歼灭法军 8 个多营，解放高平、东溪、七溪、那岑、同登、谅山等 5 个城市和 13 个县镇，打破了法军对越北地区的多年封锁，改变了越北地区的形势，也极大地鼓舞了越南人民军取得抗法斗争胜利的信心。战后，陈赓又帮助越南人民军对这次战役进行了总结，并在有 200 余越南人民军营以上干部参加的会上，连续报告 4 天，还对战后越南人民军的建设问题提出意见建议。此后，陈赓于 11 月初回国。

陈赓从抗法前线回国后，征尘未洗，即于 1950 年底匆匆赶往朝鲜战场，考察朝鲜战争的作战经验，参加了 1951 年 1 月下旬的志愿军和人民军高级干部联席会议。

1951 年 2 月 18 日，中央军委决定将西南军区准备入朝参战的第 12 军（原属第 3 兵团）、第 15 军（原属第 4 兵团）、第 60 军（原属第 18 兵团）编为新的第 3 兵团。3 月 16 日，组成以陈赓为司令员兼政治委员的第 3 兵团领导机关。3 月 18 日，该兵团开始入朝。但此时陈赓腿伤复发，留在大连治伤。

1951 年 6 月 1 日，陈赓被任命为志愿军第二副司令员，伤好后于当年 8 月中旬入朝，原准备主持第 3 兵团工作，但到志愿军总部后，被彭德怀留在志愿军总部协助彭德怀工作。从 9 月初至 10 月下旬，主要协助彭德怀负责作战工作，指导 1951 年夏秋季防御作战，起草了许多以志愿军总部和中朝联合司令部名义发给部队的指示。其中，1951 年 9 月 16 日，以中朝联合司令部名义致电志愿军和人民军各部，充分肯定 9 月初志愿军取得许多小型作战的胜利，同时指示各部队注意战术问题，强调做好工事，要求“以后我重要阵地必须是隧道式的据点，特别是核心阵地，而且要有假工事，以欺骗敌人”。对各种火力的使用、打敌增援及迂回部队、防御的组织、通信联络的组织等都从战术上提出要求。同年 10 月 8 日，起草志愿军总部致各兵团、各军电报，要求

“我五圣山、斗流峰、西方山、晓星山以及其他要点，必须加强工事，向后修交通沟，囤积弹药，准备火力，掌握情况，搜集工事材料，预置于阵地旁（准备工事被敌炮毁后及时修理之用）。制定作战方案与反击计划，必须在敌进攻时使其暴露在我坚固阵地前，给以大量杀伤，歼灭其大部。所有重要之点，必须准备坚守，不得随便放弃”。上述两个电报很受彭德怀赞赏。

1951 年秋季防御后，志愿军据此精神开始大规模构筑以坑道为骨干的坚固防御阵地体系，使攻防作战有了坚固的阵地依托。

## 在彭德怀回国治病期间，陈赓主持志愿军全面工作

陈赓因身体多病，在志愿军取得 1951 年秋季防御作战胜利后，于 10 月底回国治疗。1952 年春，彭德怀前额长了个瘤子，中央一再催促他回国治疗，但彭德怀认为没有什么大问题，仍坚持指挥战场工作。

为使彭德怀回国治疗，中央决定陈赓再次入朝，接替彭德怀主持志愿军的全面工作。1952 年 3 月下旬，陈赓再次奉命入朝。陈赓在 3 月 27 日的日记中写道：“第三次入朝，奉命换彭总回国。虽非志愿，但坚决执行命令，不讲一分价钱。”

3 月 31 日，陈赓抵达志愿军总部所在地，但彭德怀对是否回国未表示意见。在中央再次催促下。彭德怀于 4 月 7 日回国，由陈赓主持志愿军的全面工作。

4 月 8 日，陈赓主持志愿军党委会，对志愿军领导的工作重新做了分工，陈赓负总责，志愿军副政治委员甘泗淇负责党务和政治工作，志愿军第三副司令员宋时轮负责作战、教育训练和装甲兵以外特种兵工作，志愿军代参谋长张文舟负责后勤、运输和装甲兵工作（此时，邓华在国内治病，5 月 31 日回到志愿军总部）。

4 月至 5 月底，陈赓对第一线作战、东西海岸防御、铁道运输、后勤保障、防空作战等各方面工作做出指示，并组织了第一、第二线部队的换防。

4 月 26 日至 5 月 1 日组织召开了志愿军各兵团和各军参谋长会议，总结工事构筑经验，统一工事标准，探讨坑道工事的战术运用，对加强工事做了进一步的研究和部署，特别是要求坑道工事要做到防空、防炮、防雨、防潮、防毒（疫）、防火、防洪“七防”的标准，强调了技术工程与战术要求的结合，坑道工事必须与各种野战工事相结合，必须与防御兵力相适应，使之成为能打（消灭敌人）、能防（保存自己）、能机动、能生活的完整的体系。规定每个连的阵地至少有两个坑道，但也不宜过多反为敌人所利用；每条坑道有三个以上出入口；坑道顶部厚度 15 至 30 米，指挥所、卫生所、

仓库和各种生活设施，均要能抗御榴弹炮和重磅炸弹的轰击。还对各军接合部的火力支援、兵力策应、交通连接、通信联络、作战指挥做了规定，并对第二线工事构筑做了部署。

此后，志愿军的工事构筑逐渐由初期的应急性向系统化、规范化发展。

6月6日至9日，陈赓与邓华共同主持召开了志愿军兵团以上干部会议，根据美军在停战谈判中的拖延态度，进一步明确“持久作战、积极防御”的作战方针，并确定全面调整战场部署，使正面战线的每个兵团和东西海岸均有一至二个军作为机动力量。同时确定构筑东西海岸永久性防御工事，使东西海岸和正面战线一样形成坚固的防御体系，以利坚持长期作战。这次会议的召开对志愿军尔后的作战，直至战争结束具有重要的指导意义。

## 陈赓、宋时轮共同主持总结志愿军作战经验

1952年初宋时轮离开第9兵团，到志愿军总部协助彭德怀工作。负责部队的教育训练。在他的主持下，1月21日，志愿军专门下达半年教育计划的指示，经修改后，于24日又重新下达，对第二线部队的训练提出要求。干部主要是学习步兵、炮兵、坦克协同战术和阵地进攻与防御的兵力、火力组织，战士主要是学习射击、投弹、爆破、反坦克和单兵战术等。二线部队据此展开训练，战术、技术水平均有较大提高。

为了更有效地指导部队作战和教育训练，陈赓和宋时轮受彭总委托，从1952年4月初起，共同主持总结志愿军攻防作战的战术经验，从志愿军司令部和志愿军部队抽调参谋人员，用3个多月的时间，编写了一套《朝鲜战场对美军作战的几个战术问题》，其内容包括战场概况、敌情研究、进攻、防御、战斗保障5个部分，共40余万字。这是志愿军参战以来对美军作战的第一次较全面系统的战术总结，经宋时轮审定后，于1952年7月下发到志愿军师以上机关，作为作战指挥和部队战术训练的参考教材，对志愿军初、中级指挥员更好地指挥作战和组织训练起了重要的作用，也是后来人民解放军指挥院校战术教学的重要参考教材。

1952年7月11日，毛泽东主席签署中央军委命令，任命陈赓为军委军事工程学院院长，免除志愿军第二副司令员兼第3兵团司令员职务，任命宋时轮为军委总高级步兵学校校长，免除志愿军第三副司令员兼第9兵团司令员职务。陈赓、宋时轮离开朝鲜回国。他们完成了中共中央和中央军委赋予的抗美援朝的任务，为抗美援朝战争的胜利做出了重要贡献。

# 三十九　洪学智的后勤情缘

1950年8月9日中午，广州军区副司令员、第15兵团副司令员兼江防司令员洪学智到达北京。他是奉广东军区司令员叶剑英的指示，向中央军委请示第15兵团与广东军区合并等有关问题的。洪学智下火车后走到火车站门前，没想到东北边防军第13兵团司令员邓华已在此等候他了。邓华把他接到了林彪的住处。

林彪对洪学智说："洪学智同志，东北边防工作需要你，已经确定了，你到东北去。"洪学智急忙回答说："我是奉叶参座的命令向军委请示15兵团与广东军区合并问题的，叶参座认为兵团管主力部队，是机动作战的，地方部队和所有治安问题都应该由军区来管。此外还有一些别的问题，叫我到军委来请示，叶参座还等着回话呢！"

林彪说："不行，来不及了。现在朝鲜战局很紧张，加强东北边防的任务很急，叶司令交给你的任务，你打电话或者写封信和他说一下，让他另选人接管你的工作。"洪学智一听，组织上已经决定了。他即回答说："我是共产党员，如果组织上觉得需要我，我就服从命令。"

下午1点多钟，洪学智和邓华登上了开往东北的火车。就这样，洪学智开始了他4年的抗美援朝战争生涯。

## 紧急上任保北疆

洪学智和邓华路过沈阳，作了短暂停留后便到了安东东北边防军第13兵团部。8月13日，召开东北边防军师以上干部会议，洪学智听取了大家对朝鲜战局形势发展的分析，了解到各军对美军作战充满了胜利信心。18日，接总参谋部电示："抓紧准备，务于9月底完成一切战备工作，待命出动。”兵团领导干部在研究贯彻这一指示时，洪学智认为，出国作战，后勤保障特别重要，物资要从国内运去，至少需700辆运输汽车，驾驶员需从全国调配，否则部队很难解决，医务人员也需迅速调配。大家讨论后，邓华、洪学智、解方联名向朱德总司令写报告，建议组织空军参战，增调两个兵团作为准备参战的后备力量，加强后勤机构，立即准备粮食、弹药、运输工具、兵站、医院等。军委同意了上述建议。

作为兵团第一副司令员的洪学智，到任后就积极协助邓华司令员，抓好部队的各项备战准备工作。

10月初，以美军为首的“联合国军”越过三八线，疯狂地向北朝鲜进犯，中共中央做出出兵决策。10月9日，洪学智参加了彭德怀司令员在沈阳东北军区召开的出兵动员会议。会上宣布中央军委主席毛泽东关于组建中国人民志愿军入朝参战的决定。

10月11日，彭德怀到达安东第13兵团部。洪学智向彭德怀汇报了该兵团准备入朝作战的战备工作情况。13兵团已经做好了一切战前准备，可以说是万事俱备，只要中央一声令下，就立即向朝鲜出动了。彭德怀聚精会神地听着，一边听，一边点头。

10月19日，正当敌人越过北朝鲜平壤—元山一线疯狂冒进的时候，洪学智等奉命，率领部队分别由安东、长甸河口、辑安等处渡鸭绿江赴朝，执行抗美援朝、打击侵略者的光荣任务。

洪学智乘一辆嘎斯—67汽车随第39军驶过鸭绿江，率部隐蔽进入朝鲜战场。10月24日，志愿军领导同志在朝鲜大榆洞与彭德怀汇合。彭德怀把13兵团领导人召集起来，对大家说：“我这个司令员兼政委连个指挥机构都没有，临时组建来不及了，我已请示毛主席，把13兵团的领导机构，改成志愿军领导机构。”接着他宣布了志愿军领导人员的分工，洪学智任第二副司令员，主要分管司令部工作、特种兵和后勤工作。彭德怀在跟大家一起分析了战场形势后，询问了后勤供应方面的问题。洪学智说，已和东北军区商定，布置三条兵站供应线：一是长甸河口—新仓—北镇一线，二是辑安—别河里—武坪里一线，三是临江—周波—长津一线。已动员10万民工参加战勤，彭德怀听后表示赞许。

在抗美援朝战争中，洪学智作为彭德怀的得力助手，在指挥作战方面积极为彭德怀出主意，连续取得了5次战役的胜利，把“联合国军”从鸭绿江边打回到三八线附近地区。

洪学智分管司令部工作时，不仅积极协助彭德怀制订方案和指挥作战，而且对彭德怀及其他首长的安全考虑得非常周到。他深知彭德怀的安全事关重大。防空，在抗美援朝战争中十分重要，美军利用空中优势，投入朝鲜的飞机2400多架。志愿军指挥机关是美国空军轰炸的重要目标之一。志愿军总部驻地多次转移，多次遭到美机袭击轰炸。

1950年10月24日，志司驻在大榆洞。大榆洞原是朝鲜一座有名的金矿，位于平安北道的北镇西北三公里处，是一条四面环山的山沟。山沟两边的山坡上有一些金矿洞。矿洞下面有一些破旧的工棚。由于矿洞里潮湿阴暗，志司到了大榆洞后，就把司令部设在了山坡下的一座木板搭的工棚里。志司进驻大榆洞后，敌机进行了多次侦察、袭击。为了防止意外，洪学智调来一个工兵连，在离彭德怀住地几十米远的地方，挖了个防空洞。

洪学智深知彭德怀是只顾工作、置个人安危于度外的人，防空洞修好后，洪学智动员彭德怀住在防空洞中，若总部被炸，尤其是司令员兼政委被炸，这就不仅仅是个人的安危问题了。"为了全局的胜利，我们不能不重视防空。"但是，彭德怀就是不住防空洞。考虑到彭德怀的安全，洪学智下决心，拖也要把彭德怀拖到防空洞里。他把彭德怀一刻不能离开的作战地图取走，挂进了防空洞。火烧好了，地图也挂好了，彭德怀进了洞。

就在彭德怀进洞后没多久，11月25日，敌人的战斗轰炸机飞临上空，投下了密集的炸弹。总部驻地浓烟滚滚，一枚凝固汽油弹正好击中了彭德怀原来住的那座房子。房屋被摧毁了，大火熊熊燃烧，不久化为灰烬。彭德怀抓着洪学智的手说："洪大个子，我看你这个人还是个好人哪！今日不是你，老夫休矣！""老夫今天算是捡了一条命。"

彭德怀那排房子挨了炸以后，洪学智和邓华研究，房子不能住了。附近有一条河坝，坝底下有一条水泥结构的水道，志司就搬到那里去住了。在里面隔了一块地方，给彭德怀放了一张行军床。

## 兼管后勤有新业

在朝鲜战场上，"联合国军"拥有现代化技术装备，掌握着制空权、制海权，有现代化的运输工具，实施陆、海、空立体战争，给志愿军的后勤保障造成严重困难。美军依仗其空中优势，对朝鲜北部的城镇、工厂、车站、桥梁等重要目标进行毁灭性的轰炸，还以少架多批的战斗轰炸机，依山傍道，昼夜不停地超低空搜索扫射，不放过一人一车、一缕炊烟。这样，后勤供应十分困难。洪学智对整个部队的后勤保障部署周密，处理问题准确细致。第五次战役部队快要出动时，某军忽然给志愿军总部发来电报说，他们已进入战役发起前的待机地域，可是有的部队已没粮食吃了，有的部队已经拿大衣和老百姓换粮食吃了，请赶快补给等等。彭德怀看了电报，很生气，问洪学智："你这个洪学智，怎么搞的？""60军那边明明缺粮食，都拿衣服换粮食吃了，你怎么说他们不缺粮呢？部队马上要出发作战了，这仗还打不打？你误了我的军机呀！"

洪学智对彭总说："他们的电报不准确。粮食都送到了，最少可以保证五天，多的可以保证一个礼拜，他们的粮食是有保证的，没有问题。"接着，又把哪天给该军发了多少辆车，发了多少粮食，发到了什么地方都向彭德怀说了。彭德怀仍然不相信。

洪说："老总，可以派人去调查嘛，如果真的有问题，我负责任。"彭德怀说："当然要派人调查了！"洪随即派参谋刘洪洲去第60军调查。

彭德怀不放心，他怕洪派去的参谋回来报假情况，又把他的秘书杨凤安也派去了。第二天，杨凤安给彭德怀回电说，他已亲自问了第60军的军长韦杰和政治委员袁子钦。他们告诉他，洪副司令讲的完全是实情，粮食早已送到了，请彭德怀放心。不是部队缺粮食，是有的单位违反纪律，拿大衣和毛巾换老百姓的酸菜和鸡吃。起草电报的参谋连情况都没搞清楚，听到一些风言风语，就急急忙忙地发了电报，反映的那个情况不对。洪学智看了这个电报，本想追究他们谎报情况的责任，后来一想，算了，战争期间情况搞不准，也情有可原。

彭德怀看了杨凤安的电报，知道洪学智说的情况是准的，部队不缺粮，很高兴。他拉着洪的手笑着说："你看看，前天错怪了你，对不起呀！"

彭总拿起梨递给洪学智，说："赐你一个梨！吃梨，吃梨。给你赔个梨（礼）！"

洪学智说："彭总作为统帅是从全局出发看问题的，你是怕部队饿肚子，影响打仗，是高度的革命责任感。如果我们没弄好，就应该受批评，现在问题弄清楚了就很好嘛，没什么要道歉的。"彭德怀笑着说："算了，算了，不说了，下盘棋吧！"

随着半年多战争的发展变化，逐渐证明了原来的后勤领导体制与朝鲜战争的要求很不适应。

第三次战役后，中央确定部队轮换入朝。开始是补兵，后来考虑朝鲜这个战场，要使我军都能去锻炼，一面轮换打仗，一面锻炼，取得现代战争的经验。这样在第四次战役过程中，大量部队先后入朝，到4月中旬，已达到16个步兵军共48个师、7个炮兵师、4个高炮师、4个坦克团、9个工兵团、3个铁道兵师和两个直属团，再加上其他机关部队，总兵力已达95万人，是刚出国时的3倍还多。特别是由于技术兵种增加，弹药、油料的消耗大幅度增加。显然，这样百万大军的后勤供应，再靠东北军区后勤部来代管，已力不从心。

## 出任后勤司令员

第四、第五次战役，志愿军主要在三八线以南至三七线之间 120 至 150 公里的地域内作战。彭德怀在 4 月 6 日志愿军第五次党委扩大会上指出："三八线以南 300 里无粮区的困难如何克服，是一个大问题。"

此时，志愿军领导人已明显看出"联合国军"不仅要在前方进行战争，而且要在后方进行战争。为了打赢后方的战争，成立志愿军后方勤务司令部显得越来越必要。1951 年 4 月底，第五次战役第一阶段作战即将结束时，洪学智正在楠亭里志后第二分部检查督促物资前运工作。彭德怀来电话，让洪学智回志司。洪学智回去后，彭德怀对他说："党中央和中央军委对志愿军后勤工作非常关心，你回国一趟，向周恩来副主席汇报，使中央直接了解前线的情况，以便从人力、物力、财力上得到全国人民更多的支持。"洪学智理解这一任务的意义，认为非常有必要。彭德怀还要他向中央军委建议，成立志愿军后勤司令部。

五一劳动节期间，毛泽东、朱德在天安门城楼接见洪学智。毛泽东向大家介绍后对洪学智说："你们打的敌人有飞机、大炮、坦克和海军优势，是武装到牙齿的敌人。"朱德说："你们打的是一场真正的现代化战争。"毛泽东又说："你们每打一仗都要很好地总结经验。"这次会见使洪学智受到了很大的教育和鼓舞。根据军委指示，他和新任志愿军副司令员陈赓、副政治委员兼政治部主任甘泗淇一起回到朝鲜。

中央军委高度重视洪学智回京汇报提出的问题，做出了组建志愿军后方勤务司令部的决定。

5 月 19 日，中央军委作出《加强志愿军后方勤务工作的决定》。决定指出，迅即成立志愿军后方勤务司令部，直接受志司首长领导；凡过去配属志愿军后方勤务部之各部队（如工兵、炮兵、公安、通信、运输、铁道兵、工程兵等），其建制序列及党、政、军工作领导、指挥与供给关系等，今后统归志后司令部负责；任命洪学智为志愿军后勤司令员、周纯全为政委、张明远为副司令、杜者蘅为副政委、漆远渥为政治部主任（后为李雪三）。

中央军委的这个决定，明确了后勤在现代化战争中的地位和作用，标志着军队后勤由单一兵种向诸军兵种合成的重大转变，是志愿军后勤发展史上一个重要标志。

## 后勤建设新建树

洪学智任后勤司令员不久，1951 年 6 月，“联合国军”开始实施“绞杀战”，以大量飞机专门破坏志愿军运输线。7 月至 8 月，朝鲜出现特大洪水，桥梁道路被毁，交通中断，使战场供应更趋紧张。洪学智为此而日夜不安。他考虑当前最紧迫的事，必须把不通的桥梁和能通的公路连接起来。被冲毁的西清川江、东大同江、东沸流江桥，地势险要，桥梁难以在短期修复。他和专家及其他领导同志研究决定，集中 4 个大兵站的装卸力量和 1000 多辆汽车采取倒运办法，解决物资过江问题。仅 7 月份就在西清川江倒运了 6000 多节火车皮物资，在东大同江桥头倒运了 1100 多节火车皮物资，在东沸流江倒运了 270 节火车皮物资，这就是抗美援朝战争史上著名的“倒三江”。这是在洪水泛滥、美机轰炸的特殊情况下，创造出的特殊运输方式。在路断、桥断的情况下，做到了运输不断，保证前方的供应。

志愿军的后勤保障建设，在洪学智司令员的领导下，经过全体后勤人员艰苦的努力，逐步实现了一系列的转变：由单一的陆军后勤转变为各军种、兵种的合成军队后勤；由主要组织物资、卫生保障，转变为既要组织物资、卫生、技术等保障，又要组织指挥后方的对敌斗争；由少数业务部门和勤务分队组成的保障部队，转变为包括勤务部门和部队，又包括防空兵、铁道兵、工程兵、公安警卫部队等组成的联合部队。随着上述转变的逐步实现，志愿军后勤保障工作在阵地战时期由弱变强，由被动变为主动，从而保障了阵地战时期各次战役的胜利。

洪学智在关键时刻能够服从全局，挑起组织指挥志愿军后勤保障的重担，为抗美援朝战争的胜利，为保卫东方和世界和平做出了杰出贡献。他在抗美援朝战争的实践中提出的一整套加强后勤现代化建设的理论和措施，不仅使志愿军的后勤现代化建设不断提高，保障了战争的胜利，而且对人民解放军的后勤现代化建设有其十分重要的指导意义。

彭德怀对洪学智的工作是非常满意的，他说过要授勋，“第一应该授给高麻子（指高岗），第二应该授给洪麻子（指洪学智），如果没有他们两人昼夜想尽办法支援志愿军的粮弹物资，志愿军是打不了胜仗的”。为了表彰洪学智在抗美援朝战争中的功绩，1953 年 7 月 31 日，朝鲜最高人民会议常任委员会授予洪学智一级国旗勋章、一级自由独立勋章。

# 四十 “好战分子”韩先楚

“弃身锋刃端，性命安可怀。”海南岛战役结束不久，1950年6月底，美国派兵干涉朝鲜内战并入侵台湾，严重威胁中国的安全。此时，上级正在考虑韩先楚新的任职，提出中南军区空军司令员等三个职务，让他考虑选择，征求他的意见。韩先楚说：“我是个打仗的人，还是到有仗打的地方去锻炼吧！”他毅然选择了到准备与武装到牙齿的有高度现代化装备之敌较量的部队去。

7月13日，中央军委做出《关于保卫东北边防的决定》，从中南等地抽调部队，组成东北边防军，保卫东北边防安全和随时准备援助朝鲜人民抗击美国侵略军，韩先楚任东北边防军第13兵团副司令员。7月下旬，韩先楚率领第40军等部从海南岛出发北上，到达东北边境执行临战准备任务。兵团司令部进驻鸭绿江边安东（今丹东）。

## 挥戈北上跨过鸭绿江

韩先楚作为东北边防军先遣兵团的副司令员，严于律己，率先垂范，积极协助邓华司令员进行入朝参战的准备工作，到基层调查研究，教育部队树立爱国主义和国际主义思想，克服恐美情绪，苦练杀敌本领。认真研究美军的装备、战斗力，以及朝鲜人民军同美军作战的情况。他联系我军长期的作战经验，倡导近战夜战，猛打猛冲，大胆穿插、迂回、包围，集中优势兵力，在运动中歼敌的战法。在具体组织指导备战训练中成效显著，为志愿军入朝参战，打败敌人的猖狂进攻，准备了有利条件。

10月9日，韩先楚参加了在沈阳召开的军以上干部会议。会后，他积极协助邓华组织兵团所属部队实施临战准备，随时待命入朝参战。兵团各部召开誓师大会，决心打败美国侵略军，支援朝鲜人民的解放战争。

10月19日，志愿军第13兵团部队奉中央军委主席毛泽东的命令，跨过鸭绿江，开赴朝鲜。20日，韩先楚同兵团其他领导人根据19日晚第一批部队过鸭绿江的经验，给后续过江部队发出《部队过江桥应注意事项》的指示。为了秘密入朝和防止敌机袭击，指示对部队过鸭绿江桥的起止时间，组织指挥，汽车、火炮、人行的道路和间距等，均做出明确要求，及时指导后续部队迅速和安全过江。同日，他还同兵团其他领导人为了实现入朝作战的第一步战略企图，签署《给各军师团贯彻出兵指示》的电报，提出："必须不惜一切代价停止敌人的进攻，各级领导同志要善于捕捉战机，很好地防空隐蔽，求得能歼敌伪三个师，战局即可改观。"

## 出任志愿军副司令员

10月24日，韩先楚同兵团其他领导人及机关，在大榆洞同彭德怀司令员率领的志愿军领导机关会合，组成志愿军总部机关。25日，他被中央军委任命为中国人民志愿军副司令员。从此，他协助彭德怀司令员精心计划和组织指挥志愿军在朝作战，并成为得力助手。

志愿军主力入朝后，由于"联合国军"是高度机械化装备，运动速度快，先期进至我预定防御地区，战场情况发生了急剧变化。毛泽东审时度势，当机立断，电示志愿军将原定阵地防御改为运动歼敌的方针，要求打好出国第一仗。彭德怀立即改变原计划，集中西线4个军，采取军、师分途歼敌，经过一系列战斗，争取全战役歼敌一两个师的兵力，制止敌人的进攻，稳定朝鲜战局。

韩先楚对此坚决赞同。他认为，集中优势兵力，在运动中歼敌，是我军的长处，有利于初战必胜。他要求参战部队必须严格准时地赶到预定攻击地域，尤其是担负向敌侧后实施穿插迂回任务的部队，更不许稍有懈怠。

为协助彭德怀司令员实施指挥，韩先楚深入前沿作战部队中，直接了解掌握战场情况，及时指挥前线部队的作战行动。他指挥部队连续突击，取得先机之利。为稳定战局做出了贡献。

韩先楚指挥作战，善于根据敌情、地形和我情，灵活用兵，善于及时总结经验，听取下级的正确意见。他指挥坚定，关照全局，用小的代价去争取大的胜利。

## 挥师西插堵击美第 9 军

1950 年 11 月上旬，第一次战役刚结束几天，志愿军决定发动第二次战役。这次战役的作战方针是“节节抵抗，诱敌深入，集中优势兵力各个歼敌”。先将敌诱至预定地区，尔后突然发起攻击。战役的突破口选在德川、宁远等地。

德川等地能否顺利突破，直接关系着整个战役的进行。首先要歼灭南朝鲜军第 6、第 7、第 8 师，打开战役的缺口，并以有力一部，突击敌人纵深后方，断敌退路，为整个战役扩张战果创造战机。这是关系战役全局的一着险棋，也是第二次战役中十分重要的一招。韩先楚亲临前线，独当一面，坐镇指挥。

他带着彭德怀的重托，离开志愿军司令部，赶赴作战部队。他不顾连日指挥作战的疲劳和敌机的狂轰滥炸，深入部队，调查研究，同广大指战员一起，认真总结经验教训。他发现凡是能扬长避短，敢于大胆穿插、渗透，猛打猛冲的部队，都能以较小的代价换取较大的胜利。敢打近战夜战，就能减小敌机和炮兵火力的杀伤作用；敢打运动战，使敌人不易展开火力，便可有效地减低敌人机械化装备的威力。

他同老战友梁兴初军长等总结经验教训，精心研究部署第二次战役的作战方案。决定将第 38 军兵分三路行动，一部越过大同江，穿插到德川以南地区，从敌侧后进行攻击；一部通过海拔 1000 多米的妙香山，插到德川以西，切断敌西逃的道路；一部歼敌炮兵营后进到德川以北；第 38 军侦察支队，连夜急进 60 公里，插到德川以南的武陵桥，监视并阻击南朝鲜第 6 师，从而形成对德川南朝鲜军第 7 师的包围。

11 月 6 日起，“联合国军”以一部兵力向志愿军阵地作试探性进攻后，执行防御任务的部队，利用敌人恃强骄横的情绪，故意示弱，纵敌前进，以小部兵力节节抵抗，各部主力秘密隐蔽在敌侧翼和山区，待机出击歼敌。

11 月 25 日，第二次战役发起后，第 38 军很快拿下德川。随后，韩先楚命令第 38 军火速向美军第 9 军后方价川、三所里穿插迂回，抢占要点，切断敌人退路，配合正面进攻部队歼击该敌。为实现战役目标，他亲自打电话给该师师长江潮、政委于敬山和副师长刘海清，直接下达指示，他要求说：“第一，你们必须保证在今天下午 6 点以前从现地出发；第二，在路上不论遇到多大困难和伤亡，你们没有权力停下来；第三，到达三所里以后不论会付出多大代价，你们必须把敌人截住。”第 113 师不负众望，及时穿插到三所里，牢牢切断“联合国军”南逃之路。

韩先楚在这次战役中的卓越指挥，对夺取战役的胜利起了重要作用。

## 指挥右翼兵团，前出三七线

第二次战役后，整个朝鲜战局已大为改观，“联合国军”退至三八线，并转攻为守，并且由轻视我军转向对我军产生畏惧，志愿军已夺取了战场上的主动权。

1950 年 12 月下旬，志愿军总部根据毛泽东的指示，决定发起第三次战役，突破“联合国军”既设的三八线防御阵地，“歼灭临津江东岸迄北汉江西岸地区第一线布防的南朝鲜第 3、第 6、第 2 师及第 5 师一部”，如发展顺利，即相机占领汉城和春川—洪川—襄阳—江陵一线，尔后进行休整，准备春季攻势。

韩先楚受命指挥志愿军右翼突击兵团的第 38、第 39、第 40、第 50 军等，向东豆川、汉城方向实施主要突击。首先集中力量歼灭南朝鲜军第 6 师，再歼第 1 师；然后向议政府方向发展攻势。他根据战场情况和两次战役的经验认为，突破的口子不能张得太大，一次歼敌也不能太多，应逐次歼敌。12 月 23 日，他决定，部队以突破汉滩川、临津江，歼灭南朝鲜第 6 师为目标，令第 38 军自板巨里—楼岱一线突破汉滩川后，首先歼灭永平里之敌，主力迅速向东豆川东南进攻；令第 39 军自石湖、新垈段选择第 1 师与第 6 师结合部，突破临津江后迅速向东豆川以南进攻；令第 40 军自麻田里突破临津江、汉滩川后继续向南攻击。

彭德怀等于 12 月 24 日复电，基本同意韩先楚的部署。同日，根据总的作战企图和新的情况，他对原部署做了修改，以第 50 军配合第 39 军作战或打南朝鲜军第 1 师。此后，根据志愿军司令部的敌情通报，又对第 38、第 39 军作战部署等进行了调整。

他为了打好三次战役，实现上述目标，于 12 月 27 日发出《各军在战术上应注意的几个问题》的指示，要求巧妙运用战术，迅速歼灭南朝鲜第 6 师，以便对付美军增援及开展第二步作战，强调各级应展开大部兵力进行攻击，加强炮火掩护，打敌坦克，摧毁敌炮兵阵地，合理使用弹药，各级应派指挥员随先头部队前进。

12 月 31 日，韩先楚指挥右翼集团，在朝鲜人民军第 1 军团配合下，向“联合国军”发起进攻，从茅石洞至永平地区 34 公里正面突破。在猛烈炮火支援下，4 个军迅速突破敌三八线阵地，向纵深发展，一昼夜即前进 15 至 20 公里。至 1951 年 1 月 2 日，“联合国军”的部署被打乱。“联合国军”害怕被歼，开始溃退。韩先楚指挥部队向仁川、汉城、水原、杨平方向追击前进。1 月 3 日，第 50 军于高阳地区全歼英军第 29 旅一个步兵营及一个坦克中队；第 39 军在议政府以西釜谷上里地区歼灭英军第 29 旅两个连。1 月 4 日，第 50 军及第 39 军一部与朝鲜人民军第 1 军团并肩作战，解放了南朝鲜首都汉城。接着渡过汉江，继续向仁川、水原方向前进。1 月 6 日至 7 日，又在果川、军浦场歼美军和英军各一部，占领了水原、金良场里。朝鲜人民军第 1 军团乘胜进占仁川。1 月 8 日，志愿军的四个军，经过七昼夜的连续进攻，挺进了 100 余公里，前出到三七线附近，胜利结束了作战任务。

## 高干会上传经验

连续取得 3 次战役的胜利，为了总结前三次战役的作战经验，统一中朝两军的作战思想，部署下一步的作战任务，1951 年 1 月 25 日至 28 日，志愿军与朝鲜人民军在君子里联合召开高级干部会议。

韩先楚在会上发言，他根据战争实践，在发言中主要讲了政治思想问题和战术指导问题，长达 1 万余字。对下一战役的战术指导，讲了 8 个方面的问题：

一、三次战役突破三八线，但未大量歼灭敌人。第一至第三次战役，敌人处于败退的情况，无坚固工事，还不很顽强。三八线以南，山多、稻田多，纵深长，同时敌可利用我休整期间加修工事，建立防线。

二、春季攻势作战，在敌我装备悬殊的情况下作战，要求得大量歼灭敌人，必须在战术上力求迅速转移，避免拖延以及不必要的消耗战。要周密、充分准备，细密侦察，歼敌不要张得口大了，集中优势一点一股地歼灭敌人。担任侧后的部队，应该组织先头轻装团，以主力迅速向纵深穿插，插断敌之后路，如遇敌阻止，应以部队监视，主力迅速前进，不要因小失大。正面的部队不宜过多，不要过于集中，从侧翼迂回到敌人之后路包围歼灭。攻击部队应该集中力量全力突破，求得迅速解决战斗，避免消耗战斗。

三、小部队起大作用，协同大部队歼灭敌人。以小部队轻装，配好轻便火器，插到敌后，破坏桥梁，对付敌人快，以小部队破坏敌人的火炮阵地（打炮阵地，虽伤亡可能较大，然减少了我大部队的损失）。

四、下次战役，我兵力使用上，应是集中优势雄厚的兵力，按梯队配备使用。梯队的连续突破作战，必须加强突击部队的火器，炮兵配备到营、团，能及时展开火力。

五、在纵深发展连续战斗上，指挥员应走在前面，随时了解情况，捕捉战机。在两个部队执行穿插任务时，谁先到位置，应主动地执行任务，占领前部的位置。

六、通信联络问题。在三八线作战有的师与团失去联络，在下次战役中各级司令部及指挥员要很好地研究与转变。

七、大胆使用炮兵，发挥火炮的威力。科学计算时间，选好运动道路，帮助炮兵解决困难。炮兵应该是积极地协同步兵作战。防止消极思想，下次战役纵深伸长，运输道路要很好地计算区分，防止拥挤，提高部队运动的速度和火炮效率。

八、关于利用白天作战问题。他说，白天作战是有条件的，利用朝鲜雾多，利用山大路小森林多，可以队形疏散地进行战斗。平坦地要在敌人溃散混战的情况下，可白天作战，敌机辨不清。要严密组织防空。与现代化的、多军兵种的敌人作战，我们的作战复杂了，各级干部要专门分工负责，掌握战役关键，战役战术的思想，必须与之一致。

韩先楚的报告，是根据前三次战役的经验，结合下一步的作战实际而提出来的，具有很强的针对性和可操作性，具有重要的指导意义。

## 汉江两岸斗顽敌

经过 3 次战役的打击之后，“联合国军”败退至三七线地区，同时亦逐渐摸到了志愿军作战的特点及弱点。他们利用志愿军人员疲劳、补给困难的弱点，乘志愿军后撤进行战役休整的时机，进行“反扑”。“联合国军”采取“磁性战术”“火海战术”，集中 23 万余人，发动追击，企图破坏志愿军的休整和补充，企图迫使志愿军退回三八线以北，乘机夺回汉城。

中央军委和志愿军总部，为制止敌人的进攻，争取时间掩护二线兵团的集结，决定实施第四次战役。此役采取“西顶东反”的方针，一部分兵力在西线钳制敌主要进攻集团，在东线则让敌深入，尔后集中志愿军主力实施反击。韩先楚负责指挥第 38、第 50 军和人民军第 1 军团，在西线进行防御，抗击敌人主要进攻集团。

西线防御正面上，是敌人进攻的主要方向，天上有飞机掩护，地面以坦克打头阵，炮兵火力密集射击，掩护步兵进攻。而志愿军自第三次战役后，各部队的人员、物资消耗均未得到补充，不仅装备差，而且由于连续作战，大量减员，在兵力数量上也失去优势。由于构筑工事器材和工具奇缺，天寒地冻，时间仓促，无法构筑坚固工事，只能依托简易工事进行坚守防御作战。

为了有效地在西线阻击敌人，韩先楚坐镇汉城，沉着指挥，精心部署兵力、火力，以朝鲜人民军第 1 军团展开于金浦、仁川和汉城地区，担任海防及汉城的守备任务；志愿军第 50 军与第 38 军第 112 师，展开于野牧里以东、汉城以南和以西广大地区，依托高地、山峰等要点，构筑两道防御阵地。他坚决果断，指挥西线部队顽强抗击，浴血奋战。

1951 年 1 月 25 日起，美军第 1 军和第 9 军，在大量飞机、坦克、炮兵的支援下，发起强大的正面进攻，沿水原至汉城的公路两侧猛进，直指汉城。这样，战斗一开始就异常激烈和艰苦，每个要点都经过失而复得、得而复失的争夺。敌人平均每天要付出 900 人伤亡的代价，才前进 1.3 公里。

韩先楚冒着生命危险到各军了解情况，看望部队，根据战场情况变化，及时调整部署，集中群众智慧。为了更有效地顶住敌人的攻势，他提出了“兵力配置前轻后重，火器配置前重后轻”的办法，以劣势装备抗击敌人强大的兵力、火力突击，减少了我方损失，有效地迟滞了敌人的进攻。2 月 4 日，他命令第 38 军对前进之敌实施反击，歼敌 400 余人。2 月 7 日，志愿军司令部转发韩先楚 4 日下达的对坚守与反攻的战术指导，供各部参考。他在战术指导中提出，各级应选择有利地形设置观察所，确保通信联络顺畅，及时了解当面敌情，适时指挥部队疏散和反击，加强阵地隐蔽伪装，阵地前沿和两翼多设地雷或以炸药手榴弹代替，破坏敌必经道路，注重杀伤敌有生力量。

此时，西线各军经过 10 多天连续作战，大量杀伤了敌人，自己的伤亡也较大。第一线阵地被敌人占领，为避免背水作战，他从实际出发，当机立断，于 2 月 7 日下达北撤部署的电报指示，令西线主力撤至汉江北岸组织防御。并遵照志愿军司令部指示，将第 38 军留汉江南岸继续坚守防御，以掩护志愿军东线邓集团向横城地区集结，保障其侧后安全。由于西线的顽强阻击，为东线邓集团实施反击赢得了时间，取得横城反击作战的重大胜利。

韩先楚指挥西线集团，奋战 23 天，毙伤敌 1 万余人。为保存有生力量，为下次战役创造条件，等待第二番入朝兵团到达，根据上级指示，他令西线部队主动放弃汉城，以积极的运动防御，节节阻击，疲劳与消耗敌人。战至 4 月 21 日，胜利完成总部赋予的掩护战略预备队集结的作战任务。韩先楚指挥坚定，善打硬仗、恶仗，展露出极高的军事指挥才能，同时也体现出他勇挑重担、高度的组织纪律观念及全局观念等优秀品质。

## 协助彭德怀指挥建新功

韩先楚是一位善于及时总结经验，创造性地提出适合战争实际的作战思想和战术的高级指挥员。他非常刻苦、善动脑筋、有开拓精神。他在第四次战役指挥西线集团频繁的战斗之中，利用间隙，及时总结作战经验，汲取教训，提出了指导作战的真知灼见。他于 3 月 29 日向彭德怀司令员提出《关于防御作战问题的意见》，着重就防御作战的战术指导思想、防御战术等问题，进行了精辟的概括和阐释。

他指出，朝鲜战场当前美帝侵略军是完全现代化的，拥有高度的技术装备，并握有制空权。他指出，志愿军在每次大的战役之后，必须争取时间进行下一战准备，往往要以防御手段取得战机。在进行战役反击或进攻时，也要进行艰苦的防御作战。由于敌我装备、技术的悬殊，我对付敌之进攻，必须采取运动防御，主力避免直接与敌主力对峙及死守固定防线，但也不宜频繁转移，必要时要坚决阻击敌人。要建立缓冲地带，以积极的运动防御阻敌进攻，争取时间，休整部队，补充兵员、物资。防御战的兵力部署，应是前轻后重，以一部控制要点，掌握机动力量，随时准备反击突入己方阵地及运动中之敌。要依托山地各制高点构筑阵地，在山两侧或谷地构筑坚固隐蔽工事，并应设预备阵地和假阵地。步兵工事以兵力分散、火力交叉集中为原则。要建立反坦克小组。加强战场观察与指挥，及时掌握敌人动向，调动兵力、火力，有力反击和杀伤敌人。他说，在防御作战中，均应选择与构筑坚固的观察所，观察所即是各级指挥所，沟通各阵地、反击部队与炮兵之多线联络，及时掌握当前情况，当发现敌攻我一处时，能及时调动部队及炮火，及时指挥被攻正面部队迅速疏散，留三人小组坚持之，甚至全部暂时撤于两侧，免遭敌人杀伤；并指挥侧翼炮火乘敌未展开之际，首先破坏敌进攻计划。如敌已展开炮火进攻，则指挥我炮兵准备射击目标，出击部队疏散隐蔽运动，隐蔽置于敌火威胁较小之两侧，乘敌各种弱点和抓住敌火转移步兵攻至我前沿之时机，我即在炮火掩护下从两翼出击之，以达歼敌于我阵地前沿。我军惯于进攻，而各级干部均缺乏对现代化敌人的防御经验。中高级干部，在防御作战初期，应亲自指导看地形布置设防，不断检查自己的防御部署。要反对上面层层只做计划、下命令、打电话而无具体深入检查帮助的毛病。高中级干部要深入前沿，检查指导防御部署，总结经验，发现问题及时纠正。这个意见由志愿军司令部转发各军，指导防御战。

4 月 6 日，韩先楚出席志愿军在金化郡上甘岭召开的党委第五次扩大会议。会议上彭德怀传达了中央关于“战争准备长期，尽量争取短期”的战略方针，总结了前四次战役的经验，提出了第五次战役的方针和部署。会后，韩先楚协助彭德怀进行第五次战役的准备工作。4 月 18 日，他同中朝联司其他领导人共同签署《五次战役歼灭汉江以西之敌的反击部署》的电报，决心以歼灭北汉江以西美军 3 个师（欠 1 个团），英军、土耳其军3个旅，南朝鲜第1、第6师为目的，以首先集中力量歼灭其第6师、英军第27旅、美军第3师（欠1个团）、土耳其旅、英第29旅、南朝鲜军第1师，然后集中力量会歼美军第24师、第25师。要求各部必须掌握集中优势兵力、火力，各个歼灭敌人及战役分割与战术分割的原则，力求干净、全部各个包围歼灭敌人。19日，韩先楚同联司其他领导人联名签署了第五次战役“决于22日黄昏开始攻击”的电报，通报了敌情，指出，美第24师和第25师在夹汉滩川北进，呈突出态势。要求各部必须加强纵深防御，在敌进攻时作短促反击，将敌两师主力钳制在阵地前沿。攻击前注意隐蔽，严密封锁消息。

至1951年6月上旬，中朝军队连续实施五个战役，共歼敌23万余人，“联合国军”被迫于7月10日，同中朝军队进行停战谈判。但是，敌人不甘心其失败，还想在战场上同志愿军较量。为了防止敌人在西海岸登陆，中央军委和志愿军总部决定，加强西海岸的防御。1951年9月下旬，韩先楚兼任西海岸指挥所司令员，统一指挥志愿军第38、第39、第40、第50军和人民军第1、第4军团实施海岸防御任务。1952年7月11日，韩先楚任第19兵团司令员，指挥部队参加秋季战术反击作战。

1953年初，韩先楚因患严重的十二指肠溃疡病，经抢救后送回国内治疗。病情稍有好转，他就要求回朝鲜战场。当他到达安东时病情又复发，不得不回北京继续治疗。4月，韩先楚被任命为中南军区参谋长。

为了表彰韩先楚在抗美援朝战争中的卓越功勋，朝鲜最高人民会议常任委员会授予他一级国旗勋章、一级自由独立勋章。

# 四十一 “三杨开泰”

“三杨”即人民解放军中的三位能征善战的将领——杨得志、杨成武、杨勇。他们三人都参加过中央苏区历次反“围剿”和二万五千里长征。周恩来曾说，要把“三杨”拿出去，让“三杨开台”。由于各种原因，三人不是第一批而且也不是同时入朝的，因此，没有开抗美援朝战争的台。但是他们三人陆续登上朝鲜战争舞台，征战朝鲜战场，杨得志和杨勇还担任过志愿军第三、第四任司令员的职务，为抗美援朝战争的胜利，为朝鲜民主主义人民共和国和祖国的承平安泰做出了重要贡献。

## “三杨”中最先出征的是杨得志

新中国成立后，杨得志司令员率第 19 兵团部从宁夏银川迁到古都西安。第 65 军（军长萧应棠、政治委员王道邦）留宁夏继续清剿残敌，第 63 军（军长傅崇碧、政治委员龙道权）驻陕西三原，第 64 军（军长曾思玉、政治委员王昭）驻陕西宝鸡。当时第 19 兵团一边整训一边开荒生产，同时准备抽调部分兵力参加陇海铁路天水宝鸡段的建设。

中共中央做出抗美援朝决策后，军委决定第 19 兵团和第 9 兵团一起作为东北边防军的二线部队。10 月 5 日，杨得志等第 19 兵团领导收到毛泽东签发的一封绝密电报：“限你部十二月五日前赶到津浦铁路山东兖州、泰安、滕县一线集结待命。”对杨得志来说，这就是出征书、动员令。第 19 兵团出征准备随即开展。

11 月 22 日，杨得志和政治委员李志民、副司令员兼参谋长郑维山、政治部主任陈先瑞等率领兵团机关离开西安向兖州开进。月底，副司令员葛宴春等率大部队跟进。12 月中旬，朱德总司令专程到兖州进行动员，他在返京前，赠送兵团师以上干部每人一本刘伯承翻译的苏沃洛夫名著《兵团战术概述》。朱德赠给杨得志的书上写着：“得志同志，努力学习。朱德。”

1951 年 2 月 3 日，第 19 兵团齐装满员告别了山东人民北上。到达天津时，杨得志接到通知，要他和李志民到北京接受周恩来的接见。

在中南海周恩来的办公室里，杨得志和李志民见到了周恩来。周恩来说总司令从你们那里回来，把情况向主席汇报过了。我们对你们的工作是满意的。今天请你们来没有更多的事，就是想见见你们，看看你们，你们为了祖国而离开了祖国，我在北京为你们送行——就是这个意思。”

周恩来在谈话中还说：“你们 19 兵团，还有杨勇、杨成武同志指挥的两个兵团，都是有着光荣传统、战斗力很强的部队。我曾经说过，要把你们‘三杨’拿出去，叫作‘三杨开台’！”

周恩来的话使杨得志激动万分。杨得志在回忆录中说，多少年来，我没有对其他同志讲过总理关于“三杨”的谈话，但多少年来总理的这些话一直在激励和鞭策着我。

2 月 16 日，在杨得志指挥下，第 19 兵团分 4 路跨过鸭绿江。

## 第 19 兵团到朝鲜的第一仗是第五次战役

第一阶段作战结束后，杨得志等兵团首长感到第 64 军没能在命令规定的时间内完成任务，肯定要受到治军极严的彭德怀的批评。果然，杨得志收到了志司追究责任的电报。

后来，彭德怀告诉杨得志等：“这个电报是我亲自修改的，我是生了气的。”由于负责分割迂回的部队没有及时到位，使第一阶段打成了击溃战，影响到整个战役战果。

接到电报后，杨得志和政治部主任陈先瑞火速赶到第 64 军，参加军里正在召开的紧急党委会议，了解情况，总结经验教训，鼓舞斗志，准备再战。杨得志、陈先瑞代表兵团党委在肯定指战员顽强的战斗意志的同时，承担了自己的责任，对军、师领导提出了相当严厉的批评。

5 月 16 日，志愿军发起第二阶段作战：以第 9 兵团和东线人民军前线指挥部所属部队，首先集中力量歼灭麟蹄东南县里地区南朝鲜第 3、第 5、第 9 师，然后视情况继续歼灭南朝鲜首都师、第 11 师；以第 3 兵团割裂西线美军与东线南朝鲜军的联系，并阻击美第 10 军不得东援；以第 19 兵团在西线积极行动，配合东线作战。实现作战意图的重要关节之一是第 19 兵团在牵制方向上积极佯攻，把美军主力吸引于西线。

第二阶段作战开始后，负责东线作战的第 9 兵团和第 3 兵团，进攻发展迅速。在西线负责钳制美军主力的第 19 兵团在高阳至加平的宽大正面牢牢将敌吸住，第 63 军出其不意地渡过北汉江。从 20 日开始，美第 1 军 3 个师又 3 个旅的兵力，向第 19 兵团展开进攻。第 19 兵团随即转入防御。

在东西两线志愿军的打击下，东线的“联合国军”主力被迫后撤，西线美军不得不全力东援。志愿军由于连续作战，携带的粮弹即将耗尽，后方供应又一时跟不上，在这种情况下发展进攻是不适宜的。于是，彭德怀决定 5 月 21 日结束第二阶段作战。

中朝联合司令部决定以一部兵力机动防御节节阻击敌人，掩护各兵团主力北移休整。

根据志司的部署，第 19 兵团将转移至渭川里、涟川以北地区休整，留一个军从议政府—清平川一线开始布防，利用东豆川、抱川、机山里（抱川东北）南北有利地形，采取纵深配备，阻击敌人。

就在志愿军即将向北转移时，“联合国军”以 4 个军 13 个师的兵力，以摩托化步兵、坦克、炮兵组成的所谓“特遣队”为先导，从 5 月 23 日清晨开始实施多路反扑，其进攻路线主要是沿着汉城至涟川、春川至华川、洪川至麟蹄的公路前进。“特遣队”乘隙而入，造成了志愿军转移初期的被动局面。

第 19 兵团担负阻击任务的第 65 军和几倍于己的“联合国军”作战，打得极其艰苦，友邻部队已后撤 60 至 100 公里，没有火力支援，粮弹不能保障供应，有的师、团被多次包围。他们在阻击四天后，无法独立承担阻击 15 至 20 天的艰巨任务。

杨得志接到第 65 军的报告后，指示该军继续阻击敌人，并立即派第 63 军火速支援。杨得志将这一安排报告给彭德怀，得到彭德怀的批准。

第 63 军受领新任务后，军长傅崇碧亲自到军的第一梯队，实行前沿指挥。他们在涟川、铁原地区展开 2 个师，抗击美第 1 军 4 个师 47000 余人的疯狂进攻。他们充分发扬英勇顽强的战斗精神，坚守阵地，积极反击，与美军激战 10 昼夜，大量杀伤了敌人，胜利完成了阻击任务。6 月 10 日，敌我双方转入防御，第五次战役结束。

战役刚刚结束，彭德怀就赶到第 19 兵团看望指战员们。经过苦战后的战士们衣不蔽体，火烧的、子弹打的、荆棘挂的，一丝一缕。有的战士上身赤裸，下身只穿一条短裤。但是，他们仍然保持着昂扬的精神状态。

彭德怀特地问傅崇碧有什么要求，傅军长回答说：“部队减员太严重了，有的连队只剩下一两个人。”“给你补。给你补些老兵，能打仗的老兵。”彭德怀说，“你还要什么？”“有兵就什么也不要了。”傅崇碧回答说。这就是杨得志手下的兵。

杨得志曾对他的部队有过客观的分析。他说，第19兵团这支部队，战斗作风英勇顽强、不怕困难，在任何情况下都不叫苦、不低头。但同时存在一个严重的缺点，就是战术水平低，主要原因是一部分同志墨守成规，思想保守，认识不清改进战术以适应现代战争的重要意义。针对这一问题，杨得志经常强调政治工作和其他各项工作都要有效地配合和保证部队战术水平的提高，以引起各级领导的注意，提高部队的战术水平。

## 杨得志在志愿军总部

1952年7月11日，中央军委任命杨得志为志愿军第二副司令员。原副司令员宋时轮改任军委总高级步兵学校校长，韩先楚改任志愿军第19兵团司令员。当时，邓华代司令员和参谋长解方很大一部分精力放在停战谈判上，洪学智副司令员兼后方勤务司令部司令员，住在离志愿军司令部驻地桧仓五六十里远的成川里。杨得志感到自己肩上责任重大，抓紧时间了解情况，以适应新的工作岗位的新要求。

在志愿军最高指挥人员做调整前两个月，“联合国军”总司令李奇微改任北约组织武装部队最高司令，遗职由马克·克拉克接任。

杨得志认为，克拉克虽不可能和他的前任有什么根本性的变化，但是他总有他的特点，“新官上任三把火”，志愿军要有所准备。他向代参谋长张文舟、副参谋长王政柱讲了这个想法，并请他们和办公室、作战处的人多多考虑这个问题。

8月，“联合国军”高级将领，如克拉克、范佛里特等纷纷到前线视察，部队调动也比较频繁，并加强了对延安、白川地区志愿军和人民军情报的收集工作。第一线在一阵紧张过后，出现了出奇的沉寂。杨得志让参谋将敌情报告分送邓华、联司朝方副司令员崔庸健等首长，并将敌情通报全军。同时，以“志司”名义向各部队下达《关于严密注意当前敌情变化的指示》，要求各部队严密注意敌情变化。

在联司首长碰头会上，杨得志谈了他的看法，我军经过春夏巩固阵地斗争，横贯朝鲜半岛的整个战线已形成有一定纵深的以坑道为骨干、支撑点式的防御体系，加上交通运输和物资供应的改善，防御作战能力进一步提高。而敌人则相反。虽然继续保有技术装备的优势，也构成了相当坚固的防御阵地，但是兵力不足、士气不振，其优势的炮兵、航空兵火力在我坚固的坑道阵地面前已大大降低了作用。在这种情况下，克拉克决不会轻举妄动。他不会再捡起他两位前任进攻的手法。对他可能搞的新阴谋，我们就不能不给予高度重视，既要预防他海上登陆，又要预防他正面进攻，还要准备他陆地海上双管齐下。

邓华完全同意杨得志的这一看法。邓华、杨得志等分析，“联合国军”为了适应其政治上的需要和配合停战谈判，有再度发动秋季重点攻势的可能，有可能集中两个师的兵力，在海空军的配合下，在延安、白川地区造成包围威吓开城的局势，同时为配合其登陆作战，还有可能向志愿军和人民军正面实施牵制进攻，进攻重点可能置于平康地区。

根据这一判断，邓华、杨得志等做出《关于防敌在延安半岛登陆的部署》：于8月28日令志愿军第19兵团并指挥人民军第21旅，立即调整部署，准备抗击“联合国军”登陆并保卫开城；令正面各军加强侦察，严阵以待，坚决回击；令东西海岸部队做好必要的准备。

为争取主动，9月10日，邓华、杨得志等请示中央军委，在部队换防前，以第39、第12、第68军为重点，对“联合国军”进行战术上连续反击。两天后，中央军委回电：“同意你们十月底三个军的换防计划和换防前的战术行动。”

收到军委回电后一个小时，志愿军司令部即向第39、第12、第68军下达了战术反击的命令。

9月18日至10月5日，以上述3个军为重点，另有第65、第40、第38军和人民军第1、第3军团对“联合国军”展开战术反击第一阶段作战，共对“联合国军”的18个目标反击19次，其中有美军防守的7处，南朝鲜军防守的11处。至10月5日，巩固占领6处阵地，其余主动撤离，共歼敌8300余人（其中美军2000余人）。

志愿军和人民军发起全线性战术反击，使“联合国军”受到震撼。9月24日，克拉克急忙飞到前线，和范佛里特及各军军长开会寻求应对良策，并将预备队美第45师、南朝鲜第1师前调，分别接替南朝鲜第8师和美第3师的防务。

1952年秋季全线性战术反击，志愿军和人民军取得重大胜利，巩固占领连排支撑点17处，共歼敌2.7万余人（其中，人民军歼敌1700余人），“联合国军”陷于疲于奔命、被动挨打的境地。

1954年杨得志回国，入南京军事学院学习并兼任战役系主任。11月已在国内的杨得志被任命为中国人民志愿军司令员。

他任这一职务直到1955年4月。

## 出征前杨成武立下誓言，此去誓将敌虏平，决不辱没京津卫戍部队的光荣

1951年2月初，代总参谋长聂荣臻向杨成武传达了中央军委的决定，组建志愿军第20兵团，下辖第12、第15、第60、第67、第68军，任命杨成武为志愿军第20兵团司令员。

2月底在天津召开第20兵团干部会议进行出征准备的动员。杨成武司令员、王近山副司令员、王蕴瑞参谋长，第12军军长曾绍山、副政委李震，第15军军长秦基伟、政委谷景生，第60军军长韦杰、政委袁子钦，第67军代军长李湘、政委旷伏兆，第68军代政委李呈瑞等出席会议。周恩来、聂荣臻、邓小平等到会做指示。刚从朝鲜考察回来的陈赓和志愿军副司令员兼副政委邓华，以及先期入朝的第38军军长梁兴初、第39军军长吴信泉、第40军军长温玉成、第42军军长吴瑞林、第66军军长萧新槐介绍了朝鲜战场的形势、敌情和志愿军的作战经验。

杨成武司令员要求各军和兵团机关各部首长抓紧准备工作。他强调说，准备多一分，打胜仗的把握就多一分。要从思想、军事、物资、组织这4个方面去准备、去落实。

天津会议后，已集结完毕的五个军，紧张地进行出征前的准备，更换武器装备，补充新兵，进行战术技术训练。

在第20兵团机关和部队进行紧张的出征准备过程中，中央军委根据朝鲜战局的发展，决定将第20兵团一分为二，即将从西南军区调来的第12、第15、第60军抽出，组成第3兵团，先行入朝。第20兵团辖第67、第68军。

按照军委的新命令，杨成武协助选配第3兵团机关干部。3月16日，以陈赓为司令员兼政委、王近山为副司令员、杜义德为副政委、王蕴瑞为参谋长的第3兵团领导机构组成。

由于人员的变化，第20兵团领导机关干部又重新进行了配备，华北军区政治部副主任张南生任副政委兼政治部主任、山西军区司令员萧文玖任参谋长、邱蔚和赵冠英任副参谋长。

第3兵团入朝后，第20兵团所辖的第67、第68军待命，继续进行战前准备。杨

成武决定原定的团以上干部集训班如期举行。

杨成武办这个集训班的目的，是通过总结以往部队作战经验和兄弟部队在朝鲜取得的最新经验，研究美军特点，解决军、师、团三级在军事指挥上的某些疑难问题，提高指挥水平，做好与美军作战的准备。

集训班由苏联军事顾问谢米洛夫讲第一课，题目是《步兵团的攻击战》。这位军事顾问所讲的内容来自苏军的实践，体现苏军的作战特点，和解放军的情况不完全吻合，但是还是很有参考价值的。

朝鲜战场的最新战例，是集训班的一项重要演习内容。4 月，先期入朝的第 66 军回国休整，返回原驻地天津、沧州地区。军长萧新槐、政委王紫峰、参谋长刘苏、第 198 师师长宋玉琳、第 196 师师长晨光、第 197 师师长成少甫等先后到集训班讲课，受到普遍欢迎。

集训班一直办到第 20 兵团奉命挥师入朝为止。杨成武在集训班结束时所做总结中强调了和指挥员关系密切的三个问题：一是朝鲜战场的作战经验问题。杨成武说，对于朝鲜战场的新鲜经验，既要虚心学习，精心研究，又要反对生搬硬套、简单对号的机械唯物主义的态度。无论对新经验还是以往经验，都应采取分析的方法，吸收其中具有借鉴、启示、积极意义的部分。二是作风问题。杨成武强调，部队的作风很重要，作风是无形的，是精神作用，在战场上会发挥出它的物质威力。我们部队应当锤炼打大仗、打恶仗的作风。培养勇敢、顽强、动作迅速、能吃苦耐劳、最能执行命令的作风；养成互相协同，互相帮助的作风。三是战术思想问题。杨成武强调，首先要深化对歼灭战思想的理解，伤其十指不如断其一指。在新的战场上，我们依然要避免击溃战、消耗战，要力争打歼灭战。在面临敌强我弱而又必须打的情况下，也应从歼灭战思想出发，尽可能用相对长一些的时间进行准备，经过一个对敌削弱的阶段，创造打歼灭战的条件。歼灭战不但对于全局，而且对于鼓舞部队的士气和以战养战方面，都具有十分重要的意义。歼灭战思想是重要的，然而不是孤立的军事理论和军事原则问题。它要求我们不打无准备之仗，不打无把握之仗。不是百分之一的当然也不是百分之一百的把握，基本上应该是百分之七八十的把握，留下百分之二三十的冒险。它要求行动坚决、迅速、秘密。在打歼灭战的手段上可视情况选择：迂回包围；以夜战为主又不放过白天的战机；近战；机动作战，即奔袭、奇袭等。

集训班的最后一天，志愿军副司令员兼副政治委员邓华做了关于朝鲜形势和作战指挥问题的讲话，并对团以上干部寄予了殷切希望。

在第20兵团出征之前，杨成武受到毛泽东的召见。杨成武向毛泽东表示，请主席放心，我们一定发扬国际主义和爱国主义精神，与朝鲜人民军并肩作战，英勇顽强，视死如归，“男儿坠地志四方，裹尸马革固其常”，决不辱没京津卫戍部队的光荣！

受到毛泽东的接见，杨成武兴奋异常，彻夜难眠。这天深夜，他披衣伏案写了一首小诗，表达自己的心情：

如火电令催东征，领袖召见紫禁城。
一席妙语明方略，三杯美酒寄深情。
热血滚滚翻激浪，豪气漫漫贯长虹。
不负主席不负党，此去誓将敌虏平。

## 粉碎“秋季攻势”，打出了第20兵团的威风

根据中央军委1951年5月17日的命令，杨成武率第20兵团第67、第68军赴朝作战，加入志愿军序列。

7月2日，杨成武踏进朝鲜战场。

第20兵团奉命集结于东线元山以西地区，其任务是准备随时支援人民军作战或歼灭登陆之敌。

1951年8月，兵团指挥机关由阳德郡丰田里移驻淮阳郡台日里。台日里分上台日里和下台日里，位于铁岭山脚下一条东西向的山沟里。沟口有一条南北走向的小公路，向南可通各军驻地，向北不远就是后勤分部的一个大站。杨成武的办公室兼卧室设在一间民房里，临时搭起一张床铺、一张桌子，泥草混合而成的墙上挂着作战地图。

为了增强防御力量，粉碎“联合国军”正在酝酿的秋季攻势，志愿军和人民军于9月上旬进一步调整部署，其中，以志愿军第67军接替第27军金城地区的防务，将志愿军第68军由阳德地区调至淮阳地区，准备接替人民军第5军团的防务。

“联合国军”的秋季攻势于9月29日发起。在此之前，为隐蔽其企图以及进行所谓“特种混合支队作战试验”，9月21日以美第25师1个营、美第7师两个营和南朝鲜第2师3个营、第6师两个营的兵力，在坦克75辆、大炮100余门以及10余架飞机的支援下，向第67军防御正面甘凤里（金化东）—北汉江一线发动猛烈进攻。第67军第199、第200师前沿阵地指战员顽强抗击，严密组织各种火器打敌坦克，坚守阵地，激战终日，毙伤敌1140余人，击毁坦克15辆，打破了“特种混合支队作战试验”。

从10月8日起，“联合国军”的秋季攻势转向志愿军第67、第68军的防御正面——北汉江东西地区，其中第68军正在接替人民军第5军团的防务。

至10月20日，第68军在左翼人民军第2军团的密切配合下，阻止了“联合国军”的进攻。在这次作战中，志愿军共歼敌7600余人、击毁击伤敌坦克36辆。

“联合国军”在文登公路进攻受阻后，从10月13日开始集中美第7、第24师，南朝鲜第2、第6师，在14个炮兵营、200余辆坦克及大量飞机支援下，向金城以南第67军西起芳通里、东至旧堡（南）24公里防御正面发动了猛烈进攻，其残酷程度在第20兵团战史上是空前的。在连续3天的进攻中，“联合国军”利用这一地区道路、山沟较多，利于机械化部队行动的条件，采取以大量坦克引导步兵实施战术性迂回的战法，对志愿军每个连阵地的进攻都集中了密集的兵力、火力，以营团兵力进行轮番攻击，每天向志愿军阵地发射炮弹5万至10万发，最多时达到十几万发，出动飞机最多时达130架次。

第67军依托阵地顽强阻击，特别注意对“联合国军”坦克的作战。该军第一梯队师、团都组织反坦克分队，并在便于敌坦克通行的道路上设置了大量防坦克障碍，从而有效地抗击了敌人的进攻，迫使敌坦克不敢大胆楔入。经过3个昼夜的激战，志愿军毙伤俘敌1.7万余人，阵地被敌突入两公里。美第7师因伤亡惨重，于10月15日撤至二线休整。

从10月16日起，“联合国军”转为集中兵力、火力对志愿军第67军防守的金城以南若干要点逐个进行重点攻击，主要目标为月峰山、602.2北无名高地、梨船洞东北无名高地、芦洞里北山等要点。“联合国军”进攻每一要点均使用两个营以上的兵力，进行支援的坦克少则20辆，多则40~60辆，发射炮弹少则1万发，最多达3万发，战斗异常激烈。

第67军防守部队昼间抗击，夜间反击，与敌展开反复争夺。在梨船洞周围地区的防御战斗中，第67军防守部队3个连，抗击敌人1~3个团在60余辆坦克、10余架飞机的支援下，连续4个昼夜轮番攻击，歼敌达4000余人。最后因阵地突出，不利坚守，志愿军主动撤出。

战至21日，“联合国军”先后占领烽火山、轿岩山等要点，但是他们也付出了极高的代价。10月22日，在志愿军顽强阻击下，损失惨重的“联合国军”已无力再攻，被迫停止对金城地区的进攻。10月25日，在中断谈判几个月后，“联合国军”重新回到谈判桌上来。

至此，“联合国军”付出7.9万余人的伤亡后，结束了秋季攻势。第67军在金城以南地区与“联合国军”激战10个昼夜，即毙伤俘敌2.3万余人，击毁击伤坦克47辆，击落飞机10架，自己伤亡1万余人，敌我伤亡的比例为2：1。

由于健康原因，到1952年春，杨成武有时不得不躺在行军床上工作。5月的一天，杨成武收到了中央军委转来的一份通知，要他回国治病。杨成武感到有些诧异，一问才知是张南生和萧文玖等将他的病情报告给志司，彭德怀又转报军委，于是来了这么一个决定。因为当时正在进行反细菌战，杨成武不想离开，想继续坚持下去。后来，军委和志司发来电报，要杨成武回国治病，待身体好了再返回朝鲜战场。杨成武只好同意。

杨成武回国后，仍任第20兵团司令员。为加强第20兵团的指挥，7月11日，中央军委任命第19兵团副司令员郑维山为第20兵团代司令员。

## 多次请缨的杨勇终于如愿以偿，走向朝鲜战场

1953年4月18日，毛泽东任命第二高级步兵学校校长杨勇为志愿军第20兵团司令员。抗美援朝战争开始后，杨勇曾多次向上级反映，要求到朝鲜领兵打仗。杨得志、杨成武先后入朝参战，而由于各种原因，杨勇的这个愿望却迟迟不能实现。现在，最高统帅终于满足了他的愿望，尽管这个决定似乎来得有点迟。

5月5日，新任志愿军第20兵团司令员杨勇和政治委员王平接受志愿军司令员兼政治委员彭德怀的接见。

杨勇和王平是老战友了。早在1931年初，中央苏区第一次反“围剿”时两人就已相识。他们又都是彭德怀的老部下。杨勇曾任彭德怀红三军团第10团政治委员，王平曾任第11团政治委员。在长征路上，在与张国焘斗争过程中，彭德怀曾安排他们两人所在的第10团和第11团交替掩护党中央机关和毛泽东走出草地，直到陕北。

彭德怀告诉手下的两位爱将：“朝鲜问题还挺复杂，这个美国佬，还没揍老实他。谈不好好谈，打又不敢打，尽在那里耍花招。还有那个不识好歹的李承晚，穷叫喊‘北进’呀‘统一’的，还想‘单独干’，真不知天高地厚了。你们去了以后，要认真准备一下，我们还要教训教训他。”彭德怀接着说，“你们俩去朝鲜，这是毛主席亲自批准的。主席的意思是多选几名老将去加强一下抗美援朝的斗争。由于美帝国主义坚持扣留朝中战俘，破坏停战谈判，并且妄想扩大侵朝战争，所以抗美援朝的斗争必须加强。”

杨勇和王平向老首长表达了此番去朝鲜的决心。

5月19日，杨勇一行驱车东行，没过多久便到了第20兵团司令部所在地——台日里。原第20兵团司令员杨成武因病回国，一年来其职务一直由郑维山代理。三杨未能同时驰骋朝鲜战场，未免不是一件憾事。但是，如果杨成武仍执掌第20兵团，杨勇统兵征战朝鲜的愿望能否实现还两说着呢。

此时，第20兵团辖第60、第67两个军，在杨勇到达兵团部前，这两个军已参加于5月13日发起的夏季反击战役第一次进攻，主要是对“联合国军”连以下支撑点进行反击。第一次进攻作战结束后没几天，第60、第67军发扬积极主动作战的精神，于5月27日发起第二次进攻作战，并将攻击规模扩大到夺取南朝鲜军营的阵地，后又在金城以东北汉江两侧连续夺取南朝鲜军团的阵地。

杨勇到达台日里后，不时听到不远处传来的阵阵枪炮声。走上朝鲜战场的杨勇很兴奋，他在纸上写下“此乃对我新上战场之老兵是个学习和锻炼的良好机会”的字句，这是身经百战的将军的心声。

## 这个“馒头”太难看了

杨勇到达台日里初期的主要任务是熟悉敌我双方的情况。他召开座谈会，听汇报，了解指战员们用鲜血换来的经验教训，了解战场情况。他还经常搬个凳子坐到大地图前，查看、琢磨、思考。

金城以南、北汉江以西第20兵团正面鼓进来一块馒头式的地盘，杨勇怎么看都觉得不舒服。他说：“这个‘馒头’太难看了，三八线一条线，怎么到我们的防区就鼓出来？起码应该拉平三八线，想办法收复这块失地。”

防守这块“馒头”的是南朝鲜首都师和第3、第6、第8师，都是南朝鲜的主力，特别是首都师更是李承晚的一张王牌。

就在第20兵团发起第二次进攻的时候，停战谈判取得较大进展，可望很快达成全部协议。但是，李承晚集团却加剧阻挠和破坏停战谈判的活动，叫嚷“不能接受如同对韩国宣告死刑的停战协定”，“将继续单独战斗，直到达到目的为止”。6月17日深夜至19日，南朝鲜方面将战俘营中由南朝鲜军看管的朝鲜人民军被俘人员2.7万人，以所谓“就地释放”为名，强迫予以扣留，把其中许多人编入南朝鲜军队，公然破坏几天前刚刚达成的遣返战俘的协议，随后又发出反对签订停战协定的叫嚣，使停战协定无法签字。

李承晚集团的倒行逆施，搬起石头砸了自己的脚，使它陷于十分孤立的地位。

6月19日，毛泽东指出，帝国主义阵营内部的争吵和分歧正在扩大，鉴于这种形势，我们必须在行动上有重大表示，方能配合形势，给敌方以充分压力，使类似事件不敢再度发生，并便于我方掌握主动。

志愿军首长决定，立即以第20兵团为主组织夏季反击战役的第三次进攻，重点打击南朝鲜军。

这么大的战役，对杨勇和第20兵团来说都是第一次。这一仗打得好不好直接关系到停战实现的早晚及停战的稳定性，影响可谓重大，不能不慎重。为打好这一仗，从6月22日至7月6日，杨勇、王平先后召开了兵团党委会议和师以上干部会议，统一作战思想并具体研究和确定战役部署。杨勇向手下强调要认真贯彻“稳扎狠打”，“打必歼、攻必克、守必固”的作战指导方针，要在稳的基础上放手狠狠地打击敌人；要求坚决突破、连续突击，大胆实施穿插分割、迂回包围，各个歼灭敌人。

7月4日，杨勇写下了平生少有的几篇日记之一。他在日记中叮嘱自己：

金城反击是自五次战役以来，最大的一次，指挥和组织这样大的战役，无论是对兵团，还是对我都是第一次，缺乏经验，因此，更应该发挥部队的创造性、勇敢精神和各级指挥员的指挥艺术——切记。

7月10日，杨勇下达正式作战命令，最后决定采取正面进攻、两翼钳击、多箭头突破的部署，力求快速打乱南朝鲜军防御体系，直插纵深，大量歼灭敌人。

7月13日夜，志愿军突然发起进攻。在炮火准备之后，各作战集团同时向南朝鲜军展开了猛烈突击，一小时内即全部突破其前沿阵地，然后不停顿地向敌纵深发展进攻，占领了西起新木洞沿金城川461.9高地一线以北地区，前进9.5公里，歼敌1.4万余人，全部完成了拉直金城以南战线的第一步作战任务。

美第8集团军司令泰勒于14日晨及时调整部署，组织反扑。志愿军首长为贯彻“稳扎狠打”的作战方针，巩固既得阵地，于14日下午电令第20兵团以主力控制已占领阵地，迅速构筑工事，修通道路，抢运物资弹药，炮兵向前机动，准备粉碎敌之反扑；同时以若干有力支队乘敌混乱之际，分别向南发展。第20兵团随即做出具体部署，以肃清残敌、巩固已占阵地、扩张战果。

由于连日大雨，河水上涨，金城川上的桥梁全部被敌机炸毁，炮兵向前转移、供应运输都有困难，通信联络也不顺畅，而“联合国军”的战役预备队已向战线调动。因此，16日，杨勇命令各集团停止进攻转入防御。至7月27日，志愿军在全线共击退敌人反扑达1000余次。敌人付出了巨大伤亡代价，仅占去巨里室北山一个阵地。克拉克、李承晚要夺回金城以南地区的企图遭到失败。

金城战役共歼敌7.8万余人，夺占金城以南178平方公里土地，拉直了金城以南战线，促进了停战的实现，并造成了停战后的胜利态势。

美联社驻汉城记者罗伯特·吉布逊报道说：

中国人的进攻经过仔细的演习，很巧妙地进行。首都师的副师长和一个团长在战斗中失踪了。许多美国顾问没能从这次残酷的战斗中回来，……我以为这里没有一个人不想一枪打死李承晚，即便战争结束，即使他坐在电椅上死去也不可惜。

在金城战役中，“联合国军”总司令克拉克请求马上在停战协定上签字，极力反对停战的李承晚也不得不向美方表示准备实施停战协定的条款。

## 志愿军凯旋，杨勇成为璀璨夺目的明星人物

朝鲜停战实现后，杨勇率第20兵团守卫在朝鲜东线的阵地上。1954年4月，毛泽东任命杨勇为志愿军副司令员兼参谋长。4月19日杨勇走马上任。他在日记中写道：

此乃新的环境新的工作，尤其是对这样大范围的司令部工作毫无经验，只有本着学习的态度，从实际中摸索经验。

到志愿军司令部工作后，杨勇经常深入部队检查防务，从正面三八线附近到东西海岸的许多阵地，都留下了他的足迹。

1955年4月29日，国务院总理周恩来、国防部长彭德怀签署命令，任命杨勇为中国人民志愿军司令员。他接的是杨得志的班。

1958年2月14日，周恩来率中国政府代表团到朝鲜访问，就志愿军全部撤出朝鲜问题与朝鲜政府进行磋商。

10月25日，杨勇和王平率志愿军总部官兵乘火车离开平壤。26日中午，最后一列撤军列车到达安东，志愿军司令员和政治委员回到祖国。

在回国的那段日子里，杨勇和志愿军归国代表团的许多代表成为众星捧月般的人物。他知道，人民把他们看作整个志愿军的代表，对他们表现出近乎狂热的感情都是冲着整个志愿军来的。他对代表团的同志说，最早入朝参战的部队和干部都已先期回国了，还有许多同志长眠在朝鲜的土地上，再也回不来了。……仗主要是他们打的，功劳主要是他们的，现在却给了我们这样隆重的接待和崇高的荣誉，我感到很不安。

完成抗美援朝使命回国的杨勇被任命为北京军区司令员。

# 四十二　才将解方

解方，原名解如川，曾用名解沛然。日本士官学校毕业后回国，曾任东北军少将师参谋长，是中共秘密党员。1955年，解方被授予少将军衔。所以有人称他“双料少将”。抗美援朝战争中，每当彭德怀筹划部署作战行动时，总喜欢叫“诸葛亮”来谈谈。这个“诸葛亮”指的就是志愿军参谋长解方。

## 请缨北上，保卫国防

1950年朝鲜战争爆发时，解方正在武汉疗养。海南岛战役胜利后，解方想利用难得的空闲时间好好休息休息。朝鲜战争爆发后，美国立即派兵干涉朝鲜内政，并侵占中国领土台湾。解方出于军人的职责和政治敏感，预感到这场战争将对我国的安全构成威胁。他顾不得继续休养，立即给第四野战军首长写信，主动请缨北上，保卫东北边防。

7月中旬，中央军委决定抽调第13兵团和第42军以及特种兵共计25万余人组成东北边防军，担任保卫东北边防和在必要时援助朝鲜人民的任务，并决定由解方任新的第13兵团参谋长。

在研究兵团领导人选时，中央军委曾确定第43军军长李作鹏为参谋长，尔后又决定由解方担此重任。这其中的变化，应该与解方的军事才能和他主动请缨有关。

军人以服从命令为天职。几十年的戎马生涯，造就了解方坚决服从命令的性格。中央军委将第13兵团参谋长的重任交给他，他深感这是中央军委对他的信任，同时也感到身上的担子沉甸甸的。接到命令后，他立即打点行装，来不及告别刚刚分娩的妻子和未满月的儿子，匆匆一路北上。

解方到安东后，立即投入战前的准备工作中。仅短短一个多月的时间，他很快了解熟悉所属部队的全部人员编制、装备状况，详尽考察了鸭绿江沿岸的地形、水势、桥梁等情况，并掌握了有关朝鲜战场的大量情报。他把全部的思想和精力都集中于临战准备中。

## 预测敌军将实施侧后登陆

中央决定组建东北边防军，最初的打算是备而不用，但到 8 月中旬朝鲜局势发生了变化，朝鲜人民军在洛东江与敌形成胶着状态，出兵援朝的可能性越来越大。如敌从人民军侧后方实施登陆，东北边防军怎么办？以现有兵力和装备能否阻止美军的进攻？采取什么样的战法才能阻止美军的进攻？东北边防军跨过鸭绿江后，如何开进、如何保障通信联络、如何保障物资供应等问题时常在解方头脑中盘旋，同时他还就上述问题与其他领导人及作战部门交换意见。

经过深入的分析和研究，解方初步形成自己的看法。他认为，我军入朝的目的，以歼灭敌人并求得迅速结束战争为有利。根据主客观条件，是否能达成此目的，是值得研究和考虑的。关于敌我军事力量对比，他认为我军在数量上占有相当优势，在质量上也占有优势，政治觉悟高、勇敢耐劳，并有丰富的战斗经验；敌人技术装备好，火力强，并有大量飞机、大炮、坦克的支援，近海作战还有海军支援。敌人的防御力量是不可忽视的。因此，现代战争固然主要依靠步兵，但也需要有一定的物资条件和技术水平。如果我无必需的空军参战，现高射炮火又很少，将对运输供应，部队的运动、集结、进攻造成威胁，步兵威力的发挥也受到一定的影响。为达成速决歼敌的目的，除部队加强防空力量外，还要争取大量空军参战，在一定时间和空间内取得空中优势。

关于朝鲜地形对战争的影响，他认为，朝鲜半岛狭长，三面环海，境内多高山河流，特殊的地形将对双方作战产生极大影响。美军可利用海空军优势，从我侧后登陆，以收外线作战之利。山地河流等障碍，对我实施包围迂回断敌退路有一定的影响，但这又是非常重要的，不然仅靠正面进攻容易打成消耗战和击溃战。相反，敌人据险顽抗，节节抗退，不仅可发挥火力的优势，而且可以节约兵力。只要部队加强山地作战训练和教育，发扬刻苦耐劳的精神，迂回切断渗透任务仍能完成。

关于供应问题，他认为，朝鲜国土狭小，物产不富，加上敌人的轰炸破坏，我军入朝作战物资供应主要应由国内供应。仅以 20 万人、2 万匹马计算，每天需要各种物资百万斤以上。这些物资国内能拿出，但问题的关键是如何及时将物资运到前线。组织运输将是一件极艰巨的工作。建议加强后勤，准备足够的运输工具、兵站、医院，并在预定作战地区囤积一些物资，必须尽一切可能来保证及时的供应。

关于作战方针，他认为，我如果出兵参战，则应力求速战速决。除再调两个兵团并加强部队必需装备（各种大炮，尤其是防空和反坦克炮火和坦克）之外，应尽一切可能组织大量空军配合作战，以绝对优势兵力、火力猛打猛冲压倒敌人，消灭敌人。假如苏军在空军和技术装备上能帮助我们，则这一方针的实现更有保证。如我空军条件不成熟，以推迟出动时间为有利。参战时机与地区，待敌进到三八线以北为有利，不仅更有政治资本，而且军事上也是有利的。

关于对朝鲜战局的判断，他认为朝鲜人民军各个击破和歼灭敌人的时机已经过去，战争已走向长期性。人民军目前要改变此种局面，恐很困难。估计敌人将来反攻的意图，可能以一小部分兵力于现地与我周旋拖住人民军，其主力在我侧后（平壤或汉城地区）大举登陆，前后夹击。如此，人民军的处境会很困难。

解方将上述分析、判断和想法向邓华司令员、洪学智副司令员做了汇报，并得到他们的赞同。邓华决定由解方执笔，以邓、洪、解三人的名义，起草给第四野战军司令员林彪的报告。该报告于 8 月 31 日发出，9 月 8 日，林彪将此报告转呈毛泽东，毛泽东立即批交聂荣臻代总参谋长酌办。

这份报告对未来作战的特点以及应注意的问题和入朝后应采取的作战方针，做了精辟的分析，尤其是对敌可能在侧后进行大规模登陆的判断，很有预见性。

与此同时，中国驻朝鲜大使馆也得出与第 13 兵团相同的结论。9 月 8 日，柴成文在报告中认为，朝鲜人民军在洛东江的进攻被敌人阻止了，双方形成僵持的态势，估计敌人可能在仁川或其他地区登陆。

朝鲜战局的发展果然逆转。9 月 15 日，美军在仁川港实施大规模登陆，兵分两路向汉城、水原方向实施进攻；正面洛东江防线的美军 4 个师和南朝鲜军 6 个师，在美第 8 集团军的指挥下趁机反扑。朝鲜人民军腹背受敌，被迫转入战略退却。

## 研究入朝作战新特点，做好渡江准备

正是在敌人仁川登陆前后，第 13 兵团的战前准备工作也进入紧张阶段。根据解方拟定的战前训练方案，部队不到一个月就完成了班以下战术、技术训练，以及排、连的进攻战术训练；同时，还以研究朝鲜地理状况、熟悉美军作战特点、明确我军作战方针为内容，集训了兵团营以上军政干部，开办了防空和反坦克骨干训练班。

1950 年 9 月 21 日，解方在兵团第二次军事会议上，对部队的战备军事教育进行了总结和部署。他指出入朝的作战特点：一是现代化的作战。美军是现代化，我军也是现代化，只是程度悬殊而已。这就要使我们的干部具备现代兵种配合作战的知识和思想。二是山地战。在战术上，要有连续突破、连续攻坚、连续发展的思想。对筑城地带的攻击主要是夺取制高点要地。要避敌之优，扬我之长。发挥我军善于夜战、近战的长处。

对参谋业务教育，解方十分重视。他指出，今后作战司令部工作的任务很繁重。首先，作战组织的复杂性。我们的装备复杂，美军的装备更复杂，再加上我与友军的配合作战，要保证指挥就必须有周密的计划。这就要求各级司令部，必须学会现代化的指挥方法。第二，作战的连续性。美军和南朝鲜军的配备是纵深的，我们突破其第一道防线，还有第二道、第三道防线，必须连续打下去，迅速扩大战果，求得包围歼灭之，因此要求司令部工作必须有持久性的准备。同时，每个战斗过程又会是很短的，因此要求司令部在搜集提供首长下达决心的各种准备上要有预见性。第三，作战的突然性和迅速性。因为我们是出国作战，不打则已，一打应必歼，给敌人以突然迅速的打击。所以，我们一切工作都必须在很机密的情况下进行。比如，将来开进时，为使敌不过早发觉，必须仍然保持无线电静默，这样问题就来了，部队在运动中，又不能使用无线电联络，但又必须掌握部队的行动，这就要求司令部解决如何保证与部队不间断的联系问题：战斗的发展也将是迅速的，在一个战斗接着一个战斗的情况下，司令部如何保证首长不间断的指挥，是极其重要而又艰巨的工作。我们的工作必须根据这些特点来准备。他对参谋人员在作战各个阶段分别提出了最高和最低要求。如战斗阶段最低要求是保证上下左右联络畅通，及时下达上报，对情况的掌握与登陆，做到对答如流、精细准确。最高要求：一是能将一天的情况或一个阶段的情况做出综合性的总结，要有分析判断，提高到战术水平；二是能掌握战机，对总攻方向，敌我力量对比的变化，二梯队到达的位置及使用时机。

在志愿军入朝之前，解方向彭德怀提出两条建议：一是志愿军过江时为防止“联合国军”轰炸桥梁，需将志愿军入朝部队全部集结江岸待命，在夜间分别由安东、长甸河口、辑安 3 个渡口过江，以防止过江后兵力不足，陷于被动；二是入朝作战难于就地补给，应有一切靠国内供应的充分准备，要有计划地建立固定的战役供应点、线。彭德怀赞赏并采纳了解方的建议。

志愿军 25 万大军如何渡过鸭绿江，做到既迅速又隐蔽、不让“联合国军”发现，是部队出国作战首先要面对的问题。彭德怀和第 13 兵团首长要求制订出周密的过江计划。解方根据兵团首长的意图，在对部队进行军事训练的同时，对这项工作抓得很紧。

从 9 月开始，他即令兵团司令部作战科、侦察科带两个工兵团干部到鸭绿江各渡口了解情况、提出建议。听取汇报后，他同意在 3 处铁路桥上铺设枕木通过人马、车辆，但认为这样还不够，还需选适当地点架设浮桥，才能保证 25 万大军在两个夜晚渡江的需要。根据 2 个工兵团的器材仅能架设一座浮桥的实际，解方同意在长甸河口架设一座浮桥的建议，并提出再搞些器材在辑安架设另一座浮桥。工兵团遵照解方的指示，在辑安架设了一座浮桥，并利用夜晚反复演练架桥技术，做到两个小时即可架好浮桥，一个小时即可撤卸浮桥。这样，做到了黄昏前能架好桥，保证部队夜间通过，拂晓前迅速撤卸，将器材隐蔽起来，而不被“联合国军”发现。

10 月 19 日晚，志愿军首批入朝部队分别从安东、长甸河口、辑安跨过鸭绿江开赴朝鲜战场。美军拥有现代化侦察器材和手段，飞机一直在鸭绿江上空盘旋。志愿军 25 万大军连续几个夜晚，迅速、秘密地渡过鸭绿江，而美军没有发现中国军队大规模入朝，这不能不说是世界战争史上的一个奇迹。这正是解方和司令部精心计划、周密组织的结果。

## 组织精干的指挥机构，当好彭总的参谋长

为适应战争的需要，10 月 25 日，中共中央决定第 13 兵团领导机关与彭德怀的指挥所合并，组成司令部、政治部等领导机构，任命邓华为志愿军副司令员兼副政治委员，洪学智、韩先楚为副司令员，解方为参谋长，杜平为政治部主任。

解方被任命为志愿军参谋长后，他顿时感到身上的担子沉重了许多。他要尽最大努力去当好这个参谋长，在军事上切实保证彭德怀对全军的作战指挥。指挥现代化战争，必须有一个高效率的指挥机构。解方很重视司令部机关的建设。

解方对组建司令部的原则是，不求人多，但要精干，工作要协调有序、快速准确、有效率。志愿军在朝兵力最高曾达到 100 余万人，而司令部才 100 多人。同时，他要求司令部人员精通参谋业务，做到“读、记、算、写、画、传”样样都要过硬，还制定了“严、细、快、准”的四字工作标准。严，就是要服从命令听指挥，严格遵守志愿

军的各项纪律、规定；细，就是要过细地完成首长交给的每一项任务，不能有半点粗枝大叶；快，就是要迅速、及时，否则会贻误战机；准，就是要准确地上呈下达，否则会影响指挥员的准确判断和作战指挥。

解方对这些要求和规定，总是以身作则，带头贯彻执行。他向彭德怀汇报情况时，总是以精炼、简明、扼要的语言，把问题说得清清楚楚，时间、地点、数量、方位等，都准确无误，从来没用过“大概”“可能”“差不多”之类模糊词语。对于参谋人员起草的作战文书，他总是亲自修改，认真核实，连错别字也不放过。他还经常自己动手起草文电，或口授作战命令，总是以迅速和准确赢得大家的赞誉。

在解方的主持下，志愿军司令部迅速在炮火硝烟中组建起来，形成了一个团结一致、战斗力强、效率很高、指挥灵便的战斗集体，在作战指挥中立下汗马功劳，多次受到彭德怀和其他首长的好评。

为了把志愿军司令部的工作大大提高一步，进一步建设现代化战争的大兵团司令部，解方还在 1953 年上半年，有组织、有计划、有系统地部署司令部的业务整顿。通过业务整顿，把苏军、人民解放军的历史经验，与志愿军的现实经验结合起来，制定出司令部的工作条例和各处参谋细则，从而使司令部工作更加科学化。1953 年 3 月 6 日，解方做了《把志愿军司令部工作提高一步》的业务整顿报告。报告将司令部的基本效能概括为以下五个方面：准确记录、迅速传达、组织计划、督促检查、分析综合。6 月 16 日，解方又做了司令部业务整顿的总结报告。可以说，解方为志愿军司令部建设和司令部工作，倾注了大量的心血。

志愿军入朝后，解方一直伴随彭总左右，并以他超常的记忆、敏锐的思维、深邃的谋略和出色的工作，赢得了彭总的信任和器重。

第一次战役的胜利，初步稳定了朝鲜战局。经过第一次战役的实践，解方也发现部队存在的一个大问题，即后勤供应问题。

在美军飞机的轰炸下，汽车损失较大，部队随身携带的粮弹消耗后，无法及时得到补充。这就影响了部队的连续作战。解方协助邓华、洪学智副司令员认真研究，逐步解决这个问题。

志愿军入朝作战是一次秘密行动。在第一次战役期间，志愿军总部始终没有发布战报，国内的报刊也没有宣传志愿军的情况。在朝鲜人民军总部发表的战报中，也没有公布志愿军参战的消息。这一做法，有效地迷惑了敌人，掩蔽了战略企图。

第一次战役结束后，11 月 5 日，毛泽东主席致电彭德怀，指出：

为了迷惑敌人的目的，目前还是不宜以联合司令部的名义发表战报，而应以人民军总司令部的名义发表战报，但在战报中应当有几句提到此次作战有中国人民抗美援朝保家卫国部队（简称志愿部队，对外不称志愿军，对内称志愿军）参加，并且打得很勇敢。

彭德怀司令员对第一次战役战报新闻稿很重视。开始，作战处起草了一份新闻稿，彭总看后不满意。最后由解方亲自起草。战报内容如下：

朝鲜民主主义人民共和国人民军总司令部发表公报称：共和国人民军最近在朝鲜西北部的作战中取得重要胜利。在此次作战时期，有中国人民抗美援朝保家卫国志愿部队的组成，这个志愿部队在人民军总司令统一指挥之下，和人民军一道参加了作战。在中国人民志愿部队的参战之下，人民军在温井、云山一带击溃了李承晚匪军第二军团四个师及美军一部，迫使该方面美国侵略军及李承晚匪军逃至清川以南。

彭总对解方起草的战报很满意，一字未改随即签发，上报毛泽东主席阅示。11 月 7 日，新华社以援引新义州电台广播的形式，正式发表了由志愿军总部起草的战报。

## 多谋善辩，展露军事外交才华

1951 年 6 月底 7 月初，战争双方商定举行停战谈判。在考虑志愿军谈判代表人选时，彭德怀一下子想到了解方。一天上午，彭德怀把解方叫到他办公室，说：“我建议让邓华和你代表志愿军参加停战谈判，中央已经同意了。听说你懂得外国话，谈判也不外行，相信你能完成这项光荣而艰巨的任务。别的就不多说了，我只有一句话，敌人在战场上得不到的，也休想在谈判桌上得到。”

让解方出任志愿军谈判代表，可谓知人善任。他精通日语，粗通英语，过去也参加过军事谈判。

在谈判中，解方在代表团党委的领导下，与李克农、乔冠华、邓华、边章伍等人密切协作，遵照中共中央、毛泽东、周恩来、彭德怀的决策和指示，坚持公平合理的和平外交原则，与美方代表进行了长期艰难的有理、有利、有节的谈判斗争。他立场坚定、思维敏捷、灵活机动、坚持说理，有力地揭露了美方拖延、破坏谈判的各种阴谋，尽量使谈判向着有利于朝鲜人民的方向发展，为实现朝鲜停战做出了杰出的贡献。对于解方的军事外交才能，美方谈判代表的评价是：“难对付”“望而生畏”。彭德怀称赞他是“军事外交人才”。

1953 年 4 月，中央军委任命解方为总参谋部军训部副部长，由李达接替志愿军参谋长职务。6月，解方从朝鲜战场返回祖国。

为表彰解方在战争中所做出的贡献，朝鲜政府先后授予他自由独立一级勋章和朝鲜民主主义人民共和国一级国旗勋章。

# 四十三　幕后英雄李克农

“铁虎”原来是纸虎，板门店里伏山姆。

毕生探囊忘己生，无名英雄足千古。

这首诗，是李克农 1962 年 2 月 9 日逝世后，张爱萍将军为哀悼他而作的，可谓对这位无名英雄在朝鲜停战谈判中做出重大贡献的精彩、生动写照。

在 2 年 17 天的朝鲜谈判斗争中，李克农作为在朝鲜第一线直接领导谈判斗争的总指挥，以他高度的智慧、无穷的精力和忘我的精神，粉碎了“联合国军”方面一次次的阴谋，全力维护朝中两国人民的根本利益，为实现朝鲜停战贡献了自己的聪明才智。

## 毛泽东亲自点将

1951 年 7 月初的一天，毛泽东在中南海菊香书屋召见李克农。毛泽东对李克农说：“我点了你的将，要你去坐镇开城。”毛泽东要求李克农立即组织一个工作班子，外交部和军队都要出人，乔冠华也参加。

但李克农的身体不大好，哮喘病一直困扰着他。此时，李克农的哮喘病又复发了，平时要靠药物控制，每天服镇痛剂才能入睡。他担心病重误事，就提出是否改派伍修权或姬鹏飞去。毛泽东稍稍犹豫了一下，肯定地说：“还是你去吧！”李克农没有再说什么，当即表示：“我马上准备出发。”

毛泽东和周恩来真可谓知人善任，李克农具有丰富的谈判斗争经验。西安事变时，他任中共赴西安谈判代表团秘书长，协助周恩来、叶剑英与张学良的代表谈判，为和平解决西安事变，争取抗日民族统一战线的形成做出了贡献。西安事变后，他奉命和周恩来、叶剑英等领导人，到上海、南京等地继续与国民党上层进行谈判交涉。中共中央进驻北平后，他参与了国共和谈工作。

受领任务后，李克农 7 月 2 日晚率领工作班子，在前门火车站乘车离京赴朝。7 月 4 日，列车到达中国东北边城安东（今丹东）。中国驻朝鲜大使馆政务参赞柴成文专程由平壤到安东来迎接。

7 月 5 日拂晓，李克农等到达平壤。金日成在离平壤约 15 公里的作战指挥所里，接见了李克农、乔冠华、倪志亮（中国驻朝鲜大使）、柴成文等。

李克农、乔冠华到平壤的目的，主要是与金日成交换意见，就谈判的一些具体问题，如谈判代表团人员的组成、谈判的基本方针和策略、中朝双方如何相互配合等进行磋商，统一思想。参与讨论的除了金日成外，中方有李克农、乔冠华、邓华、柴成文，朝方有南日、金昌满（时任人民军最高司令部动员局局长，后改名为张春山）、金一波等。根据两党的协议，朝中方面谈判代表团的工作，由李克农主持，乔冠华协助，也就是说由中方负主要责任。

经中朝双方协商，朝中方面谈判代表团，由人民军总参谋长南日大将、人民军侦察局局长李相朝、人民军第 1 军团参谋长张平山、志愿军副司令员兼副政治委员邓华、志愿军参谋长解方组成，南日大将为朝中方面首席谈判代表。同时指派张春山为朝中方面首席联络官，并指派柴成文、金一波为联络官。

7 月 7 日，李克农、乔冠华一行到达开城。到达开城后，李克农立即投入会谈前的各种准备工作，熟悉和了解代表团成员的情况。9 日晚，他在检查准备工作时，发现一件事先没有想到的事情，按照国际惯例，双方正式代表见面时要互验“全权证书”，而朝中方面还没有准备。

朝鲜代表立即派人火速到平壤请金日成签字。但志愿军要派人到志司请彭德怀签字，无论如何是来不及了。人们十分焦急，无计可施。此时，李克农想了一下，果断地说：“只要金首相签了字就有效，彭老总的字，我替他代签，事后报告。”这个难题就这样轻易地解决了。

9 日晚，李克农召集朝中代表团的全体人员开会，对谈判工作讲了 4 点意见。他说，首先，我们要旗帜鲜明地把我们的和平主张摆在世界人民面前，使它产生一种力量，也就是政策的威力。我们准备提出的三条原则是一个非常有力的武器。代表在会场上不要纠缠于枝节问题，首要的是争取把我们的主张打出去，使它成为世界爱好和平人民的斗争口号。全世界人民一起来争取和平。其次，谈判在我们区域内进行，无论哪一方在安全上出现问题，我们都要承担责任，因此，安全是第一个大问题。开城地区的志愿军第 47 军和人民军第 1 军团要保证在安全上不要出问题，这方面请李相朝、解方同志认真检查一下，要慎之又慎，切不可大意。第三，谈判是“打仗”，是打“文仗”不是“武仗”。政治上要高屋建瓴，具体问题要后发制人。事关大局，说了的话就要算数，在谈判桌上说了的话是收不回来的，所以对外表态要特别慎重。有些话宁可晚说一天不要抢先一分，要尽量使用已经准备好的稿子，除了主稿以外，已经准备了一些小稿子备用。没有把握的时候，宁肯休会商量一下也不要急。第四，停战谈判一刻也脱离不开战场情况的变化。请解方同志要志愿军来的李士奇同志注意掌握战场上的情况变化，及时告诉我们。如果脱离开战场情况的变化，停战谈判是无法进行的。

李克农还提醒大家：“对我们的同志，我不会担心哪位同志会在谈判中丧失立场，担心的是多数同志年轻气盛，经不起人家的挑逗而冲动。同美国人打交道，多数同志没有经验，所以参加会议的同志都要注意观察会场上每一个细节，察言观色，争取很快地摸透对方的脾气。”

从此，李克农开始在朝鲜停战谈判中扮演无名英雄的角色。为保密起见，在代表团内部人们称李克农为“李队长”，称乔冠华为“乔指导员”。公开出面谈判的是朝鲜人民军的南日、李相朝等和志愿军邓华、解方、边章伍、丁国钰等。他们的名字几乎天天见报纸，以致家喻户晓。而李克农，不仅公开报道不能提他，连他本人在朝鲜的事也是绝密的，以致朝鲜停战后数十年内，人们对李克农在停战谈判中的历史贡献仍不了解。

## 智斗“山姆大叔”

1951 年 7 月 10 日，举世瞩目的朝鲜停战谈判在开城来凤庄举行。

从 7 月 10 日至 20 日，代表团大会关于议程的谈判共进行了 8 次，但毫无结果，谈判陷入僵局。双方争论的焦点是从朝鲜撤出外国军队问题。

如何打破僵局，李克农曾多次提出自己的建议。7 月 16 日，他致电毛泽东、金日成和彭德怀，认为如果美方死咬住谈判不能讨论撤兵问题，拒绝将其列入议程，可考虑向对方提议双方原则上肯定应该撤离一切外国军队，以保证朝鲜境内不再发生敌对军事行动，并造成和平解决朝鲜问题的前提。鉴于这一问题的主体虽为军事问题，因其政治牵扯太广，双方同意向各方有关政府建议，在停战后的一定期限内，召开六国

（南北朝鲜、中、苏、美、英）会议，或其他类似的会议，讨论撤兵及朝鲜政治问题。最后达成的议程协议，基本上是按照李克农的建议来解决这一问题的。

7 月 17 日，李克农将个人的意见报告毛泽东。李克农认为，坚持三八线、坚持撤兵，是朝鲜和谈中最基本的原则。这一原则必须坚持，是不可以变更的。但实现上述原则，须有步骤。第一步达到在三八线停火与休战，第二步再谈撤兵。这样才易于主动，才不致扭缠在目前议程上，甚至导致谈判破裂。根据几天来的争论，对方对三八线问题，只表示愿意讨论军事分界线，对撤兵问题则坚决拒绝，认为撤兵是政治性问题。估计对方坚持这一态度的原因，一是讨价还价，二是坚持现在不谈。如是前者，尚易解决；如是后者，则在讨论议程时有破裂的可能。如破裂固然我们仍可取得胜利，将敌人击退到三八线以南。但撤兵是否能在我们胜利中提早实现，估计还需要谈判，还需要时间。与其战而谈，不如和而谈。与其在撤兵上破裂，不如在三八线上破裂。因此建议，在目前议程上，对撤兵问题，不宜过分坚持。如有转弯之道，如对方保证在以后适当会议上去谈，我们是否暂时妥协？

毛泽东没有对李克农的上述建议做出明确的指示。7 月 20 日，李克农再次致电毛泽东、金日成和彭德怀，认为，从美方代表几天来的发言和艾奇逊声明看，美方在撤兵问题上让步的可能性不大。

收到李克农的电报后，毛泽东和周恩来对谈判的形势进行了分析并研究了对策。他们认为，从凯南与马立克的会谈及停战谈判中美方的态度和整个远东局势看，“敌人只打算在朝鲜就地停战，避免在战争中继续损伤和拖延不决，至于其他一切问题，包括从朝鲜撤出问题在内，敌人是打算继续目前的紧张状况”。根据中朝方面情况看，“我们的武装力量在今天只能将敌人赶出北朝鲜，却不能将敌人赶出南朝鲜。战争拖久了，可以给敌人以更大的消耗，但亦将给我们在财政上以很大危机，而国防建设亦难于增长。设使再拖一个时期，假定半年至八个月，即可把敌人赶出南朝鲜，我们仍愿付出这个会有危机的代价，但现在我们看不出这种可能”。这样，“与其将来为撤兵问题而进行难以得到结果的长期战，不如不以撤兵为停战谈判必须立即解决的条件，而照马立克同志所说以三八线撤兵停战为和平解决朝鲜问题的第一步，将从朝鲜撤兵问题保留到停战后去讨论”。

毛泽东听取了李克农的建议，7 月 20 日，致电斯大林，将上述考虑征求斯大林的意见。在斯大林表示赞成后，毛泽东又致电金日成，并取得金日成的同意。

7 月 23 日，毛泽东指示李克农：“经过八次会议的争论，证明敌人只打算就地停战，绝对不愿讨论撤兵问题，将停战后的下一步行动束缚起来。在谈判中，我们已经很好地利用了撤兵问题，一方面表明了我们爱好和平，另一方面又揭露了敌人是不愿意促进和平事业的。现在我们可以确定，此次停战谈判仍应以争取从三八线上撤兵停战为中心，来实现和平解决朝鲜问题的第一步，至于从朝鲜撤退外国军队问题，可以同意留待停战后的另一个会议去解决，而不将其列入此次会议的议程之内。”要求代表团在 7 月 25 日会议上发表一篇声明，说明撤退一切外国军队与停战不能分开的道理，可是经过八次会议的协商，都得不到对方的重视和同意，实在是万分遗憾。现在我方为求得早日达成停战协议，我们愿同意不将讨论撤退外国军队问题列入会议的议程，但我们提议在已达成的四项协议外，加入第五项“其他有关停战的问题”。请李克农立即拟好声明稿，先行电告北京。毛泽东认为我方的提议，“想定能获得对方同意”。当天晚上，李克农即草拟了两个发言稿，送中央审阅。

根据上述指示，朝中代表团于 25 日的谈判会议上，不再坚持将撤出一切外国军队问题列入议程，同时提出，将“向双方有关各国政府建议事项”作为第五项内容列入议程。这样，美方代表团再无反对的理由。

7 月 26 日，停战谈判议程终于达成协议。

## 呕心沥血促停战

李克农是中国政府和党中央的特派代表，实际上是朝鲜停战谈判朝中代表团的总指挥和最高负责人。他根据党中央的指示，在与朝鲜党联系协商后，全权处理谈判中的各项问题。同时将谈判中出现的重大问题及时报告毛泽东，并同时报告金日成和彭德怀，以便做出决策。

朝中代表团的工作经常是这样的：谈判代表在每次谈判后，马上回来汇报当天的谈判情况，由乔冠华等负责整理写成报告，经李克农审核修改并提出下一步谈判的建议，立即电告北京，由周恩来直接受理并向毛泽东报告，遇到重大问题还要与金日成协商并征求斯大林、彭德怀的意见，然后做出决定、做出答复。李克农收到复电后，根据党中央的指示，做出下一步谈判的具体方案和决策，由乔冠华等写出谈判时朝中代表的发言稿或发言提纲，再交给发言代表在谈判桌上一一提出。每天的工作是一环扣一环，既紧迫又井然有序，并且是从日到夜连轴转。

为进行有力的谈判斗争，朝中方面组成三线班子：第一线，由朝中军队组成谈判代表团，与美方进行面对面的斗争；第二线，由中方派出的李克农、乔冠华等具体领导指挥谈判斗争；第三线，是毛泽东、周恩来、金日成，凡是谈判问题具体由周恩来处理，有关谈判的总体方案、方针和原则，由毛泽东与金日成协商确定，并征求斯大林、彭德怀的意见。

谈判斗争虽然直接表现在谈判桌上双方的唇枪舌剑，但背后实际上是双方最高决策者智慧和斗争艺术的较量。而在这场较量中，李克农担当着重要角色，可以说真正的谈判重担是压在他身上的。

李克农自己认为，停战谈判的成功应归功于中共中央的领导，归功于朝中两党的协调合作。在整个谈判过程中，很多事受到毛泽东和周恩来的直接指示，得到金日成的坚决支持，他只是一个执行者。

7 月 27 日，在板门店签字大厅举行签字仪式，朝中方面首席代表南日和“联合国军”首席代表哈里逊分别在停战协定上签字。随后，助签人员将停战协定文本带回去尽快送交双方司令官签字。当天，“联合国军”总司令克拉克在汶山签字。朝鲜人民军最高司令官金日成在平壤签字。28 日，志愿军司令员兼政治委员彭德怀在开城签字。当时，李克农就坐在彭总的身旁。

停战以后，朝中方面将原谈判代表团改为停战代表团，经中朝双方商定，停战代表团和停战委员会的业务工作仍主要由志愿军代表团负责，受中共中央领导，重大问题由中朝两党商量决定，再指示停战代表团执行。停战代表团仍由李克农负总责，一切问题由双方代表集体协商解决。到 1953 年 9 月，军事停战委员会、战俘遣返委员会、中立国遣返委员会、中立国监督委员会等组织相继成立并已开展工作，停火安排和直接遣返战俘工作已顺利完成。在维护停战协定的各项工作逐步就绪后，李克农奉中共中央的命令于 1953 年 11 月初离开朝鲜回国。毛泽东在给金日成的电报中指出：“克农同志因疲劳久病，需回来稍事休息。”

在两年多的谈判中，李克农呕心沥血、事无巨细，做了大量的工作，为朝鲜停战做出了巨大的贡献。

# 四十四　领袖之子捐躯大榆洞

毛泽东的长子毛岸英牺牲在朝鲜战场一事，众人皆知，但有关细节许多人不一定清楚。在毛岸英牺牲几十年后，关于这件事，又出现了许多离奇的说法。比如，1999年2月14日，占去了半个版面的一篇奇文《一份记录阴谋绑架毛岸英的真实报告》刊登在上海出版的《党史信息报（月末版）》上。这份“真实报告”编造了许多“内幕”：志愿军第一次战役后，美军和南朝鲜特工策划了一个绑架毛岸英并轰炸志愿军总部、刺杀彭德怀的阴谋，毛岸英与敌特工浴血奋战，等等。当时，由于采取严格的保密措施，几十万大军开入朝鲜，与“联合国军”进行了第一次战役，给美军和南朝鲜军当头一棒，但美国连中国到底出动多少军队、志愿军统帅由何人担任都不知道，基本的判断是：中国只是象征性出兵。毛岸英到朝鲜当时是保密的，没有几个人知道，据说连他的妻子刘思齐都不知情，以为毛岸英是出长差了。

据志愿军司令部作战处副处长杨迪回忆，连他这个同在志司工作的副处长都不知道毛岸英到底是何许人也，怎么会有美国和南朝鲜特务绑架毛岸英的计划呢？另据在彭德怀身边工作的其他人员回忆，按照彭德怀的指示，毛岸英只在彭德怀办公室附近活动，也没有查哨任务。

## 主动请缨

1950年10月初，担任北京机器总厂党委副书记的毛岸英得知中国将组成志愿军出兵朝鲜的消息，就立即找刚刚被任命为志愿军司令员兼政治委员的彭德怀要求参加中国人民志愿军。

对于毛岸英的这一要求，彭德怀没有立即答应，他知道毛岸英在毛泽东心里的分量。岸英是个苦孩子，在他5岁时，为了革命的需要毛泽东就离开了他。他陪母亲杨开慧坐过国民党的监狱。母亲被杀害后，他和弟弟岸青、岸龙流落街头，受尽了苦。后经党组织的多方寻找，才在上海找到了他和岸青，而岸龙则一直生死不明。1936年毛岸英经法国到苏联。1939年加入苏联列宁共产主义青年团，后曾进入著名的伏龙芝军事学院学习。第二次世界大战爆发后，毛岸英报名参加苏联卫国战争，并加入苏联共产党，曾任苏军坦克连党代表。因作战勇敢，斯大林亲自送给他一支手枪以示鼓励。1946年毛岸英回到延安，终于见到了分别近20年的父亲。在几十年的革命生涯中，毛泽东一次次受到失去亲人的打击，现在看到5岁的小毛孩子已经长成英姿勃发的大小伙子，喜悦之情溢于言表。为了让岸英得到锻炼，更好地成长，毛泽东没有让他留在自己身边，而是让他去当农民，去了解中国农村。他愉快地接受了父亲的这一安排，在泥土中摸爬滚打，懂得了稼穑的艰辛。毛岸英拜农民为师的故事在延安乃至全国流传开来。

当和平受到威胁的时候，毛岸英自己做出这个决定。毛泽东支持岸英的选择，他说："谁让他是毛泽东的儿子，他不去谁去？"有毛泽东的支持，岸英如愿以偿地成为中国人民志愿军的一员，担任彭德怀办公室秘书（俄语翻译）。他告别了新婚不到一年的妻子刘思齐，毅然跨过鸭绿江，走上前线。

后来彭德怀曾对志愿军政治部主任杜平说："毛岸英是我们志愿军的第一个志愿兵。党中央、毛主席刚任命我当志愿军司令员，他就找我报名了！"

## 祸从天降

毛岸英不以领袖之子自居，平易近人。除担负俄语翻译任务外，办公室未分配给他作战值班任务，但他积极主动地做办公室的其他工作。据彭德怀秘书、志愿军司令部办公室主任杨凤安回忆，第一次战役刚结束时，金日成和苏联驻朝大使拉佐瓦耶夫到志愿军总部大榆洞和彭德怀会晤。毛岸英首次在朝鲜担任翻译工作。他用流利的俄语为拉佐瓦耶夫翻译了彭德怀关于志愿军第一次战役的情况及发动第二次战役的计划。会谈结束后当夜，毛岸英即在办公室蜡烛光下整理会谈记录。

1950年11月24日，进入志愿军口袋的"联合国军"发起圣诞节结束战争的"总攻势"。此时，西线志愿军各军按照彭德怀的命令完成攻击准备，准备于25日晚上对"联合国军"发起大规模反击。一台好戏就要开场。

但是就在这一刻即将到来的时候，祸从天降。上午 11 时左右，4 架美军飞机突然飞到志愿军司令部驻地——大榆洞上空，自西南向东北方向从司令部办公室上空飞过，后又飞来 4 架美军轰炸机，一股脑儿地向志愿军司令部办公室所在的南山坡投下了大量的凝固汽油弹。

原来，几天来志愿军司令部紧张地准备着第二次战役，收发的电报很多，不同寻常的众多无线电信号，引起美军的注意。

11 月 24 日黄昏，有几架美军侦察机在大榆洞上空盘旋侦察。通过空中侦察和无线电测向，他们发现了志愿军司令部的位置。

美军轰炸机飞过后，作战室的木板房和周围的山林、小屋已是烈火熊熊、浓烟滚滚了。幸好，彭德怀在此之前由负责志司防空的洪学智等强拉进了防空洞。

美军飞机轰炸时，作战处副处长成普、参谋徐亩元和彭德怀的两个警卫员从火海中跑了出来，成普脸部受了轻伤。忙了大半夜才休息的毛岸英和参谋高瑞欣还没有吃早饭，当时他俩正围着火炉热饭，来不及跑出，不幸壮烈牺牲。牺牲时毛岸英年仅 28 岁。由于无情的烈火肆虐，已经无法辨认哪个是毛岸英、哪个是高瑞欣了，因为毛岸英戴着一块苏联手表，人们这才能够断定他们的身份。

几个小时后，行政处的张仲三副处长叫工兵钉了两口薄木棺材，并用白布将两位烈士的遗体包裹好，将两位烈士安葬在大榆洞山上。

志愿军总部的许多同志为失去战友失声痛哭。彭德怀脱帽伫立，脸色苍白，眼含热泪，悲愤交加，沉默良久。彭德怀为没能保护好毛岸英而深深自责。

毛泽东和周恩来曾几次来电督促彭德怀要注意司令部的安全。其中 11 月 24 日深夜毛泽东给彭德怀等志愿军首长发去的一封电报，仿佛对第二天将要发生的重大变故已有预感。毛泽东在电报中除肯定 11 月 24 日 7 时的作战部署外，特别提到“请你们充分注意机关的安全，千万不可大意。此次战役中敌人可能使用汽油弹，请研究对策”。

对总部机关的防空问题，彭德怀也是很重视。根据中央军委的指示，11 月中旬，志愿军党委常委专门开会研究志愿军司令部的防空问题。会议决定，志司机关全体人员在 25 日拂晓前疏散到各自的工作岗位，并注意防空，但没想到还是出了这么大的事。

中午，司令部机关几乎没人去吃午饭。

当天下午 3 时，彭德怀和志司党委成员商量后，决定把这次不幸事件报告军委。电文如下：

军委并高（岗）、贺（晋年）：

我们今日 7 时已进入防空洞，毛岸英同三个参谋在房子内。11 时敌机四架经过时，他们四人已出来。敌机过后，他们四人返回房子内，忽又来敌机四架，投下近百枚燃烧弹，命中房子，当时有二名参谋跑出，毛岸英及高瑞欣未及跑出被烧死。其他无损失。

志司 25 日 16 时

中央机要室收到电报后，立即将电报送给周恩来。周恩来考虑到正在病中的毛泽东还在通宵达旦地指导着刚刚开始的第二次战役，决定先不把这一噩耗告诉毛泽东，他在电报上写道："刘（少奇）、朱（德），因主席这两天身体不好，故未给他看。"周恩来又找刘少奇商量此事，并要中央办公厅主任杨尚昆和毛泽东身边的工作人员，暂时不要将毛岸英牺牲一事告诉毛泽东。

## 毛泽东赞同把毛岸英遗体留在朝鲜土地上

抗美援朝战争第二次战役取得巨大的胜利，"联合国军"被赶回三八线以南。1951 年元旦过后，第三次战役已发起，一举突破"联合国军"在三八线的既设阵地，毛泽东非常高兴。因此，周恩来在 1951 年 1 月 2 日致毛泽东和江青的信中报告了 1950 年 11 月 25 日毛岸英牺牲的情况，并随信附去志愿军司令部 11 月 25 日的来电。

周恩来在信中说，岸英的牺牲是光荣的，一同牺牲的高瑞欣亦是一个很好的机要参谋，待战争结束后，"当在大榆洞及其他许多战场立些纪念中国人民志愿军的烈士墓碑"。他还在信中解释说，迟告的原因是因毛泽东和江青当时都在病中。

听到这一不幸的消息，毛泽东内心充满痛苦是可以想见的。据毛泽东机要秘书叶子龙回忆，毛泽东得知这一噩耗后，只说了一句："唉！战争嘛，总要有伤亡，没关系。"当天，时任中央办公厅主任的杨尚昆在日记中写道：

岸英死讯，今天已不能不告诉李得胜（即毛泽东）了！在他见了程颂云（本书作者注：即程潜，时任中央人民政府人民革命军事委员会副主席）等之后，即将此息告他。长叹了一声之后，他说：牺牲的成千上万，无法只顾及此一人。事已过去，不必说了。精神伟大，而实际的打击则不小！这是没有办法的事。有下乡休息之意。

一些人包括金日成建议把毛岸英的遗体运回中国安葬。彭德怀从大局考虑，没有同意这个建议。11 月 25 日当天，他给周恩来写信，明确表示：

我意即埋在朝北，以志司或志愿军司令员名义刊碑，说明自愿参军和牺牲经过，不愧为毛泽东儿子，与其同时牺牲的另一参谋高瑞欣合埋一处，似此对朝鲜人民教育意义较好，其他死难烈士家属亦无异议。

中央采纳了彭德怀的这一建议。

刘思齐请求毛泽东将毛岸英的遗体运回国内安葬时，毛泽东表示不同意，青山处处埋忠骨，何必马革裹尸还！不是还有千千万万志愿军烈士安葬在朝鲜吗？

1951 年 2 月，彭德怀回国向毛泽东报告战场形势，讨论国内部队轮番出国作战安排和空军出动计划等问题。在玉泉山静明园，彭德怀向毛泽东说明了毛岸英牺牲和遗体处理的情况。

彭德怀说："您让岸英随我到朝鲜前线后，岸英工作很积极，他和高参谋不幸牺牲，我应承担责任，我和志愿军司令部的同志至今还很悲痛。"

据杨得志说，彭德怀曾向他讲过当时的情景。毛泽东当时说："打仗总是要死人的。为了反对侵略、为了世界和平和国际共产主义事业，中国人民志愿军已经牺牲了许多优秀的战士，岸英是他们当中的一员。他是党的主席的儿子，但他首先是一个和别人一样的战士。"毛泽东还说，"岸英也是志愿军战士，就让他和牺牲了的志愿军同志在一起吧。""你们做得对，做得很好。"

朝鲜实现停战后，坐落在朝鲜平安南道桧仓郡的中国人民志愿军烈士陵园中出现了一座水泥建造的"毛岸英同志之墓"。这是中国抗美援朝总会为他立的碑。在大理石的墓碑上镌刻着这样一段话：

毛岸英同志原籍湖南省湘潭县韶山冲，是中国人民领袖毛泽东同志的长子。一九五〇年，他坚决请求参加中国人民志愿军，于一九五〇年十一月二十五日在抗美援朝战争中英勇牺牲。毛岸英同志的爱国主义和国际主义的精神将永远教育和鼓舞青年的一代。毛岸英烈士永垂不朽！

# 四十五　“联合国军”三易其帅

美国武装干涉朝鲜后，又操纵联合国举行非法决议，成立“联合国军”，使美国侵略朝鲜披上“合法”外衣。“联合国军”和南朝鲜军部队，统归“联合国军”总部指挥，总部设在日本东京。在朝鲜战争中，“联合国军”三易其帅，三任总司令分别是麦克阿瑟、李奇微和克拉克。

## 杜鲁门无法容忍麦克阿瑟的抗上行为

麦克阿瑟出身于行伍世家，从小习武，小学毕业后便进入西得克萨斯军校中学，后考入著名的西点军校，他的毕业成绩是西点军校25年来最高的。麦克阿瑟于西点军校毕业后参加过第一次世界大战。“一战”结束后任西点军校校长，后任美国陆军参谋长。太平洋战争爆发后，他任西南太平洋地区盟国武装部队总司令，曾指挥西南太平洋地区武装力量运用“蛙跳战术”逐个攻占了太平洋许多重要的岛屿。麦克阿瑟因此蜚声军界，被称为组织登陆作战的现代帅才。1945年9月代表盟国接受日本投降。后以“盟军最高司令官”的名义，执行美国单独占领日本的任务。

美国武装干涉朝鲜后，于1950年7月7日操纵联合国安理会通过了成立“联合国军”的协议。7月10日，杜鲁门正式任命美国远东军总司令麦克阿瑟为“联合国军”总司令。“联合国军”总部设在日本的美国远东军总部内，由远东军总部行使“联合国军”总部的权力。

麦克阿瑟充满信心，用了整整一小时时间滔滔不绝地说：“如果我的判断不准确，所遇到的是我无法对付的防御，我将亲自赶到那里，在我们的部队遭受惨重的失败前就把他们立即撤出来。那时唯一的损失将是我作为职业军人的声誉。”

美国在仁川登陆后，麦克阿瑟又指挥“联合国军”越过三八线，大举向中朝边境推进，并狂妄地宣称要占领整个朝鲜。当中国的安全受到严重威胁，中国人民志愿军奉命入朝参战并连战告捷时，麦克阿瑟乱了阵脚。

11 月 28 日，麦克阿瑟致电美国参谋长联席会议，说企图击退朝中军队的攻势和使朝鲜战争局部化的一切希望都已落空。中国军队已大规模进入北朝鲜。美军面临的“是一场全新的战争”。根据有关情报，中国志愿军在朝鲜作战的军队已增至 20 万人。中国军队打算积蓄力量，准备发动“春季攻势”，其最终目的是要全部歼灭所有的在朝美军。麦克阿瑟说：“我们目前的兵力显然不能对付不宣而战的占据优势的中国军队。”接着，麦克阿瑟又发表了第 14 号公报，公报称：

尽管局势令人讨厌，但这一问题已超出联合国军事当局职权范围。因此，应由联合国以及世界各国领袖来加以解决。

麦克阿瑟这样做几乎是向美国政府和盟国摊牌，迫使它们允许扩大战争。

当日晚，麦克阿瑟在东京召开紧急作战会议。沃克和阿尔蒙德被仓促从朝鲜前线叫回东京。麦克阿瑟在会上决定将“总攻”改为“撤退”，退守肃川—顺川—成川—阳德—元山一线，即朝鲜半岛最狭窄的蜂腰部地区。

12 月 30 日，麦克阿瑟又致电美国参谋长联席会议，要求封锁中国海岸，动用海军炮火和空军轰炸摧毁中国进行战争的工业生产基地，让台湾的国民党部队加入“联合国军”，并让他们搔扰中国大陆。麦克阿瑟的建议没有得到批准。

1951 年 3 月中旬，“联合国军”占领汉城后，又一次面临着是否越过三八线的问题。3 月 20 日，参谋长联席会议电示麦克阿瑟：

国务院即将准备由总统宣布，在侵略者已被从南朝鲜大部分地区赶出去的情况下，联合国准备讨论解决朝鲜问题的条件。

3 月 24 日，麦克阿瑟在东京发表一项声明：

如果联合国决定放弃将战争限制在朝鲜的容忍态度，把军事作战行动扩大到它的沿海地区和内陆基地的话，那必将会使赤色中国面临极大的危险。这些基本事实确定之后，假使这些问题是根本将其本身的性质加以解决，而不是受到诸如台湾或中国在联合国的席位等与朝鲜无直接关系的题外问题的干扰，就不应再有任何不可克服的困难妨碍做出有关朝鲜问题的决定。

这一声明使华盛顿当局大为吃惊，因为它直接违反了参谋长联席会议 1950 年 12 月

6日颁布的，未经五角大楼事先批准不得公开发表任何有关外交政策的声明的训令。

在麦克阿瑟发表声明的第二天上午，杜鲁门召集艾奇逊、国防部副部长罗伯特·洛维特、迪安·腊斯克等高级官员到白宫开会。

洛维特认为，麦克阿瑟的声明是直接抗上的行为，一定要撤销麦克阿瑟的职务，而且要立即撤职。

艾奇逊也认为，麦克阿瑟的这一声明可以说完全是对参谋长联席会议的无视，是对他已被告知的一项行动的破坏，是对他的总司令的公然违抗。但艾奇逊在是否撤销麦克阿瑟职务问题上没有表态。

杜鲁门最后说："我唯一能说的是我深感震惊。我从未估计过我同麦克阿瑟之间的困难，但自威克岛会晤之后，我曾指望他能尊重总统的职权。我认识到除了解除这位国家高级战地司令官的职务外没有别的选择。"

在此期间，麦克阿瑟还点燃了另一枚炸弹的导火索。

3月20日他在给众议院少数党领袖马丁的复信中透露了美国上层关于战争的分歧，信中称：

赤色中国在朝鲜与我们交战，我关于因此产生的局势的观点和建议已极为详尽地向华盛顿做了报告。总的讲，这些观点是众所周知的，并得到了普遍的理解。这些观点主张走传统的路子，那就是像我们过去所成功做到的那样，用最大限度的武力。你关于使用台湾的中国军队的观点，无论于逻辑或这一传统做法，都是不相容的。

有些人似乎令人奇怪地难以相信，亚洲这里是共产党阴谋家们进行征服全球活动的地方，而我们所介入的是因此在战场上引起的问题。他们难以理解的是我们这里用武器打的是欧洲的战争，而那里的外交家们仍在进行着舌战。他们难以理解，如果我们在亚洲把这场战争输给共产党，欧洲的陷落就不可避免。而如果我们赢得这场战争，欧洲就完全可能避免战争，保住自由。正如你所指出的，我们必须要赢。胜利不是别的东西可以替代的。

4月5日，马丁在众院宣读了这封信，称他"有责任告诉美国人民我从这位伟大而可靠的人士那里得到的情况"，此事又轰动了全世界。

第二天，4月6日，杜鲁门再次召集他的高级顾问马歇尔、艾奇逊、艾夫里尔·哈里曼和布莱德雷等，研究处置麦克阿瑟的问题。

哈里曼认为，麦克阿瑟两年前就应被撤职，那时他纵容日本国会通过了一项与华盛顿对日经济政策相矛盾的法律。马歇尔建议，关于撤销麦克阿瑟的职务，应该谨慎从事，并要同参谋长联席会议磋商。艾奇逊表示同意，如果解除麦克阿瑟的职务，这届政府将面临一场恶战。

杜鲁门最后提议，请马歇尔查阅五角大楼档案中麦克阿瑟同华盛顿之间在过去两年中所有的来往信件。

第二天，4 月 7 日，星期六，同班人马再次会晤小议。马歇尔已经查阅了所有来往信件，并在会上宣读了有关部分。

杜鲁门听完马歇尔的汇报后说：“麦克阿瑟两年前就应撤职，我想，最后的决定待参谋长联席会议讨论的结果再做出决定。”

4 月 9 日，星期一，他们再次召开会议。马歇尔将军首先宣布：“参谋长联席会议在布莱德雷将军的主持下开了会，全体一致建议解除麦克阿瑟将军的一切职务，我和布莱德雷将军都同意这一建议。”艾奇逊和哈里曼也表示同意参谋长联席会议的建议。最后，杜鲁门决定罢免麦克阿瑟。但由谁来接替麦克阿瑟呢？布莱德雷建议，我和柯林斯已经推荐李奇微为接替这一职务的必然人选。詹姆斯·范佛里特应接任第 8 集团军司令官。”

杜鲁门对这两个人选表示赞同。由谁向麦克阿瑟传达这一命令呢？会议决定由当时在朝鲜访问的陆军部长富兰克·佩斯去执行这一难堪的任务。杜鲁门要艾奇逊通过加密的通信系统向美国驻朝鲜大使发出命令，把指示传达给佩斯，由佩斯亲自去东京向麦克阿瑟传达命令。

但是，国务院的通信系统耽搁了这一电报，消息首先是通过商业无线电广播到达东京，在全日本进行了广播。当收到这些新闻消息时，麦克阿瑟正在他的大使馆官邸招待客人共进午餐。

麦克阿瑟得到这一消息时，面部表情一下子呆滞了。他沉默了片刻，然后抬起头来看着他的妻子，温柔地说：“珍妮，我们终于可以回家了。”

麦克阿瑟之所以被撤职，一方面是由于他在对朝政策问题上同华盛顿之间存在着深刻的矛盾，并发展到公开化的程度，另一方面是由于美军在朝鲜战争中遭到惨败，使华盛顿当局面临十分被动的局面。杜鲁门为摆脱困境，拿这位战场最高指挥官开刀也是顺理成章的。

## 李奇微认真吸取麦克阿瑟的教训，决不独断行事

新任“联合国军”总司令李奇微出生于弗吉尼亚州门罗堡。1917 年毕业于西点军

校。军校毕业后留校当体育教官。这时麦克阿瑟任西点军校校长。1939 年李奇微在陆军参谋部任作战计划处参谋，后任第 82 空降师师长。1943 年在西西里岛登陆战役中，指挥空降师实施美军史上第一次大规模夜间空降作战。1944 年 6 月率部参加诺曼底登陆战役，8 月任美第 28 空降军军长。战后，任地中海战区总司令和盟军最高统帅艾森豪威尔驻联合国安全会军事参谋委员会代表，后任陆军副参谋长。

1950 年 12 月，美国第 8 集团军司令沃克在指挥"联合国军"向南撤退时身亡，李奇微接替沃克的职务。沃克担任第 8 集团军司令时，正值美军大规模向三八线溃退，勉强沿"三八线"建起一条西起临津江、东达东海岸的防线。根据参谋长联席会议的指示，李奇微采取了"在夜间收缩部队，让部队与部队之间紧紧衔接在一起，到昼间，则以步坦协同的分队发起强有力的反冲击"的方法对付中朝军队的进攻。一旦被迫放弃一些阵地，则"在周密勘察并精心构筑后方阵地之后有秩序地按照调整线实施后撤"。李奇微部署了"一条从临津江到三八线的总战线"。在这条横贯朝鲜半岛 250 公里、纵深 60 公里的总战线上设置了两道基本防线。

中朝军队发起第三次战役后，美军在三八线附近的防线经不起中朝军队数小时的猛攻即彻底崩溃了。李奇微在战线上平均后撤了 60 英里，后退到北纬 37 度线附近的平泽—安城—堤川、三陟一线，大韩民国的首都汉城再次丢失。到 1951 年 1 月 5 日，中国军队停止了进攻。

在李奇微的鼓动下，败退下来的美军很快进行了试探性的反击行动。美军每天以多路小股的形式，用汽车搭乘步兵配合少量坦克，在宽大正面上进行威力搜索。一周之内，"联合国军"的小分队即多次进出乌山里、金良场里和利川。之后，又把这种活动扩大到原州、宁越一带。

经过不断侦察与试探，以及以往同中国军队作战的经验，李奇微发现中国军队越过三八线后，由于运输线延长，补给更加困难。针对这一弱点，李奇微决定采取"磁性战术"，即依恃美军现代化装备机动快、火力强的优势，始终同中国军队保持接触，以进行消耗战的办法来制约中国军队。

李奇微的能力得到华盛顿最高当局的赏识。所以，麦克阿瑟被撤职后，李奇微很快接替其远东总司令和"联合国军"总司令的职务。

4 月中旬，李奇微从朝鲜飞抵东京，赴任新的要职。他一下飞机就到美国大使馆看望麦克阿瑟。李奇微后来回忆说：

我从羽田机场直接前往他的办公室。他以非常谦恭的态度立刻接见了我，我怀着像常人一样的好奇心，想看一看解除他高级职务的命令对他产生什么影响。他完全保持着以往的神态——镇定自若、平静、稳健，乐于帮助他的继任者。他几次谈到他被突然解职的事实，但他的语调中几乎没有流露出丝毫苦恼或愤怒。我认为，他如此镇静地、不在外表流露出一丝惊愕地接受了对于处在事业顶峰的一名职业军人来说不啻为致命的一个打击，这很好地帮助这位伟人迅速恢复了愉快的心情。

李奇微就任“联合国军”总司令后，所做的第一件事就是向华盛顿报告：“虽然敌军自2月中旬以来一直处于防御状态，但他们动用了其富有极大潜力的60多个师中的一部分兵力，他们仍具有随时进攻的能力。”

李奇微仔细分析了麦克阿瑟之所以公开声称不能理解或违抗给他的指示的原因。远东司令部总司令和“联合国军”的两项职责，虽然在名义上是不同的，但实际上却是紧密相关的，而且还时有可能混杂在一起以致互相干扰。第二天，他要求参谋长联席会议授权给他，即一旦苏联发起进攻的话，要由他自行斟酌决定是否把“联合国军”撤出朝鲜以保卫日本。

参谋长联席会议对这个问题很快做出答复，他们拒绝了李奇微的要求。参谋长联席会议虽然原则上同意一旦苏联发起进攻可以从朝鲜撤出“联合国军”，但控制这种撤退行动的权力仍由他们掌握。参谋长联席会议指示：“当我们从你处获悉撤退条件已成熟的情报时，我们会根据你在朝鲜和日本的军队的直接安危状况，给你发出指示。你只能根据这些指示指挥部队从朝鲜进行大规模撤退。”

在处理与范佛里特以及其他军长们的关系上，李奇微有意避免像麦克阿瑟在他指挥第8集团军之前那样大权独揽。他决定将根据集团军司令范佛里特的声望和出色的才干给他以适当的行动自由，与此同时，对他的主要作战方案仍然保留批准权和否决权。

在接到华盛顿的有关最新任务和方针的指示之前，李奇微对第8集团军和南朝鲜军的进攻行动采取了适当的限制。4月19日，他明确限制了范佛里特所属师的推进，因为他相信中国人不久就可能发起进攻，而范佛里特若是越出自己的防线发动进攻，则可能遭到危险。这样，范佛里特在事先没有得到李奇微的许可时，是不能向“怀俄明线”以远派遣任何大规模部队的。

在李奇微的催促下，参谋长联席会议责成陆军参谋长为李奇微准备了一份关于如何指挥朝鲜行动的指示。经杜鲁门批准，5月1日，美陆军作战部给李奇微下达最新指示，“联合国军”总司令部总的使命是帮助南朝鲜击退“侵略”并恢复这一地区的和平与安全。他要达到的目标是摧毁在韩国地理边界及其邻近水域作战的北朝鲜和中共武装力量，不能侵犯中共或苏联领土。倘若中国在朝鲜领土以外的海上或空中攻击美军，例如在日本，则允许对中国大陆进行报复。这种报复仍须征得参联会的特别准许方可实施。

参联会第一次限制了“联合国军”的推进，在未经得到事先许可的情况下，李奇微不得超越“堪萨斯—怀俄明线”[①] 最初的起始线进行大规模推进。但参联会给了李奇微一些限制较小的行动指挥权。他在该线以北可根据情况自行决定，实施一些有限作战行动，包括两栖作战和空中作战，以造成敌军的不平衡态势并保持与敌军的接触，或者是达到保证所属部队安全的目的。

此时，美国当局一致认为，朝鲜战争的发展明显地趋向持久。美国把人力、物力长期陷于朝鲜战争，同以欧洲为重点的全球战略明显地发生了深刻的矛盾。同时，经过与中朝军队较量，不得不承认单纯依靠军事手段解决朝鲜问题已不可能。因此，不得不重新考虑解决朝鲜问题的途径。经过几天的热烈讨论，终于在 1951 年 5 月 16 日形成新的政策。

这一政策确定“关于朝鲜问题，我们将政治目的（建立一个统一的、独立的、民主的朝鲜）和军事目的（击退侵略并按停战协定结束敌对行为）区分开来”。

5 月 31 日，根据国家安全委员会 5 月 16 日决定，对 5 月 1 日发给李奇微的命令稍加修改又重新发给李奇微。这个命令的主要内容是：

作为联合国军最高司令官，你要始终以你的部队安危为重，迫使在朝鲜境内及其附近水域作战的北朝鲜军队和中共军队在人员和物资上付出重大牺牲，至少完成下列几项任务，而为解决朝鲜冲突创造有利条件：

1. 缔结合理的停战协定，终止敌对行动。

2. 在适于行政管理和军事防卫的北部边界线以南地区，建立领导整个朝鲜的大韩民国政权，而这条边界线不得划在三八线以南。

3. 为分阶段从朝鲜撤出所有非朝鲜籍武装部队做好准备。

4. 强化南朝鲜武装力量，使之足以阻止或击退北朝鲜的再次侵略。

1951 年 7 月 10 日，朝鲜停战谈判在开城举行。谈判一开始，美方便采取了拖延政策，不愿公平合理地解决问题。当谈判进入划定军事分界线这一实质问题时，美方竟

---

① 位于“堪萨斯线”以北 20 英里，西起临津江、汉江交汇处，向东北至“犹他线”以北 5 至 6 英里处铁原南端，向东，再向东南至华川水库，与“堪萨斯线”汇合。

以海、空军优势要在陆地分界线上得到“补偿”的强盗逻辑，拒绝中朝方面提出的以三八线为军事分界线的合理建议，企图不战而攫取 1.2 万平方公里的土地。这一无理要求遭到中朝方面的严词驳斥和坚决拒绝。8 月，李奇微为了配合谈判，对志愿军和人民军施加压力，下令发动夏季攻势，同时以空军对朝鲜后方发动了大规模的“绞杀战”，尔后又发动了秋季攻势。在中朝军民的猛烈反击下，李奇微发动的各种攻势均遭到失败，不得不又回到谈判桌上。

1952 年 5 月，李奇微离开朝鲜，接替艾森豪威尔任北大西洋公约组织武装部队最高司令。

## 克拉克创造的“第一”

李奇微离任后，由马克·克拉克出任“联合国军”总司令及美国远东总司令。

克拉克生于纽约州，与李奇微是西点军校的同期同学，1917 年西点军校毕业后，前往法国参加第一次世界大战。1919 年回国后，任陆军部长助理参谋、印第安纳州国民警卫队教官。1935 年毕业于指挥与参谋学校。1937 年毕业于陆军军事学院。1940 年任该校教官。太平洋战争爆发后任陆军地面部队副参谋长。1942 年 5 月任参谋长，6 月任美第 2 军军长，7 月任驻欧美军地面部队司令，8 月任北非远征军副总司令。1943 年 1 月调任美第 5 集团军司令。1944 年 12 月任驻意大利盟军第 15 集团军司令。1945 年 3 月晋陆军上将。战后，克拉克作为驻奥地利美军占领军司令兼盟军奥地利管制委员会美方代表，代表美国国务卿马歇尔与苏联的科涅夫元帅就奥地利的中立问题，进行了长达两年之久的艰苦谈判。因此，他不仅具有较强的军事才能，又精通政治之术。

克拉克上任时，正赶上板门店谈判因美方顽固地坚持扣留朝中被俘人员的无理主张而继续陷入僵局。

上任几天后，克拉克就命令新任美方谈判首席代表哈里森不打招呼就突然宣布会议中断数天。6 月 7 日，哈里森傲慢地告诉朝中谈判首席代表南日：“我们明天不来，6 月 11 日再来。”

克拉克后来在回忆中，对自己的这一伎俩洋洋得意地自夸道：

这句话竟产生了出乎意料的结果。南日这个平素沉着、极其冷静的精明圆滑之徒，这次几乎失去了自制力。哈里逊向我详细报告了当时的情景。得意之情溢于言表。南日当时竟然惊愕万状，以至恳求哈里逊再坐下来商量商量。哈里逊说，他从未见到过仅仅一句简简单单的话会使一个人有这样大的变化。他惊呆了。很显然，南日受命把谈判不间断地进行下去，以便他每天都可以公开地向全世界新闻界进行共产党的宣传。眼下共产党正强调谈判斗争，而板门店是主要战场。现在哈里逊却使他不能忠实地执行上级指示了。哈里逊已夺走了宣传阵地，尽管这才短短3天时间。

6月21日，克拉克发表了一个措辞强硬的声明，拒不承认中国对美国实施细菌战的谴责，同时警告中国对如何处置“联合国军”被俘人员负有完全的责任。

6月23日，远东空军出动约500架飞机对位于鸭绿江边的水丰水力发电站狂轰滥炸。这时正是美国总统竞选的关键时刻，朝鲜战争问题成为选战中争论的焦点。杜鲁门总统为了给民主党的侵朝政策壮声色，继续对朝中方面进行威胁。美国军事当局为了适应其政治上、军事上的需要，在积极策划和进行新的作战准备活动。

8月，克拉克、范佛里特以及李承晚等接连视察其前线防务，并在美第7师师部召开高级军官会议。同时，中部前线“联合国军”调动、运输非常频繁，并频频举行各种战斗演习。

克拉克认真回顾了美国关于朝鲜战争的政策，他认为，美国的政策不是寻求一次决定性的军事胜利，不得已而求其次。最好的办法是使僵持对共产党比对我们更不合算，迫使他们相信停战对他们的价值是在上涨而不会降低。

于是，克拉克向华盛顿建议“增强李承晚的军队”，“使用蒋介石的力量”和向“中共甩原子弹”。

接着，克拉克又考虑了寻求尽快结束谈判的8项措施：轰炸水丰发电站、轰炸平壤、轰炸平壤至开城的供应线、轰炸北朝鲜所有大大小小的目标、“释放”“反共”战俘、中断谈判、增强李承晚军、施放调用蒋介石军队计划的烟幕。

为了配合停战谈判，克拉克再次下令对朝鲜北方实施大规模轰炸。

8月29日，远东空军又对平壤进行了规模更大的空袭。这次行动定为“联合国军所有空军力量全力以赴的一次行动”。

“联合国军”共出动1403架次飞机，重点轰炸了政府大楼、平壤电台及铁道交通部所在地。

由于美第8集团军在战场上连连失利，在战场上越来越被动。官兵们作战精神处于萎靡状态，地面作战的主动权正逐步失去。为了改变这种被动局面，范佛里特致信克拉克，建议实施名为“摊牌作战”的计划。他认为那样将会改善金化以北的防线态势，并可扭转当前战局。

10月8日，克拉克批准了“摊牌作战”计划，但他还是提醒范佛里特对该行动只做例行的新闻报道，同时要特别考虑夺取高地的战术意义。同一天，他命令哈里逊宣布停战谈判无限制休会。

从1952年10月14日开始，在上甘岭地区不到4平方公里的两个高地上，“联合国军”进攻40余天，先后投入2个多师共6万余人的兵力，动用大批火炮、坦克、飞机也没有达到作战目的。

西方的新闻媒介连篇累牍地评论这场战役，称“这次战役实际上变成了朝鲜战争中的‘凡尔登’”。

克拉克没想到会是这样一个结果。他在回忆录中写道：“铁三角的猛烈战斗，又使韩战在竞选总统高潮时变成了头条新闻。事实上，它已变成了美国历史上最不得民心的战争，而使共和党候选人艾森豪威尔对大众允诺，假使他当选总统，他将莅临韩国并想法结束战争。”

上甘岭战役之后，克拉克写信给陆军参谋长柯林斯，他在信中表示担心，由于军事上缺乏对共产党人的压力，可能导致达成协议的努力彻底失败。克拉克认为，使用现有的联合国军是无法采取一项决定性的行动的。克拉克提出一份旨在迫使共产党寻求和接受停战的计划大纲。该计划的主要内容是，为发动一次大规模的强攻作战把战线推至元山—平壤一线，整个进攻作战分成3个阶段，大致需要3个星期的时间。其包括地面部队的合围性攻击，大规模的两栖突击与在时机成熟时进行空降作战，并从空中和海上对中国境内的目标实施突击。为此，必须考虑增加兵力。需要增加美军（或其他国部队）3个师、2个南朝鲜师、台湾国民党部队2个师、12个地面炮兵营和20个高射炮兵营。

美国政府权衡利弊，没有采取克拉克的建议。随着“联合国军”在朝鲜战场的处境愈加被动，美国当局再次考虑结束朝鲜战争的途径。

1953年7月，朝鲜停战谈判终于达成协定。克拉克后来回忆朝鲜战争的情况时说：

1952年5月，我受命为联合国军统帅，代表十七个国家在韩国抵抗共产党国家的侵略。15个月以后，我签订了一项停战协定，这协定暂时停止了……那个不幸半岛上的战争，对我来说这亦是表示我40年戎马生涯的结束。它是我军事经历最高的一个职位，但是它没有光荣。在执行我政府的训令中，我获得了一项不值得羡慕的荣誉，那就是我成了历史上签订没有胜利的停战条约的第一位美国陆军司令官。我感到一种失望和痛苦。我想我的前任麦克阿瑟和李奇微两位将军一定具有同感。

# 四十六　李承晚其人其事

李承晚，1875 年生于黄海道平山郡，号雩南，原名李承龙。他出生于李朝一个王族后裔的家庭，据说其先祖是李朝太宗的长子让宁大君。幼年时期，李承晚曾学习汉文。1887 年应试未中。1894 年进入美国教会办的培材学堂学习英文，毕业后留校任教。1896 年，李承晚加入“独立协会”。1898 年以有阴谋废除王位和推翻政府的嫌疑被捕，并被判死刑。1904 年 8 月获释。

1904 年 11 月，李承晚受闵泳焕等人的派遣，到美国开展争取美国政府支持朝鲜独立的活动。1905 年至 1910 年，先后在乔治·华盛顿大学、哈佛大学、普林斯顿大学学习，获得普林斯顿大学授予的哲学博士学位。1909 年 9 月回国，任汉城基督教青年会教师。1912 年再次赴美，进行独立活动。曾在夏威夷等地创办《太平洋杂志》，建立基督教学院。

1919 年 3 月，朝鲜民族主义者选中中国上海作为临时政府所在地。汉城临时政府也派人到上海，共商大计。4 月 8 日，汉城临时政府又派人将政府的阁员名单和临时宪法草稿送到上海以供参考。10 日，来自各地的朝鲜人代表会议决定在上海成立临时议政院，作为大韩民国的最高民意机关，政府的全称为“大韩民国临时政府”。参照汉城方面送来的阁员名单，选举李承晚为国务总理。几个月后，李承晚被推举为临时政府总统。但他只是在 1920 年底至 1921 年初一度到上海参加临时政府的工作。

## 被美国人扶上总统宝座

李承晚长期在美国生活，和美国的上层人士建立了较多的联系。

1945年，日本投降后，美国控制朝鲜南部。流亡在中国的大韩民国临时政府成员准备回国。8月17日，金九通过美国驻华大使馆向杜鲁门申请，允许临时政府的代表去朝鲜，以参加“代表朝鲜和朝鲜人存在与未来的议会”，但美国没有马上同意。几天之后，驻南朝鲜美军司令霍奇向麦克阿瑟建议，流亡在重庆的临时政府领导人应回到朝鲜，以担任同盟国领导下（也即美国领导下）的“傀儡”，直到政局稳定，选举实行以后为止。

9月底，美国政府同意临时成员返回朝鲜，然而那是有条件的。虽然美国支持中国国民党政府，但它不愿看到国民党政府在朝鲜发挥更大的作用，不愿意自己在朝鲜的利益受到损害。

蒋介石原准备将金九等临时政府成员送返朝鲜，成立正式政府。蒋介石还两次在重庆官邸接见金九等人，商议回朝鲜事宜，决定由中国政府出面，请美国驻华空军总队派一架专机，送临时政府成员回国。但美国只同意他们以个人身份回去，而且每个回朝鲜的人都要签署一项声明，表示同意遵守美国在南朝鲜建立的军政府的法律规定。霍奇称：“我对从中国返韩的临时政府主席所要求的唯一条件，就是他们必须以平民身份回国，同韩国其他政府人物讨论一般问题。”在此之前，中国国民党政府准备率先承认大韩民国临时政府，也遭到美国的反对。因为美国已经有了自己瞩意的人物，那就是李承晚。

李承晚于1921年离开上海后，长期生活在遥远的美国，其影响力已渐渐逊于金九。李承晚自己就曾说过：“韩国领袖只一人，且系民众拥戴之金九先生，承晚系其海外僚属。”但由于李承晚与美国的渊源很深，美国政府决意扶植他，打压金九。

处处依赖美国的蒋介石不敢造次，金九等临时政府成员为尽快回国无奈地接受了这一结果。

1945年10月17日，李承晚乘美军飞机返回朝鲜。李承晚虽有美国人的支持，在朝鲜人当中也有一定的声望，但是，在政治组织林立的朝鲜，真正支持他的力量并不多。于是，李承晚在实现朝鲜“独立”的口号下，于1945年10月25日组建一个超党派的政治团体——“大韩独立促成中央协议会”（后改称“大韩独立促成国民会”）。李承晚倚仗着美国占领军当局的有力支持，用各种手段拉拢其他派别成员，不断扩充自己的势力，并到处发表演说，扩大自己在民众中的影响。

日本投降后，南朝鲜的一些政治团体一直策划建立自治政府。1946年1月成立“非常国民会议筹委会”，接着于2月1日在筹委会基础上，成立“非常政治国民会议”，聚集了一批著名的民族运动领袖，包括李承晚、金九、金奎植、权东镇、吴世昌、金昌淑、曹晚植、洪命熹等。非常政治国民会议决定由李承晚出面和大国磋商成立过渡政府解决迫切问题，由李承晚和金九组织最高政务委员会。

2 月 14 日，“南朝鲜大韩民国代表民主议院”成立，李承晚任议长、金奎植任副议长、金九任总理。

金九主张朝鲜人自己建立南北统一的政府，反对莫斯科外长会议关于托管朝鲜的决议，也反对美国在南朝鲜搞单独“选举”。1948 年 2 月，金九发表《泣告三千万同胞书》，反对在南朝鲜单独成立政府。4 月，金九和金奎植、赵素昂等到平壤参加南北各政党和社会团体反对南朝鲜单独“选举”的联席会议。美国占领军当局和李承晚等右翼势力对金九进行排斥和打压。6 月 26 日，金九在汉城被暗杀。

美国不顾朝鲜人民的强烈反对，于 1948 年 5 月 10 日在南朝鲜进行议会选举。美国占领军当局出动几万名军警强迫选民投票。据统计，参加投票选民还不到选民总数的 30%。李承晚当选为南朝鲜第一届国会议长，同年 7 月国会又选举李承晚为南朝鲜总统。李承晚组成南朝鲜第一届政府，并于 8 月 15 日在汉城宣布正式成立“大韩民国政府”。1952 年和 1956 年李承晚又两次当选为总统。

李承晚对外依靠美国。“大韩民国政府”成立不到 10 天就和美国签订《韩美暂行军事协定》，1950 年初双方又签订《韩美联合防御互助协定》和《韩美军事顾问团协定》。李承晚对内实行反共、独裁。李承晚从 1945 年 10 月回国后就连续发表反共广播演说。1949 年 9 月以后，李承晚强迫解散了南朝鲜劳动党、朝鲜劳动组织评议会、朝鲜农业组合总联盟、勤劳人民党等一批左翼政党和社会团体。对反对他的政治主张的人，即使以前是他的朋友，也一定要铲除。在朝鲜战争爆发前，李承晚就逮捕了 48 万人、屠杀了 15 万人。

李承晚的所作所为是不得人心的。1950 年 5 月，即在朝鲜战争爆发前的一个月，南朝鲜举行新的国民议会选举。在 223 个席位中，支持李承晚的政党只得到 49 席，其他党派得 44 席，无党派人士得 130 席。但是这不要紧，李承晚有美国人的支持就足够了。

在美国的帮助下，李承晚组建了 10 万人的军队，并组成了 20 万人的名为“青年防卫队”的后备部队。

## 战争爆发后节节败退

自恃有美国人撑腰，又有一支为数不少的军队，李承晚积极主张武力统一。1949

年 1 月，他公开提出“北进”“武力统一”。李承晚宣称：“南北分裂是必须用战争来解决的。”

为了“武力统一”，南朝鲜军队做了一定的准备，并首先在三八线地区制造军事摩擦，对北方不断进行武装挑衅。

但是，“雄心勃勃”的李承晚很快体会到战争并非儿戏，不是说几句豪言壮语就能解决问题的。南朝鲜军在战争中简直不堪一击。

6 月 25 日下午，与麦克阿瑟联系不上的李承晚不停地给美国驻南朝鲜大使穆乔打电话，请求美国给予支援。李承晚最想要得到的是美国方面的空中支援。在李承晚看来，战争未来的进程很大程度上可能取决于美国是否能够给予足够的空军援助。他向美国人呼吁：“给我们十架带炸弹和‘火箭筒’的 F-51 飞机吧！在 6 月 26 日拂晓前把它们交给韩国驾驶员，他们在大邱等着。”他还向美国提出重型火炮特别是 75 毫米反坦克炮、105 和 155 毫米榴弹炮的援助请求。

在经过两天的战斗后，6 月 27 日清晨，南朝鲜第 2、第 7、第 5 师向汉城以北的咽喉要地议政府发起一次进攻，企图扭转败势。激战了一个小时后，南朝鲜的这三个师残部向南涌向汉江。朝鲜人民军只要愿意随时可以拿下汉城。

6 月 26 日晚，李承晚已决定将“政府”从汉城迁往大田。南朝鲜部队最高司令部也决定第二天上午撤离汉城到大田，7 月 13 日又由大田撤到大邱。

为了阻止朝鲜人民军的进攻，惊慌失措的南朝鲜国防部官员不等汉江北岸的南朝鲜部队撤退（当时南朝鲜大部分部队还在汉江以北），就下令将汉江上的几座铁路和公路桥梁炸断。当时通向汉江公路桥的汉城街道上、桥上挤满了南撤的南朝鲜军人和逃难的老百姓。据当时在场的美国军官保守的估计，当时大约有 4000 人在桥上，被炸死和落水淹死的有 500 至 800 人。

南朝鲜军参谋长垂头丧气地通报美国人：“首都的沦陷意味着大韩民国的垮台。”中午，麦克阿瑟打电话给参谋长联席会议：“我们估计，（韩国）马上就会完全垮台。”朝鲜战争结束后美国空军编写的官方战史表达得很清楚：“大韩民国没有美国的积极援助是不可能生存下去的。”

美国出于自身的利益，决定派军队干涉朝鲜内政，挽救了摇摇欲坠的李承晚政权。

## 有时也闹一闹“独立性”

美国的武装干涉改变了朝鲜内战的性质，也改变了战争的发展方向。特别是 9 月

15 日美国在仁川实施大规模的两栖登陆作战后，朝鲜人民军主力被截在南方，与后方失去了联系，朝鲜战局逆转。接着，美军和南朝鲜军向三八线开进。

在以美国为首的“联合国军”组成后，李承晚就将南朝鲜的指挥所交给了麦克阿瑟。李承晚没有书面授权，而是以口头指令的形式要南朝鲜军参谋长丁一权听命于“联合国军”司令部。

但是，在特殊情况下，李承晚也并不完全听命于美国。在 10 月初“联合国军”打到三八线时，李承晚给南朝鲜军下达秘密命令，即使“联合国军”司令部命令他们停止前进，他们也应继续北进。

后来证明李承晚的这一担心是多余的，在是否越过三八线问题上，两者还是一致的。美军不顾中国政府的一再警告，悍然越过三八线。

李承晚与美国闹得最大一次别扭，是在战争即将结束的时候。

1953 年 3 月下旬，朝中方面提出恢复谈判和解决战俘问题的建议后几天，李承晚公开反对签署不能满足他们意愿的停战协定。4 月初，南朝鲜举行全国代表大会，通过决议，要求美国不再提出任何有碍朝鲜统一的方案。4 月 5 日，李承晚在庆祝南朝鲜第 2 军团成立一周年大会上发表演讲，说他们要的是军事上的节节胜利和乘胜向鸭绿江边前进，而不是沿目前的战线实现停火。

在李承晚鼓动下，4 月 6 日，汉城举行有 5 万人参加的反对签订停战协定的集会，提出解决朝鲜问题的五项先决条件：1. 承认韩国在联合国的席位；2. 解除北朝鲜的全部武装；3. 中国军队全部撤出北朝鲜；4. 同意韩国派代表参加讨论朝鲜问题的一切会议；5. 联合国中的某些成员国停止对北朝鲜的支持。

4 天后，又有大约 5 万人在釜山举行游行，游行人群举着“不统一朝鲜就血战到底”的标语。

4 月 21 日，南朝鲜全国代表大会通过决议，支持李承晚向北朝鲜进军和用武力统一朝鲜的立场。

4 月 24 日，南朝鲜驻美大使将李承晚的决定转告美国总统：“如果联合国军司令部与共产党方面达成允许中共军队继续留在鸭绿江以南的任何协议，李承晚就决定让韩国军队退出联合国军。因此，韩国军队将在必要时继续单方面作战。”

6 月 5 日，李承晚在答复合众社记者的质问时强调说，没有统一国土的停战，将会使朝鲜成为第二个中国。同时，他也表示可以签停战协定。他在同一天对美国全国广播公司广播局特派员说，韩国可以在目前的停战提案上签字，但这是在美国逼迫之下签的。因为，李承晚知道他在各个方面都依赖美国。如果美国坚决要签订停战协定，他是阻挡不了的。但是，李承晚不想就这么罢手，他需要捞到一些油水。

随着达成停战协定日子的临近，李承晚在停战问题上与美国的讨价还价愈演愈烈。艾森豪威尔认为李承晚这个盟友"太不争气了，确实非得严词训斥他一番不可"。克拉克在其回忆录中说，在朝鲜停战前的最后四个月中，"联合国总部几乎是一天遇到一个危机"。颇具讽刺意味的是，这种危机不是来自对手朝中方面，而是来自李承晚。克拉克说他成了李承晚"愤恨和沮丧的出气筒"。

为了尽早结束看不到胜利希望的朝鲜战争，美国当局不断向李承晚施加压力。总统艾森豪威尔又是写信又是派特使试图压李承晚接受停战协定。"联合国军"总司令克拉克在东京与汉城间穿梭，就停战问题与李承晚磋商。

李承晚于6月2日向艾森豪威尔提出关于南朝鲜方面对"联合国军"停战建议的反建议，要求"联合国军"和中国人民志愿军同时撤退，并缔结韩、美共同防务条约，来代替目前的"联合国军"方面的停战提案。6月5日，南朝鲜驻美大使馆公开发表李承晚的声明。

李承晚的不合作态度，令美国当局十分恼火。6月6日，艾森豪威尔写信给李承晚，要南朝鲜方面不要反对停战。艾森豪威尔安抚李承晚说，美国将尽力以和平方式实现韩国的统一，希望韩国方面积极参加停战后召开的政治会议；美国愿意同李总统举行关于停战实现后同韩国缔结共同防务条约问题的谈判。

但6月7日，李承晚为了表达自己的立场，还是命令南朝鲜方面观察员退出了"联合国军"方面停战谈判代表团。同一天，李承晚发表谈话，阐明南朝鲜对停战的坚定不移的态度，停战谈判韩国代表不正式代表韩国政府，若韩国提案被否决，韩国则采取单独北进行动。他还立即召回正在美国的以陆军参谋长白善烨为首的全体官兵，同时命令准备赴美的将领停止动身。

8日，李承晚发表声明，再次阐明继续战斗的决心：假如"联合国军"放弃完成战争任务的意图，我们将继续单独战斗，直到达到目的为止。11日，李承晚再发声明，目前条件下的停战，意味着判我们以死刑。同一天，釜山举行反对停战的大规模示威游行。在此过程中，南朝鲜人与"联合国军"发生了一些冲突，造成3名南朝鲜人受伤。17日，李承晚在给艾森豪威尔的复信中表示不能接受如同对韩国宣告死刑的停战协定。

在交战双方遣返战俘问题已达成协议、朝鲜停战协定即将签署、持续三年的朝鲜流血惨剧即将终止的时刻，李承晚又采取了破坏停战实现的激烈行动，于6月17日起制造了强迫扣留战俘的严重事件。

李承晚强迫扣留27000名以上的朝鲜人民军被俘人员，引起世界舆论的一致遣责。在此之前，一些参加“联合国军”的国家就反对李承晚的行为。如出席英联邦总理会议的各国代表一致同意，不理李承晚的反对停战行动。现在李承晚又采取了进一步的破坏行动，更遭到世界舆论的一致谴责。他们认为，李承晚已经成为“出卖和平事业的国际叛徒”“不负责任的乖戾小人”“世界上最为危险的人”。各国对美国不能严格约束李承晚表示不满，认为李承晚的破坏行为很大程度上要由“联合国军”负责。

《印度时报》7月15日的社论说：“现在已不再是和他（李承晚）达成某种不安的协议的问题了。必须要有足够的保障来保证使他不能在最近的将来或遥远的将来破坏停战协定。”伦敦《观察家报》7月19日的评论要求应当毫不含糊地公开宣布，如果李承晚破坏停战，联合国军队将与他作战，把他缴械，并以他们自己的力量使停战在南朝鲜重新受到尊重。

南朝鲜扣押战俘，骤然使即将实现的停战蒙上一层厚重的阴影。世界舆论的一致遗责，也使美国蒙羞。

6月18日，克拉克就释放反共战俘一事致李承晚的抗议信中说，“联合国军”司令官对韩国的陆、海、空军拥有完全的指挥权，下令释放反共战俘的行为违反对本官的许诺，由此而产生的后果不可估量。19日，李承晚收到艾森豪威尔的电文。艾森豪威尔谴责南朝鲜释放朝鲜人民军战俘，是侵犯“联合国军”司令部的权限的行为。同一天，美国参谋长联席会议要求克拉克对李承晚采取强硬态度，“在必要时，撤换李承晚”。由于国务院担心撤换他国领袖有损美国形象，主张还是和李承晚谈判解决分歧。艾森豪威尔同意国务院的意见。6月25日，艾森豪威尔派特使助理国务卿沃尔特·罗伯逊访问汉城，对李承晚施压。

尽管此时的李承晚仍然口气很强硬，在22日回答合众社记者的提问时扬言：“如果联合国签订了像现在这种停战，我们不得不使韩军不再受联军司令部的统辖。”李承晚的外务部长官卞荣泰在22日也公开表示要“单独干下去”。但是，胳膊终究拧不过大腿。在得到大量美援和美国的安全保证后，李承晚采取了合作的态度，或用其官方的语言说韩国目前的立场是既不妨碍停战，也不会协助。

朝鲜战争结束后，李承晚在美国的支持下继续当他的“总统”，直到1960年4月被南朝鲜“四月人民起义”赶下台。同年5月李承晚去美国夏威夷，1965年7月病逝。

# 抗美援朝大事记

## 1950 年

6 月 25 日，朝鲜内战爆发。6 月 26 日，美国总统杜鲁门命令美驻远东地区空、海军支援南朝鲜（韩国）军队作战。

6 月 27 日，杜鲁门发表声明，公开宣布武装干涉朝鲜内政，并令海军第七舰队侵入台湾海峡，入侵中国领土台湾。同日美国操纵联合国安理会通过非法决议，以“紧急援助”南朝鲜为名，准备组建“联合国军”。7 月 1 日，美国地面部队进入朝鲜。5 日与朝鲜人民军在乌山首次交战。

6 月 28 日，中央人民政府委员会主席毛泽东在中央人民政府委员会第八次会议上发表讲话，坚决反对美帝国主义干涉朝鲜内政和入侵中国领土台湾。同日，政务院总理兼外交部长周恩来发表声明：“杜鲁门 27 日的声明和美国海军的行动，乃是对于中国领土的武装侵略，对于联合国宪章的彻底破坏。”

7 月 4 日，为防备美国空军在朝鲜战争爆发后袭击中国，军委总参谋部指示各大军区加强防空，并强调重点加强东北地区的防空。至 10 月，总参先后抽调 6 个高炮团和 1 个雷达营，到东北地区执行防空任务。

7 月 7 日，美国操纵联合国安理会通过非法决议，同意美国及其他国家的侵朝军队使用联合国的旗帜，并组织“联合国军”司令部。8 日，杜鲁门任命美国远东军总司令麦克阿瑟为“联合国军”总司令。“联合国军”由美国、英国、澳大利亚、荷兰、新西兰、加拿大、法国、菲律宾、土耳其、泰国、南非、希腊、比利时、卢森堡、哥伦比亚、埃塞俄比亚等国组成。“联合国军”主要是美国军队，有些国家只是象征性派兵。

7月13日，中央军委作出《关于保卫东北边防的决定》，决定抽调第13兵团第38、第39、第40、第42军，炮兵第1、第2、第8师和高射炮兵、工兵、运输兵等共25万余人，组成东北边防军，保卫东北边防安全和必要时援助朝鲜人民抗击美国侵略。9月上旬，中央军委又决定第50军加入边防军序列。

8月中旬，朝鲜人民军推进至洛东江一线。美军和南朝鲜军依托洛东江展开对抗，战争形成胶着状态。

9月15日，在“联合国军”总司令麦克阿瑟指挥下，美军第10军所属陆战第1师、步兵第7师和炮兵、坦克兵、工兵部队共7万余人，在260余艘舰艇、近500架飞机的配合下，在朝鲜西海岸仁川登陆。

9月16日，正面洛东江战线的美军、南朝鲜军10个师开始沿釜山至汉城线实施反攻。朝鲜人民军转入战略退却。28日，美军和南朝鲜军进占汉城，29日进抵“三八线”。

9月30日，中国政务院总理兼外交部长周恩来警告美国：“中国人民决不能容忍外国的侵略，也不能听任帝国主义者对自己的邻人肆行侵略而置之不理。”

10月1日，南朝鲜军在襄阳地区越过“三八线”。2日，麦克阿瑟发布全线向北推进的命令。7日，美军开始越过“三八线”。

10月3日，朝鲜劳动党中央常务委员、朝鲜政府内务相朴一禹携带金日成、朴宪永联合署名的请求中国出兵援助的信函到达北京，面交毛泽东。当日，周恩来通过印度驻华大使表明中国严正立场：“美国军队正企图越过‘三八线’，扩大战争。美国军队果真如此做的话，我们不能坐视不理，我们要管。”

10月5日，中共中央政治局根据朝鲜劳动党和朝鲜政府的请求，作出“抗美援朝、保家卫国”的战略决策，决定组织中国人民志愿军入朝参战。

10月8日，中国人民革命军事委员会主席毛泽东发布命令，将东北边防军改编为中国人民志愿军，彭德怀任司令员兼政治委员。

10月15日，美国总统杜鲁门飞往威克岛，与麦克阿瑟会谈，决定迅速占领全朝鲜。

10月19日，“联合国军”占领平壤，并继续向中朝边境鸭绿江推进。

10月19日，中国人民志愿军分由安东、长甸河口、辑安等地开始跨过鸭绿江，开赴朝鲜战场。

10月22日，中央军委决定调第66军加入志愿军序列，作为志愿军预备队。

10 月 25 日，中共中央决定第 13 兵团司令部、政治部及其他机构即改组为中国人民志愿军司令部、政治部及其他机构，并任命邓华、洪学智、韩先楚为副司令员，邓华兼副政治委员，解方为参谋长，原政治部、后勤部及其他机构负责人照旧负责。

10 月 25 日至 11 月 6 日，中国人民志愿军实施第一次战役，予南朝鲜军第 6 师和第 1 师 12 团以及美军骑 1 师 8 团以歼灭性打击，共歼敌 1. 2 万余人，迫其退到清川江以南地区，初步稳定朝鲜战局。

10 月 26 日，中国人民抗美援朝总会成立，郭沫若为主席，彭真、陈叔通为副主席。

11 月 7 日，中国人民志愿军第 9 兵团（下辖第 20、第 36、第 27 军）在司令员兼政治委员宋时轮率领下开始入朝，担负朝鲜东线作战任务。

11 月 9 日，毛泽东复电彭德怀，同意第二次战役部署及下一步作战意图，并指示争取在本月内至 12 月初的一个月内，东西两线各打一两个仗，共歼敌七八个团，将战线推至平壤、元山间铁路区域。

25 日至 12 月 24 日，中国人民志愿军实施第二次战役，共歼敌 3. 6 万余人，将战线推至“三八线”，迫使“联合国军”由进攻转入防御，扭转了朝鲜战局。

11 月 28 日，中华人民共和国特派代表伍修权出席联合国安理会会议并发表演说，控诉美国武装侵略台湾的罪行。

12 月 3 日，为保证抗美援朝战争的兵员需要，中央军委发出《关于新兵分期动员和分期补充规定的指示》，要求东北、中南、华东和西南区各动员 10 万新兵，并分别规定动员期和补充期。至 1951 年 4 月，共完成 40 万新兵的动员补充任务。

12 月上旬，中朝两党两国政府商定中国人民志愿军和朝鲜人民军联合作战问题。成立中国人民志愿军和朝鲜人民军联合司令部（简称联司），统一指挥朝鲜境内一切作战及其有关事宜。彭德员兼任中朝联合司令部司令员兼政治委员，朝鲜人民军金雄兼任副司令员，志愿军副司令员邓华兼任副司令员，朝鲜内务相、朝鲜人民军副司令员和副政治委员朴一禹兼任副政治委员。1953 年春反登陆作战准备期间，崔庸健兼任副司令员。

12 月 4 日至 7 日，美国总统杜鲁门和英国首相艾德礼举行会谈。

12 月 13 日，毛泽东复电彭德怀：目前美苏各国正要求我军停止于三八线以北，以利其整军再战，因此我军必须越过三八线。如到三八线以北即停止，在政治上很不利。此次南进，希望在开城南北地区，即汉城不远的一带地区，寻歼几部分敌人。

12 月 21 日，中国人民志愿军空军首批部队航空兵第 4 师第 28 大队进驻安东浪头机场，并在苏联空军帮助下开始进行实战练习。

12 月 22 日，外交部长周恩来就联合国大会非法通过成立“朝鲜停战三人委员会”决定一事发表声明，重申中国政府历来主张“一切外国军队撤出朝鲜，让朝鲜人民自己解决朝鲜问题”。

12 月 31 日至 1951 年 1 月 6 日，中国人民志愿军实施第三次战役，向“联合国军”三八线既设阵地发起进攻。志愿军与朝鲜人民军一起解放汉城，并南进到北纬 37 度线附近的水原、原州一线地区，共歼敌 1. 9 万余人。

12 月 26 日，马修·李奇微接替遇车祸身亡的沃尔顿·沃克，任美国第 8 集团军司令。

## 1951 年

1 月 8 日，周恩来外长复电联合国大会第一委员会，就朝鲜及其他远东诸问题进一步阐明中国政府的主张。

1 月 25 日至 29 日，中国人民志愿军和朝鲜人民军联合召开高级干部会议，总结第一至第三次战役经验，统一思想认识，并部署第四次战役。

1 月 25 日至 4 月 21 日，中国人民志愿军和朝鲜人民军实施第四次战役，歼敌 7. 8 万余人，完成防御作战任务，为进行第五次战役创造了有利条件。

2 月 2 日，外交部长周恩来发表声明，驳斥美国操纵联合国大会非法通过诬蔑中国为侵略者的议案。

2 月 3 日，中国人民抗美援朝总会和中国红十字总会发出关于组织医疗队的通知。先后有 40 个志愿军医疗队赴朝鲜战地服务。

2 月 7 日，中央军委提出轮番作战方针。后又发出轮番入朝作战指示，部署志愿军分三番入朝作战，并明确部队调动次序和作战指挥等问题。

2 月 15 日，中国人民志愿军第 19 兵团（下辖第 63、第 64、第 65 军）在司令员杨得志、政治委员李志民率领下开始入朝。

3 月中旬，中国人民志愿军空军司令部成立。刘震任司令员，常乾坤任副司令员，沈启贤任参谋长。为便于与朝鲜人民军协同作战，与朝方商定，在志愿军空军司令部基础上成立中朝空军联合司令部，统一指挥中朝空军部队作战。

3月18日，中国人民志愿军第3兵团（下辖第12、第15、第60军）在司令员兼政治委员陈赓率领下开始入朝。4月11日，中国人民志愿军第47军入朝参战。

4月11日，美国总统杜鲁门撤销麦克阿瑟远东军总司令、“联合国军”总司令职务，遗职由李奇微接任，并由詹姆斯·范佛里特接任美第8集团军司令一职。

4月22日至6月10日，中国人民志愿军和朝鲜人民军实施第五次战役，共歼敌8万余人，粉碎“联合国军”以侧后登陆配合正面进攻、在朝鲜蜂腰部建立新防线的企图。此役后战争双方在三八线附近转入对峙。

5月5日，中朝两国政府签订《中朝两国关于朝鲜铁路战时军事管制的协议》。

5月19日，中央军委决定成立中国人民志愿军后方勤务司令部。志愿军副司令员洪学智兼任司令员，周纯全任政治委员。

5月26日，毛泽东提出对美英军作战应实行小包围、打小歼灭战的原则。

6月1日，中共中央发出关于开展订立爱国公约和捐献武器运动的指示。据1952年5月统计，仅捐献武器一项，全国人民捐献的款项即可赎买战斗机3710架。

同日，中央军委任命陈赓为志愿军第二副司令员，宋时轮为志愿军第三副司令员。

6月19日，中国人民志愿军第20兵团（下辖第67、第68军）在司令员杨成武、政治委员张南生率领下开始入朝。

6月23日，苏联驻联合国代表马立克发表演说，提出和平解决朝鲜问题的决议，主张交战双方谈判停火和休战，把军队撤离“三八线”。30日，“联合国军”总司令李奇微发表声明，表示愿意举行停战谈判。7月1日，朝鲜人民军最高司令官金日成和中国人民志愿军司令员彭德怀答复李奇微，同意举行停止军事行动和建立和平的谈判。

7月10日，朝鲜停战谈判在中朝控制区开城举行。

7月26日，朝鲜停战双方就谈判议程问题达成协议。

8月上旬，中朝联合铁道运输司令部成立。东北军区副司令员贺晋年兼任司令员。12月23日，在铁道运输司令部之下成立前方运输司令部。

8月18日至9月18日，中国人民志愿军和朝鲜人民军进行夏季防御作战，共歼敌7.8万余人。

8月中旬至1952年6月下旬，志愿军和朝鲜人民军进行反“绞杀战”斗争，建成打不烂、炸不断的钢铁运输线。

8 月 22 日，美方飞机轰炸扫射朝中方面谈判代表团住所，朝中方面当日宣布谈判会议停开。

9 月 7 日，中国人民志愿军第 23 兵团（下辖第 36、第 37 军）在司令员董其武、政治委员高克林率领下入朝，担负修建机场任务。

9 月下旬，为加强朝鲜东西海岸中朝部队的统一指挥，经与朝方协商，成立东西海岸联合防御指挥机构。东海岸防御司令部由中国人民志愿军第 9 兵团司令部兼任，宋时轮兼任司令员，西海岸指挥所由中国人民志愿军副司令员韩先楚兼任司令员。

9 月 20 日，中国人民志愿军空军正式出动掩护安东、平壤间主要交通线，加强反"绞杀战"斗争。志愿军空军先后投入 10 个歼击航空兵师、3 个轰炸航空兵大队。战争期间，共击落"联合国军"飞机 330 架、击伤 95 架。

9 月 29 日至 10 月 22 日，中国人民志愿军和朝鲜人民军进行秋季防御作战，共歼敌 7.9 万人。

10 月 25 日，朝鲜停战谈判在板门店复会。

10 月 30 日至 11 月底，中国人民志愿军和朝鲜人民军进行局部反击作战。

11 月 5 日至月底，中国人民志愿军第 50 军在空军配合下连续进行攻岛作战，攻占椴岛、大和岛、小和岛等 10 余个岛屿。

11 月 27 日，朝鲜停战谈判双方代表团大会正式就第二项议程，即确定军事分界线和建立非军事区问题达成协议。

12 月 23 日，中央军委决定组织全军高级军事干部参观团到朝鲜战场，学习中国人民志愿军的作战经验。从 1952 年 3 月开始，千余名干部分批入朝，在中国人民志愿军各部队和朝鲜人民军有关部队参观实习。此后，军委总参谋部又根据军委的决定，陆续组织数批战地实习团去朝鲜。

## 1952 年

1 月 28 日至年底，中国人民志愿军和朝鲜人民军开展反细菌战斗争。

1 月 29 日，中国人民志愿军司令部发出战术指示，强调开展狙击活动。

2 月 17 日，朝鲜停战谈判双方就第五项议程达成协议，确定在停战生效以后三个月内由双方各国政府分派代表举行高一级的政治会议，协商从朝鲜撤退一切外国军队与和平解决朝鲜问题。

3月26日，中国人民志愿军司令部发出关于巩固阵地和相机挤占地方的指示。

4月7日，中国人民志愿军司令员兼政治委员彭德怀回国休养，其在志愿军的一切职务由陈赓代理。

4月28日，美国总统杜鲁门宣布马克·克拉克接替李奇微任“联合国军”总司令及美国远东军总司令。

5月2日，朝鲜停战谈判双方就第三项议程，即关于停战的具体安排问题，达成协议。

5月7日，巨济岛朝中方面被俘人员为反抗美军残害和强迫扣留战俘，扣留了美战俘营负责人弗兰西斯·杜德准将。

6月11日，陈赓奉调回国，由邓华代理志愿军司令员和政治委员。

6月23日，美国空军开始集中轰炸朝鲜北部城市和工业设施。

6月24日，朝鲜最高人民会议常任委员会向中国人民志愿军战斗英雄、人民功臣授勋。

9月5日，中国人民志愿军第23、第24、第46军开始入朝。

9月18日至10月31日，中国人民志愿军和朝鲜人民军实施秋季战术反击作战，歼敌2. 7万余人。

10月8日，美方片面宣布朝鲜停战谈判无限期休会。

10月14日至11月25日，中国人民志愿军实施上甘岭战役，歼敌2. 5万余人，创造依托坑道工事进行坚守防御作战的范例。

11月22日，中央军委决定中国人民志愿军炮兵部队实行轮换作战。

12月2日，美国当选总统艾森豪威尔赴朝视察。

12月11日，中央军委决定中国人民志愿军第1、第16、第21、第54军入朝，准备参加反登陆作战。

12月中旬，在沈阳成立中国人民志愿军新建铁路指挥局，负责新建铁路的指挥工作，郭维城任局长。

12月22日，中共中央下达坚决粉碎敌人冒险登陆的指示。中共志愿军委员会于12月18日至21日召开军以上干部会议，研究布置反登陆作战准备工作。为加强西海岸的指挥机构，经与朝鲜方面协商，以中国人民志愿军代司令员兼代政治委员邓华兼任西海岸部队联合指挥部司令员，另以朝方1人、志愿军2人任副司令员。

## 1953 年

2 月 7 日，毛泽东在全国政协第一届第四次会议上发表讲话宣告：“美帝国主义愿意打多少年，我们也就准备跟他打多少年，一直打到美帝国主义愿意罢手的时候为止，一直打到中朝人民完全胜利的时候为止。”

2 月 10 日，美陆军助理参谋长马克斯韦尔·泰勒接替退休回国的范佛里特，任美第 8 集团军司令兼“联合国军”地面部队指挥官。

2 月 22 日，“联合国军”总司令克拉克致函金日成和彭德怀，要求交换病伤战俘。3 月 28 日，中朝方面同意这一建议，并建议立即恢复停战谈判。

4 月 6 日，中央军委决定成立安东防空司令部，成钧任司令员，统一指挥朝鲜平壤、元山线以北和中国大孤山、凤城、通化线以南之志愿军防空部队。安东防空司令部 6 月成立。

4 月 10 日，朝鲜停战谈判双方联络组会议就交换病伤战俘达成协议。4 月 20 日，双方开始交换病伤战俘。4 月 26 日，中断 6 个月之久的朝鲜停战谈判双方代表团会议正式复会。

5 月 13 日至 6 月 16 日，中国人民志愿军和朝鲜人民军实施夏季战役第一、第二次进攻，歼敌 4.5 万余人。

6 月 8 日，朝鲜停战谈判第四项议程，即关于战俘安排问题达成协议。至此，停战谈判各项议程全部达成协议。

6 月 17 日至 22 日，李承晚集团将在南朝鲜的不直接遣返的朝鲜人民军部分被俘人员，以“释放”为名，实行强迫扣留，破坏已经签字的战俘遣返问题的协议。

6 月 19 日，金日成、彭德怀致函克拉克，要求美方追回以“释放”为名擅自扣留的朝鲜人民军被俘人员。

6 月 25 日，朝鲜最高人民会议常任委员会举行授勋典礼，授予中国人民志愿军司令员彭德怀，副司令员邓华、杨得志，政治部主任李志民朝鲜民主主义人民共和国一级国旗勋章；授予杨根思、黄继光、孙占元、杨连第、邱少云、伍先华、胡修道一级国旗勋章和“朝鲜民主主义人民共和国英雄”称号；授予志愿军一级爱民模范罗盛教一级国旗勋章。

7 月 13 日至 7 月 27 日，中国人民志愿军和朝鲜人民军实施夏季战役第三次进攻

(金城战役)，歼敌7.8万余人，促进了停战的实现。

7月27日，朝中方面代表团首席代表和“联合国军”方面谈判代表团首席代表在板门店正式签署停战协定。同日和次日，“联合国军”总司令克拉克、朝鲜人民军最高司令官金日成、中国人民志愿军司令员彭德怀分别在停战协定上签字。

7月31日，朝鲜最高人民会议常任委员会授予中国人民志愿军司令员彭德怀“朝鲜民主主义人民共和国英雄”称号。10月27日，朝鲜最高人民会议常任委员会授予杨春增、杨育才、李家发、许家朋“朝鲜民主主义人民共和国英雄”称号。

## 1954年

9月5日，中国人民志愿军总部发言人宣布，中国人民志愿军司令员彭德怀辞职，邓华任司令员。1954年10月至1958年10月，志愿军司令员先后由杨得志、杨勇担任，志愿军政治委员先后由李志民、王平担任。

## 1958年

10月26日，中国人民志愿军总部发表公报，中国人民志愿军已全部撤离朝鲜回国。志愿军自1958年3月15日起至10月26日止，分三批相继撤出朝鲜回国。

# 参考文献


1.《毛泽东军事文集》，军事科学出版社、中央文献出版社，1993 年。

2.《建国以来毛泽东军事文稿》，军事科学出版社、中央文献出版社，2010 年。

3.《周恩来军事文选》，人民出版社，1997 年。

4.《彭德怀军事文选》，中央文献出版社，1988 年。

5.《论抗美援朝战争的作战指导》，邓华遗著，军事科学出版社，1989 年。

6.《中国人民志愿军抗美援朝战史》，军事科学院军事历史研究部著，军事科学出版社，1990 年。

7.《抗美援朝战争史》，军事科学院军事历史研究部著，军事科学出版社，2000 年。

8.《抗美援朝战争》，《当代中国》丛书编辑部编，中国社会科学出版社，1990 年。

9.《当代中国空军》，《当代中国》丛书编辑部编，中国社会科学出版社，1989 年。

10.《空军史》，空军司令部编研室编，解放军出版社，1989 年。

11.《当代中国外交》，《当代中国》丛书编辑部编，中国社会科学出版社，1988 年。

12.《朝鲜战争决策内幕》，齐德学著，辽宁大学出版社，1991 年。

13.《巨人的较量：抗美援朝高层决策和指导》，齐德学著，中共中央党校出版社，1999 年。

14.《第一次较量》，徐焰著，中国广播电视出版社，1990 年。

15.《毛泽东 斯大林与朝鲜战争》，沈志华著，广东人民出版社，2013 年。

16.《板门店谈判》，柴成文、赵勇田著，解放军出版社，1992 年。

17.《毛泽东与抗美援朝》，逄先知、李捷著，中央文献出版社，2010 年。

18.《毛泽东年谱（1949－1976）》，中央文献研究室编，中央文献出版社，2013 年。

19.《周恩来年谱（1949－1976）》，中共中央文献研究室编，中央文献出版社，1997 年。

20.《彭德怀全传》，彭德怀传记组著，中国大百科全书出版社，2009 年。

21.《彭德怀年谱》，王焰主编，人民出版社，1998 年。

22.《中国人民志愿军抗美援朝战争政治工作》，中国人民志愿军抗美援朝战争政治工作经验总结编委会编，解放军出版社，1985 年。

23.《抗美援朝战争回忆》，洪学智著，解放军文艺出版社，1990 年。

24.《在志愿军总部》，杜平著，解放军出版社，1989 年。

25.《为了和平》，杨得志著，长征出版社，1987 年。

26.《杨成武回忆录》，杨成武著，解放军出版社，2014 年。

27.《杨勇将军传》，姜锋、马晓春、窦益山等著，解放军出版社，1991 年。

28.《秦基伟回忆录》，秦基伟著，解放军出版社，1996 年。

29.《李德生回忆录》，李德生著，解放军出版社，1997 年。

30.《三十八军在朝鲜》，江拥辉著，辽宁人民出版社，2018 年。

31.《三十九军在朝鲜》，吴信泉著，辽宁人民出版社，2018 年。

32.《四十军在朝鲜》，李英、王树和、陈彻、李维赛著，辽宁人民出版社，2018 年。

33.《抗美援朝中的第 42 军》，吴瑞林著，金城出版社，1995 年。

34.《在志愿军司令部的岁月里——鲜为人知的真情实况》，杨迪著，解放军出版社，1998 年。

35.《战斗在上甘岭》，中国人民解放军 0925 部队政治部编，湖北人民出版社，1959 年。

36.《第一等战俘营：联合国军战俘在朝鲜》，郭维敬著，世界知识出版社，1999 年。

37.《停战谈判的帐篷和战斗前线》，《朝鲜战争中的美国陆军》（第一卷），沃尔特·G. 赫姆斯著，维新、李植谷等译，国防大学出版社，1988 年。

38.《战争爆发前后》，《朝鲜战争中的美国陆军》（第二卷），詹姆斯·F. 施纳贝尔著，军事科学院战史部译，国防大学出版社，1990 年。

39.《南至洛东江北至鸭绿江》，《美国兵在朝鲜》（第三卷），罗伊·阿普尔曼著，国防大学出版社，1994 年。

40.《朝鲜战争中的美国空军》，劳伯特·F. 富特雷耳、劳逊·S. 莫斯利等著，空军党委条令教材编审小组办公室译，1963 年。

41.《朝鲜战争》，韩国国防部战史编纂委员会编，固城、齐丰、龚黎译编，黑龙江朝鲜民族出版社，1988 年。

42.《关于朝鲜战争研究的新材料和新观点》，军事科学院军事历史研究部第二研究室编印，1996 年。

43.《杜鲁门回忆录》，哈里·杜鲁门著，李石译，生活·读书·新知三联出版社，1974 年。

44.《艾奇逊回忆录》，迪安·艾奇逊著，上海《国际问题资料》编辑组、伍协力译，上海译文出版社 1978 年。

45.《麦克阿瑟回忆录》，道格拉斯·麦克阿瑟著，上海师范学院历史系翻译组译，上海译文出版社，1984 年。

46.《朝鲜战争》，马修·邦克·李奇微著，军事科学院外国军事研究部译，军事科学出版社，1983 年。

47.《从多瑙河到鸭绿江》，马克·克拉克著，台湾黎明文化出版公司，1956 年。

48.《将军百战归——布雷德利自传》，克莱·布莱尔整理，廉怡之译，军事译文出版社，1985 年。

49.《受命变革》，《艾森豪威尔回忆录·白宫岁月》，德怀特·D. 艾森豪威尔著，生活·读书·新知三联出版社，1978 年。

50.《朝鲜：我们第一次战败》，贝文·亚历山大著，郭维敬、刘榜离等译，中国社会科学出版社，2000 年。

51.《最寒冷的冬天：美国人眼中的朝鲜战争》，大卫·哈伯斯塔姆著，王祖宁、刘寅龙译，重庆出版社，2010 年。

52.《朝鲜战争：未曾透露的真相》，约瑟夫·古尔登著，于滨、谈锋、蒋伟民译，北京联合出版公司，2014 年。

**图书在版编目(CIP)数据**

抗美援朝记 / 郭志刚等著. -- 北京: 华夏出版社有限公司, 2021.5 (2025.1 重印)
ISBN 978-7-5222-0081-1

Ⅰ.①抗… Ⅱ.①郭… Ⅲ.①抗美援朝战争—史料 Ⅳ.①E297.5

中国版本图书馆 CIP 数据核字 (2020) 第 257852 号

**抗美援朝记**

**著　　者**　郭志刚　齐德学 等
**选题策划**　潘　平
**责任编辑**　李春燕　蔡姗姗　赵　楠
**责任印制**　周　然
**美术设计**　李媛格

**出版发行**　华夏出版社有限公司
**经　　销**　新华书店
**印　　装**　三河市万龙印装有限公司
**版　　次**　2021 年 5 月北京第 1 版
　　　　　　2025 年 1 月北京第 4 次印刷
**开　　本**　787×1092　1/16
**印　　张**　27
**字　　数**　475 千字
**定　　价**　128.00 元

**华夏出版社有限公司**　地址:北京市东直门外香河园北里 4 号　邮编:100028
网址:www.hxph.com.cn　电话:(010)64663331(转)